一九世紀の政権交代と社会変動

社会・外交・国家

大石 学 編
edited by Manabu Ohishi

東京堂出版

はしがき

「封建制」から「近代」へ。「幕末維新」研究において、長く用いられてきたこのシェーマとは異なる視角・方法から、「幕末維新」を改めて位置づけられないか。こうした意識のもと、二〇〇四年五月「一九世紀の政権交代と社会変動」研究会が発足した。当時、NHK大河ドラマ「新選組!」(三谷幸喜作)が社会的に話題となっていたことも発足の一因となっていた。それは、社会変動が進む多摩地域を飛び出し、京都において政治変動(政権交代)に直接かかわる活動を展開した新選組を切り口に、一九世紀の政権交代と社会変動の実態と意義に迫るというものであった。

研究会は年二回のペースで計六回開かれた。本書はこの共同研究の成果である。

本書の編集にあたっては、上記の経緯から、一九世紀の政権交代をベースに、新選組を取り巻く環境について、社会変動(歴史環境)、外交(国際環境)、国家(政治環境)、の三要素に注目し、三部構成とすることにした。以下、概要を述べておきたい。

第一は、社会変動すなわち新選組の歴史環境である。新選組の中核である近藤勇、土方歳三ら天然理心流=試衛館(試衛場)グループの多摩ネットワーク、新選組隊士の出自、近藤の思想変化など、近年、新たな研究が蓄積されている。本書では、これらの成果をふまえて、多摩さらには関東における地域社会の変動と浪士組、天然理心流、甲州鎮撫隊の動向を解明する。

第二は、外交すなわち国際環境である。この分野では今日、幕府の外交官僚、北方・江戸湾など各地の沿岸警備、海外情報・貿易の実態解明などの研究が進んでいる。本書では新選組の成立と展開に大きくかかわった幕府の外交政策である開国条約、江戸湾整備、蝦夷地警衛について検討を加える。

第三は、国家すなわち政治環境である。近年幕府官僚制、京都政局、幕長戦争、戊辰戦争、奥羽列藩同盟、箱館政府などの諸研究の成果が蓄積されつつある。本書では、「幕末維新」期の権力機構・権力構造、さらには支配意識などの問題に迫る。

以上、本書では新選組を切り口として、「幕末維新」期の政治と社会の変化を新たな視点から捉えることにしたい。それは従来の、江戸幕府の崩壊（幕末）＝封建社会の衰退・解体、明治政府の成立（維新）＝文明社会の成立、すなわち「封建制」から「近代」へという「幕末維新」観とは異なる、近世（江戸）の達成と、近代（明治）への展開（発展）という「文明化」の進展の画期としての一九世紀の展望である。

そのためには、近世国家・近世社会の文明化の諸要素（たとえば、統治機構・システムや自治制度の整備、都市や地域の成長、交通や産業の発達、教育・情報・文化の発展など）、そして、これらを基礎とする日本の国家・社会の均質化・一体化の実態の解明が不可欠の作業となる。

本研究会の共同研究の試みが、あらたな歴史像構築へ向けて、資するところがあれば幸いである。

本書の刊行にあたっては、東京堂出版編集部の堀川隆・成田杏子両氏にお世話になった。末筆ながら記して謝意を表したい。

大石　学

目次

第一部　一九世紀の政権交代と社会

——新選組の歴史環境

一九世紀における府中六所宮と武蔵国府復興

——品川沖海上禊をめぐって——

菅野洋介

はじめに

文久元年、近藤勇は武蔵国府中六所宮（現大国魂神社）にて四代目襲名披露の剣術試合をおこなった[1]。武蔵府中六所宮（これ以降六所宮とする）は、後の新撰組を構成する人々にとって、政治的結集の場として機能したとみられる。当地域における六所宮の位置を考える場合、捨象できない歴史的事実であろう。

また、この時期の国内情勢に目を転じてみると、いわゆる文久改革の実行や対外的な緊張関係を背景としたナショナリズムの高揚が掲げられる。さらに孝明天皇の大和行幸など、天皇の動静が幕末政治に強い影響を及ぼす時期であった[2]。一方、畿内の状況とは別に、江戸湾を中心として関東では海防問題が浮上する[3]。いわゆる異国船問題は、軍事的緊張を中心に、多くの諸矛盾を浮上させた。

このような研究上の成果とは別に、江戸湾（品川沖）では、遅くとも一八世紀以降、ある神事儀礼が例年挙行されていた。この神事祭礼こそが、冒頭で述べた六所宮の人々（神職など）が、五月の大祭を挙行するに伴い、品川沖で実施する、海上禊（潮盛講）である。何故、品川沖が問題となるかは本文中で述べるが、品川沖が神事を挙行する上で捨象できない「場」であったと言える。(4)これまでも、当祭礼へ注目した研究はあるが、十八世紀後半以降の江戸湾の位置づけを考えていく上でも、注目すべき神事と言える。(5)

そこで本稿は、六所宮神職猿渡の動向に注目しつつ、この神事祭礼を取り上げることにする。その中でも、猿渡の国学者としての一面に注目する。近年、国学者に関する研究が蓄積されているが、国学者が各地の「歴史」の考証を深めることが明らかとなっている。(6)本稿でも、この問題を取り上げ、猿渡の考証活動が、いかなる意義を有したのかを考えていきたい。

さて、六所宮は近世神社史研究のなかで、早くから研究蓄積がある。その中でも土岐昌訓氏は、一九世紀以降、六所宮に参勤する武蔵国の神職が減少することを明らかにしている。(7)また遠藤吉次氏は、六所宮に関する史料集刊行の基礎作業を推し進めると共に、多くの成果を生み出している。(8)本文中でも随時成果を取り上げるが、神職猿渡の動向を含めた六所宮社中のあり方を明らかにしており、遠藤氏の成果が現状での到達点を示すものと言える。

また、近年では江戸を中心とした宗教者のあり方を追求する過程で、六所宮神職猿渡を含めた「社中」の動向を取り上げた靭矢嘉史氏の成果がある。(9)「社中」は、神職猿渡氏を含む禰宜・社家・社僧のことで、朱印五〇〇石の中からそれぞれ配当を受けていた。なお禰宜＝織田家、社家＝佐野・鹿島田・中善寺・田村家、社僧＝惣行寺他六寺となる。これをふまえ、靭矢氏は①社中と本所吉田家とのあり方、②江戸城年頭御礼などのあり方に注目している。①では、猿渡の主導性が吉田家との間でも認められること、②では猿渡の年頭御礼のあり方が示されている。江戸を拠点とした神職編成に注目した見解とも言え、それまでの本所論との違いを明確化させている。また享和元年以降、猿渡主導のもと、禰宜や社家が本所吉田家よりの許状を受容したことも明らかにしている。

このように、近年の六所宮は江戸城を中心とした江戸との関係性の中で注目されるにいたっている。なお年頭御礼は、寺社の格式を表す指標として機能していたことが明らかとなっている。その中でも、「独礼」や「惣礼」に分かれ、三年や五年ごとに実施される場合がある。(10) 現状の研究史上では、宗教者のあり方を通じて、比較的、江戸との関係性が問い直されていることがわかる。(11)

なお当該期の関東像を念頭に置く場合、一つの指針となるのが、大石学氏の成果となる。(12) 大石氏は、享保期を画期としながら、江戸を中心軸とした地域編成の進展を示している。特に、江戸＝首都と設定し、当該期における関東の政治的位置を示している。先に述べた、江戸城年頭御礼を含めて、現状では文化事情に焦点をあてた江戸の「場」としての位置づけを検証すべきと言えよう。(13)

以上の成果をふまえ、まず寛政期以降の六所宮の動向、次に文久期以降の六所宮と品川の関係性、さらに「社中」の復古的なあり方を取り上げていく。

一　六所宮神職猿渡盛章の六所宮認識――新撰総社伝記の周辺をめぐって――

1　寛政期の六所宮と例大祭

五月五日の例大祭の詳細な次第は、安永四年猿渡盛政が定めた「御由緒並社法定書」から明確化する。(14) その後、寛政一二年、猿渡盛房は「六所宮伝記」で、例大祭を取り上げる。また六所宮神事の賽銭の中で例大祭のものが、最も多くなるのが寛政九年以降であることが明らかになっている。(15) 一八世紀末、六所宮例大祭が多くの人々の関心事になった状況が想起される。なお寛政期には、府中近郷の酒造仲間が「松尾講」を形成し、六所宮神前へ松尾宮御神殿を建立している。[16]
また寛政一二年、猿渡盛房は六所宮が式内社に該当する神社であることを主張している。[17]たとえば「多摩郡式内八座之内　大麻止乃智天神社　中殿西殿　六所之鎮座」や「小野神社　東殿ニ鎮座」とあり、六所宮社地に式内社が存在する旨を吉田家に示している。実際に、この式内社認識は盛房段階で消滅することが知られるが、六所宮への考証活動に深まりをみせていく。なお寛政十二年、猿渡盛房は「信濃守従五位下」を受けている。
そして社号について、猿渡盛房は「其節惣社之訳ハ鎌倉時代東鑑ニ有之、宮号も東鑑に有之、御代々御朱印も六所宮与有之段申之、関東八年久敷右之趣ニ候へとも、いつ比勅許有之候とも分り不申候、何様ニも宜敷様ニと申置也、」と、「惣社」文言獲得を「東鑑」の記事に求める。また朱印状に「六所宮」と代々記載されていることを主張する。猿渡盛房は本所吉田家との間で、「惣社六所宮」の社号獲得を願い出ている。この段階で、社号改編が猿渡の関心事になっているが、猿渡の考証深化と関係していることにも注目したい。
一八世紀末の猿渡は、例大祭の整備や社号の獲得など、当神社のあり方を再編していくと理解される。

2　新撰総社伝記にみる六所宮の考証

文政期に入ると、猿渡による六所宮の考証活動は深まりをみせる。文政一一年、猿渡盛章は「新撰総社伝記」を著して、新たに六所宮のあり方を位置づける。なお「新撰総社伝記」と共に、その内容を考証した「新撰総社伝記考証」（以下「考証」とする）を著している。同書の中では、武蔵国で一宮から六宮までが、新たに確定していくことが知られる。[18]この点は、新編武蔵風土記稿の記載とも明確に違いがある。文政期において、武蔵国での六所宮の位置が猿渡の考証活動によって、新たな段階に入ったとも評価される。以下、猿渡盛章の六所宮認識を、いくつか述べてみたい。

まず、これまで比較的注目度が低い、六所宮と東照宮の関係から取り上げたい。既に明らかにされているように、元和期に相模から武蔵の当地には、徳川家康の霊柩が通過する。この霊柩通過が、後に地域認識（一八世紀後半以降）の深まりの中で、注目されるにいたる。府中近郊の関戸村では、猿渡盛章と交流が認められる『関戸旧記』を著した相沢伴主や延命寺住職春登上人らの文化活動が知られる[19]。なお相沢は蹴鞠・生花・和歌・造庭に造詣が深く、春登は甲州都留郡上吉田村西念寺住職を勤めるなど、富士山御師らとの交流も知られる。実際に、猿渡は富士山へ出向き、「あらはばき」の考証活動を深める。富士山御師らとの文化的ネットワークは、当該期の猿渡の考証活動に不可分であったとみられる[20]。

また中野光浩氏は享保期以降の東照宮所在調査の過程で寛永寺（特に執当）が関与していることを明らかにしている[21]。この動向については、日光山内の由緒化も並立して進展しており、幕初の動向にあわせた由緒の確定が進む[22]。六所宮は、朱印五百石の有力神社であるため、猿渡盛章がどのように東照宮のあり方を認識するのかに興味がもたれる。なお十九世紀以降の猿渡と「社中」の社務運営の訴訟でも、しばしば猿渡は東照宮との関係をもちだす。

それでは、次の記事からみてみたい。新撰総社伝記では、「（天正一八年）八月、東照神君江戸の大城に遷ましてより、御在国の総社なるをもて殊に御崇敬まし、き」とみえる。総社であったが故に、徳川家康からの庇護を受けたとする認識である。六所宮が「総社」であったことが、当該期の将軍権威との結びつきを理解する上での前提となっている。さらに「考証」には、次のような記事がみえる。

〔史料一[23]〕

総社は一国の神祇官なりといふよしは、既に上の条々にいへるがごとし（中略）天正年中東照神君御狩の仮殿を建給ひ、台徳院君・大猷院君相継て此地に御狩のことあれば、必ここにやどらせ給ふ、また元和三年神君の御霊を久能山より日光山へ遷し奉る時も、神輿此仮殿にやどらせ給へり、そは家忠日記廿五の巻、元和三年二月の条に、廿日霊柩中原に至る、廿一日霊柩武州の府中へ至る、此所に一日留る云々、烏丸光広卿日光山の紀行に、廿一日府中の御殿に着せおはします（後略）

ここでは、総社＝六所宮が神祇官の関与していた神社であることを示す。神祇官の文言が浮上していることが注目されるが、中略部分では、国司居官が六所宮近くにあり、鎌倉期には源義信が居した旨を述べる。

さらに当地は、天正期に入り徳川家康の「御狩」の仮殿を建てる背景があるとする。また秀忠・家光が「御狩」の際には、必ずこの地に仮殿を建てるとする。すなわち盛章の主旨は、古来より当社の由緒が、後に将軍権威と関係をもったことと不可分であったことを示したことにある。たとえば元和三年の徳川家康霊柩が府中を通過する経緯も、このような当社の由緒に起因するとする。なお、『家忠日記』や烏丸光広の『日光山紀行』が考証活動の素材となった点もうかがえる。

これ以外にも、天正一九年一一月の朱印状を取り上げ、その受給の背景を考証している。また大坂の陣の際、猿渡の祈祷の実施、さらには宿陣へ扇子を届けた内容を示す「祝着状」の考証を試みている。さらに元和四年四月、秀忠の命により東照宮の神殿を社地内に造立したことを考証するにあたっている。いずれにしても猿渡盛章にとっては、六所宮が、武蔵国の総社であり、それが徳川氏とのあり方を理解する上で捨象できない問題であったことになる。

なお同書にしばしば引用されるのが、一八世紀後半、当地で活躍した神道家依田伊織の作品である[24]。府中には、この他、「社中」の鹿島田家から絵師の関良雪が輩出している。猿渡盛章の周辺には、輪王寺宮の庇護を受けた依田の文化活動が存在した。ここでは、輪王寺宮へ関係した人々が十八世紀以降の文化事情に影響を及ぼしていたことが確認できる。

そして、六所宮＝総社との認識は、当然のことながら武蔵国府のあり方にも関心が及ぶことになる。猿渡盛章は、次の史料（「考証」）にあるように、相模国の「国府祭」を意識し、六所宮の認識を深めている。

〔史料二〕(25)

六所を集へ奉れる事、及びいにしへの神事のさまなどは、相模国府の総社の例を考へ合せてしるべきわざなれば、ここに相模国総社の事を詳にいはむ、まず余綾郡大磯・小磯につづきて国府村あり、ここに総社六所宮鎮座せり

さらに「此神社も、年ごとに五月五日を大祀とす、」とみえ、五月五日大祭を同日とし、「一宮より五宮まで国中の社々より、社人・社僧等各々神輿に供奉して、国府の西の方なる神揃山といふ所に集へり」とみえ、相模国では神揃山に社人等が集まる事情が示されている。猿渡盛章は、隣国相模国の「国府祭」を引き合いにだし、武蔵での国府や総社としての認識を深めていく。

以上、「新撰総社伝記」と「考証」の記事を取り上げたが、猿渡盛章は国府と総社のあり方を考証していくなかで、東照宮の位置を確定させていった。そして何よりも六所宮にとっては国府が先行する地域認識であり、その国府の地であったがゆえに、徳川氏からの朱印状の発給等があったとする。このような猿渡盛章の六所宮認識は、これ以降、明治期までの底流として展開していくこととなる。次に文久期から明治初期にかけての六所宮をとりまく人びとのあり方を取り上げてみたい。

二　品川荏原神社と六所宮の人々——文久期から明治期をめぐって——

1　文久期における猿渡容盛の六所宮認識

冒頭で述べたように、文久元年、後の新撰組が六所宮へ剣術奉納をし、その後上京する。次の史料は、文久二年における猿渡から本所吉田宛の六所宮認識を示すものである。なお文久二年二月猿渡盛章は容盛に家督を譲っている。

〔史料三〕(26)

覚

当社之儀者武蔵国衙総社ニ紛レ無之段者、私父近江守撰述仕候総社伝記考証ニ考究仕置候通之義ニ而、寛文三年一一月　御本所より被成下候御神号御書付ニ、武州府中総社六所大明神と有之、同年同月被成下候御許状ニも武州総社六所大明神と有之候、同年同月被成下候御許状ニも武州総社六所大明神と有之候、宮号之義者何頃　勅許御座候哉相分候得共、東鑑等之古書ニも六所宮と相見へ、天正一九年　東照宮様御判物ニも六所宮と相見へ、文政九年九月私父近江守官位　勅許之節　御本所より被成下候御書付ニも六所宮と有之、同年同月被成下候継目御許状ニも六所宮と有之候、左候得者此度倅伊予御許状之義、総社六所宮と相認被成下候様仕度、此段宜敷御沙汰可被下候、以上

戌一一月

武蔵国総社六所宮神主
猿渡左衛門

御本所様御役人中

この史料は、容盛が父（猿渡盛章）の考証活動を受容し、その上で①寛文三年、吉田家から「武州府中総社六所大明神」の書付を受け、許状にも同様に確認されること。②社号についての勅号は不明だが、東鑑や天正一九年の朱印状（この受容に伴う認識が重要となるが後述する）や文政九年にも本所からの書付にも「六所宮」とみえること。③文政九年にも、「六所宮」の許状を受けていること。このような経緯から、「総社六所宮」の社号獲得を志向しているものである。

以上が本文書の要旨となろうが、「考証」の記事を念頭におけば、やはり史料冒頭の猿渡盛章の認識を強調した解釈が必要になろう。すなわち、六所宮が武蔵国の「国衙」（国府）であることが前提となり、その上で六所宮の諸々の由緒が定まりをみせると解釈すべきである。一九世紀の六所宮は「国衙」「国府」であることが、神社の由緒を捉える上で、第一義的に重視すべき事柄であったとみられる。

このような「国府」認識をふまえた上で、品川沖の海上禊について述べてみたい。まず宝暦一〇年四月二二日には、以下のような記事がみえる。「武州六所宮之儀、往古より毎年五月五日天下御安全御祈祷大祭執行仕候、依之来廿五日品川海へ神職共不残浜下り仕（後略）」とみえる。[27]この記事は、六所宮祭礼が、毎年五月五日に実施され、四月廿五日には、神職らの関係者が品川沖へ「浜下り」と称して、出向いていたことを示すものである。少なくとも、この段階から品川沖が、六所宮祭礼の遂行に不可欠な場として機能している状況がうかがえる。また天明五年四月廿九日には、「品川より祈祷奉書三十弐文のり入三文水引弐文宛」[28]とみえる。海上禊及び「祈祷奉書」が、六所宮神事に関係していることがわかる。さらに、次のような史料も確認される。

〔史料四〕(29)

乍恐以書付奉願候

私儀去ル二月九日伺書奉差上、御調中只今迄出府仕罷在候所、無程六所宮大祭神事ニ罷成候、右神事之儀者旧来之古例ニ而、毎年四月廿五日私始社役人共迄不残品川表江罷越、海潮ニ而身禊仕、五月五日迄禁足潔斎仕、日々天下太平之御祈祷執行仕、五月五日夜八社之神輿ニ供奉仕、古例之祭礼執行仕御祈祷相勤候、右ニ付候而者此節より仕(御)神役繁多ニ罷成候、何卒格別之思召ヲ以、一日之帰村被　仰付被下置候ハヽ、難有仕合ニ奉存候、尤大祭御祈祷相勤、猶亦早々出府仕、着御届可申上候、此段御聞済被成下候様、偏奉願候、以上

文政七年申四月

武州総社多摩郡府中
六所宮神主
猿渡近江㊞

寺社御奉行所

これは訴訟で江戸に出向いていた猿渡近江が、四月二五日から五月五日の祭礼準備のために帰村の旨を願ったものである。四月二五日に品川表へ禊に出向くことが示されている。また五月五日までの、神輿供奉＝神事が品川沖での禊によって機能していくことも明確である。この他、文化九年には、品川での火災の際に、目録を「惣社中」の見舞いとして送付している(30)。ここから六所宮神事に品川沖での海上禊が不可欠に関係していたことが確認される。

ここで再度、文久期の六所宮のあり方を取り上げてみる。文久三年、六所宮社家の中善寺家は「品川宿貴船明神之儀者当御宮御大祭御神事ニ付、往古より之式例由緒も有之、私儀者右貴船社神主鈴木播磨親族之間柄ニ付、弥以中善寺跡御取立ニ相成…」(31)とあるように、品川鈴木家との縁戚関係を結んでいる。この記事は品川宿組頭半兵衛・貴船神社神主鈴木播磨の猿渡に対する願書の一部であるが、結局、文久以降の六所宮「社中」である中善寺家は、品川宿貴

船神社（後の荏原神社）鈴木家が跡籍を受けていく。なお史料中に「往古より之式例由緒有之」とみえることも、ここでの縁戚関係の意義を理解する上でも注目されよう。

文久段階に入ると、品川沖での神事が継続されると共に、縁戚関係が認められる。また六所宮＝国府認識が確認されると共に、品川海上禊が継続していたことが確認された。

2　幕末維新期の六所宮と品川海上禊―品川警護の前提をめぐって―

さて、元治期に入ると、六所宮は「御神事復古」という形で再編される[32]。社僧を排除する傾向が強まってくる。慶応四年四月、猿渡を始め「社中」は、社家の呼称を、次のように称する内容の議定をかわしている。

〔史料五[33]〕

往古長官与唱へ来り、延享頃より社家与のみ相認メ来り、猶元治元年御神事式復古之節□□長官与復古いたし、其後神主家ニ而古書并右四家之勤メ向等を比較有之候所、長官与相認メ候義不都合之文字ニ付、猶勘考之上、右者全ク往古国府在庁之官人ニ而、総社之祭礼之節奉幣之役相勤メ所、国府断絶之後神官ニ附属いたし、右由緒を以庁官与相認メ候所、年来之間ニ文字通音之誤りより長ノ字ニ相転候□被察、（中略）庁之字ニ相改メ候儀却而不都合ニ而、長字相用ひ候方当之段慥ニ相分り候者、其節猶又相改メ可申事（後略）

社家らは元治期から自らを「長官」と復古の形で称す。やはり元治元年は、六所宮のあり方を考える上で、重要な画期とみられる。当史料でも、「元治元年御神事式復古」とみえる。遠藤吉次氏によれば、この元治元年に六所宮神事から仏教的要素が排除されるという[34]。既に猿渡容盛は安政期に水戸藩の西野宣明と書簡を取りかわしており、神祇官復興・山陵復古・神仏分離等を遂行することを主張している。元治期には、このような背景をみながら、六所宮の「社中」が再編されていく。

さて、〔史料五〕では、この記事のあとに猿渡と社家四家が「長官」文言の検討を試みた結果、「長官」では不都合とし、「国府在庁官人」とする認識から、「庁官」としようとした。最終的には、「庁官」の呼称で定まりをみせていく。やや経緯が複雑であるが、この議定での社家の肩書きが「庁官」とみえることからも、「庁官」呼称が重視されたとみえる。つまり、社家は自らを「庁官」と称することとなったのである。なお明治三年一二月の家系を記した明細書にも、「庁官」とみえる。(35)この時期、猿渡や社家らは自らを「国府在庁官人」としての認識を深めていくことが判明する。「社中」の肩書きの変容から、復古的改編をみることができる。

このような六所宮を取り巻く人々のあり方は、猿渡容盛の「武蔵総社誌」でも確認できる。(36)たとえば東照宮関連記事には、「霊輿此ノ国府に宿り給へりし」とみえ、「国府」文言がみられる。文政期の新撰総社伝記より直接的に国府の地である故に、東照宮が勧請されたとする認識が明らかとなっている。さらに六所宮祭礼に関しては、「四月廿五日、神主・禰宜並二四家ノ庁官、及び神人数輩、（割註中略）荏原ノ郡品川の海辺にまかりて祓禊を行ふ」とみえる。猿渡や禰宜と庁官（元は社家）らが、品川沖で海上禊を実施する状況がうかがえる。また、「荏原郡」ともみえるように、旧郡名を浮上させている。後に社号が、貴船社から荏原神社に変わるが、「国府」の地を強調する六所宮のように、荏原神社の社号には復古性が付与されたとみられる。さらに「国府より品川駅まで行程七里余、神官おのおの暁天に発して薄暮に帰り着く、斉中物忌きはめて厳粛なり…」とみえ、府中＝国府と認識して神事が実施されることが、改めて確認できる。

さらに元治元年編纂の「武蔵総社年行事」でも、神主・禰宜・庁官らが「致品川ノ海浜禊行」とみえ、「庁官」の名称で海上禊の遂行をうかがわせる。また禊の際の祝詞にも同様に確認される。

以上、元治元年以降、六所宮は①プレ神仏分離ともいうべき社僧の排斥、②国府への認識の強まりがみられたこと。このような状況と連動するように、品川沖での海上禊が実行されていたことになる。

3　品川警備と荏原神社

次に、既に明らかになっている品川宿の動向を確認する。品川宿では、荏原神社と隔年での朱印状管理をみせていた後の品川神社が、東京一二社に編入されていく。[37] 品川宿は、東京一二社編入の神社が存立していくこととなる。

一方、荏原神社側は、明治初年、六所宮との関係性を強める由緒書を作成している。品川荏原神社の由緒書には次のようにみえる。[38]「康平五閏寅六月十九日、源頼義朝臣義家朝臣安倍貞任宗任一族為　征伐下向ノ砌、武蔵国府六所宮へ参籠、品川浦より潮水ヲ取寄被　浄身、祈念有之、勝利ヲ被得…」とあり、源頼義らが安倍貞任らを征討するにあたり武蔵国府六所宮へ参籠する際、品川沖で湖水をとり、身を清め、結局勝利をえたというものである。この記事には、府中神主ら一同が四月二五日に品川浦に「浜下り」し、身を清め、五月五日まで潔斎するという旨が続く。さらに、荏原神社では、「浜下り」前日に天王州で「赤貝」を取り寄せ、六所宮祭礼へ献供することが古例であるという。武蔵国の国府府祭礼へ、品川荏原神社の機能が不可欠である認識が改めて示されている。明治初期の荏原神社側の由緒書を注視すれば、六所宮との神事を通じた繋がりが、東京一二社の品川神社と「競合・共存」していく上での、一つの対応であったと推定されよう。

以上を整理してみると、六所宮は国府として「歴史性」を強調し、一方、品川荏原神社側は、古くから国府祭礼に関係を有した神社として、明治期を迎えたことを主張する。

さらに明治二年には、猿渡らは荏原神社警護（二度目）を担っている。[39] これは荏原神社が明治天皇の内侍所に設定されたことに関係する。たとえば社家（庁官）らは「内侍所　御宿輩被為在、然ル所右社之義者往古より当御神社御由緒厚き社頭ニ御座候所、社中人少ニ而御守衛其外取締向心配仕候趣ニ付、私義在庁官以下大小之神職十余人召連、右社頭へ参向仕、」とあるように、猿渡を始めとした官人らが守衛にあたっている。まさに明治初期、猿渡らが江戸（東京）廻りの警護を担い、明治新政府の形成に参画していく背景には、それまでの品川沖海上禊に伴う社会関係が基軸となっていたとみられる。

むすびにかえて

最後に、本稿の主な内容を整理しておく。①一八世紀末から一九世紀初頭にかけて、六所宮の復古的整備が進展すること、②猿渡盛章の「新撰総社伝記考証」には、東照宮の記載が認められるが、「国府」としての認識が前提となり、東照宮が位置づけられていること、[40]③元治期に入ると、「神事復古」という形で、六所宮の「社中」は再編されること、④六所宮と荏原神社は神事を通じて関係を有し、明治期に入ると、猿渡らが荏原神社＝内侍所の守衛を担ったこと。

以上、一九世紀における国学者猿渡の考証活動は、六所宮を武蔵国府と不可分な神社である内容を示したものであった。この考証活動を深める上で重要視されたのが、武蔵国における一宮から六宮の確定、これに関連した例大祭の意味ということになろう。そして、寛政以前から例大祭で実施されていた海上禊にも意味づけがなされていく。すなわち例大祭が武蔵国府の祭礼に合致すれば、自ずと品川海上禊にも意味が付与されることになろう。このような例大祭と海上禊のあり方は、大正期編纂の「武蔵名蹟誌」において明確に規定されていく。[41]

この武蔵国府としての位置づけは、他の六所宮周辺における史蹟とも関連づけて認識が深められていった。特に文久期の神職猿渡容盛は「国府」の地＝六所宮を重視し、その上で徳川家康などからの朱印状受給の正当性を示した。

まさに後の新撰組が結集した当該期の六所宮は、武蔵国の国府として立場を強調する時期にあたっていた。一方、荏原神社側も、武蔵国の例大祭に関与することに積極的にかかわりをもっていったとみられる。まさに近代国家の始点に品川沖が儀礼的に機能していくことを意味しよう。

明治に入り、東京一二社の一つに編入される六所宮は、品川沖の海上禊を実施することで、明治以降も関東における有力神社としての立場を、例年にわたって再生していったとみられる。[42] 一八世紀後半以降、神職猿渡による六所宮の考証活動の深化は、六所宮周辺の人々に限らず、品川沖及び荏原神社に関係する人々へも、復古意識を醸成させていったと考えられる。つまり猿渡の考証活動を通じて、江戸湾が一つの神事儀礼を担う「場」として意味づけがなされてきたことを重視すべきと言えよう。江戸湾が有した様々な文化的意義も、一九世紀の海防問題と連動させつつ今後、追及していくべき課題と考える。

〈注〉

（1）大石学『新撰組情報館』（教育出版、二〇〇四年）、この他、宮地正人『歴史のなかの新撰組』（岩波書店、二〇〇四年）参照。

（2）岸本覚「公武合体と尊攘運動」（『日本近現代史研究事典』東京堂出版、一九九九年）、ここでは岸本氏の幕末期の時代推移のあり方・研究史整理を参照した。

（3）針ヶ谷武志「軍都としての江戸とその終焉—参勤交代制と江戸勤番—」（『関東近世史研究』四二、一九九八年）など、海防関係の研究史を参照した。

（4）岡野友彦氏は中世における品川のあり方を理解する上で、六所宮の例大祭を取り上げている。岡野友彦『家康はなぜ江戸を選んだか』（教育出版、一九九九年）。柏植信行「都市形成と儀礼域の変容—品川の民俗空間試論」（『都市周辺の地方史』所収、地方史研究協議会、一九九〇年）、この他柘植氏の品川歴史館紀要等の諸論考を参照した。

（5）小野一之「武蔵国府・総社六所宮・小野神社」（『パルテノン多摩　博物館部門研究紀要』九、二〇〇五年）、この他、『ブックレット5　武蔵府中　くらやみ祭』（府中市郷土の森博物館、二〇〇四年）など参照。品川での神事は、品川が武蔵国府の「国府津」であったことが想定されている。

（6）羽賀祥二「城郭公園のなかの神社」（『史蹟論　一九世紀日本の地域社会と歴史認識』所収、名古屋大学出版会、一九九八年）、この他、小野将「国学者」（『シリーズ近世の身分的周縁2芸能・文化の世界』吉川弘文館、二〇〇〇年）。

（7）土岐昌訓『神社史の研究　増補版』（桜楓社、一九九五年）。六所宮祭礼には、北野方・松原方・勝呂方というように、神職編成と別に武蔵（多摩や入間郡が中心）における多くの神職が参勤していた。勝呂方の中核的神社＝入間郡大宮住吉神社には、六所宮修復（遷宮）の際に賜った銚子に「葵御紋」が記入されているという。『新編武蔵風土記稿』（雄山閣、一九八七年）参照。この他、六所宮から大宮住吉神社への神楽の伝播が知られる。『横浜の神代神楽―神楽師たちの近世・近代―』（横浜市歴史博物館、二〇〇七年）九頁。

（8）遠藤吉次「近世六所宮の社僧」（『府中市立郷土館紀要』七、一九八一年）、同氏「国学者猿渡容盛と二つの献言書」（『府中市立郷土館紀要』九、一九八三年）、同氏「江戸末期における府中六所宮の例大祭について」（『府中市立郷土館紀要』一〇、一九八四年）など。

（9）「近世神主と幕府権威」（『歴史学研究』八〇三、二〇〇五年）、同「近世中後期における大宮氷川神社の運営―神主・社僧関係に注目して―」（『埼玉地方史』五四、二〇〇五年）。また六所宮の基本的なあり方については、遠藤吉次「解説」『府中市郷土資料集七　大国魂神社文書Ⅰ　神職の部』（府中市立郷土館、一九八四年）参照。この他近年の神職研究については、高埜利彦「江戸時代の神社制度」（『日本の時代史15　元禄の社会と文化』（吉川弘文館、二〇〇三年）、井上智勝「近世の神職組織―触頭を擁する組織を対象に―」（『国立歴史民俗博物館研究報告』148、二〇〇八年）など参照。

（10）三年に一度の例には板橋区西台円副寺（同寺院文書参照）や、五年に一度の例には（栃木県足利市山川長林寺　同寺院文書参照）や静岡県富士宮市大宮浅間神社の例（『浅間文書纂』名著刊行会、一九七三年）が知られる。

(11)このような視角以外に、輪王寺宮のあり方に注目したい。小川村山王社山口家や日原の原島家は寛永寺に編成を受ける。富士信仰との関係については、拙稿「富士信仰の展開と秩序形成—天台勢力との接点をめぐって—」(『富士山と日本人の心性』所収、岩田書院、二〇〇七年)。

(12)大石学『享保改革の地域政策』(吉川弘文館、一九九六年)、『首都江戸の誕生』(角川書店、二〇〇二年)。

(13)ここでは、さしあたり西木浩一「江戸の社会と『葬』をめぐる意識—墓制・盆儀礼・『おんぼう』—」(『関東近世史研究』六〇、二〇〇六年)など、近年の江戸を対象にした関東近世史研究会の大会成果を参照。

(14)宮家準「府中大国魂神社暗闇祭における持続と変容」(『国学院雑誌』二〇〇一年)参照、同論文において、現在までの「くらやみ祭」の経緯等が明らかにされている。その中で、十八世紀末から十九世紀初頭にかけて、祭礼のあり方が整備されてくることを、ここでは重視して理解しておきたい。この他、「浜下り」については、『東京湾と品川—よみがえる中世の港町—』(品川歴史館、二〇〇八年)十三頁。

(15)(注14参照)、遠藤吉次「武州惣社六所宮の賽銭について」(『地方史研究』一三四、一九七五年)。

(16)『小平市史料集　第十四集　新田開発3　貸借寺社』(小平市、二〇〇四年)二七二頁。この他、多摩郡堀端小川新田の滝嶋家は、正月九日、六所宮へ祈祷料を出している。同家史料には、「白張」を着し、権威がましき行為を禁止するべく旨の史料も伝来する。六所宮への関与は、多摩地域の人々のステイタス形成につながったとみられる。

(17)「猿渡信濃守官位願一件控」(史料一〇二)『府中市郷土資料集七　大国魂神社文書I　神職の部』(府中市立郷土館、一九八四年)所収。なお本稿では、断りのない限り、これ以降、本史料集所収史料を掲載する。

(18)「新撰総社伝記」の主な内容としては、①延喜式記載神社に関する神名帳批判、②本社に対する神階の研究、③総社の性格を神祇官と関連させた理解、④総社＝六所宮と認定、⑤杉山神社を都筑郡西八朔村と比定したこと、以上が掲げられる。

(19)徳川家康の霊柩が通過に伴い、関戸村村役人がその霊柩通過の際の状況を書き留めるなど、徳川家康との由緑を意識している。関戸村の村役人が家康霊柩に関する史料を写した例が知られる。『関戸合戦　多摩市関戸に残る中世の伝承とその背景』(パルテノン多摩、二〇〇七年)。この他、岩橋清美「近世における地域の成立と地域史編纂」(『地方史研究』二六

三、一九九六年）参照。
(20) 原淳一郎『近世寺社参詣の研究』（思文閣、二〇〇七年）三二〇頁。
(21) 中野光浩「諸大名による東照宮勧請の歴史的考察」（『歴史学研究』七六〇、二〇〇二年）。この他、羽賀祥二氏は十九世紀において東照宮が顕彰される点にも注目されている（注6参照）。
(22)『日光御番所日記』（日光東照宮社務所）。寛永寺執当が東照宮の所在調査と共に、日光山内の宗教者の由緒調査も実施している。先にのべた輪王寺へ収斂する神職と共に、日光社家（神職）は輪王寺宮に編成を受け、日光東照宮の神事を担う。なお大猷院廟は仏事の性格が色濃いために社家は「拝礼」のみを実施していた。このような日光山内の動向については、稿を改めたい。
(23)『武蔵総社　大国魂神社史料　第一編』（官幣小社大国魂神社社務所、一九四四年）。
(24) 小笠原春夫「扁無為依田伊織の思想」（『府中史談』一八、一九九一年）、遠藤吉次「依田伊織と善明寺の改建」（『府中市立郷土館紀要』八、一九九六年）など参照。なお同書には依田の著書である『空華集』や『大成経』が、しばしば引用されている。
(25) 注（23）参照。
(26) 注（17）史料集参照、史料番号二一〇。
(27) 注（17）史料集参照、史料番号七二、六九頁。
(28)『六所宮神主日記』（府中市、一九九二年）一〇九頁。
(29) 注（17）史料集参照、史料番号一三〇、九八頁。
(30) 注（28）史料集参照、二五九頁。
(31) 注（17）史料集参照、史料番号二一八。
(32) 遠藤吉次「近世六所宮の社僧」（『府中市立郷土館紀要』七、一九八一年）。
(33) 注（17）史料集参照、史料番号二三〇。

(34)注(32)参照。

(35)注(17)史料集参照、史料番号二四六。

(36)注(23)参照。

(37)稲荷神社(後の品川神社)は、東海寺の鬼門の方角に位置し、東海寺の鎮守である。正月八日の貴船神社神事には、東海寺住職が貴船神社へ出向くなど、関係は密接であった。伊藤克己「品川神社と東海寺」(『品川区史料(一二)』、品川区、二〇〇〇年)など参照。

(38)「明治初年書上帳」(『品川のお宮』所収、東京都神社庁品川支部、一九六九年)、同史料は明治六年以降の状況を記したものである。なお、明治初期段階で六所宮と荏原神社双方が、海上禊についての同一の由緒を共有したかは不明確である。

(39)注(9)同史料集参照。

(40)在地寺社が将軍権威を受容する例として、「葵紋」使用が認められる。たとえば富士大宮浅間神社(静岡県富士宮市)では、「葵御紋附」が「公儀御挑灯」と紛らわしい旨が問題視されている。『浅間文書纂　浅間神社編』(名著刊行会、一九七三年)三六二頁参照。この他、朱印地受容の問題も重ねて考えていくべきであろう。(注10参照)。

(41)『府中市郷土資料集16武蔵国名蹟誌』(府中市、一九九五年)。

(42)東京一二社の一つ芝神明宮は、相模国国府祭に関係をもった神事舞太夫を編成に組み込んでいくことが知られる。東京一二社創出に伴う秩序再編の動向については、今後の課題としたい。『厚木市史　近世資料編(1)社寺』(厚木市、一九八六年)。

幕府浪士取立計画の総合的検討
――文久幕政改革との関わりを中心に――

三野行徳

はじめに

「勅旨御東下幕政も一変…此節更張之新令も発行、目今之勢尊攘之義も相立可申…成丈幕府を輔助し、天朝を推戴し公武合体全国一心にて夷狄之侮を禦候様致度…」

これは、幕府が文久幕政改革の方針を全国へ布達した一ケ月後の文久二年九月に、土佐藩士の間崎哲馬が、同士の清河八郎へ宛てた書簡の一部である(1)。この文面には、幕府の改革によって公武合体が実現し、天皇のもとで攘夷を行うことへの期待感がはっきりと表明されている。通常、文久期というと、尊王攘夷運動が最高潮に達するなか、浪士が反幕府的活動を極限化させる時期と理解されるが、文久幕政改革は、下級藩士や浪士に、幕府に対する期待を抱かせるものだったのである。その期待とは、第一に攘夷であり、そのためにこれまでの体制を変革し、幕府の上に朝廷を据え(明確な権限を与え)、幕府の下には、諸藩(主)はもとより、諸藩士や浪士にも国政参加(軍事参加)の道を開くこと、これにより、上は天皇から下は百姓まで、全国一致して攘夷という国難にあたることであった。そして、この期待は、期待では終わらない。出羽庄内藩郷士清河八郎と旗本松平忠敏、そして文久幕政改革によって、（その最大の成果でもある）旧慣にはなかった政事総裁職に就任し、幕政に大きな影響を及ぼすこととなる元越前藩主松平春嶽の三人により、浪士の制度的な政治参加への道―浪士取立計画が実現するのである。従来、新選組の前史として語られることの多いこの浪士取立計画を、文久幕政改革の文脈の中で、可能な限り正確に復元するというのが、本稿の課題である。

ところで、文久幕政改革とはどのような改革だったのだろう。文久幕政改革とは、狭義には、文久二年閏八月に発令された参勤交代緩和令を指す。この法令は「方今宇内之形勢一変候ニ付外国之交通も御差免ニ相成候ニ付而者全国之御政治一致之上なくては難相立筋ニ候処御大礼等打続き一新之機会を失ひ天下之人心居合兼終ニ時勢如是切迫候次第深く御心痛被遊候ニ付上下挙而心力を尽し御国威御更張被遊度思召ニ候尤環海之御国海軍を被興候而者御国力不相震候ニ付追々御施設可被成候得共此儀者追而被仰出候而可有之候右ニ付而者参勤之年割在府之日数御緩メ之儀追而可被仰出候依而者常々在国在邑致領民之撫育者申迄も無之文を興し武を振ひ富強之術計厚相心懸銘々見込之趣も有之候ハ、無伏蔵申立心得ニ可被在旨被仰出候」と方針が示され、以後、参勤交代緩和の具体的な内容、勅使待遇の改善、政事総裁職・将軍後見職・京都守護職の三職の設置が行われる。(2) 対外危機の国難にあって、諸藩の財政負担を減らし、その分を攘夷にそなえた文武の充実にあて、意見があれば腹蔵なく申し出るように、とのこの施政方針は、従来幕政に参画できなかった家門・三卿の登用（三職）や外様大名の発言権強化、勅使待遇の改善という形で、これまで幕政から排除されていた人々の登用や浮上という形で実現していく。冒頭の書簡で間崎がのべた期待は、次々と具体的な形で実を結ぶのである。従来、文久幕政改革は「薩長の幕政改革」といわれ、直接的には、薩摩藩主父島津久光と勅使の東下による圧力に幕府が屈し、譲歩したと評価されてきた。(3) しかし、たとえば軍制改革の場合、勅使東下以前の文久二年五月に「諸役人江申渡之趣」として、既に抜本的な改革方針はしめされており、勅使東下はそれを更に進める一契機に過ぎなかったことが明らかにされている(4)。幕末期の幕政改革は、とかくその受動性、後進性、反動性が指摘されがちであるが、個別の政策の実現過程を検討すれば、幕府は何にメリットを見いだし、政策を実現させたのかという思惑が見えるはずである。

本稿で検討する浪士取立計画は、従来、討幕を企む清河が、功名心にはやる旗本松平忠敏をだまし、幕府の経費で浪士をあつめさせて京都へ連れて行き、討幕の兵を挙げようとしたところ、清河は暗殺された、というような話が、維新後の『史談会速記録』に採録された談話や子母沢寛の作品等をもとに信じられてきた(5)。

しかし、本稿で検討するとおり、幕府の浪士取立計画は、冒頭の間崎に代表される浪士層の幕府に対する期待と、浪士対策に悩む幕府当局との思惑が、文久幕政改革（とその中心にいた松平春嶽）の施政方針のもと一致点を見いだし、綿密なロビー活動を経て実現した、きわめて具体性をもった政策であった。また、浪士の政治参加が制度的に実現したという点においても、その意義は新選組の前史としてのみ評価して良い出来事ではないと思われる。本稿では、幕府浪士取立計画の検討を通じて、浪士の制度的政治参加の歴史的意義を検討することを目指したい(6)。

検討に入る前に、本稿で対象とする幕府の浪士取立計画および、その背景となる文久期の位置づけを確認しておきたい。幕府浪士取立計画に関する記述の最もふるく、また多く引用されているものに、『史談会速記録』の旧庄内藩士俣野時中の談話がある(7)。この談話の目的について、史談会側の調査者佐田は、清河の事歴を宮内省に提出するにあたって「他の説に清河八郎は結末に至つて真の勤王と云ふもので死んで居りますか、或いは何か其辺の佐幕論の事に心が動いたような事は無いかと云ふ疑いを存んして居る一説があります…証拠となるべき人が無い」と、清河が晩年に佐幕に転向したのではないかという疑いがあり、証拠となる人（当事者）がいないので元出羽庄内藩士（清河の出身藩）の俣野に調査を依頼し、その調査をもとに談話が行われている。清河が「中道其志を翻して、或は幕府の間諜となって、私の名利を貪らんとした」と疑われているのに対し、俣野は「冤を訴ふるのみならず国家の為に此勤王攘夷唱始者乃至維新大業の発企者」であるとして談話を始めている。また、同様の目的から明治三四年（一九〇一）六月八日に行われた清河の実弟熊三郎の息子斉藤治兵衛の談話でも、清河が浪士組に関わったのは転向したためではないことが強調されている。(8) このように、明治三〇年代の時点において、清河の晩年、すなわち幕府とともに浪士取立に取り組んでいたことは、清河が幕府側へ転向したのではないか、との疑いをかけられていたのである。そして、その評価を覆し、清河を「維新大業の発企者」とするため、一連の談話が行われ、そこでの談話が子母澤寛の作品などを通じて広く知られるところとなるのである。(9) かかる形で形成された清河の幕府浪士取立計画の概要を記せば尊王攘夷の志士で討幕の志をもつ清河は、幕臣松平主税助（忠敏）を欺いて、将軍警護のためと称して浪士を集めて浪士組を作る計画をもちかけた。幕府の集めた浪士を討幕の軍とする一挙両得の計画である。計画がいざ実現し浪士が集まると、五〇人程度と予定していたのに三百人近くも集まり、一人当たり五〇両支給するといっていたのにとても予算に収まらない。事態収拾に窮した松平は後を鵜殿鳩翁に押し付け辞任してしまう。そして、京都についた浪士組は幕府を裏切って朝廷の兵となり、江戸に戻って横浜襲撃・討幕の挙兵を計画していたところ、清河が暗殺され果たせずに終わった。

というところだろう。しかし、先述したとおり、この歴史像の根拠が、明治から大正期成立の、当事者ではないものによる、史料と聞き書きの組合せからなるものであり、また清河の顕彰と関わった過程の中で導き出された歴史像でもあることから、文久段階の実像とは言い難い。そもそも、文久段階での浪士達の反幕府活動の目的は攘夷であり、「討幕挙兵」と呼ばれるものが、実際には「攘夷」を目的としたものであったことが明らかにされている。(10)

それでは、幕府の浪士取立計画の前提となった文久幕政改革とはどのような改革だったのであろう。基礎過程を記せば、文久二年、幕府は安政の大獄によって処罰されていた旧一橋党の諸侯や旗本を政界に復帰させ、一橋慶喜を将軍後見職、松平春嶽を政事総裁職、松平容保を京都守護職に任じ、山内容堂を幕政参与に任じる。前提としては長州藩長井雅楽の開国策や島津久光勅使大原重徳を伴った卒兵上京などがあり、幕府は公武合体の実現による国政の安定のため、諸侯の大赦と幕政への大幅な関与をみとめる。さらにこの政権下、参勤交代の緩和・勅使待遇の改善と将軍上洛が決定されるなど、開国と攘夷、政策決定方法（譜代勢力と諸藩）をめぐるせめぎ合いの中で、幕府の組織は未曾有の変革を迫られる。改革のモチーフは、松平春嶽の主張に見られる、政策決定における徳川の私の排除と、全国的な諸階層の政治参加である(11)。

かかる幕府の施政方針下、幕府内外のさまざまな勢力が、江戸・京都を舞台に、威力行為も伴うロビー活動を展開するのが文久期であり、その活動を展開する勢力の中に、清河八郎と松平忠敏がいたのである。では、この二人は、何を目指したのであろう。関連史料から作成した第一表「幕府浪士取立計画年表」をもとに、以下、その過程を復元してゆきたい。

一　浪士取立計画の前提段階

1　文久二年までの清河八郎

まず最初に、本稿の中心となる清河八郎を紹介しておきたい(12)。清河は出羽庄内藩の郷士で、尊攘派の活動家として知られる人物である。剣術を北辰一刀流で、学問を昌平校でまなび、尊攘結社「虎尾の会」を結成、薩摩藩士伊牟田尚平らとヒュースケンを暗殺するなど、過激な攘夷活動を行っていた。同志には山岡鉄太郎などの幕臣もいる。

文久元年五月二〇日、清河は書画会の帰りに町人を殺害し、幕府から追われる身となる。二二日には家宅捜索があり、清河は前日に脱していたものの、清河の同志で後に浪士組の幹部となる池田徳太郎や石坂宗順、清河の実弟斉藤

第１表　幕府浪士取立計画年表

年月日	事項	出典
文久元年（1861）		
５月20日	清河八郎、書画会の帰りに町人殺害	東維・遺著
５月21日	清河八郎、江戸脱走	東維・遺著
５月22日	幕府手入れ、池田徳太郎・石坂宗順・お連・斎藤熊三郎ら捕縛	東維・遺著
６月17日	池田徳太郎ら取調べ・入牢	東維・遺著
文久２年（1862）		
５月	寺田屋事件	
閏８月	清河八郎書簡、浪士大赦計画開始	遺著
閏８月	清河八郎、間崎哲馬と山岡鉄太郎を通じて春嶽に「上幕府執事書」提出	遺著
９月	間崎哲馬、清河へ幕政改革に期待する旨の書簡	遺著
９月８日	松平忠敏、春嶽邸へ赴き「清河八郎呼寄浪士鎮定之策を施す」相談	東維「枢密備忘」
９月12日	松平忠敏、春嶽邸へ赴き相談、板倉へ内意	東維「枢密備忘」
９月18日	松平忠敏、春嶽邸へ赴き相談、浪士探索困難、五〇両下賜	東維「枢密備忘」
９月21日	清河八郎書簡、お蓮獄死、浪士大赦計画の見込み	遺著
10月２日	松平忠敏、春嶽邸へ赴き相談、浪士扶助の件	東維「枢密備忘」
10月６日	松平忠敏、春嶽邸へ赴き相談、浪士手当ての件	東維「枢密備忘」
10月18日	松平忠敏、「講武所教授方松平主税助上書」提出	東維
10月21日	「講武所教授方松平主税助上書」三奉行評議	東維「枢密備忘」
10月28日	清河八郎書簡、浪士大赦の見込み	遺著
11月４日	杉浦正一郎、浪士取立て計画に関する意見書提出	杉浦梅潭目付日記
11月７日	松平忠敏、春嶽邸へ赴き相談、浪士は自分が支配するべき	東維「枢密備忘」
11月８日	松平忠敏、春嶽邸へ赴き相談、浪士趣法書	東維「枢密備忘」
11月11日	松平忠敏、春嶽邸へ赴き相談、浪士は講武所支配とするべき、浪士を集める屋敷がほしい	東維「枢密備忘」
11月12日	清河八郎、「上幕府大執権春岳公書」提出	遺著
11月29日	松平忠敏、春嶽邸へ赴き相談、浪士赦免のこと	東維「枢密備忘」
12月１日	浪士取立について、今日決定するという噂	東維「枢密備忘」

12月２日	松平忠敏、春嶽邸へ赴き相談、幕府側人事案提出	東維「枢密備忘」
12月４日	松平忠敏、春嶽邸へ赴き相談、軍制洋式採用不可の件	東維「枢密備忘」
12月６日	松平忠敏が浪士頭になるとの噂	東維「枢密備忘」
12月８日	松平忠敏が明日呼び出されて浪士取立が採用されるとの噂	東維「枢密備忘」
12月８日	松平忠敏へ翌日登城通知	東維「老中達」
12月９日	松平忠敏、浪士取扱任命	続徳川実紀等
12月	杉浦正一郎、浪士取立て掛目付の内示	浪士一件
12月９日	松平忠敏、浪士取立ての人件費調査を命じられる	東維
12月11日	有志を取り立てるので講武所で試験する旨布達	続徳川実紀等
12月13日	松平忠敏、取り立てるべき浪士名簿提出	浪士一件
12月13日	松平忠敏、幕府側人事案提出	浪士一件
12月14日	鵜殿鳩翁浪士取扱任命の案文	浪士一件
12月	松平忠敏へ浪士募集を命じる案文	浪士一件
12月15日	池田修理、浪士取扱掛目付内示	浪士一件
12月16日	松平忠敏、春嶽邸へ赴き相談、拝領屋敷御手当金について	東維
12月17日	松平忠敏、春嶽邸へ赴き相談、浪士を収容する屋敷について	東維
12月17日	松平忠敏へ浪士人選を命じる案文	浪士一件
12月17日	共本勇五郎、浪士掛任命	浪士一件
12月18日	窪田治部右衛門、浪士取締り任命の内示	浪士一件
12月19日	正式人事発令、杉浦と池田は掛目付、松平と鵜殿は浪士取扱頭取、山岡と窪田は浪士取締に任命	東維
12月19日	松平忠敏に浪士人選・募集の命令	東維
12月19日	浪士取立て計画の予算面についての議論	浪士一件
12月20日	浪士の集合場所として松平忠敏へ本所三笠町もと小笠原加賀守屋敷下賜	藤岡屋日記・東京市史稿
12月20日	窪田の格式などについての布達	浪士一件
12月21日	窪田と山岡の格式や扶持などについての布達	浪士一件
12月21日	浪士取立て計画の予算面についての議論	浪士一件・続徳川実紀
12月21日	松平忠敏、清河八郎の赦免申請、池田・杉浦の意見添付	浪士一件
12月21日	松平忠敏、河野音二郎ら３名の赦免申請	浪士一件・東維

		「一色氏書類」
12月22日	松平忠敏、水戸浪士堀江芳之助・内藤文七郎の赦免申請	東維「一色氏書類」
12月22日	肥後藩士と長州藩士が浪士取立計画についての評判を噂	東維「投筆余編」
12月23日	天下浪士の張り紙を杉浦が記録	浪士一件
12月	佐山八十次郎と近山与八郎が掛右筆に任命	浪士一件
12月24日	山岡の席次について布達	浪士一件
12月	鵜殿に宛てた布達、手当て等	浪士一件
12月	塙次郎暗殺の斬奸状を杉浦が記録	浪士一件
12月	松平と鵜殿は松平が上席である旨の布達	浪士一件
12月	桃井春蔵や斎藤弥九郎ら講武所で支配する布達	「坤儀革正録」
12月27日	清河八郎をいったん投獄してから赦免する計画	東維「枢密備忘」
文久３年（1863）		
正月	松平忠敏、取り立てるべき浪士名簿提出	浪士一件
正月５日	清河八郎書簡、自分の身分がまだ自由にならない	東維「書簡」
正月７日	清河八郎書簡	東維「書簡」
正月７日	清河・山岡・松岡，土佐藩士小笠原茂敬へ面会	東維
正月10日	清河八郎書簡	東維「書簡」
正月12日	浪士取扱の役名を浪士取締頭取にする案文	浪士一件
正月13日	宇野八郎天誅に関する記事を杉浦が記録	浪士一件
正月13日	京都の浪士姓名を杉浦が記録	浪士一件
正月14日	松平忠敏、講武所剣術師範並に昇進	藤岡屋日記
正月16日	松岡昌一郎（万）浪士取締に任命	藤岡屋日記
正月18日	清河、正式に幕府に召し出し	東維「書簡」
正月19日	清河八郎は捕縛に及ばない旨の出羽庄内藩からの布達	藤岡屋日記
正月19日	噂「…浪士は本所辺へ御小屋出来と申事島原候藩中抔も此間其段申立八人出奔と申事壱ケ年拾両之給分扶持方稽古道具は従公辺被下候由刀は不相成脇差計と申事…」	東維「江戸風聞記」
正月21日	堀宮内、掛目付に任命	東西紀聞
正月22日	春嶽・杉浦・勝・坂本、京都へ向けて順動丸に乗船、浪士取立て計画について議論	「雄魂姓名録」「海航掌記」
正月24日	清河八郎書簡、幕府弁護	東維「書簡」
正月26日	松平忠敏、浪士取扱御役御免	柳営補任

正月26日	鵜殿「「京都え被差遣候条用意可致候」	東西紀聞
2月3日	鵜殿、五百俵加増	続徳川実紀
2月4日	浪士取立て希望者伝通院に集合	史談会速記録等
2月4日	浪士の取扱について目付土屋民部に布達	続徳川実紀
2月5日	再び伝通院に集合、道中の心得や組わけを布達	史談会速記録等
2月5日	鵜殿と山岡と松岡に御用金下賜	続徳川実紀
2月8日	京都へ出立	東西紀聞
2月11日	道中心得布達	浪士取締役廻状留
2月13日	「覚」（道中人事）	浪士取締役廻状留
2月14日	「覚」（駕篭使用について）	浪士取締役廻状留
2月15日	「覚」（火の用心について）	浪士取締役廻状留
2月15日	浪士組規定書	廻状留
2月16日	「覚」（将軍一三日江戸出立について）	浪士取締役廻状留
2月17日	「覚」（宿内休止について）	浪士取締役廻状留
2月17日	「覚」（芹沢鴨隊長罷免、後任近藤勇）	浪士取締役廻状留
2月19日	「覚」（組内人事）	浪士取締役廻状留
2月21日	「覚」（振舞酒）	浪士取締役廻状留
2月22日	山岡書簡	遺著
2月22日	「京地逗留中心得方之事」布達	沖田林太郎留書
2月23日	朝四時京都到着、京都町奉行所職員出迎、宿所割り振り	沖田林太郎留書
2月23日	清河実家宛て書簡	遺著
2月24日	浪士組学習院へ建白書	東維
2月28日	「覚」（人事）	浪士取締役廻状留
2月28日	「覚」（28・29日御所拝見について）	浪士取締役廻状留
2月28日	「覚」（浪士組の心得について）	浪士取締役廻状留
2月29日	浪士組学習院へ建白書	東維
2月29日	「覚」（新徳寺集合）	浪士取締役廻状留
2月30日	浪士組学習院へ建白書	東維
3月1日	伊達宗城浪士組建白書見る	「伊達宗城在京日記」
3月2日	山田官司ら浪士組追放	浪士取締役廻状留
3月4日	鵜殿に浪士組帰還命令	浪士取締役廻状留

3月5日	浪士組学習院へ建白書④	東維
3月5日	粗茶振舞い	浪士取締役廻状留
3月6日	浪士の心得・赤飯振舞い	浪士取締役廻状留
3月7日	翌日帰還について	浪士取締役廻状留
3月8日	帰還延期について	浪士取締役廻状留
3月9日	鵜殿書簡	遺著
3月10日	松平容保、二条城にて（京都・江戸）浪士の管轄を命じられ、鵜殿は、京都に残留するものは会津藩管轄となる旨、殿内らを通じて布達	会津藩庁記録
3月11日	高橋謙三郎浪士取扱任命	浪士取締役廻状留
3月11日	高橋書簡，帰府延期	遺著
3月12日	近藤ら、会津藩に建白書提出	志大略相認書・浪士一件
3月12日	藤本鉄石清河宛書簡	遺著
3月13日	浪士組建白書⑤	東維
3月13日	清河ら、江戸帰還	東維
3月13日	藤本鉄石ら会津藩へ挨拶	会津藩庁記録
3月15日	近藤ら、会津藩に挨拶，容保登城中に付家老・公用方面会	会津藩庁記録等

会津藩庁記録・志大略相認書・本多行忠日記
東維＝東京大学史料編纂所『大日本維新史料稿本』マイクロフィルム
遺著＝清河八郎遺著
その他、本文脚注参照

熊三郎や清河の妾お蓮は幕府に捕縛され、六月一七日に投獄される。(13)のちに清河が幕府に大赦をしきりに進言するのは、直接には池田や石坂を牢から出し、自らを無罪放免とするためである。

江戸を逃れた清河は諸国を遊説し尊攘派志士と語らい、浪士を糾合し攘夷挙行を目指す。文久二年五月には島津久光の上洛に併せて京都で挙兵し、親幕派の公家と京都所司代を襲撃する計画を立てるが、寺田屋事件によって果せずに終わる。清河が攘夷強行路線を軌道修正しはじめるのはこのころからで、様々なルートを通じて幕府に浪士（＝政治犯）の大赦を働きかけるようになる。

清河が浪士大赦を主張し始めた文久二年とは、冒頭で述べたとおり、文久の幕政改革によって、譜代勢力に批判的な家門の大名が新設の役職に付き、さらにその影響を受けて参勤交代が緩和され、松平容保の運動によって勅旨の待遇が改善されるなど、明らかに幕府の将軍―譜代独裁体制が変化を見せていた時期である。さらに、一橋と春嶽は安政の大獄で全国の有志の期待を集め処罰された代表格である。つまり幕府は独裁的な姿勢を改め、諸藩と融和し、挙国一致体制を作ろうとしていたのである。(14) 当時の世論の要求とは、詰まるところ諸藩の国政参加と、天皇を中心とした攘夷の実行（に向けた国是の確立）であるから、その道が大きく開けたことになる。幕府の変化・改革に期待する余地が生まれていたのである。

清河周辺でもこの変化は好意的に受け止められており、清河の同志の土佐藩士間崎哲馬の文久二年九月の清河宛書簡には、冒頭で見たとおり、勅使東下以降幕府の政治は変わり尊王攘夷に進んでいるという現状分析のもと、幕府を補助して、天皇を推戴し国論を統一して攘夷に邁進したいという展望が示されている。清河の浪士の大赦・取立計画は、幕府に対するこのような期待が前提で為されるのである。

清河の書簡に始めて「浪士の大赦」があらわれるのは文久二年閏八月の父に宛てた書簡で、以降伊勢神宮の外宮祠官山田大路や一橋公や土佐公、老中板倉や山形公などの大名、江戸の同志の山岡鉄太郎や講武所の教授方七人など数人の旗本が協力してくれており、また幕府も変わってきているので、早い時期に叶うだろうとの見通しが述べられている。(15) 講武所が中心となるのは、当時山岡が講武所で剣術世話心得を勤めており、山岡の義兄の高橋謙三郎も当時講武所の槍術師範を勤めていたからであろう。そして、後述する浪士取立計画のもう一人のキーマンとなる松平忠敏（主税助、のち上総介）も、当時講武所剣術教授方を勤めていた。当時の清河の現状認識が示されているのが、以下の建白書である。

〔史料一〕

上幕府執事書

臣聞之上下同心、君臣戮力者、事無不済、上下相蒙、君臣異志者、功無不随、方今之時、公武漸合、上下漸穏、将以趣隆盛之治、士民皆仰首而望之、然猶有未安人心者、於是臣昧死謹献書於闕下、冀取先民詢于芻蕘之言、莫以庶人不議之故廃之則幸甚、所謂所以未安人心者、大赦之令未偏是也、臣観頗年天下之所以淘淘不穏者、莫不由人心之危、而人心之所以危者、莫不由政事之急也、蓋急之愈危、危之愈激、遂至於生不測之変、不可不深察也、自夷事起、①公武懸隔、上下不相交、朝廷有掃攘之旨、則幕府成講和之説、勉与夷相約結、是以天下人心、頗不安、有志者亦皆自犯其分、遂傾心於朝廷、感奮之余、或大義離其主、去国亡家、以周旋于四方、或大孝遺其親、殺身棄族、以奔走於国事、蓋欲上安宸襟於泰山、輝神州之威徳于天下万世、下救生民於塗炭、斥腥羶於七道而已矣、此誠有公而無私、可撫可愛者、而當途之人、不深察其情実、一概目之、以乱化毀治之俗、極迹而追捕之、悉国而捜索之、殆使有志者跼蹐而歩、甜口而言、於是乎遂生戊申之変、冀去内奸而及外寇也、豈非急之愈危、危之愈激乎、蓋亦天命人心之所帰向、遂至於此極焉耳矣、然猶当途之人、不能感悟之、愈守其弊、親睦夷狄、而捜索有志者、莫年而不紛紛焉、於是乎、又生東禅寺之変、冀以為絶外之漸矣、然猶莫復其正、益昵親夷虜、所欲与之、所請許之、事芟除有志者、日甚一日遂至欲旋伝　天位、以肆其所欲為矣、夫天下所仰者、昊天所恃者　聖明之大君而已、今則欲廃斥其所甚尊仰者、以放其所甚痛苦者、誅除有志年益不已、於是乎有志者、莫所措其身、或有奔鎮西、唱動其義気、以西今春京師之大変者、或有不堪其感奮、遂生坂下之変者、豈不亦急之愈危、危之愈激者乎、因是観之、国不易其政令、欲以駆盡有志者、愈芟之、愈出之、遂為国家無窮之憂、蓋亦神州之所以為神州者、果使莫有志者乎、臣懼朱離左袵之俗、蔓延於天下、必至莫如何、然則此誠可愛可撫者、而直目之為乱化毀治之俗、不亦甚乎、今也公武既合、天人舒怒将与天下更始、而大赦獨限於在上未偏下民何也、夫囹圄之痛苦、一日猶年、非若夫在上幽廃之此也、而彼輩已聞大政既改、日夜翔首而望之、而滝滞如此、或幽憤没身、則冤気充塞、必為無霊之祟、此非獨国家失幾有志者、懼触天地鬼神之怒、必妨至治之化矣、何者此輩皆有公無私、忘身家竭国事、曾無他慮者、仮一旦犯官禁、固與他刑徒異其趣、則天地鬼神之所冥護、其豈可誣哉、且夫為之父、為之子、為之兄、為之弟、為之友者、其初未必有其志、一旦為之所逮坐、義不可自已、感憤激厲為発其志者、或為之散財喪家、以流亡其身者、固不可挙数、則知一人陥囹圄、必激発数人者、此亦芟之愈出之理、豈曰資治補化之方或、夫草莽有志之所以感奮者、未必不由任上有志之感奮、而在上有志之所以感奮者、亦未必不由草莽有志之感奮、此乃上下相待而并行者、②今也大赦獨行於在上、而不達於在下、亦豈無偏無党之道哉、故方今之時、欲安天下人心、莫若疾行大赦也、変故已還、苟為国事犯罪過者、無大無小、悉復其舊、或可贖之放生者、弔死者、勉行度外之令、域外之法、則天下誰敢不服其大恩感其大義、以致其力於　幕廷乎、或有無霊犯化者、為之父兄族友者、固服其大恩、必訓導誘引之、回之於正道、以給他日報国恩之万一矣、此人情之理、易自観者、若夫為之小吏者、累其小嫌、或懼他日解其怨、或為下輩不足以軽重、則亦不知志士之情実者、乃危之急之之道、其勢必至於生不測之大変、以沮至治之化矣、何則獣之困、猶且闘之、矧抱天地之正気忠貞報国家、有公而無私者、仮不幸斃於囹圄之中、精魂固已磅礴乎天地之間、万万莫愧於地下神霊、則豈有何所顧慮、而不感発哉、因是観之、大赦誠今日之急務、願執事熟計而行之、則天下皆戴蘇息之鴻恩矣、夫方非常大有為之時、使驥騏束其足而屈之槽櫪、此亦助寇資敵之術、雖欲與天下更始、其可得乎、今乃疾反其道、大行度外之令、域外之法、使人人悉回其心力、以皆致我治、則上下同心、君臣戮力之道、天下何事不可済、　皇徳之軒天地、　幕威之輝四方、須数日而待之而已矣、臣眷捲之情不能自已、愚直以犯尊厳、莫敢以文飾累明察、唯願熟刑之、臣惶懼惶懼、頓首頓首再拝謹白、文久二壬戌閏八月下浣某日、

某作是書於水国潜処、便託之於東都同志某々両士、以速上之　閣下、但匿名書耳、[16]

（＊傍線丸数字引用者、以下同様）

ここでは、①公武が懸隔し朝廷は攘夷を、幕府は講和を主張し、天下の人心は不安になり、（我々浪士は）朝廷に心を傾け、感奮のあまり国を離れ四方に周旋し、家族を捨てて国事に奔走しているという現状認識が示され、②文久幕政改革の成果である一橋派の復権について、今年大赦が行われているが、それはいまだ在上の者に限られており、是非とも在下の者の大赦を行い、国事犯であるから、生きているものは放免し、死者は弔うとの域外の（領主権を超えた）令を施行すれば、天下の人々はその恩に感じ、幕府や朝廷に力を尽くすだろうとの見通しが示される。この一旦罪を犯したもの、というのが投獄されている池田や石坂、そして清河自身をさすことになる。

しかし、清河の大赦の願いは僅かに間に合わない。九月二一日に清河が父に宛てた書簡には、弟の熊三郎は無事だが、閏八月にお蓮が獄死しそのほか四名の同志も獄死したことが述べられ、お蓮については実家で妻として葬るように依頼している。お蓮の死は清河にとって大きなショックだった様で、同日に母に宛てた書簡には「さて又おれんこと、まことにかなしき、あはれのことといたし、ざんねんかぎりなく候…まことにかなしきこといたし申候…はかなくなりて、まことにざんねんに御座候…なにとぞ私の本妻とおぼしめし、朝夕のえかふ御たむけ、子供とひとしく思召…御たむけのほど、ひとへにねかひ上もふし候…うきめにて死にしことこと、かなしくかきりなく候」と、くり返しお蓮を失った悲しみを述べ、実の妻として我が子同様に祈りを捧げるよう願っている[17]。幕府に対して期待を持てるようになった一方、同士が危機に瀕している、というのが当時の清河の置かれた状況である。

2　松平忠敏と浪士取立計画に向けたロビー活動の展開

本稿のもう一人の主人公である松平忠敏（主税助、のち上総介）は、徳川家康次男忠輝を先祖に持つ長澤松平家の出である。ただし、この長澤松平家は、三河長澤に三〇〇石分の芝地を下賜され、交代寄合に准じ五年に一度出府を許されるという特殊な家だった[18]。忠敏にはこの長澤松平家を再興させたいという宿願があったようである。忠敏は柳剛流の遣い手の剣術家として知られており、幕府が直参の武術奨励のために安政二年（一八五五）に講武所を設立したさい、部屋住の身でありながら剣術教授方に任用される[19]。また、宮地正人によれば、熱心な平田国学の門人であり、安政の大獄にさいし、幕府の内情を平田国学の拠点気吹舎にもたらしているという[20]。そして、忠敏の更なる上昇志向が浪士取立計画の実現につながるのだが、その点については後述する。文久二年当時、清河の同士でもある旗本山岡鉄太郎は講武所で剣術世話心得を勤めており、おそらく山岡を通じて、松平忠敏は先に見た清河とその提案を知ったと考えられる。

清河と松平が働きかけたのは、幕政改革によって新設された政事総裁職を務めていた松平春嶽である。春嶽周辺の動向を記した「枢密備忘」の九月八日の状に「松平主税介殿罷出御逢被相願清河八郎呼寄浪士鎮定之策を施すニ付犯罪之者へ逢対忌諱被触候故伺度趣之其上ニ而周防殿も相伺度趣故御取次ニ而伺済周防殿も御咄置可被成御答之[21]」とある。松平主税介とは松平忠敏のことで、この記事から、忠敏が春嶽にたいし、清河を呼び寄せ当時治安を乱していた浪人を取り締る方法を献策したことがわかる。また記事の中に「周防殿」とあるが、これは当時の幕府老中板倉勝静のことで、忠敏を通じて老中と政事総裁職という当時の幕府の最高部まで浪士大赦計画が届いたことになる。

清河の一〇月二八日の父母宛書簡によると、閏八月に水戸に滞在していた清河は、江戸にいる山岡らを通じて書を呈し浪士の大赦を請うたとあり、その書がおそらく先に見た「上幕府執事書」である。そして、この上書を受取った春嶽が、九月八日に忠敏を通じて清河八郎のアイデアを諮問したことになる。続く「枢密備忘」の記事には、一二日に「松平主税介殿来訪昨日周防守殿へ内意相済ニ付直様密使指出由」とあり、一八日には「松平主税介殿罷出隠伏之徒党鎮定不容易趣内訴有之失却も有之付金五十両為持差越」とあることから、以後松平は春嶽の資金援助のもと清河を使った浪士対策の実現を目指すことになる[22]。

その後も忠敏は、一〇月二日・六日・一一月七・八・一一・二九日、一二月一・二・四・六・八日と頻繁に春嶽のもとを訪れているが、案件は浪士の扶持や手当、取り立てに必要な予算、自分のポスト、幕府内での見込み、集めた浪士を集合させる屋敷の確保などである。そして粘り強い活動が実を結び、浪士取立計画の建白書が一〇月二一日に三奉行で評議されることになる。

三奉行の評議にかけられた忠敏の建白書が、以下の「文久二年十月十八日　講武所教授方松平主税助上書」である。

〔史料二〕「文久二年十月十八日　講武所教授方松平主税助上書」

国家無事なれ者奇才異能之士も縄墨に随ひ居候得共少々事有に当りてハ卒然崛起して其志を伸んとするは千古常情に御座候故に天下動揺之間人才常に多し然といへとも当今　聖明在上①匹夫下郎の国事を議すへき時にあらされとも外夷来航依頼公武の御間柄何となく齟齬の御模様あり此時に当りて②井伊大老一己の私情を恣にし上下賢能の士を幽閉退去せしめしより慷慨激烈之士奮起して庚申桜田の変を生し其後種々之事共有之終に今年京都の騒動に及へり　是より先　③和宮様御婚儀ニテ　公武之御間柄御一和之訳には候得共兎角物議紛々として草間之有志共或ハ京摂に潜居し或ハ東西に奔走して其党を結ひ候風説相聞へ候此徒等素々　幕府を奉恨候にハあらす只外夷の強梁を悪といへとも一旦和親交易御許容有之候上は彼徒等如何様扼腕切歯致候而も為へき様無之折柄近来被対　京師関東御不都合之次第も有之候を以慷慨激烈之説を唱え④或ハ薩人を語らい或ハ長人を結ひ漸々之を主張し諸侯をして其気を激励せしむるに至る是を以天朝へ内奏致し　天朝より攘夷之勅を頻りに下し給ふ　幕府　勅意を遵法し給ふといへとも一朝一夕之儀ニ能ハさるを以て彼徒激烈火之如く憤り日夜心思を凝し居候併し此徒元より　幕府を強て奉恨候者ハ無之候間彼薩長等に寄属するものを始め⑤四方に散乱致し居候有志共を諭して　幕府御引付たとへ彼徒に罪

を犯し候者も寛太之御処置にて御赦免有之潜鼠の苦を免れしめ何とか一方之御用途に御用ひに相成候ハ、再生之御鴻恩を奉感戴心命を抛ち御奉公申上候儀必然御座候扨右之四方に散乱致し居候草莽有志之者共を引出し候をハ彼等素より義を以党を結ひ居候者ともに候得ハ⑥其党之中近に在者三五人を探出して幕府の難有を知らしめハ一封之書にても相集り可申候且又恐入候事にハ候得共来春御上洛之節此者共を供奉有志中何れの部下になり共御附被遊候御召連に相成候ハ、諸藩をはしめ京摂間之人心も之か為に相革り御一筋にも相成可申候此者とも御奉公之廉相立候得者万々一非常之儀有之節者身命を抛ち相働き候事ハ必定に御座候尤も此等之彼御附被成候ハ、⑦能々其人物を御撰被　仰付候事専要と奉存候右等之徒駕御之術を失ひ候得ハ如何なる大事を醸し出候も難計大切之事御座候右之通御取立に相成候ハ、長薩之外とも　京師之内　奏答申上候儀者自然相止之可申候右ハ必竟流浪有志之者共薩長土之遊説致し薩長土此期に乗して起り立候儀ニ候得共右浪士共立退且　幕府におゐて真実　叡慮御遵法被為在⑧全く公武御一和正大洪明の御処置にさへ相成候へハ長薩といへとも為へき様なく　幕府に奉腹事候之外有之間敷野心等可挟道理ハ決而無之儀と奉存候何れニも⑨当節才能之浪士共を　幕府之御手に属せしめ言路を開き能志を攬り候ハ、天下人心悉く　幕府に帰嚮上下一致候様御処置有之候儀当今之御急務と奉存候ニ付不憚忌諱愚意之段申上候御賢考之程奉仰候已上

戌十月十八日

松平主税助(23)

松平の主張を傍線部から確認すると、①本来政治的発言権を持たない匹夫下郎が国事を議していることを問題視しつつ、②井伊大老の失策によって桜田門外の変から寺田屋事件に至る一連の浪士問題が発生し、③和宮降嫁による公武合体も浪士問題を鎮静するには至っておらず、④浪士や諸藩が朝廷に入説して運動しており、⑦制御を失えばどん

な騒動を起こすとも限らないとの現状認識が示され、その解決策のため、⑤浪士を大赦して御用に立てれば恩に感じて幕府のために働くだろうとの見通しが示され、具体的には⑥浪士の徒党のうち、江戸近在の者数人を探し出して幕府のありがたさをしらしめ上洛に供奉させれば幕府のために身命を擲つ⑧浪士を登用して公武合体の実を挙げれば薩長といえども幕府に信服するはずとの計画が示され、⑨才能の浪士を幕府に属せしめ言路を開けば、天下人心は幕府に帰依するはずとの結論が示される。すなわち、安政の大獄以来激化した浪士問題を解決する（浪士鎮定の策）ために、江戸近辺の浪士のリーダー格を探し出し、幕府に登用して将軍上洛に供奉させれば、浪士はもとより天下人心も幕府に向かうはずというのが、忠敏の計画の骨子である。間崎の書簡に見られた、浪士・藩士の希望をくみ取りつつ、幕府の内政問題を解決し、幕府の軍事力に充当するという一挙両得の計画である。寺田屋事件に際しての島津久光同様、浪士達を「匹夫下郎」と称するなど、国政参加を限られたもので専制的に行う志向が見られる一方、当時の浪士達が求めて止まなかった「言路を開く」道を示すなど、旗本中の名門でありつつ、剣術家・平田国学門人として浪士や藩士とも交わった松平ならではの計画であった。

一方、清河も春嶽に対し再度献策を行なっている。[24]「急務三事」とも称される清河の主張を一一月一二日の「上幕府大執権春岳公書」から見ると、国家存亡の危機にあって「急務三事」は①攘夷②大赦③天下之英材教育というもので、この三点は、攘夷をするためには人材の登用が必要であり、そのためには有意なものの大赦が必要であり、またそれを長期的なものにするためにも英材教育が必要であるという形で結ばれている。

清河の二度にわたる建白書では、公武合体を実現するために、現在行われている大赦の範囲を拡大するべきだという主張をベースに、非常のときにあってはむしろそのような浪士こそ幕府が任用するべき人材で、そのようなものを取り立てれば、それらのものは幕府に忠誠をちかい御用に立つはずである、という、（反幕府的な）浪士を大赦して取り立てることで、公武合体の実が挙がるという案が示される。ただし、この前提は幕府が攘夷をすることである一方、清河の攘夷が「不可一概拒之、則開箱館一港」と、単純攘夷ではない点も重要であろう。また、これによって「回天の大業」がなると主張している。この「回天」は、従来討幕と解釈されていたキーワードであるが、幕府の中枢にいる春嶽に宛てて回天の大業がなると主張していることからも、「回天」が討幕ではなく「（尊王）攘夷」と同義と考えるべきであろう。

清河と忠敏の建白を比較した場合、清河の建言が抽象論であるのに対し、忠敏のはより具体的に現状分析がなされ、現実的な対策法・見通しとメリットが詳細に記されている。清河の提案を、忠敏が、幕府の内情に沿った形で具体化したといえるだろう。また、浪士対策の内容から見れば、清河の提案はあくまで浪士の大赦で、浪士を幕府に取り立て、将軍上洛に供奉させると主張するのは忠敏である点も留意する必要があろう。

こうして清河の浪士の大赦計画は、松平忠敏の手によって、浪士の大赦⇒幕府への取り立て⇒上洛供奉、という形で政策化し、これ以後忠敏の案をベースに進む。そして清河は忠敏が挙げた、江戸近在の、最初に罪を赦し取り立てるべき筆頭として位置付けられていく。

3　目付杉浦正一郎の建白書

こうして実現に向けて動き出した浪士の大赦・取立計画であるが、これまでの過程で、春嶽が清河・松平から持ちかけられた献策を相談したのが、当時目付を勤めていた杉浦正一郎である。杉浦は誠・梅潭ともいい、後に最後の箱館奉行に任じられた人物としても知られている。(25) 杉浦は、松平の献策に関する春嶽の諮問に対し、一一月四日に老中格小笠原長行を通じて以下の返答を提出している。

〔史料三〕

杉浦正一郎建白書

今度評議に御さげなられ候松平主税助建白仕候諸浪人御宥免之儀、熟考仕候処、①主税助儀一時之機會ニ乗し、雲路ヲ求メ候譏りは免れ難く候得共、書面之趣にては、何れにも奉對御為拂心底申上候儀にて、方今之御時勢、②浪人共此まゝに差置れ候ては、追々に滋蔓あいなり、尚このうえいかようの暴行あい働くべくも計りがたく、その都度々々御威光にも拘り候段、深痛心仕候、固り浪士ノミニ候得は、速に御成敗もこれある候得共、諸大藩之関係も少なからず、③加之尊王攘夷の説ヲ唱へ候故、御所置之程甚御手重に付、是迄御因循あそばされ候儀にて、④此度勅使参向ニついては、御程合はかり難く候得共、何れにも勅諚御受に相也候儀に候ハヽ尚更之儀に付、主税助申立候通断然御許容相成、⑤寛大之御仁恵を以浪人共罪科御宥免にて御傭上ヶに相成、主税助江主宰仰付られ候ハヽ、浪士共御徳澤に奉感服平穏相成べきや、もしその上にて壱人たりとも不良之所業これあり候ハヽ、厳敷御罰しこれあり候段、かねて当人ともへ仰渡らるべく、⑥右様御英断相成候ハヽ、人意之度外ニ出、世上之耳目を一新仕、御政事御変革尋常ニはこれなき段、京師は勿論諸藩へも自ラ相響き、かえって折合方ニも相成べきや哉ト奉存候、古より、良将は無頼を以善良に換候は、即駕馭之術に工なる故ニして、彼塙團右衛門・可児才蔵之徒、素　善良之士にはこれなく候得共、良将ニ役使せらるれは、各粉骨を盡し分外之軍功も相立申候、是は駕馭之術ニ工成ニて御座候、然れば、無頼を以善良にかへ、一箇之千城に当らせられ候様仕度、是当今之急務と奉存候、⑦よりては主税助建白の次第、御許容相成候方向然儀と存じ奉り候、尚御取締筋の儀は追々申上べく候、已上

戌十一月　　　　杉浦正一郎

松平他姓に主税助建白之儀ニ付申上候書付　杉浦正一郎(26)

ここで杉浦は、松平の建白に対し①途方もないものではあるが②浪士達をこのまま放置していては暴発するかも知れず③しかも、尊王攘夷を唱えている以上、全面的に取りしまることもできず、④勅使が江戸へ向かっている段階においてはなおさらであるとの現状認識が示され、従って⑤寛大の処置で幕府へ雇い上げ、松平主税助に主宰を命じれば、⑥世間へ与えるインパクトも強く、幕府の改革姿勢が本物であることが京都や諸藩にも伝わるかもしれないので、⑦この献策は採用するべきであるとの結論が示される。

以上三者の認識からは、清河の主張が、公武合体の実を挙げるためには大赦が必要、というのに対し、松平はこれを浪士対策として政策化しており、そこでは浪士大赦・取立が井伊政権と決別した政権像を世間にアピールすることにつながると考えられている。その具体的な方法として、江戸近在の浪士のリーダーを幕府に付属させて将軍上洛に供奉させるというもので、反幕的な浪士を幕府が取り込むことによって、幕府が融和姿勢を見せているアピールにつながるとしている。そしてこの点は杉浦も支持しており、目付の賛同も得た上で、幕府の浪士取立計画は、いよいよ実現に向かうのである。

二　幕府浪士取立計画の実現

1　杉浦梅潭「浪士一件」

三奉行の評議・目付の諮問を経て、浪士取立計画が動き出すのはのは文久二年一二月九日で、浪士を管轄する人事が発令される。浪士取扱に松平忠敏（講武所教授方は兼役）が任じられ、翌一〇日には、浪士を取り立てた際に必要な人件費の見込を検討するように申し渡される。そして杉浦も、目付として浪士取立を管轄するよう命じられる。杉浦が浪士取立管轄を命じられて以降綴られるのが「浪士一件」である。

ここで「浪士一件」について書誌的な情報を紹介しておこう。(27)「浪士一件」は現在国文学研究資料館において、特別文庫「杉浦梅潭文庫」の一部として収蔵されている。形状は横半帳で、表紙には「文久二壬戌十二月より　浪士一件」と記されており、杉浦が浪士取扱の目付の内辞を受けたことからこの記録を付け始めた事が伺える。一頁に一五行の罫紙に、五六頁にわたって記事が記されている。料紙が罫紙であることから、後年に杉浦自身が編纂しなおしたものである可能性もあるが、幕末期には罫紙は流通しており、また後年の編纂物に見られる記事の付け足しの痕跡なども認められない。記事が収録されている期間は文久二年十二月十三日から翌文久三年五月までの間で、便宜上、記事の上に付されている「△」の印を一つのまとまりとすれば二九件の記事が記されている。

そして、「浪士一件」の最初に記されているのが次の「浪士一件」①の記事である（＊以下、「浪士一件」の記事を○囲み数字で記す）。

〔史料四〕
文久三壬戌年
十二月一三日松平主税助より差越候書面

庄内産　　清河八郎
芸州産昨年入牢　　池田徳太郎
当九月出牢
下総産昨年入牢当十一月　　石坂宗順

出牢
水戸産先年入牢此節　内藤久七郎
出牢
水戸産先年入牢此節　堀江芳之助
出牢
水戸産先年遠島当時　杉浦直三郎
揚屋
水戸産当時　稡塚行蔵
牧助右衛門家来
筑前産　磯新蔵
常陸土浦産当時寄合　大久保杢之助
水野国之助家来
土州産　坂本竜馬
当時浪人
伊勢産先年箱館御雇　松浦竹四郎
当時浪人
阿州産　村上俊五郎
当時浪人

これは、幕府の命を受けた松平忠敏が、目付杉浦正一郎に対し、取り立てるべき浪士の名簿を提出したものと考えられ、清河八郎を筆頭に一二名がリストアップされている。この人選の特徴は、清河や池田徳太郎・石坂宗順・村上俊五郎らのちに浪士組の中心となる面々だけでなく、内藤や堀江といった水戸系の浪士で、桜田門外の変や東禅寺事件で罪を得て入牢していたものが多数いることが指摘できる。この記事では、続けて当時入牢中である堀江と内藤と杉浦についての詳しい経歴が付されており、大赦の優先順位はそちらにあったのかもしれない。この中で異色なのは坂本と松浦武四郎で、坂本については後述するが、松浦は蝦夷地探検でも知られる浪人で、攘夷を主張したことはあるものの、この名簿にならぶと違和感がある。

続く「浪士一件」②では「十二月十三日周防守殿御下り主税助より差越候書面」として幕府側の人事案が記されているが、そこに名前の挙がっているのは「講武所槍術師範役並　高橋謙三郎」「同剣術教授方　中条金之助」「御代官林伊太郎」「同　安藤伝蔵」「講武所剣術世話心得　山岡鉄太郎」「田安殿奥詰　窪田治部右衛門」「隠居　川路敬斎左衛門尉事」「同　鵜殿鳩翁　民部少輔事」で、後述する実現したものとは多少異なっている。この面々を分析すれば、高橋や中条、山岡や窪田といった剣客と、林と安藤の勘定所系、そして川路と鵜殿という、当時すでに第一線を退いていたもと高官ということになる。このうち、川路と鵜殿はともに安政の大獄によってそのキャリアを断たれ隠居していたもので、先の大赦すべき浪士の人名に水戸藩士が多く挙げられていたことと併せて考えれば、この人選は、現政権が井伊政権とは完全に一線を画すものであるとのアピールとも取れる。安政の大獄で処罰されたものの復権で始まった文久幕政改革は、この浪士取立計画にも色濃く反映しているといえるかもしれない。

以降の「浪士一件」は人事に関する記事がしばらく続く。③④は鵜殿と松平忠敏を浪士取扱に任じる際の文面案、⑥は杉浦が老中である板倉勝静へ上げた、松平忠敏に浪士の募集を命じる文面案、⑧は②の人事案にもあった、窪田を浪士取締役に任じる際の文面案である。また⑤では池田修理が浪士掛目付の相役に任じられたことが記され、⑦では共本勇五郎が浪士掛に任じられている。これらの記事は「周防守殿え上ル」などと記されており、杉浦らが検討した案文を上申したものであることがわかる。

これに続く「浪士一件」⑨には興味深い記述がある。

〔史料五〕

十二月十九日　周防上殿江上ル

御勘定奉行勝手掛之義申上候書付　両名

浪士取扱之儀松平主税助被　仰付候ニ付而者御勘定奉行之掛り不被　仰付御座候者御用弁も不宜候間小栗豊後守え

被　仰付候様奉願候　仍之御通案左ニ奉申上候

小栗豊後守

浪士取扱之儀松平主税助江被　仰付候ニ付御入用筋も可有之候間掛り被　仰付候間諸事池田修理杉浦正一郎申談可

被取計候事

有志之者御扶持方之儀申上候書付　両名

有志之者引寄せ候上取扱方之儀其才知人柄ニより仕向之形色多少も金銀も平均致し壱人拾人扶持之積先以弐拾人分

も御渡金被下度候事

弐拾人分金弐百人扶持之但壱ヶ月分

この記事では、浪士取立計画を実現するにあたり勘定奉行の管轄が決まっておらず、今後資金面で何かと不都合があるかもしれないので、当時勝手掛勘定奉行（陸軍奉行兼帯）を勤めていた小栗豊後守（忠順）に管轄を依頼するアイデアが、杉浦と池田の両名から出されている。これが実現したかどうかは定かではないが、松平忠敏が浪士取扱に任じられた翌日には人件費の見込みを提出するよう申し渡されていることからも、幕府は浪士取立計画の資金面には充分気を配っていたことがわかる。それに続いて浪士を集める際の支給する扶持はその才知人柄によるが、平均して「壱人拾人扶持之積」とし、二〇人分を前渡しして欲しい旨が杉浦と池田から申請されている。

一二月一九日、浪士取立に関する人事が本格化する。まず先に見た目付の杉浦正一郎と池田修理が浪士取扱目付に、先に浪士取扱に任じられていた松平忠敏に加えて、鵜殿鳩翁も浪士取扱方頭取に、更に山岡鉄太郎と田安殿奥詰の窪田治部右衛門が浪士取締にそれぞれ正式に任じられ、これで浪士取立に関する基本的な布陣が整う(28)。そして同じく一九日に、老中から池田修理と杉浦正一郎を通じて松平忠敏に浪士を集めるよう申し渡される。

〔史料六〕

松平主税助

此度御政事向追々御改革被遊候ニ付而者浪士共之内有志之輩御集メ相成一方之御固可被仰付尤篤遂探索を一旦之過失有之候か又者游惰ニ耽候共改心之上尽忠報国之志厚輩既往之儀者出格之訳を以御免し之儀も可有之候間其心得ニ而名前取調早々可被申聞候事(29)

ここでは、一〇月の松平の献策に添った形で、浪士を集めて「一方之御固」にするため浪士達を探し出し、たとえそれらの者に過去の過失があったとしても、改心して「尽忠報国之志」が厚ければ特別に免すので、それに該当するものの名前を挙げるように申し渡されている。なお、先の正式人事やこの松平忠敏に対する辞令は、いずれも「浪士一件」中では、その数日前の③〜⑧の記事での杉浦らからの上申を踏襲したものであり、幕府内での政策立案過程の一端が看取されるやり取りでもある。

松平は一二月二〇日に本所三笠町のもと小笠原加賀守の屋敷を、建物とともに下賜されているが、これは募集した浪士を集めておく場所として松平忠敏がかねてから内偵をすすめていたものであり、のちに浪士屋敷と呼ばれることになる。(30)屋敷が一八〇〇坪の広大なものであることから、相当の人数を収容するつもりであったことも推測される。

浪士の取り立てについては、従来文久三年正月に触れが周り、それが近藤勇らの耳にも入ったとされているが、松平が浪士取扱に任じられてすぐの文久二年一二月一一日にも浪士の募集が江戸市中に触れ出されている。

〔史料七〕

一

大目付
御目付江

当節武術専ら御引立之折柄ニ付。諸家々来并浪人等ニ而。槍術。剣術熟達之者。近々講武所ニ於て。業前見置可申候間。有志之者ハ名前取調。大目付。御目付之内江。可被差出候。尤流儀并年付共相任。早々可差出候事(31)

この布達は「目付」「浪人」「講武所」「有志之者」とある文面から考えても、これまで見てきた一連の浪士取立に関するものであることは間違い無く、また『幕末御触書集成』や『江戸町触集成』にも収載されていることから、江戸市中や周辺村々に向けて伝達されたものと思われる。おそらくこれを受けて、市川慎編纂の「坤儀革正禄」の文久二年一二月の項では、松平忠敏に関する記事に続けて「槍術熟練」として「浪士酒井要人」「同清水昌蔵」が、「剣術熟練」として「南八丁堀浪士　桃井俊蔵」「三番町同　斎藤弥九郎」「本所亀澤町同　団野源之進」がそれぞれ召抱えられて講武所奉行支配となる旨が記されている。[32] これまでの経緯との関連は不明だが、浪士募集は複線的に行われていたということであろうか。

「浪士一件」⑩⑪の記事では、窪田と山岡が任じられた浪士取締役の役料が拾人扶持で、格式が小十人上席であることが記され、浪士取立の予算がまずは百人扶持確保されたとの、松平忠敏に宛てた通達が付されている。

一九日の辞令を受けて松平は、早速二二日に、投獄されていた水戸浪士堀江芳之助・内藤文七郎、手配中清河八郎の赦免を申請している。[33]「浪士一件」⑫の記事には「同日周防守殿え御直ニ上ル」として松平の清河評が載せられているが、それは「有名之英士ニ而文武兼備且尽忠報国之志厚キ者」であるから、赦免した上で自ら身元を引き受け他日国家の御用に立てたい、というものだった。そしてそれを受けた池田と杉浦の意見では、このまま許すのは不都合もあるが、非常の改革のさなかで清河は「同盟も不少浪士中渠魁」で「浪士引寄セ」のためには「渠魁」である清河の赦免がどうしても必要なので、「非常之英断」をもって過失を許せば、「浪士共無謀之暴発」を防ぎ浪士を引き寄せるためにも役立つだろうとしている。

⑫の記事では、続けて河野音二郎・山川竹蔵・鎌田昌琢の赦免も申請され、また先に赦免が申請された水戸浪士の堀江と内藤について、赦免後水戸藩に帰藩させる方針が記される。この両名はのちの浪士組にも参加していない。この点から考えると、この段階ではまだ具体的な集団（組・隊）を志向しておらず、赦免された浪士が必ずしも幕府に取り立てられるものでもなかったようである。計画の狙いはあくまでリーダーとなる「渠魁」を集め、それによって四散して妄動する浪士達を幕府に結集しようというもので、浪士の巨魁をいわば磁石のようにして浪士を一纏めにし、幕府の管轄下におこうというのである。

「浪士一件」の記述の特徴として、当時の浪士が巻き起こしていた事件に関する記事が収録されている事がある。

⑫の記事では天下浪人の張り紙が、⑯では暗殺された塙次郎の斬奸状が、⑳では宇野八郎の天誅に関する記事がそれぞれ収録されている。

⑬以降は再び人事に関する記事で、⑬では右筆の佐山八十次郎と片山与八郎が掛右筆に任じられ、⑭⑮では山岡と鵜殿の格式や職務が通達されている。⑰では松平と鵜殿の席次について、松平が上席であることが通達されている。

こうして文久二年一二月に実現を見た浪士取立計画は、幕府側人事・予算確保・浪士探索人選という形で進展し、二〇日前後には幕府側人事が確定し、大赦すべき浪士として水戸の堀江・内藤、出羽の清河が挙げられ、幕府に取り立てるべき筆頭が清河となる。

2　文久の浪士達

年が明けた文久三年の最初の記事が次の「浪士一件」⑱である。

〔史料八〕

主税助より差越浪士姓名

筑前浪士　平野次郎

久留米水天宮神主　真木和泉

去春出奔人之内

土州平士不勤之　間崎哲馬

もの之内

土州領内郷士去春出奔人　坂本竜馬
之内当時浪人
浪人元京都中山家之臣　田中河内
当時薩州ニ而遊育
浪人京三条御幸町住居　藤本津之助
浪人京三条川原町住居　飯居簡平
勢州松坂住居紀伊殿領分郷士　世古格太郎
同　登戸一郎
久留米藩士去春出奔人　原道太
之内
河内富田林郷士　水郡善之助
肥後平士　宮部鼎蔵
薩州平士　大島三右衛門
同　伊牟田尚平
同　益満新八郎
肥前平士　枝吉杢之助
長州医師　久坂玄瑞
京綾小路　西村藤蔵
東洞院

甲州郷士　土橋鉄四郎
信州稲荷山郷士　松木右衛門尉
水戸殿領分郷士　田尻新助
同　木村三穂助
同　西丸帯刀
相馬　岡部正蔵
同　西貫之助
同　氏家謙之助
仙台　桜田藤助
同　戸津宗之丞
南部遠野　江田大之進
浪人生国武蔵　安積五郎

これは①に続く浪士の名簿で、「主税助より差越浪士姓名」とあることから、松平がその後継続して調査をすすめていた当時の浪士中の「渠魁」のリストである（＊枝吉と田中は既に死亡）。後述する清河の書簡によれば、当時清河は松平邸に奇遇して浪士の選抜にあたっていたとあることから、この名簿は松平の諮問を受けて清河が作成主体となったかもしれない。それだけにそのメンバーには、清河とこれまで行動をともにしたものが多い。安積・伊牟田・益満・間崎は虎尾の会の同志で、平野・真木・田中・原・伊牟田らは文久二年の京都挙兵計画の関係者であり、仙台藩士の桜田と戸津は、清河と頻繁に書簡を交わしている。藤本は鉄石とも号し清河の生家を訪れたことがあるほどの交流があり、そのほか飯居・世古・原・西村・田尻・木村・岡部・土橋ら、いずれも京都を舞台に、あるいは諸国を遊歴し尊王攘夷のアジテーターとなって世論を動かしていたまさに「英名之浪士」たちである。また、大島三右衛門とは当時遠島に処されていた西郷隆盛で、その他長州の久坂、肥後の宮部など藩論を動かす実力をもつものもリストアップされている。これはあくまで文久二年末から三年初頭にかけて、松平—清河が提出したリストであり、幕府がこれらの浪士全てを管轄下におこうとしていたとは考えにくい。しかし、これらの浪士の中でももっとも過激なアジテーターである清河が率先して幕府の管轄下に入った以上、取り立てるべき「渠魁」として、これらの人名を提出することも現実味を帯びてくる。そして、こうして幕府に取り立てる浪士の中に、①に続いて坂本竜馬の名前も引き続き記されている。

計画開始以来常に名前のあがっている坂本竜馬は、当時何をしていたのであろう。坂本の文久二年の足跡を追うと、正月に萩にいた竜馬は、二月二九日に土佐に戻り、武市半平太に視察してきた様子を報告している。三月二四日には、同じく土佐藩郷士の沢村惣之丞とともに脱藩し薩摩藩を目指す。薩摩藩に入国を断られ、六月には大坂、八月には江戸に向かい千葉道場に身を寄せる。江戸で間崎哲馬ら土佐勤王党の同志と再会しており、本稿冒頭でも触れた幕政改革の成果について、間崎と会話を交わしたかもしれない。彼らが会飲した閏八月とは、間崎が冒頭に見た清河宛の書簡をしたためる直前である。そして同年一二月、竜馬の今後の生涯を左右する大きな出会いを迎える。「枢密備忘」によると、竜馬らは四日に松平春嶽へ面会を申し入れ、翌五日に面会している。「枢密備忘」はその様子を「御帰殿之上昨日相願土州間崎哲馬坂下竜馬近藤長次郎へ御逢有之大坂近海防御之策を申立候事ニ而至極尤成筋ニ御聞受被遊」と記している(34)。そして、春嶽から勝と横井小楠への案内状を受け取った竜馬は、勝海舟との邂逅を果たす(＊坂本と春嶽の面会が八月で勝との面会が十月だとする説もある)。勝の回想によれば、それまで攘夷思想の持ち主だった坂本は、ここで攘夷の無意味さを悟り、勝の門下生となったという。思想転換の真偽はさておき、こうして文久二年の坂本の足跡を追うと、その道筋は清河の浪士取立計画の過程と多く重なり合う。ともに間崎と時勢を語り合い、清河は幕政の改革姿勢に、坂本は勝に、それぞれ春嶽を通じてある種の期待を見出し幕府と急接近する。坂本が間崎と時勢を語り合った閏八月は清河が浪士の大赦運動を開始したときであり、坂本が春嶽を訪問し勝と会った一二月初頭、清河は松平忠敏を通じて坂本を「英名之浪士」の一人として幕府に取り立てるべきだと提案するのである。

では坂本は清河や浪士取立計画を知っていたのだろうか。『坂本竜馬関係文書2』に収録された「雄魂姓名録」のなかに、文久三年正月一八日の記事として、勝海舟が江戸城大広間で将軍職辞退について論じたことが記され、続いて「浪人懸り」として「目付役」に杉浦と池田、「浪人被扱シレ」として鵜殿と松平、「浪人取締」として山岡と窪田と松岡の名前が記されている[35]。続いて花輪（塙）次郎らの暗殺事件が記されているあたり、「浪士一件」との記事の共通性が指摘できる。それに続き「浪人頭　清河八郎」として「右之人浪人頭ヲ被仰付依之ニ浪人来り候時は弐人不知に金拾両幕より被下候様承少しの間にて浪人四五拾人参りしと聞右数浪人幕府上京時参るヽ様勝麟太郎先生より夜にて聞し事此は春嶽公大失策也亥之正月廿二日の夜しるす幕も大きに勢無之き事と知るべし一笑々々　幕便（リ）共得力候趣ニ候」とある。これによれば、坂本は勝から浪士取立計画についての、かなり具体的な情報を得ており、また勝の「此は春嶽公大失策也」という評価からも分かるように、勝周辺ではこの計画はかなり批判的にとらえられていた。勝と坂本がこの時点でどれほどの政治思想を共有していたのかは不明だが、それは少なくとも浪士を集団化して攘夷の先鋒とする、というものでなかったことは確かだろう。そして、彼らは一堂に会して浪士取立計画について議論したことがあったようだ。

それは文久三年正月二二日のことで、春嶽は将軍上洛に先駆けて江戸から大坂へ向けた順同丸に乗船し、二三日に品川沖を出帆するが、順同丸を指揮するのが当時軍艦奉行の勝海舟で、春嶽の随行として杉浦正一郎が同行し、当時勝の門下生であった坂本も乗船している。坂本の先の記事はこの一同が会した正月二二日のもので、同日の春嶽は

「夜ル（杉浦‥引用者、以下断りがない限り同様）正一郎、（勝）麟太郎両人ニ逢ひて、松平上総介のことを儀せり」とある。[36] 浪士取立計画を採用した春嶽、それに賛成した杉浦、杉浦の「浪士一件」の最初の記事に名前が記される坂本、そして、その一連の経緯を痛烈に批判する勝は、上京を翌日に控えた品川沖の船中で、清河と松平忠敏を巡っていったいどのような会話を交わしたのだろう。

「浪士一件」の記事に戻ると、その後も浪士の探索は続き、⑳の記事では藤本鉄石や大高又次郎、大庭恭平ら二五名の浪士の氏名が上げられており、中には京都の住居の情報まで記されている者もいる。㉑でも田中河内介・同苗左馬介・平野国臣ら五名の浪士の名前が記されている。㉒では「永井主水正より差越候書付」として藤本鉄石や平野次郎、中島栄吉ら一八人の名前が「右十八人之もの尚々英名浪士之由」として記され、続けて九人の浪士の名前も記されている。⑳以降の記事は二月から三月にかけてのもので、浪士組はすでに京都へ向かっており、杉浦自身も松平春嶽に従って上洛していたこと、永井主水正が当時京都町奉行を勤めていた永井尚志であることを考えると、「英名浪士」の探索は、京都でも継続されていたことがわかる。

3　浪士取立計画の実現

文久二年末から文久三年正月にかけて、いよいよ浪士取立計画が実現しようという時に問題となったのは、清河の処遇である。文久二年九月以降、浪士取立計画の中心にあったとはいえ、未だ清河は指名手配中の身であり、いくら浪士を取り締る計画のためとはいえ、清河を大赦することは「大英断」であった。そのため「枢密備忘」では一二月二七日の状に「清河八郎自首之上一段牢舎其上ニ而大赦之御取扱ニ可相成御内評之由」とあり、（公には）潜伏中の清河を一旦自首させて投獄し、その上で大赦するという計画があった。[37] その時期の清河の書簡には、清河の微妙な立場と、それに対する苛立ちが吐露されている。

正月初頭の五日、七日、一〇日に認められた、仙台藩士桜田良佐らあての書簡では、昨一二月以来松平忠敏邸に寄寓して政務の諮問に答えつつ、日々幕府の浪士取扱方と暇なく浪士の選抜にあたり、また同志で後に浪士組に参加する池田徳太郎や石坂宗順に「東都近在忠勇節烈之もの」を募集に行かせていること、清河の赦免と登用について、幕閣での「大議論」の末、「将軍家之御直之御意」によって、清河を「浪人之頭領ニ可致との感涙ニ堪不申思召」があり、「大樹公及春岳公之内旨も有之」のに、清河の捕縛に責任のある出羽庄内藩江戸藩邸と江戸町奉行所では、清河の処遇について不満があること、広く天下に浪士を募るため、貴国（仙台）からでも幕府に召し寄せるので、忠正なる人物を推薦して欲しいこと、来る二月の将軍上洛に随って自分や松平をはじめ、山岡や松岡（万・清河らの長年の同志で幕臣）らを伴って、浪士を六・七〇人程集めて上洛するつもりであることを記し、今回の浪士取立計画は「非常之大美事」であるから、天下に広く浪士を募って大いに教育するべきであることが述べられている。(38)

この一連の書簡で述べられていることは、清河の処遇について、罪人でしかも攘夷派である清河を放免することは、幕府内や出羽庄内藩でも強い反対意見があった一方で、浪士中の「渠魁」を幕府に登用することで、幕府に対し反抗的である浪士達を幕府に引きつけようとするねらいからは、清河をあえて「頭領」として目立つ形で登用する必要があり、そのジレンマから、なかなか清河の処遇が決らなかったことがわかる。清河を大赦することは、⑱の名簿にあった浪士全体に影響を及ぼすことであり、幕府も躊躇していたのである。

また、清河が同志に宛てた書簡のなかでは、しきりにこの計画が幕府の「非常之大美事」であると述べられ、また文久二年の一連の改革によって、幕府が「正路ニ相成」ったため「言路相開私共より申立候事は閣老　迄朝幕ニ徹底仕」と述べられている。清河は、浪士の取立＝幕府が（尊攘派）浪士の意見を採用することにつながると考え、その結果、幕府が率先して攘夷を断行すると、大きな期待を寄せていたのである。冒頭で見たとおり、浪士組結成において、清河が非常に策略的な人物と考えられ、また最初から幕府や松平忠敏を欺くつもりであったかのようにいわれるが、これまで見てきた通り、清河は幕府に大きな期待を寄せていたのである。

結局清河の身元の問題は、正月一九日に出羽庄内藩主酒井繁之丞が、私元家来清河八郎は以後は召し捕りには及ばない旨の通達を行ったことによって落着し、清河は公然と活動を行える身となる。(39)

「浪士一件」の記事に戻ると、⑲では鵜殿と松平の役名を「浪士取扱」から「浪士取締頭取」に変更するべきだとの案が上申されるが、以後役名が変更された形跡はない。しかし、清河が浪士募集に奔走している正月二四日、肝心の松平が異動してしまう。それに先立つ一四日、松平は

〔史料九〕

浪士取扱

講武所剣術教授方出役

松平主税助

上総介と伺

講武所師範並被仰付、取来三百俵、御扶持方ニ引直し、八拾人扶持被下之、別段之訳を以、諸太夫。(40)

と、講武所剣術教授方兼浪士取扱から講武所師範並に昇進する。そしてこの昇進によって、同月二六日に「浪士取扱御免」と、兼任を解かれている。(41)これによって、役職上は浪士取立計画から外れることになる。また、この昇進に併せて諸太夫「上総介」に叙任されているが、この「上総介」という受領名は、松平家の祖先で徳川家康の六男忠輝が任じられていた受領であり、いわば松平家にとっての悲願だった。この昇進は江戸市中でも

〔史料一〇〕

松平主税助、諸太夫被仰付、打絶し御先祖、越後中将忠輝卿之御名、上総介と名乗けれバ

廃りたる上総介と起こすとハ

日の忠輝す光りなりけり[42]

と詠まれるほどであった。同日、浪士取扱の後任に御小納戸の中条金之助が任じられている[43]。正月一六日には、講武所奉行支配の松岡昌一郎（万）が浪士取締役に任じられている[44]。松岡・中条は清河の同志であり、山岡と併せて浪士組に関する幕府側メンバーの中核が清河の同志で固められたことになる。

『東西紀聞』の正月二二日の記事では、目付の堀宮内が浪士の御用取扱を命じられているが、これは、翌日上洛のために乗船する杉浦の代わりであろうか[45]。また正月二六日の記事には、鵜殿鳩翁が「京都え被差遣候条用意可致候」とあり、松平忠敏の構想には当所から含まれていたが、公式にはここではじめて、募集された浪士が京都へ向かうことが通達される。

以上の過程を経て、二月四日に浪士取立希望者は伝通院に集合する。幕府側が五〇人程度と想定していたのに対し二三五人もの人が集まってしまったため、責任者松平上総介はその場で辞任してしまったという話がよく知られているが、先述したとおり松平は既に浪士取扱から講武所師範並に異動・昇進しており、事態収拾に窮して辞任したという逸話は誤りである。管見の限り、この逸話の初出は、元出羽庄内藩士俣野時中が、明治維新後に史談会で語った談話であるが、冒頭で見たとおり、俣野は浪士募集の当事者ではなく、維新後に行った調査をもとに語っていることからその内容に誤りが多い[46]。ちなみに、当時幕府老中を勤めていた水野忠精の日記には、二月四日に芙蓉間において、「官位之御礼」（上総介叙任）に来た松平上総介と面会した旨が記されており、その日松平は江戸城にいた事が確認で

きる。[47]

伝通院の集会では、一人当たり五〇両支給するという約束だったのに、人が集まりすぎたため払えなくなったことが問題となったといわれている。この典拠も俣野の談話であるが、そこでは根拠となる史料は引用されていない。先述した坂本竜馬の「雄魂姓名録」には「依之浪人来リ候時は弐人不持に金拾両、幕より被下候様承」とあり、支給金額が二人扶持と金一〇両であったことが記されている。「浪士一件」のこれまでの記事からも五〇両という金額はかけ離れており、おそらく支給金額は弐人扶持金一〇両程度だったのであろう。

清河ら「英名之浪士」に引き寄せられた浪士の中に、のちに新選組を結成する近藤勇ら試衛場（館）の面々がいる。永倉新八が『新撰組顛末記』で語るところによると、この募集の情報を試衛場にもたらしたのは永倉で、この情報を聞きつけた試衛場の一同は、松平忠敏の屋敷を訪問し、松平から浪士を募る目的が将軍上洛の警護のために上京するものだと聞かされ、即座に参加を誓ったという。[48] 浪士募集の情報を得た試衛場の一同は、正月一五日に土方歳三が、一六日に近藤が、一七日には沖田総司と山南敬介が、それぞれ多摩郡小野路村の門人で近藤の義兄弟である小島鹿之助を訪問している。土方は刀を借り、近藤は鎖帷子を借りており、沖田と山南が帰った一八日の小島の日記に「清河八郎一件申送る」とあることから、この一連の行動が浪士募集への参加決定に伴う準備と挨拶であったことがわかる。[49] 近藤らの参加の確たる動機はわからないが、近藤や小島鹿之助は桜田門外の変の首謀者たちに深い共感を寄せており、やはり攘夷派の立場から、文久二年の幕政改革に期待を寄せたうえでの行動だったのであろう。

二月八日、いよいよ京都へ向かうわけであるが、伝通院に集合した浪士たちの様子を、伝通院前金橋水反町に居住していた鈴木半平は「惣髪、野郎坊主、老若打交…木綿無地、割羽織、小袴、伊賀襠、野袴、又半天、…金無垢太刀拵、大小其外拵…夫々得物、手鑓、半弓、太刀、陣刀…陣笠、網代笠、蓑蓙等背負ヒ、銘々腰兵粮、虎之皮引敷…壱斗の這入瓢箪を背負い…用意之焼酎…」と、髪型や服装、帯びている武具など夫々が思い思いの格好で集合していたと記している。(50) 英名の浪士によって、各地で浮浪する浪士を幕府に引き寄せ管轄下におく、という幕府の計画からすれば、その狙いは見事に果たされたことになる。松平忠敏の計画でいえば、これらのものは将軍上洛に供奉させ幕府のありがたさを知らしめれば幕府に信服するはず、ということになるのである。

4　京都での浪士組の分裂と計画の破綻

浪士組の上洛の目的は、あくまで京都における将軍警固であるが、京都への道中、あらためてその目的が確認される。

〔史料一二〕

文久三年癸亥

廻状留

二月八日より　　五番　村上組

（中略）

一今般　将軍家御上洛之義は

皇命を遵奉し夷狄を掃攘するの大義於京師列藩志士会議之上御雄断被遊候　思召ニ有之候附而は民間之浪人市井

処士中ニも尽忠報国之有志有之哉ニ付其者共之志意為相通其才力をも御任用被遊候為非常警衛旁上京為致候事ニ

候間尊　王攘夷之大略并臨時応変之術も各工夫を加へ其趣意之程京着之上無遠慮可被申出事

一天下之諸志会集之場合ニ付浪士中不正之筋目有之候而は有志之名を汚す而已ならす　幕府之御外聞ニも相成候儀

ニ付各得と相心付け在京中は不申及道中往来たりとも心事公明威儀厳重正々堂々体ニ罷在候様堅可守事

（中略）

一在京及ひ道中共軍法相兼制令相立候間兼而申渡候御規定銘々急度相心得居可申民労を救ひ国難を憂るは有志之本意とする所仮令身命を抛候心得なりとて平日不正不義之振舞有之候而は尽忠報国之有志とは申間敷総而心術公明ニ可致申事

（中略）

二月一五日　　浪士取締役隊長并目付役世話役総人数中へ(51)

この、二月一五日に浪士取締から浪士一同へ向けられた布達では、上洛の目的が、京都で将軍が攘夷実行を約束するためであることが明言され、また、浪士組の行動が悪ければ、それは幕府の外聞にも障る、と触れられている。道中での浪士の行動を統制する意味もあろうが、少なくとも、将軍が攘夷を約束する限りにおいて、幕府と浪士たちの主張は折り合えるものであり、浪士取立に向けた松平と清河の狙いは、まだ矛盾を来していない。

しかし、二月二三日に京都に到着した浪士組は、翌二四日に、学習院に宛てて、四か条からなる建白書を提出する。この建言は①まず最初に自分達が幕府に任用された経緯が記され②いよいよ将軍も攘夷を実行するにあたり、もしも公武の意見が一致しないなら自分達が周旋するつもりである旨を記し③それでも幕府が攘夷をしないなら、自分達は身命を擲って尊王に尽くす志である旨が記され④そしてその点について、自分達は幕府の世話で上京はしたが、幕府から禄を受けているわけではなく只々尊王攘夷の大義を果たしたいだけなので、もしも天皇の意思に背くものがあれば、たとえ有司（幕臣）であっても容赦なく譴責する決心が述べられている。

そして、これをもって清河は見事幕府を欺き朝廷の兵となった―と評価されるが、それは④を過大評価しすぎであろう。清河らは二九日にも朝廷に対し、将軍が率先して諸外国に対し攘夷期限が定まったことを告げ、戦争をも辞さない覚悟で断固諸国に撤退を要求するべきだとする建白書を提出している。[52]攘夷姿勢を鮮明にしない幕府に対し失望したとはいえ、当時の国家体制においては、攘夷をする主体は（天皇を推戴する）幕府以外にありえず、清河の狙いは幕府が攘夷をせざるを得ない状況に局面を動かすことに変わったといえる。そして、建白書では、それを実現するために浪士的立場でもって朝廷に忠義を尽くし、幕府に意見すると主張しているのである。

そしてのちに京都に残留することになる近藤らとの対比で重要なのは、「浪士」という立場をめぐる④の主張だろう。これを考えるうえで、文久三年六月頃に近藤が郷里の多摩へ宛てた書簡に重要な記述がある。そこでは清河らを京都で殺害すべきであったと述べたのちに「拙者関東発足之時々より忠天朝ニ奉シ躬ハ幕府致シ候者素より僕志願候」と述べられている。[53]建白書の④の「禄位等は相受不申」という主張は、いまだ自分達は自由な浪人であり、ゆえに自由な体で朝廷に直結して忠義を尽くし、幕府にも意見できるという立場表明と理解できる。しかし、近藤は浪士組に参加する時点で既に「躬ハ幕府」を志向しており、この時点で清河らの浪士的立場とは異なる、松平忠敏の当所の狙いに親和的な立場となる。同書簡によれば「右之者儀ハ道中より拙者共違論御座候」と、京都への道中で既に意見が合わなかったことが記されているが、それは浪士組に参加したことによって「躬ハ幕府」になったのか否か、ということになろう。そして、幕府側の目論見でいえば浪士組として幕府に取り立てることによって参加者が皆「躬ハ幕府」となるはずであった。しかし浪士的立場を最大限有効活用しようとする清河にとっては、「幕府御世話にて上京仕候得共禄位等は相受不申」であり、さらにいえば、変わりつつあるがゆえに自分達を登用しようとした幕府は、朝廷の意思を体現する自分達の行動を認めるはずなのである。ここで松平忠敏の目論見と「英名之浪士」の主張は分裂してしまった。

建白書を受けて、二月二九日に朝廷から速やかに攘夷を行う旨の勅諚が下り、関白からは建言が「達叡聞」――すなわち天皇の耳に入り、「叡感不斜」――非常に感激している旨を知らせる書状が渡される。[54]それを受けて浪士組は江戸帰還を決定し、近藤らは残留を主張する。三月五日の杉浦の日記には「鵜殿御暇御書付出ル」とあり、鵜殿は「御暇」、つまり浪士取扱を罷免される。(55) ただし、罷免されたものの、これまでの行きがかり上か、鵜殿は浪士の江戸帰還まで浪士組に関わることになる。「浪士一件」㉓には「亥三月八日高橋謙三郎浪士取扱被　仰付」とあり、三月八日に鵜殿の後任として、講武所師範役で当時将軍上洛に供奉していた高橋謙三郎が浪士取扱に任じられている。同日の杉浦の日記には、高橋の任命について「浪士引連、早々帰府之儀御達」とあり、高橋の任用が浪士を江戸につれて帰るためであったことがわかる。(56)

「浪士一件」の㉔の記事では三月一四日に高橋と鵜殿からの書付として

〔史料一二〕

浪士之内

水戸　芹沢鴨
同　新見錦
同　野口鎌次
同　平間重助
同　粕屋新五郎
同　近藤勇
同　藤堂平助
同　斎藤一
同　佐伯又三郎

同　井上源三郎
同　土方歳三
仙台　山南敬助
白川　沖田宗司
松前　永倉新八
加賀　平山五郎
肥後　原田左之助
右之者共一同江戸表え召連罷下可申処京都表之態勢不極儀ヲ深心配仕何卒松平肥後守手ニ附て暫京地ニ相残度旨昨十二日申出無余儀次第相聞候ニ付肥後守家来え支配向より内談為仕候処差支無之旨申聞候間今朝同人家来え引渡京地え相残申候依之此段申上候巳上

という記事がある。いうまでもなくこれはのちに新選組となる浪士組の京都残留者の名前で、近藤らを水戸とし原田を肥後としているなどの誤りが見られるが、それも江戸出立を目前とした情報の錯綜の故であろう。

ところで、これまであまり知られることはなかったが、これまで見てきた幕府の浪士対策の経緯からすると、この時期近藤らと同じく会津藩に付属を命じられたいわば双子のような集団がある。近藤らが会津藩に付属を命じられる経緯を会津藩側の史料から確認すると、三月一〇日に松平容保が二条城に登城したさい、御用部屋老中より、京都浪士のうち尽忠報国の志のあるものを一方の御固めとするべく管轄するよう命じられる。そして、幕府が募集して鵜殿が京都へ連れてきた浪士達には、京都残留と江戸帰還は各自の意思に任せ、京都に残留する場合は会津藩の管轄となることを、鵜殿が、殿内義雄と家里次郎という、近藤派でも芹沢派でもない浪士組のメンバーを通じて通達している。その結果、近藤らと芹沢らに殿内らを併せた二四人が京都に残留し、会津藩の管轄となることが決まり、一五日に会津藩公用方と面会し、以後公用方の管轄となる。(57)近藤の「志大略相認書」という書簡によれば、近藤と芹沢らは一二日に会津藩に京都残留の嘆願書を提出しており、(58)それが㉔の記事にあった「深心配仕何卒松平肥後守手ニ附て暫京地ニ相残度旨昨十二日申出」に該当するのであろう。のちに新選組となる壬生浪士は、嘆願書を出した近藤・芹沢らと、鵜殿―殿内ラインで希望を出した者達から構成されることになる。

しかし、松平容保が幕府から管轄を命じられたのは近藤らだけではなく、「京都浪士の内尽忠報国の志あるもの」も同時に管轄を命じられていたのである。そして、それに応じて「京都方浪士人別」として佐々木六角太夫や藤本鉄石ら二七人の名前が挙げられ、このとき会津藩預かりとなって会津藩に挨拶に赴いている。「浪士一件」の㉕の記事には「京地在住之浪士」として大高又二郎ら三三名の浪士の名前があげられており、これと会津藩に挨拶に赴いたものは重なり合う部分がある。これら京都組は、これまでの経緯からすると、⑳から㉒の記事で京都町奉行永井尚志が探索していた京都の「英名之浪士」であり、幕府―京都守護職は、江戸での浪士取立計画を京都でも踏襲しようとしていたと考えられる。しかし、この新選組の異母兄弟ともいうべき京都在住の二七名は、のちに新選組が取り締まるべき対象となるのである。

5　江戸帰還浪士のその後

江戸に帰還した浪士組は、先に見た本所三笠町屋敷に集められる。三笠町の屋敷は、二月二七日に御用として松平忠敏から上地されており、三月八日には、鵜殿と中条が浪士取扱の間、拝借が許可されている。(59)清河は小石川鷹匠町の山岡の屋敷に寄宿し、軍資金調達を開始する。清河らは軍資金集めのために五、六〇人で連れ立って証書の雛形を持って商家へ押しかけ、証書に無理やり署名させ金品を強奪する。こうして四月三日から五日の間に伊勢屋や和泉屋といった豪商に押しかけ、数千両の金や数百俵の米、数百樽の味噌を拠出させ、両国の札差にも押しかけている[60]。

四月九日、浪士組を取り巻く局面は大きく動く。浪士組の一員神戸六郎と朽木新吉が、尽忠報国に名を借りて市中を騒がし商家に押しかけたとして、両国橋詰に梟首される[61]。そして一三日、清河は暗殺される。その日清河は山岡の屋敷を出て、友人の金子与三郎を訪ね、そこで酒食し、山岡邸への帰途にあって、赤羽橋において、浪士組の幕府側メンバーである速見又三郎や佐々木只三郎ら六人に取り囲まれ、殺害される。清河は殺害される前日の四月一二日に父母に宛てて手紙を書いているが、そこでは「不遠戦争に相成可申」と、近い内に攘夷戦争が始まるという展望を述べ、国家のために身をささげるつもりだから、今後どのようなことが起こるかもしれないので、自分の荷物は山岡と高橋に預け、著述類は金子与三郎に預け、在京時に高名有志にしたためてもらった短冊や扇類は実家に送るので大切にして欲しいことが記されている[62]。遺書のようにも読めるし、清河らはこれから攘夷戦争が始まるように活動しており、それに望む心構えとも読める。翌一四日には浪士取扱の高橋や取締役の山岡、松岡など幕府側の浪士組関係者が、御役御免を言い渡され差控を命じられる。

『東西紀聞』に収録された「東都より之来書」によると、清河を失った浪士達は、翌一四日に伝通院の境内に立てこもり、幕府はそれを召し捕るために、出羽庄内藩主酒井繁之丞手勢三百人を準備している[63]。また酒井のほかに佐竹右京大夫、大久保加賀守、阿部播磨守、松平右京亮、相馬大膳亮ら大名が「可成丈士分以上実用之人数而已ニ致し」と実戦向きの手勢を出すことを指示されている[64]。この浪士一斉検挙にさいし、松平忠敏が再び浪士取扱に任じられている。翌一五日、田安門に集合した大名の手勢数千人は、伝通院、三笠町、馬喰町旅宿に夫々分かれ捕縛に向かう。そして村上俊五郎は三笠町の浪士屋敷で、石坂周造らは馬喰町の旅宿で捕らえられ、村上ら六名の浪士組の中心人物は大名に預けられ、そのほか二二名の者が捕縛・取調べを受けている[65]。

こうして清河とその周辺の攘夷派の首脳、幕府側の理解者を失った浪士組は、捕縛のあった一五日に新徴組と名前を変え、以後、江戸市中取締りにあたることになる。新徴組の指揮を執るのは、清河の出身藩である出羽庄内藩藩主酒井繁之丞と、浪士取立の立案者松平忠敏である。こうして江戸へ帰還した浪士組は、新徴組となって、松平―幕府の目論見通り「躬ハ幕府」となるのである。

「浪士一件」㉖には、四月一五日に浪士小林登之助から来た「尽忠報国有志連名」と題する名前の一覧が記されている。そこでは清河を筆頭として、近藤や芹沢、根岸友山ら京都残留者も含めた二三四名と、礼髪組として石坂宗順ら一一名の名前が記されている。この記事で興味深いのは複数の人名の上に○と△印が付され、記事の最後に「印丸は尽忠」「印三角は不忠」と記されていることである。△（不忠）を付されているのは清河や石坂宗順、和田理一郎といった浪士組内の攘夷派首脳を中心とする二四名で、○（忠）を付されているのは常見一郎や本多新八郎ら三二名で、この書付を送って来た小林登之助も含まれている。これに続く㉗の記事がその新徴組の組織編成であることから考えても、この人名と印は、浪士組の解体・再編成にあたって、内通者から、危険人物と、再編成の際に取り立てるべきものを調査した記事だと考えられる。

こうして幕府の浪士取立計画は、清河の暗殺、浪士の一斉検挙と新徴組への再編成によって、当初の目的を果たすことになる。そしてそれは「英名之浪士」の幕府への期待を踏みにじることでもあった。

おわりに

以上見てきたとおり、幕府浪士取立計画は、文久幕政改革の「上下挙而心力を尽し」との施政方針に期待を見いだし、浪士の立場からそれを実現（＝幕府主体の攘夷とそれへの浪士の参加）させようとした清河と、全国的な浪士の活動に頭を悩ます幕府が、浪士の幕府による取り立て、という点に一致点を見いだし、実現した計画であった。清河らにとっては、幕府が浪士を取り立てることは、浪士に対して政治参加の道が開けたことを意味し、その正当性のもと、京都で朝廷に対し周旋活動を行った上で、（幕府主体の）攘夷の先鋒となる道筋を描いている。一方幕府にとっては、浪士の取り立てはあくまで取り締まりの一環であり、浪士たちを手元に置いて教育した上で、将軍警護や海防など、当時不足していた軍事力に充当しようとしていた。この両者の思惑は、京都に到着するまでは一致しており、この一連の政策を実現させた松平忠敏は、京都へ行く直前に異動・昇進し、念願の上総介に叙任されている。しかし、京都において、将軍の護衛という本来任務を求める幕府と、朝廷からの許可を得て直ちに横浜において攘夷戦争を行いたい浪士たちの間に矛盾が表面化し、結果、京都における浪士組の分裂となるのである。浪士組は一部を残して江戸へ戻り、幕府から与えられた屋敷を拠点として攘夷戦争の準備にはいるが、清河は暗殺され、残る浪士組も一斉検挙され、出羽庄内藩管下の新徴組となって江戸市中警衛にあたる。

清河の目的を再確認すると、浪士組は清河らの幕府への期待が前提で始まった計画であり、「正路」になった幕府は自分達浪士が体現する主張を受け入れ尊王攘夷に邁進するはずであり、それが将軍上洛による攘夷期限の決定と、その後の攘夷実行ということになる。そして、それをしないのであれば自分達が幕府に取り立てられる理由はない。上京する時点で、清河がどれほど幕府の攘夷意思を疑っていたかはわからないが、もしも攘夷しないなら自分達が幕府を動かすとまで建白書で主張している以上、それなりの疑いをもって上京したのであろう。そして、そうであるなら自分達が攘夷を決行し幕府が攘夷をせざるを得ないよう局面を動かす―それが江戸帰還後の横浜襲撃計画であったと考えられる。なお、これまでの過程では討幕というのは全く構想にあがらない。朝廷や幕府を後ろ盾にした浪士組二百数十人という人数は、会津藩を除き、諸藩が百から三百程度の藩士しか常駐させていなかった京都において、政治的影響力をもつには充分な人数であり、また横浜を襲撃するにも充分な人数である。そして、清河主導によるこれらの行動が非常に現実的であったがために、幕府は清河暗殺と浪士組一斉検挙、幕府関係者の処罰という強硬手段に出る。生麦事件の処理がままならない時期において、幕府が取り立てた浪士組が大挙して横浜を襲撃するとなれば、それは対外関係において致命的な問題になりかねない。

「浪士一件」㉘の記事は、文久三年五月の浪士局（おそらく新徴組をさす）についての意見書の写し、そして、最後の㉙は清河八郎の斬奸状の写しである。そこでは清河のこれまでの罪状が書き連ねられ、幕府が清河を取り立てたことには触れず、清河が横浜を襲撃し、余勢をかって佐倉城に籠城するつもりであったと記されている。清河が討幕のために浪士組を作ったという話は、清河が如何に悪人であったかを強調するためのデマ（斬奸状）が、維新後、清河を討幕の先駆者と評価するために読み替えられたと考えられる。

こうして清河を取り立てるべきだとする記事から始まる「浪士一件」は、清河の悪行を連ねてその記事を終える。清河—松平が取り立てるべきだとリストアップした浪士たちのその後を確認しておくと、藤本鉄石は文久三年八月の天誅組の乱の総裁となって戦死し、天誅組の乱に際しとらえられた平野国臣と安積五郎は、翌年の禁門の変の際、六角の獄舎で、京都町奉行所職員の手で殺害される。大高又次郎と宮部鼎蔵は、翌元治元年五月の池田屋事件で新選組に殺害され、真木和泉と原道太、久坂玄瑞は同年八月の禁門の変で戦死する。京都においてこれら「英名之浪士」に最前線で向き合ったのは、「英名之浪士」に引き寄せられ、清河が京都に連れてきて「躬ハ幕府」となった新選組であった。

新選組を評価するさい、常にいわれるのは京都の反幕派浪士を取り締まる暗殺集団、あるいは、京都の治安維持を担っていたということである。一方、近年の新選組、特に近藤勇をめぐる研究や、その活動の前提となる一会桑政権やその周辺の勢力の研究成果からは、一会桑政権に属し、公家や幕閣、諸藩と周旋を行う政治家としての近藤勇像が明らかにされている。(66) この、新選組をめぐる両側面は、これまで検討してきた浪士組の成り立ちからすれば、整合的に理解できる。すなわち、京都に残った浪士組残党—のちの新選組は、将軍や幕閣にたいして、将軍の上洛と幕府主体の攘夷の実行を働きかけつつ、会津藩管下において京都の市中警衛にあたり、リーダーの近藤は、一会桑陣営のロビイストとしての地位を築く。集団としての新選組の役割は、幕府浪士取立計画において、当初幕府が企図したものに沿い、威力行為を目的遂行の手段とする政治文化が横行する京都における、有力な軍事力となる一方、近藤が政治的発言権を獲得し、攘夷の実現を目指す過程は、清河が求めた、浪士（出身者）の政治的発言権の獲得＝言路を開く過程ともなっているのである。新選組をめぐる治安維持と政治家（周旋方）という両側面は、こうした幕府側と近藤達との思惑の一致点が、まさにそこにあったことを表しており、この過程は、浪士の政治参加の実現過程としても評価しうるのである。

〈注〉

（1）日本史籍協会編『清河八郎遺著』（東京大学出版会、一九七六年）。
（2）黒板勝美編『続徳川実紀　第四編』（吉川弘文館、一九七六年）。
（3）井上勝生『日本の歴史18　開国と幕末変革』（講談社、二〇〇二年）。
（4）黒板勝美編『続徳川実紀　第四編』注2参照、近松真知子「開国以後における幕府職制の研究」（児玉幸多先生古稀記念会編『幕府制度史の研究』吉川弘文館、一九八三年）。
（5）史談会編集『史談会速記録　第四一編（合本八）』（原書房、一九七二年）、子母澤寛『新選組始末記』（中央公論社、一九八二）。
（6）なお、筆者は同様の関心にたって、浪士取立計画と、その渦中にあった坂本竜馬との関係を軸に「坂本竜馬と幕府浪士取立計画―杉浦梅潭文庫『浪士一件』の紹介を兼ねて」（『歴史読本』第四九巻第七号、新人物往来社、二〇〇四年）、浪士取立計画の基礎過程をまとめた「浪士組時代」（大石学編『新選組情報館』教育出版、二〇〇四年）を発表したことがあるが、紙幅の関係から充分に検証できなかった点もある。また、浪士組については近年、その参加者の実像を中心に研究が進んでいる。すなわち宮地正人『歴史の中の新選組』(岩波書店、二〇〇四)、『日野市立新選組のふるさと歴史館叢書第一編　特別展　新選組誕生』(二〇〇六年)、小高旭之『埼玉の浪士たち』(埼玉新聞社、二〇〇四年)、同「浪士組の実像―清河らの通説を検証」(『歴史読本』第四九巻第一二号、二〇〇四年)などである。しかし、本稿で対象とする、浪士取立計画の全容については、未だ検討が不充分と考えられる。

(7) 史談会編集『史談会速記録(合本八)』、注5参照。

(8) 史談会編集『史談会速記録　(合本一七)』(原書房、一九七二年)。

(9) 子母澤寛『新選組始末記』、注5参照。

(10) 原口清「文久三年八月十八日政変に関する一考察」(明治維新史学会編『幕藩権力と明治維新』(吉川弘文館、一九九二年)。

(11) 井上勝生『日本の歴史18　開国と幕末変革』、注3参照、三谷博『明治維新とナショナリズム』(山川出版社、一九九七年)、熊沢徹「幕府軍制改革の展開と挫折」(坂野潤治他編『日本近現代史　一』岩波書店、一九九三)など。

(12) 日本史籍協会編『清河八郎遺著』、注1参照。

(13) 「文久筆記」(東京大学史料編纂所『大日本維新史料稿本』マイクロフィルム)。

(14) 三谷博『明治維新とナショナリズム』、注11参照。

(15) 日本史籍協会編『清河八郎遺著』、注1参照。

(16) 日本史籍協会編『清河八郎遺著』、注1参照。

(17) 日本史籍協会編『清河八郎遺著』、注1参照。

(18) 小川恭一編著『江戸幕府大名家事典　上巻』(原書房、一九九二年)。

(19) 東京市編『講武所(東京市史外篇　第3)』(東京市、一九三〇年)。

(20) 宮地正人「新選組をどういう構図でとらえるのか?」(近世史フォーラム実行委員会編『近世史フォーラム2006の記

録　政治から移行期を考える』二〇〇七年）。

(21)「枢密備忘」（東京大学史料編纂所『大日本維新史料稿本』マイクロフィルム）。

(22)「枢密備忘」（東京大学史料編纂所『大日本維新史料稿本』マイクロフィルム）。

(23)「文久二年十月十八日　講武所教授方松平主税助上書」（東京大学史料編纂所『大日本維新史料稿本』マイクロフィルム）。

(24) 日本史籍協会編『清河八郎遺著』、注1参照。

(25) 田口英爾『最後の箱館奉行の日記』（新潮社、一九九五年）。

(26) 稲垣敏子解読『杉浦梅潭目付日記』（みずうみ書房、一九九二年）。

(27) 国文学研究資料館特別文庫杉浦梅潭文庫「浪士一件」。

(28)「浪士組取扱申渡書」（東京大学史料編纂所『大日本維新史料稿本』マイクロフィルム）。

(29)「老中達」（東京大学史料編纂所『大日本維新史料稿本』マイクロフィルム）。

(30)「枢密備忘」（東京大学史料編纂所『大日本維新史料稿本』マイクロフィルム）、東京都編『東京市史稿　市街編　四六巻』（東京都、一九五八年）、鈴木棠三・小池章太郎編『藤岡屋日記　第九巻』（三一書房、一九九一年）。

(31) 黒板勝美編『続徳川実紀　第四編』、注2参照。

(32) 国立公文書館所蔵「坤儀革正禄」。

(33)「一色氏書類」（東京大学史料編纂所『大日本維新史料稿本』マイクロフィルム）。

(34)「枢密備忘」（東京大学史料編纂所『大日本維新史料稿本』マイクロフィルム）。

(35) 日本史籍協會編『坂本竜馬関係文書2』（東京大学出版会、一九六七年）。

(36)「海航掌記」（松平慶永著、松平春嶽全集編さん刊行会編『松平春嶽全集第四巻』、原書房、一九八〇年）。

(37)「枢密備忘」（東京大学史料編纂所『大日本維新史料稿本』マイクロフィルム）。

(38)「清河正明書簡」（東京大学史料編纂所『大日本維新史料稿本』マイクロフィルム）。

(39)『藤岡屋日記　第十巻』（三一書房、一九九一年）。
(40)『藤岡屋日記　第十巻』、注39参照。
(41)東京大学史料編纂所編『柳営補任　5』（東京大学出版会、一九九七年）。
(42)『藤岡屋日記　第十巻』、注39参照。
(43)『続徳川実紀　第四編』、注2参照。
(44)『藤岡屋日記　第十巻』、注39参照。
(45)日本史籍協会編『東西紀聞　2』（東京大学出版会、一九六八年）。
(46)史談会編集『史談会速記録（合本八）』、注5参照。
(47)水野忠精『水野忠精幕末老中日記　第六巻』（ゆまに書房、一九九九年）。
(48)永倉新八『新撰組顛末記』（新人物往来社、一九九八年）。
(49)小島日記研究会編『小島日記　28』（小島資料館、一九八四年）。
(50)『東西紀聞　2』、注45参照。
(51)「廻状留」（東京大学史料編纂所『大日本維新史料稿本』マイクロフィルム）。
(52)日本史籍協会編『官武通紀　二』（東京大学出版会、一九七六年）。
(53)文久三年五月推定「近藤勇書簡（清河一件）」（小島資料館所蔵、NHK・NHKプロモーション編『新選組！展　図録』、二〇〇四年）。
(54)史談会編集『史談会速記録（合本八）』、注5参照。
(55)稲垣敏子解読『杉浦梅潭目付日記』、注26参照。
(56)稲垣敏子解読『杉浦梅潭目付日記』、注26参照。
(57)日本史籍協会編『会津藩庁記録　1』（東京大学出版会、一九八二年）
(58)「志大略相認書」（日野市ふるさと博物館『甲州道中日野宿と新選組』、二〇〇一年）。

(59)『東京市史稿　市街編　四六巻』、注30参照

(60)日本史籍協会編『官武通紀　二』(東京大学出版会、一九七六年)、『藤岡屋日記　第十巻』、注39参照。

(61)日本史籍協会編『東西紀聞　1』(東京大学出版会、一九六八年)。

(62)『清河八郎遺著』、注1参照。

(63)『東西紀聞　1』、注61参照。

(64)『藤岡屋日記　第十一巻』(三一書房、一九九二年)。

(65)『東西紀聞　1』、注61参照、『藤岡屋日記　第十一巻』、注64参照。

(66)宮地正人『歴史の中の新選組』(岩波書店、二〇〇四年)、鶴巻孝雄「〈国家の語り〉と〈情報〉―地域指導層の国家・社会意識と諸活動をめぐって―」(新井勝紘編『民衆運動史4近代移行期の民衆像』青木書店、二〇〇〇年)、家近良樹『孝明天皇と一会桑』(文藝春秋、二〇〇二年)、白石烈「『公武合体』をめぐる会津藩の政治活動」(『史学研究』第二三五号、二〇〇二年)など。

宗家上洛後の天然理心流

太田和子

一　天然理心流と多摩

1　はじめに

多摩で江戸期の古文書を見ると、多くの農民が多彩な文化活動をしていたことが良く分かる。学問は勿論、書画、俳諧、和歌、和算、挿花、剣術。それらを学ぶための書物や多くの作品そして修得の度合いによって師匠から与えられた免状類が残っている。

こうした文化活動は親や地域の先達から学んだり、江戸へ出た折に師匠のもとへ出向いたり、また江戸から師匠が赴いたりすることで成り立っていた。

文化活動は師匠と弟子の関係だけでなく師匠を頂点とする同人の集まり「連」などのネットワークを形成する場合もあった。このネットワークと血縁関係が重複することも近世村落ではしばしば見られることである。これは文化活動の指導者的役割を果たした者の多くが村役人層であったことによる。

文化活動のひとつ剣術は、他の文化活動と異なり農民が学ぶことを度々禁じられた。しかし知的好奇心だけではなく、社会情勢の影響もあり多摩では幕末には大いに流行した。こうした特殊事情のある剣術修得も、活動のネットワークと血縁関係の重複は他の文化活動と同じように見られるのである。

この剣術修得という活動と血縁関係が重複した人々のうちの一部が、多摩という舞台を飛び出して、都で活躍し農民や浪人の身分から武士になった集団「新選組」の一部を構成していたこと、またその集団の発足当時を支えたのは多摩の人々であったことは、今では多くの人々が知っている。

新選組のバックボーンは天然理心流である、とよく言われる。これは文久三年（一八六三）三月、清河八郎率いる浪士組と袂を分かち都に残留し、同月一〇日付で会津藩へ提出した嘆願書に連名した一七名のうち、天然理心流宗家近藤勇を中心とした近藤派が、二分一に当たる九名であり芹沢鴨亡きあと新選組の中心幹部となったことからである。(1)

近藤派のうち実際に天然理心流を修めた者は、近藤勇・土方歳三・井上源三郎・沖田総司の四名。剣術流派は違うが、道場「試衛館」の食客であったと伝えられる山南敬助・永倉新八・藤堂平助・原田左之助・斉藤一の五名を合わせた九名が、前述した京都残留者のうちの近藤派であり、草創期の新選組幹部の大部分を占めている。(2)

実際には、慶応元年（一八六五）入隊の宮川信吉を加えても近藤派は一〇名に過ぎず、隊士一五〇名中、一割に満たなかったのではあるが。

本稿では、江戸に道場を持ち、多摩を活動の拠点として存続してきた天然理心流の近藤宗家が、浪士組に参加して上洛、江戸の道場に不在となったあとの天然理心流がどのように活動したのか、という点を天然理心流の門人で、上洛直後の不安定な地位にいる宗家近藤勇を初め、共に上洛した門人たちを支援した日野宿名主佐藤彦五郎を中心に、述べることにする。

さて、本論に入る前に、天然理心流と多摩との関わりについて触れておきたい。

2 天然理心流

天然理心流は、遠江国の浪人近藤内蔵之助が江戸へ出てきて創設した剣術流派である。鹿島神道流を学んだ近藤内蔵之助は、江戸薬研堀（現中央区）に道場を構え門人を育成し文化四年（一八〇七）亡くなった。[3]

初代内蔵之助、二代近藤三助共に事績を示す史料は乏しく、ここでは三助没後に菩提寺の桂福寺（現八王子市）に建てられた近藤處士碑[4]によって二人の事績を紹介する。

〔史料一〕

近藤處士碑

剣撃之技不啻百家而要之不過挫敵而敵亦強弱利鈍所遇非一則、欲百闘百勝其難哉、蓋形勢全備心手相応鬼出神入而後必勝、然雖拘之勝敗之争非善之善也、無心之心無形之形千変万化理、天然始可謂其妙矣持剣法、家祖重〔長〕威斎飯篠入道之術者甚多焉、武蔵国多摩郡戸吹邑処士一揚斎者、以善劔技著名、一時処士名方昌称三助、本邑坂本氏之子也、初学技於近藤長裕翁、翁以処士精術養而為嗣継、箕〔其〕業翁初学鹿島神道流蓋自重〔長〕威入道歴十九伝云、翁既窮其奥而意未慊因適四方以試其技退求諸心、遂創一家号曰天然理心流、晩開場於江戸、能使学者獲所矜式其術於是乎、完備弟子蓋千人云、翁歿処士克継其業尽乃父之道又試技巡諸州所向無敵執贄相従頗多、帰郷之後益精門人益多其名益顕至文政二年丁夘四月二十六日歿於家、享年四十六門人胥議葬干、宅前山上嗚呼処士門人之多通乃父在時所従大凡千五百人可謂盛矣、頃郡八王子千夫長原子正、憐処士之志　与其門人相謀、於本邑桂福寺之丘立碑勒辞伝其行実携事状来請余曰　士誰不佩雙刀又誰不学其技学而不厭者鮮矣況窮奥闡幽乎、昔開国　之士干提三尺以定一国雖名門右族其由是以世襲血食則豈謂一人敵可以忽諸予因之有所感焉、請子誌之予亦嘗学於壮斎本間翁之門、翁之道即出自重威入道然則処士与予同其源者恨与処士不相知也、雖然処士之徳之与業厳然知参前者即安得其不仰慕乎、子正之請不可竣［峻］拒也、銘曰

維剣之技　隼斯大成　父創子維　徒衆道弘　天然機発

身心上生　活潑々地　誰復得争　教之不捲　門育萬英

文政四年辛巳四月

間宮士信撰文

中神守節篆額并書

門人　拝建(5)

近藤内蔵之助長裕は鹿島神道流を学び、その後一派を創設し天然理心流と名付けた。晩年に江戸で道場を開き、弟子はおよそ千人いたという。

どのような縁で多摩に門人を持つようになったか不明であるが、現在確認できる最初の門人は、寛政三年（一七九一）三月入門の八王子千人同心蒔田綱八と同小林勘吉（両人とも寛政八年「切紙」伝授）(6)である。

この二人のほかに入門時期は不明であるが、寛政五年「切紙」を許された飯室八之丞(7)、寛政七年「切紙」を許された小泉重五郎(8)、蒔田、小林と同じく寛政八年に「切紙」を許された武蔵国大久野村（現日の出町）千人同心の宮岡武左衛門と、「切紙」「目録」を許された相模国下九沢村（現神奈川県相模原市）名主小泉茂兵衛(9)がいる。

近藤内蔵之助は道場を江戸に構えていたが、多摩や相模へ出稽古に赴き多くの門人をそれらの地域に持ったと伝え

られている。小泉茂兵衛の子孫宅には、内蔵之助が出稽古で訪れた時に使用する部屋があったと言い伝えられている。

近藤内蔵之助は文化四年に亡くなり、二代目を戸吹村（現八王子市）坂本三助が継ぎ、近藤姓を名乗った。

近藤三助は「近藤處士碑」によれば諱を方昌、三助と称し、一揚斎と号した。

三助は安永三年名主戸右衛門の息子に生まれた。寛政八年近藤内蔵之助に入門[10]、その詳細な事績は不明であるが、文化四年の師の没後に其の業を継ぎ、諸国を修行して回り、帰郷後は多くの門人を教えその数千五百人に及びその名を上げたが、文政二年（一八一九）四月二六日自宅で没した。享年四六歳。

桂福寺の坂本家墓碑より系図を示すと次のようになる。

「七代戸右衛門―三助―八代三作―九代登右衛門」

三助は一代限りで近藤姓を名乗り、坂本家は子の三作が戸右衛門のあとを継ぎ八代目となり、三助の孫登右衛門の代に八王子千人同心となったと伝えられている。

従来天然理心流が多摩に流布したのは、門人に八王子千人同心が多く八王子宿近隣である戸吹村の三助の実家に道場を構え指導したからといわれていた。しかし、八王子千人同心の史料[11]には「川村外記家来近藤三助道場龍慶橋」とあり、三助は戸吹村領主の旗本川村外記の家来に取り立てられ、道場は隆慶橋（現文京区）にあったことがわかる。隆慶橋には川村家の屋敷があることから川村家屋敷内に道場があったのであろう。

三助の神文血判帳[12]（入門時、流派の決まりを守ることを神に誓い、署名血判をした巻物または帳面。）が子孫宅[13]に残っている。それによれば師内蔵之助存命中の享和二年（一八〇二）に最初の入門者七名がいた。門人の分布は八王子宿周辺、甲斐国北都留郡、相模国津久井郡に及んでいる。

三助が急逝したため後嗣の指名が無く、有力門人の中から抜きん出た実力の持ち主である八王子千人同心増田蔵

六、同松崎正作らが三代目と目されていた。[14] しかし三助没後十年ののち三代目を名乗ったのは小山村（現町田市）出身の島崎周助であった。[15]
周助は小山村名主休右衛門の三男、幼名関五郎、のちに周平と改めさらに周助、晩年は周斎と改名している。諱を邦武、文化八年（一八一一）二代近藤三助に入門。八王子宿などに住んでいたが、文政九年（一八二六）小山村に戻り道場を構えた。近藤姓には天保元年（一八三〇）改めている。[16] 同一〇年江戸牛込甲良屋敷（現新宿区）に道場試衛館を構えた。本稿では周助に統一して記述する。

周助の門人分布は、[17] 多摩郡内の日野市内や町田市内、府中市内、調布市内に広がっている。兄弟弟子である増田蔵六や松崎正作の門人分布から外れた甲州道中より南が多く、八王子宿付近は少ない。後述する千人同心の武術流派を書き上げた**表1**の中に周助の門人は一人もいない。

周助の門人が多くいる地域には千人同心は少ないが、経済力を持ち学問教養の高い農民層が多くいた。この農民層が世情不安や教養としての武術修得に熱心であった。周助自身も代々の八王子千人同心の家柄ではなかった。増田蔵六や松崎正作の門人分布から外れることで活路を見出したのであろう。

初代、二代ともに江戸に道場を構えているが、江戸在住の門人については全く不明である。しかし周助の門人に御家人など[18]がいたことが分かっている。文久元年（一八六一）養子勇にあとを譲り隠居、慶応三年（一八六七）没、享年七四歳。

近藤勇は天保五年（一八三四）上石原宿（現調布市）宮川久次郎の三男に生まれる。幼名を勝五郎、のちに勝太、勇。諱を昌宜。嘉永元年近藤周助に入門。翌年養子となり文久元年四代目を継いだ。文久三年（一八六五）幕府の浪士組に応募し上洛。慶応四年板橋宿（現板橋区）で斬首。享年三四歳。

3　八王子千人同心の武術修得

八王子千人同心は徳川家が関東に入部以後、甲州口の備えとして、天正一八年（一五九〇）に八王子宿に置いたものである。その名の示すように一時期千人の人数を数え、主な役目は慶安五年（一六五二）に命じられた家康の廟所がある日光の火之番であった。

寛政の改革により文武奨励を受けた八王子千人同心は、寛政四年（一七九二）六月鎗奉行宅で武術見分を受けた。その後は同六年四月に再び見分が行われ、以後毎年三月と一一月に武術見分が行われるようになった。

さらに同七年には江戸城内で馬術、同一〇年には剣術の上覧を受けた。

『八王子千人同心資料集』(19)には武術見分に関する書付が収録されている。その書付にある見分の年月、流派、氏名、師匠名などを一覧にしたものが**表1**である。一番古いものが寛政一〇年三月、最後が文久元年九月である。見分場所は千人頭宅と江戸城内植溜であった。

書き上げの総勢百六名、流派の内訳は大平真鏡流五三名、天然理心流四三名、柳生心眼流三名、甲源一刀流二名、一刀流小野流二名、宝蔵院流槍術一名、宝蔵院十文字鎌一名、鏡新明智流一名である。欠落している年が多いのでこの分布が実態を表しているとは言いがたいが、傾向は掴めるであろう。

表1の備考に書き上げた師匠ついてみると、寛政一〇年四回の見分を受けた一七名の師匠は、柳生心眼流南部大膳大夫家来小松原甚兵衛、大平真鏡流浪人若菜主計、天然理心流浪人近藤蔵之助の三名である。若菜主計は青山に、近藤蔵之助は薬研堀に道場を構えていた。小松原も盛岡藩の家臣という身分を考えると江戸在住であろう。寛政一〇年に書き上げられた三流派ともに江戸に道場を構えていたのである。

次に文化八年、一二年の三回二三名（一名で二種見分を受けた者がいる）の師匠は、大平真鏡流塩野所左衛門・浪

表1　八王子千人同心武術流派一覧

見分年月	流　　派	氏　名(年齢)	備　　考	出　典
寛政10.3	大平真鏡流	本間　理十郎(20)	寛政8入門、同9目録	八王子千人同心関係史料集1
〃　10.8	〃	窪田　岩之助(37)		〃
	〃	田中　三右衛門(28)		〃
	〃	小林　直吉(32)	寛政4免許	〃
	〃	師岡　八右衛門(28)		〃
	柳生心眼流	三神佐次右衛門(42)	南部大膳太夫殿家来小松原甚兵衛門人	〃
	大平真鏡流	伊藤　清八(27)	浪人若菜主計門人、寛政4免許	〃
〃　10.9	柳生心眼流	平野　孫左衛門	南部大膳太夫殿家来小松原甚兵衛門人三神佐次右衛門打太刀	〃
〃　10.12	大平真鏡流	塩野　所左衛門(24)	浪人若菜主計門人、寛政2入門、同3目録、同5中伝、当年免許	〃
	〃	川村　小七郎(23)	浪人若菜主計門人、寛政2入門、同8目録、当年中伝	〃
	〃	市川　栄次郎(24)	浪人若菜主計門人、寛政3入門、当年目録	〃
	〃	高橋　六右衛門(38)	浪人若菜主計門人、安永8入門、天明元目録、当年中伝	〃
	天然理心流	蒔田　綱八(25)	浪人近藤蔵之助門人、寛政3入門、同6目録、同8中極位目録、当年免許	〃
	〃	小林　勘吉(18)	浪人近藤蔵之助門人、寛政3入門、同8目録、当年中極位目録、当年免許	〃
	大平真鏡流	筒井　恒蔵(23)	浪人若菜主計門人、	〃

見分年月	流　　派	氏　名(年齢)	備　　考	出　　典
			寛政2入門、同4目録、当年中伝	〃
	〃	橋本　類八(33)	浪人若菜主計門人、寛政4入門、同7目録、当年中伝	〃
	〃	小宮　仙之助(22)	浪人若菜主計門人、寛政3入門、当年目録	〃
文化8,2	大平真鏡流	神宮寺　豊五郎(20)	塩野所左衛門門人、文化5入門、同6目録、同7中伝、同7免許	〃
	〃	早川　幾五郎(26)	塩野所左衛門門人、文化2入門、同年目録、同6中伝、同7免許	〃
	〃	浅井　仙蔵(24)	塩野所左衛門門人、文化6入門、同7目録	〃
	大平真鏡流	筒井　恒蔵(35)	浪人若菜主計門人、寛政2入門、同4目録、同10中伝、享和元免許、文化4指南免許	〃
	宝蔵院十文字鎌	筒井　恒蔵(35)	浪人塩原又太郎門人、文化3入門、同6目録、同7免許	〃
	大平真鏡流	虎見　富吉(33)	塩野所左衛門門人、文化元入門、同2目録、同6中伝、同7免許	〃
	柳生心眼流	川井　三郎平	表火之番今井右門門人、享和3入門、文化7目録	〃
	天然理心流	中村　兵八(33)	川村外記家来近藤三助門人、享和3入門、同年切紙、文化2目録、同4免許	〃
文化　8.2	大平真鏡流	高橋　八百吉(19)	塩野所左衛門門人、文化5入門、同6目	八王子千人同心関係史料集1

見分年月	流　派	氏　名(年齢)	備　考	出　典
			録、同7免許	
	〃	植田　幸之助(21)	塩野所左衛門門人、文化6入門、同7目録	〃
	天然理心流	平野　権平(22)	川村外記家来近藤三助門人、文化5入門、同年切紙、同6目録、同7中極位	〃
	〃	馬場　宗五郎(20)	川村外記家来近藤三助門人、文化5入門、同6切紙、同7目録	〃
	〃	松崎　右内(18)	川村外記家来近藤三助門人、文化6入門、同7目録	〃
〃　8.9	天然理心流	佐藤　彦八		〃
	〃	井上　藤太	佐藤彦八打太刀	〃
	天然理心流柔術	臼井　三蔵		〃
	〃	村内　吉弥	臼井三蔵打	〃
〃12.12	大平真鏡流	斉藤　虎太(20)	塩野所左衛門門人、文化8入門、同12目録	〃
	〃	松村　政八郎(21)	塩野所左衛門門人、文化11入門、同12目録	〃
	天然理心流柔術	中村　兵八(38)	川村外記家来近藤三助門人、享和3入門、同年切紙、文化2目録、同12免許	〃
	天然理心流	星野源次郎(23)	川村外記家来近藤三助門人、文化6入門、同7切紙、同9目録	〃
	〃	石森　次郎兵衛(17)	川村外記家来近藤三助門人、文化5入門、同7切紙、同8目録、同10中極位	〃

見分年月	流　　派	氏　名(年齢)	備　　考	出　典
	〃	青木　甚左衛門	文化5免許短冊差出置	〃
	大平真鏡流	生沼　金八	文化5免許短冊差出置	〃
嘉永4.3	大平真鏡流	山崎　才一郎(20)	志村又右衛門門弟、嘉永3入門、同4目録	八王子千人同心関係史料集2
	〃	坂本　淀五郎(19)	志村又右衛門門弟	〃
	〃	柳川　蒲太郎(20)	〃	〃
	〃	粟沢　汶三郎(17)	〃	〃
	〃	山崎　喜三郎(20)	〃	〃
	〃	渡辺　初太郎(22)	〃	〃
	〃	内田　米蔵(21)	〃	〃
	〃	織田　金八(22)	山本橘之助門弟	〃
	〃	峯尾　直一郎(27)	〃	〃
	天然理心流	米山　市松(21)	松崎正作門弟	〃
〃4.11	(大平真鏡流)	伊藤　与八郎		〃
	(大平真鏡流)	塩野　改之進	伊藤与八郎打太刀	〃
	(天然理心流)	原　次八		〃
	(〃)	伊藤　熊之助		〃
	(〃)	山本満次郎	原　次八・伊藤　熊之助打太刀	〃
	大平真鏡流	窪田　岩之助(37)		〃
〃4.12	宝蔵院流鎗術	原　隼之允(33)	原半左衛門門弟、文政10入門、天保8目録、同15極意皆伝、嘉永4印可、	〃
嘉永4.12	天然理心流 天然理心流棍法	井上　健三郎	増田蔵六門弟	八王子千人同心関係史料集2
	大平真鏡流	松本　小次郎(15)	志村又右衛門門弟、	〃

見分年月	流　　派	氏　名(年齢)	備　　考	出　典
			嘉永2入門、同4目録	〃
	天然理心流	大沢　文吉(23)	宮岡定平門弟、弘化3入門、嘉永元切紙、同3目録	〃
	天然理心流	岩本　富三郎(30)	松崎正作門弟、天保9入門、同10切紙、弘化3目録、嘉永2中極位、同4免許	〃
	大平真鏡流	前嶋　豊之助(24)	志村又右衛門門弟、嘉永2入門、同4目録	〃
	〃	山崎　角右衛門(26)	志村又右衛門門弟、嘉永3入門、同4目録	〃
	〃	馬場　辰八(20)	志村又右衛門門弟、嘉永3入門、同4目録	〃
	甲源一刀流	西村　梅蔵(28)	比留間半蔵門弟、弘化2入門、同4切紙、嘉永4目録	〃
	大平真鏡流	峯尾　芳蔵(19)	塩野改之進門弟、嘉永3入門、同4目録	〃
	〃	渡部　初太郎(21)	塩野改之進門弟、嘉永3入門、同4目録	〃
	天然理心流	飯室　権之助(27)	松崎正作門弟、天保10入門、同11切紙、同14目録、弘化3中極位、嘉永3免許	〃
	大平真鏡流	北山　作太郎(21)	志村又右衛門門弟、嘉永元入門、同4目録	〃
	大平真鏡流 大平真鏡流柔術 大平真鏡流薙刀	塩野　哲之輔(24)	塩野改之進門弟、天保13目録、同14中伝、弘化2免許	〃

見分年月	流　　派	氏　名(年齢)	備　　考	出　典
	大平真鏡流	伊野　幾太郎(20)	塩野改之進門弟、嘉永元入門、同4目録	〃
	〃	福嶋　徳一郎(27)	塩野改之進門弟、弘化3入門、嘉永2目録、同4中伝	〃
	天然理心流	栗原　松五郎(34)	松崎正作門弟、天保10入門、同年切紙、同11目録、同14中極位、弘化3免許	〃
	〃	松崎　和多五郎(34)	松崎正作門弟、天保7入門、同年切紙、同9目録、同10中極位、同13免許、嘉永4指南免許	〃
	大平真鏡流	望月　茂助(19)	志村又右衛門門弟、弘化4入門、嘉永4目録	〃
〃5.11	大平真鏡流	山本　良助		八王子千人同心関係史料集3
	大平真鏡流柔術			
	天然理心流	松崎　和多五郎		〃
	天然理心流柔術			
	天然理心流棍法			
	天然理心流	浜中　善兵衛	御褒美銀5枚	〃
〃7.3	天然理心流	清水　平蔵(15)	松崎和多五郎門弟、切紙	〃
	〃	斎藤三一郎(24)	松崎正作門弟、中極位	〃
	大平真鏡流	杢代　繁之助(24)	志村又右衛門門弟	〃
嘉永7.3	一刀流小野流	横田　穂之助(33)	奥平九八郎家来中西忠兵衛門弟、払捨刀	八王子千人同心関係史料集3
	〃	岡野　岩次郎(23)	浪人村野弥七郎門弟	〃
	大平真鏡流	斎藤　国蔵(34)	志村又右衛門門弟	〃
	天然理心流	大貫　弁之助(30)	増田蔵六門弟、切紙	〃

見分年月	流　派	氏　名(年齢)	備　考	出　典
	〃	米山　金太郎(17)	増田蔵六門弟、切紙	〃
	〃	木村　幸次郎(19)	増田蔵六門弟、切紙	〃
	〃	馬場　勘助(28)	松崎正作門弟、目録	〃
	〃	原　直三郎(16)	増田蔵六門弟	〃
	〃	松崎　彦次郎(18)	増田蔵六門弟、切紙	〃
	〃	新藤　福太郎(17)	浪人島田一門弟	〃
	大平真鏡流	小野　造酒太郎(19)	山本橘之助門弟	〃
	天然理心流	神田　萬蔵(25)	松崎和多五郎門弟	〃
	大平真鏡流	宮崎　益次郎(23)	塩野改之進門弟、目録	〃
	天然理心流	秋山　善八(22)	松崎正作門弟	〃
	〃	田中　橘造(20)	増田蔵六門弟、目録	〃
〃7.6	大平真鏡流 大平真鏡流柔術	設楽　三蔵(30)		〃
	大平真鏡流	小池　兼太郎(40)		〃
	天然理心流	峯尾　三次郎(36)		〃
	〃	小池　勘一郎	小池兼太郎打太刀	〃
安政4.3	天然理心流	高木　瀧之助	松崎和太五郎門弟	〃
	甲源一刀流	比留間国蔵(18)	父半造門弟	〃
文久元.9	鏡新明智流	太田　誠之助(37)		八王子千人同心関係史料集4
	大平真鏡流	山田　猪之八(35)		〃
	天然理心流	二宮　左門太(42)		〃
	〃	石川　又四郎(36)		〃

大平真鏡流53名（大平真鏡流柔術３名、大平真鏡流薙刀１名）
天然理心流43名（天然理心流柔術４名、天然理心流棍法２名）
柳生心眼流３名、甲源一刀流２名、一刀流小野流２名、宝蔵院流鎗術１名、宝蔵院十文字鎌１名
鏡新明智流１名

人若菜主計、宝蔵院十文字鎌浪人塩原又太郎、柳生心眼流表火之番今井右門、天然理心流川村外記家来近藤三助の五名である。塩野所左衛門は八王子千人同心で、道場は八王子宿の千人町にある。若菜主計は前述したように青山である。浪人塩原又太郎の道場は不明である。大目付支配下の表火之番の今井右門は勿論江戸在住。近藤三助の道場は小石川である。

嘉永四年、五年、七年の六回六〇名の師匠は、大平真鏡流志村又右衛門・山本橘之助・塩野改之進、天然理心流松崎正作・増田蔵六・宮岡定平・松崎和多五郎・浪人島崎一、宝蔵院流鑓術原半左衛門、甲源一刀流比留間半蔵、一刀流小野流奥平九八郎家来中西忠兵衛・浪人村野弥七郎の一二名である。志村又右衛門、原半左衛門、山本橘之助、塩野改之進、松崎正作、増田蔵六、宮岡定平、松崎和多五郎は八王子千人同心である。なお塩野改之進は塩野所左衛門の息子である。比留間半蔵の身分は不明であるが、息子国蔵は八王子千人同心で、安政四年三月見分を受けている。道場は入間郡梅原村（現埼玉県日高市）にあったようであるが、八王子にもあった[20]という。一刀流小野流中西忠兵衛は江戸に道場を構えていたと思われる。浪人村野弥七郎は不明である。天然理心流の浪人島崎一は近藤周助と同じ小山村出身である。天然理心流の師匠については後に詳述する。

安政四年、文久元年の二回六名の師匠は天然理心流松崎和多五郎、甲源一刀流比留間半蔵以外不明である。

記録（書き上げ）が残っている寛政一〇年の師匠は皆江戸在住であったが、文化八年、一二年になると八王子千人同心の中から師匠が現れる。さらに嘉永以降になると師匠一四名中江戸在住は中西忠兵衛一名、村野弥七郎を江戸在住と仮定して加えても二名である。寛政改革での文武奨励策が実った結果であろうか。

さらに**表1**の中から天然理心流だけを見ると、前述したように初代近藤内蔵之助の門人蒔田綱八と小林勘吉が寛政一〇年一二月に書き上げられている。共に寛政三年入門である。ここに書き上げられている師匠は初代近藤内蔵之助、二代近藤三助、松崎正作、宮岡定平、増田蔵六、松崎和多五郎、島崎一の七名である。

書き上げられた各師匠について紹介しておこう。なお近藤内蔵之助、近藤三助についてはすでに述べているので省略する。

松崎正作[21]は、戸吹村在の千人同心松崎金右衛門の子で。寛政九年（一七九七）生まれ。諱は栄積。近藤三助の門人でその死後初代の高弟である小幡万兵衛健貞や同じ戸吹村出身の増田蔵六らに師事したと思われる。息子の和多五郎と共に多くの門人を育てている。残っている神文帳によれば天保五年（一八三四）から嘉永二年（一八四九）までの間に二九八名の入門者があり、二四名が免許まで修得している。門人の分布は現青梅市やあきる野市、八王子市である。嘉永七年没、享年五八歳。

宮岡定平[22]は、大久野村在千人同心宮岡武左衛門の息子。寛政七年生まれ。幼名定吉、諱は富矩。嘉永六年三八と改名。代々武左衛門を名乗った。父武左衛門は初代近藤内蔵之助の門人である。文化七年（一八一〇）二代目三助に入門、その死後増田蔵六に師事し、弘化元年（一八四四）指南免許を許されている。残っている神文血判帳などによれば天保四年から安政元年までで七二名の入門者があり、その分布は現在の日の出町やあきる野市である。慶応元年没、享年六八歳。

増田蔵六[23]は、戸吹村の坂本十右衛門の子で幼名専蔵。諱は一武。号は甲斎。初め三沢氏に入り三沢蔵六を名乗ったが、文政八年（一八二五）増田家を継ぎ増田蔵六を名乗った。文化二年近藤三助に入門したが、師の死去により内蔵之助の高弟小幡万兵衛に師事し指南免許を許されている。「増田蔵六翁之小伝[24]」には「因之当流三代目となる其後益栄へ門人弥多く已に千有余人に及ぶ」と記されている。

蔵六は剣術だけでなく柔術・棍法も修めており門人の中には剣術だけでなくこれらの武術を習ったものも多かった。残っている史料によれば天保三年から同一四年までの入門者は二三一名、門人の分布は松崎父子と重なる現青梅市、あきる野市、八王子市であるが、神奈川県津久井郡や山梨県上野原市にも門人がいた。明治四年没、享年八六歳。

松崎和多五郎[25]は、文化一三年松崎正作の子に生まれ、諱は則栄。天保七年（一八三六）父に入門、同一三年免許。門人は六百人余とその碑[26]に刻まれている。明治二二年没、享年七二歳。

増田蔵六、松崎父子、宮岡定平には御嶽神社（青梅市）の御師にも多くの門人がいた[27]。

島崎一[28]は、近藤周助と同じ小山村の出身。一時期捨五郎と名乗った。子安村（現八王子市内）西村安右衛門の養子となる。一平ともいい、三代目近藤周助の門人である。後述するが小野路村の小島鹿之助宅には周助の代わりに出稽古に赴き、また四代目近藤勇が上洛したのちは布田宿の原田忠司とともに同じく小野路村へ出稽古に赴いている。三代目近藤周助の高弟として四代目近藤勇を補佐した。明治一〇年没。

天然理心流は、大平真鏡流と並び八王子千人同心の習得する剣術流派のひとつであった。前述したように『八王子千人同心資料集』によれば、他の流派の師匠も寛政期には江戸に道場を構えているが、時代が下り八王子千人同心の中から師匠となるものが現れると、甲州口の備えや日光火之番などの役目を担う幕臣である八王子千人同心が、八王子宿やその周辺地域に道場のある大平真鏡流の塩野所左衛門や天然理心流の増田蔵六・松崎正作のもとに多く集まったのも道理であろう。

八王子千人同心は初め八王子宿の千人町に屋敷を拝領していたが、時代が下がるにしたがって同心株の売買により農村に居住する半士半農が増えてくる。三代目近藤周助も小山村に居住していた一時期八王子千人同心株[29]を持っていた。

では八王子千人同心はどのように武術を修得したのか、**表1**で一番多く門人がいる大平真鏡流の師匠であり、学者である塩野所左衛門の記した『桑都日記』[30]から、その武術修行について見ることにする。

塩野所左衛門は、安永四年八王子千人同心河西仙右衛門の二男に生まれる。名を轍または知哲、字を子明、号を適斎という。八歳の時走井某に文字を学び、のちの養父塩野周蔵に句読を学んだ。その後江戸へ出て片山兼山の元で学び、さらに儒学、作詩、書などを学び、寛政三年一七歳で帰郷し塩野周蔵の養子となる。同年実父と同じく大平真鏡流の若菜主計豊重（真鏡斎）に入門。寛政四年御槍奉行の武術見分に応募。同一〇年免許を受け、さらに享和元年師真鏡斎より「八王子党自師代」の称号を許され、同二年九月、植溜で剣術見分を受けて白銀五錠を賜りさらに真鏡斎から剣道指南帖を授けられ「二代元帥」の称号を許された。文化元年真鏡斎より剣道指南帖をもって総指南の称号を許された。

入門した年の修行は「冬月三旬鶏鳴に起き食時に至るまで田中有隣と剣業を敦く」した。また免許を受けた年は植溜で伊藤清八の剣術見分の打ち太刀を勤めたのち「旬有余日」青山の道場で「頻りに剣業を敦くし塩原又四郎等と切磋す。業大いに進」み、その結果「帰来、先輩田中、小林等と相試み敢て雌伏せず。心竊に之を喜ぶ」状態になった。

塩野所左衛門が学んだ大平真鏡流[31]は、その師若菜主計豊重の創設になるものである。若菜主計は下野国の出身、一九歳で江戸に出て当時四天王と呼ばれていた森戸三丘らと試合ののち諸国を回り京都で小林右門に師事した。安永七年故郷の大平山に籠り大平真鏡流を創設。江戸に戻り青山に道場を構えた。八王子宿には安永八年ごろ紹介された。「門弟三千人、八王子に来往すること三〇余年」文政二年没、享年九二歳。

二代目は若菜生真斎豊明。また塩野所左衛門も二代元帥の称号を許され八王子で道場を開き、息子の改之進がその後を継いでいる。

塩野所左衛門は、文化元年日光火之番を勤めるにあたって、組頭荻原から役から外れ八王子に留まり後進の指導に当たるように指示をうけた。翌二年秩父郡の平沼某に請われて一〇余日の旅に出て一〇余人指導している。またこれに先立って享和年中から青梅周辺へはしばしば出かけ数十人に指導を行っていた。

八王子の撃剣場は寛政一一年火災で焼失しており「草席を戸外に設け」という状況であったが、享和元年春自宅に講武堂を造り八王子千人同心の指導にあたった。

文化六年千人頭は塩野所左衛門を召して「近ごろ隊中士衆の武術修業、頗る廃惰する者多し、と聞く。仍って士衆に命じて之を勉励せしむ。汝も亦我が同僚の言を含み、宜しく激励し之を教導すべし」と武の奨励を命じられた。

塩野の指導で大平真鏡流は八王子千人同心の剣術として定着した。

二　宗家上洛後の天然理心流

1　世情不安

幕末の多摩では世情不安から農民にまで剣術修得熱が広がっていた。そのため度々剣術稽古の禁止令が出されているが、いっこうにその熱は冷めなかった。

御嶽山御師が配札の途中、供に雇った者を所持の刀で殺害した事例[32]などは、帯刀が世情不安による護身の意味を持つことを示している。しかしそれだけではなく、村役人層から無宿人が出るなど人心の荒廃も起きており、多摩の村々から多くの無宿人や博徒を輩出した。その中で有名なのは下小金井村（現小金井市内）名主家出身の小金井小次郎である。『聞きがき新選組』[33]には日野宿名主佐藤彦五郎と小金井小次郎の交流が記されている。

日野宿寄場組合の博徒の書上[34]によれば、慶応二年組合内に一九名の博徒がいて、その身分は無宿が四名、百姓が七名、身分不記載が八名である。中藤村（現武蔵村山市）では文政七年から明治元年までの四四年間に四五名が帳外となっている。[35]

こうした世情不安の状況は農民が記した日記にしばしば現れている。

柴崎村（＝立川村、現立川市内）の名主鈴木平九郎の記した「公私日記」(36)には頻繁に農作物が盗まれる事態や、村の山林に無宿人が住み着き村人が動員されて山狩りが行われたことが記録されている。

佐藤彦五郎の日記には日野宿寄場の囲場に多くの無宿人が入り多額の入用金が記録され、また村と村の間に揉め事が起きると武力衝突も起きたことが記されている。

〔史料二〕

（安政四年四月）廿九日（省略）昨日平山村・長沼村境界一件之義ニ付、長沼村百姓を平山村之もの打擲および、（省略）平山村名主清八倅徳右衛門、長沼村ニ取りこニ相成居、最早検使御越し可有之間、其上取扱可申旨評議致し、立帰り候事(37)

さらに無宿人や帳外だけでなく一般庶民までも無頼の徒のような風体をするものまであらわれた。

〔史料三〕

（慶応二年二月）十一日　綿屋重蔵義、召使源八召連、榛名山より呑龍権現え参詣ニ罷出候処、佐野天明町ニて関東取締出役渋谷鷲郎様ニ御召捕ニ相成、御同人様より府中宿田中屋万五郎方へ身分探索御用状ヲ以被仰付、右御用状持参、万五郎代之もの罷越し候間、重蔵身分ならびに宿方出立候始末書書取遣し、其段早々渋谷様申上呉候様頼遣し、右之段重蔵宅へ申聞候事（省略）、（挟み込み）従野州天明町、啓達いたし候、然は此程廻り先ニおゐて風俗怪敷もの弐人差押、相糺候処、質屋渡世武州日野宿質屋渡世綿屋重蔵二十五歳ならびに同人召仕源八二十三歳と申すもの之由、心願有之、上州太田宿呑龍権現え参詣として、当月三日自宅出立候旨申之、然ル処、銘々長脇差を帯、加之重蔵と申立候ものは、鉄扇、六発籠之短筒等所持罷在、申口如何ニも不都合ニ相聞候間、右名前之もの共日野宿人別有無は勿論、弥同宿在帳之ものニ相違無之候ハヽ、何等之子細ニて宿方出立候哉、一体手続光蜜々得と探索之上、中山道新町宿へ向、急速被申聞候様いたし度、此段申進候、以上

三月八日

関東御取締出役　渋谷鷲郎

田中屋万五郎殿(38)

神仏参詣の旅に長脇差、鉄扇、六発籠の短銃を所持する行為は、道中の治安に不安を感じてというよりは、風俗の乱れを示していると思われる。

農民の護身用として、また教養としての武術＝剣術修得はどのようになされたのか。八王子千人同心と同様に農民も土地に縛り付けられた身分である。しかも武士ならば武術や学問の修得を目的に江戸などへの留学も可能であるが、農民には困難なことであった。

前節で天然理心流三代目近藤周助の門人分布が多摩南部・東部に多かったことを紹介したが、この地域は周助の出身地が小山村であり地縁血縁の濃い地域であったことと同時に、八王子千人同心が少なく、表面的には剣術取得希望者が少ない地域と見られていたため、各流派の師匠があまり存在していなかったのではないか。その地域へ近藤周助が乗り込み多くの門人を獲得したのである。近藤周助は天保元年に流派の宗家を継ぎ、自身の出身地である多摩各地に門人を持ち、その数は千人余りと、連光寺村名主忠右衛門が安政六年四月二八日の「御用留日記」に記述している(39)。その門人獲得の手法は当時多摩で多くの流派が実践していた門人のもとを訪れる出稽古であった。

近藤周助の出稽古の様子は断片的ではあるが小野路村の「小島家日記」と「橋本家日記」で把握することができる(40)。**表2**は『武術　天然理心流　上』の「表2　小野路村における各師範（代）来訪日数と逗留日数表」をもとに、

表2　小野路村における各師範（代）の来訪回数

年代	近藤周助	嶋崎一	原田忠司	近藤勇	土方歳三	沖田総司	山南敬助
天保7	24回						
〃　8	4						
〃　9	2						
〃　10	0						
嘉永1	2	3回	15回				
〃　**2**	8	6	17				
〃　3	4	4	12				
〃　4	0	2	5				
〃　5	0	4	3	2回			
〃　6	1	0	0	0			
安政1	0	0	0	0			
〃　2	1	0	0	1			
〃　3		0	0	0			
〃　**4**		0	0	3	1回		
〃　5		0	0	5	0		
〃　6		0	0	8	1	1回	
万延**1**		0	0	5	3	1	
文久1		0	0	5	2	3	
〃　**2**		0	0	7	4	6	1回
〃　3		0	0			1	1
元治1		0	0				
慶応1		3	0				
〃　2		1	0				
〃　3			2				
〃　4							

出典：『武術　天然理心流　上』

近藤周助とその師範代を務めたと思われる門人を含めて一覧とした。なお太字で表記した年は「小島家日記」と「橋本家日記」の合計である。

小野路村名主小島角左衛門(41)は天保六年に近藤周助より切紙と目録を授かっている。そのころに入門したのであろう。息子鹿之助は嘉永元年近藤周助に入門(42)している。また同じく小野路村名主の橋本善右衛門も小島角左衛門と同時期の入門と思われる。

橋本善右衛門の五男才蔵は嘉永元年兄文右衛門、小島鹿之助と同時に入門。万延元年兄文右衛門の死去により分家を継いだ。のちに小野路村農兵隊の鉦役を務めた人物である。小野路村には小島家屋敷内に道場があったが取り壊され、橋本分家に道場が建てられ近隣の若者が稽古に通っていた。

表2で小野路村を訪れている師範（代）の近藤周助と近藤勇、および師範代の嶋崎一は前節で紹介しているので、ここでは原田忠司、土方歳三、沖田総司、山南敬助を紹介する。

原田忠司(43)は、文化一三年生まれ、九州の出身と伝えられている。天保一〇年近藤周助より中極位目録を授かり、同一五年免許を許されている。中極位目録および免許には忠次郎と記されている。永らく下染谷村（現府中市内）に居住していたが、慶応四年には国領村（現調布市）に居住していた。周助の師範代を務めていたようで、**表2**によると嘉永元年から五年まで合計五二回、また慶応三年に二回小野路村を訪れている。文久元年近藤勇が天然理心流四代目を継いだ披露野試合では軍目付を務めている。のちに谷戸次左衛門と改名、明治二六年没、享年七八歳。

土方歳三(44)は、天保六年（一八三五）生まれ、石田村（現日野市内）土方隼人の四男、諱は義豊。近藤周助に嘉永四年（一八五一）入門。入門時期は安政六年（一八五九）説もある。その剣術修得については不明であるが近藤勇の披露野試合では赤軍の旗本衛士を務めている。土方家と小島家、下谷保村本田家は縁戚である。明治二年（一八六九）函館で戦死、享年三五歳。

沖田総司(45)は奥州白河藩阿部家の家臣沖田勝次郎の息子、天保一三年江戸の白河藩邸で生まれたといわれている。幼名惣次郎。諱は房良。近藤周助への入門時期や剣術修得など不明であるが、近藤勇の披露野試合では本陣で太鼓役を務めている小島鹿之助は「此人劔術は晩年必名人ニ可至人也(46)」と評し近藤勇の跡を継いで五代目となることを期待していたようである。慶応四年江戸で没、享年二七歳。

山南敬助(47)は天保四年（一八三三）奥州仙台伊達家家臣の子に生まれたと伝えられている。諱は知信、北辰一刀流免許皆伝。近藤勇の披露野試合に赤軍の玄武の戦士で出場している。元治二年（一八六五）新選組脱走ののち京都で切腹、享年三三歳。

下谷保村名主であり医者である本田覚庵（孫三郎）の住込みの弟子であった本多雖軒の「手帳」に「武州小野路邑橋本才蔵出張嘉永七年甲寅三月上巳初　剣術出席帳」[48]の記述がある。橋本才蔵は前述した通り小野路村の自宅に道場を開くなど近藤周助の有力門人のひとりである。橋本家と本田家は土方家を通じて親戚関係にある。橋本才蔵は「手帳」によるとたびたび本田家を訪れている。雖軒と同時期の住み込み弟子である相原村の青木得庵は天然理心流の目録を受けているので、橋本才蔵の本田家来訪の目的は覚庵の若い弟子への剣術手ほどきであったのであろう。

本田覚庵が剣術を修得していたかは不明であるが、二人の息子は元治元年近藤勇に入門[49]している。

2　佐藤彦五郎剣術を学ぶ

近藤勇が、幕府募集の浪士隊に参加して上洛した後の天然理心流を支えたのは、三代目周助の高弟たちであった。その中で日野宿名主の佐藤彦五郎は土方歳三の従兄弟であり、義兄であり、近藤勇とは小島鹿之助と共に義兄弟の契りを結ぶという特別な関係であった。

その佐藤彦五郎が天然理心流に入門するきっかけとなった嘉永二年一月一八日の日野宿大火と彦五郎祖母等殺害事件の概要を二つの日記で紹介する。

一つは中藤村の陰陽師の日記に「（嘉永二年一月）十八日　日野宿三十軒余焼亡、此の騒動に乗じ無宿隼太、日野宿の者二人を切り殺し其の場を立ち去り、近辺人家に入りて搦め捕らる。[50]」と記されている。甲州道中の宿場である日野宿で三〇軒余が焼失する火災があり、その最中に二人が無宿人に殺害され取り押さえられたという事件がおきたことは特筆すべきことであろう。

この事件のさらに詳細な記事が「公私日記　嘉永二年[51]」に記されている。「公私日記」の筆者鈴木平九郎は日野宿の多摩川対岸にあたる柴崎村の名主である。長文なので概略を示す。

「十八日　（前略）隼太事七郎左衛門は、実家に火がかかったあと、彦五郎宅の裏で同人の祖母ゑゐと安右衛門を切り殺し知人に逃亡資金をせがんでいる所を追跡してきた人々に取り押さえられ、さんざん殴られ縄で乗巻にされた。（殺害された二人の）子族も同様の目に会うと心当たりの有るものは皆逃げ隠れしたため、火を消す者がいなくなり大火となってしまった。評判では七郎左衛門は自分の家に火を付け騒ぎにまぎれて遺恨の有る者を切り殺そうとした。という。

二十日　（吟味の結果七郎左衛門は）出火見舞いとして芳三郎方へ行った処、彦五郎、安右衛門、平右衛門、太郎吉、石田村喜六（土方歳三兄）の五人が差し押さえようと棒で打ち掛かってきて傷を受けたので、しかたなく脇差で安右衛門に切り付けた。外の四人は逃げ出したので、彦五郎を追いかけようとしたら、（ゑゐが）取りすがり手足まといになったので切り伏せた。」(52)

この事件の背景には村方騒動(53)の結果、無宿人となった七郎左衛門の遺恨や周囲の疑心暗鬼などがあった。

彦五郎はこの事件により家族を守るには剣術を身につける必要があると感じ、近藤周助に入門した。といわれている。

彦五郎は嘉永三年近藤周助に入門、同年目録、同七年中極位目録と免許を授かっている。

佐藤彦五郎は文政一〇年生まれ。日野宿名主彦右衛門の長男、幼名庫太、初め広俊、のち彦五郎、明治三年隠居して彦右衛門、同五年俊正と改名。天保八年一一歳で日野宿名主に就任した。妻とく（後年のぶと改名）は石田村土方隼人の娘、つまり土方歳三の姉である。天然理心流の兄弟弟子である小島鹿之助、近藤勇とは義兄弟の契りを結んだと伝えられている。

佐藤彦五郎の日記は安政四年（一八五七）から明治二年（一八六九）まで残っているが、このうち文久二、三年、元治元年（一八六二〜六四）分が欠落している。そのため文久三年の近藤勇らの浪士組参加の記事がない。また部分的に記述の無い期間がある。例えば安政五年八月の日野宿牛頭天王社への近藤周助と日野宿門人の奉額に関する記事や、万延二年の石田年蔵（土方歳三）の大病については記載がない。

こうした制約はあるが、安政四年から慶応四年までの近藤勇を中心にした天然理心流に関わる人々の動向が良く分かるため、小野路村小島家日記や連光寺村冨沢家日記、下谷保村本田覚庵日記などで補い記述した。

「佐藤彦五郎日記」中の天然理心流に関する最初の記事は、安政四年五月六日の「昨夕、近藤勇来り、今日欣浄寺ニて稽古いたし候」(54)である。近藤勇が四代目を継ぐのは文久元年（一八六一）であるから安政四年の出稽古は近藤周助の代稽古に来たものである。

安政二年（一八五五）九月二〇日近藤周助は養子の勇を伴い小島家を訪れて、出稽古を今後一切勇に任せる旨挨拶(55)をしている。その後近藤勇は**表2**の通り安政三年を除き、文久三年（一八六三）浪士組に参加して上洛するまで毎年数回は訪れている。なお近藤勇が小島家をはじめて訪れたのは嘉永五年（一八五二）であった。

表3は、近藤勇が小野路村と日野宿へ出稽古に赴いた回数と日数を示している。万延元年が多いのは府中六所宮奉額準備のためであろう。

安政四年五月五日の夕に日野宿佐藤家を訪れた近藤勇は、前述したように翌六日欣浄寺で稽古を行い、更に七日も同様に稽古を行い、八日に「勇江戸へ帰り候」と、数日滞在し稽古している。これは周助と同様で、出稽古の基本形なのであろう。

近藤周助とその後継者である近藤勇の動向をいくつか抽出してみることにする。

安政五年一月二七日彦五郎は出府し、馬喰町の公事宿に泊まり、翌二八日市ヶ谷柳町へ立寄り原幸之助の中極位目録の授与に立ち会っている(56)。

翌六年三月晦日に周助の高弟である沖田林太郎と井上松五郎が来訪、沖田林太郎は日野宿の八王子千人同心家から白河藩家臣沖田家へ養子に入った人物であり沖田総司の義兄である。井上松五郎は日野宿在の八王子千人同心であり井上源三郎の兄である。用件は不明であるが、その後の動きから府中六所宮奉額の件であろう。翌日の四月一日に近藤周助自身が彦五郎を訪ねている[57]。

安政七年（万延元年）二月四日石田村の歳蔵（土方歳三）が下谷保村本田覚庵宅を訪問。本田覚庵の妻は土方歳三の従姉妹である。その縁から覚庵への奉額揮毫依頼の使いを土方が務めているのであろう。その後頻繁に本田家を訪れている[58]。

同年閏三月一九日、彦五郎は柳町の近藤勇宅へ祝儀を述べに立ち寄っている。これは近藤勇と松井つねとの婚儀の祝意であろうか、二人は三月二九日に結婚している。同日勇は「田舎回りの折柄」彦五郎と同伴し府中宿で一泊している[59]。

表３　近藤勇出稽古回数

年代＼出稽古先	小野路村		日野宿	
	回数	日数	回数	日数
嘉永５	２回	３日		
〃　６	０	０		
安政１	０	０	—	—
〃　２	１	１	—	—
〃　３	０	０		
〃　４	３	５	５回	16日
〃　５	５	６	５	７
〃　６	８	13	２	２
万延１	５	９	５	12
文久１	５	５	１	４
〃　２	７	15	—	—

出典：小野路村出稽古分は『武術　天然理心流　上』。日野宿出稽古分は『図録　日野宿本陣』

同年五月九日近藤勇と土方歳三の二人が八王子から五日市へ行く。二人が一緒に行動している最初の記述である。この年の前半は近藤周助の府中六所宮奉額で近藤勇も土方歳三も忙しく動き回っている[60]。

同年一〇月一日奉額は無事終了した。

その間の九月五日に土方歳三の兄隼人こと喜六が病死した。近藤周助は香典を本田覚庵に託している[61]。

翌文久元年一月二九日柳町の近藤勇宅で神道無念流斉藤弥九郎の門人らと稽古試合が行われた[62]。

同年八月一八日に勇老母弔いありの記述がある。[63] 近藤勇の実母みよは勇が幼少の天保一〇年に亡くなっているので[64]この老母とは勇の義母、周助の妻のことではないか。

同年八月二〇日連光寺村冨澤忠右衛門のもとに「江戸市ヶ谷柳町近藤周助使、澳（沖）田惣治郎来ル、右は周助儀老衰および養子勇に相続為致候ニ付」と周助の隠居と勇の四代目襲名を知らせる書状を持参した。[65]

同年八月二七日「今日於松本楼近藤勇四代目相続披露ニ付（中略）六所宮境内ニ而板割野仕合興行」と府中六所宮で近藤勇の天然理心流四代目相続披露の野試合が行われた。

同年一一月八日には石田の歳三が病ということで覚庵と妻と長男東朔が日野へ出向いている。[66]

3　新宗家への支援

八月に四代目の襲名披露が行われた天然理心流宗家であったが、経済的にはかなり逼迫していたようで、門人による永続講がつくられた。

同年一〇月三日近藤勇試衛場永続講の世話人が日野宿に集まり、一口一両百人講とすることを決めた。[67]

同年一二月一一日沖田惣次郎（総司）と井上松五郎が、掛金を受け取りに連光寺村冨澤家を訪れている。[68] しかし思うように金は集まらず、彦五郎は冨澤忠右衛門へ次のような書状を送っている。

〔史料四〕

大寒之節弥御揃御安康奉賀候、然は試衛場修覆一條ニ就而は数々御丹精、過日井上へ沖田相添近辺一巡いたさせ候処、時分柄留守多ニ而、尤記帳承知調印三十四五人有之候得共、集金之分十三両程、然ル處道場修覆は夫々請負人へ相渡、年内出来之積りニ有之候得共、右承知名前へ再應取立相廻り候而も、留守勝ニ而は差支可相成、愚案来ニ

月野試合相催其節一同金子取集候夫迄之内貴兄并小野路、分梅、糟谷、拙者五人ニ而五両宛立替置候ハヽ、修覆差支相成間鋪哉ニ付、乍御迷惑此段御承知被成下金子先生へ御貸渡被下候様奉願上候、且前書如月取集行届候ハヽ、聊無相違返金可為致候間、右之段呉々御聞済之程伏而相願候、最早年内余日無之何れ来陽目出度拝顔万端可申述、乍末御家君様へ宜御伝声奉申上候、頓首

蝋月十四日　　盛車

冨澤英兄
机下[69]

文中の金子立替の五人は、貴兄＝冨澤忠右衛門、小野路＝小島鹿之助、分梅＝小川鱸助、糟谷＝糟谷良甫、拙者＝佐藤彦五郎のことである。小川鱸助は冨澤忠右衛門の弟で、分梅の小川家へ養子に入った。号を白雉という。糟谷良甫は下染谷村（現府中市）の医者で、土方歳三の兄大作（良循）の養父である[70]。

集金した一三両と五人で立て替える二五両の合計三八両で当面必要な金額が集まったとしても、恐らく経済的な問題は根本解決を見なかったのであろう。翌年再び六所宮で野試合を興行することになった。

文久二年三月二〇日府中六所宮で行う野試合の打合わせの席で「勇不行届筋申談」と先代周助の門人連光寺村名主冨澤忠右衛門等から不満の声が上がっているが不行届の内容は不明である[71]。

同年三月二五日に再び府中六所宮で野試合を興行している[72]。この野試合がどれほどの収入をもたらしたかは収支計算がないため不明である。参考のために万延元年一〇月一日の六所宮への奉額の決算を示すと五五両の収入があり、五〇両を周助が、五両を近藤勇が受け取っている[73]。

野試合など特別な収入ではなく日常的に剣術を教えることでいくらの収入があったのであろうか。『武術天然理心

流　上』によれば「近藤勇が来訪したときに支払う一人当たりの相場は、金二朱、銀では拾匁である。近藤の代師範沖田や山南などの場合は近藤の半分の金一朱となる。門人が大勢集まると、その人数分だけ収入がふえたこととおもわれる。文久三年七月九日に、野津田村五名、小野路村一名の入門者があった。此のときの入門金は、一人二朱であった。(74)」

もうひとつ剣術稽古にかかわる費用の記録が本多雖軒の「手帳(75)」である。

本多雖軒は文久三年一一月から直心影流島田孝造（虎之助）の下で剣術修業を再開した。この年二ヵ月で一八日稽古している。翌元治元年は一七五日間稽古をしている。三年目の慶応元年は二四日、同二年は八日、同三年は四日、通算二二九日におよび府中の道場だけでなく島田虎之助の出張先である布田宿や世田谷宿の道場などにも出向いている。

費用のうち道具類は合計で六両二分余、袴、稽古着から竹刀、鍔、皮道具である。謝礼は一月ほぼ三朱で合計三両三朱と二二八文。一番多く稽古をした元治元年の費用の合計は七両三分三朱余であり、四年間の総計は一七両一分二朱余。そのほか道場の維持費や歳暮などの交際費も掛かっていた。決して軽微な出費ではない。

文久二年七月一五日小野路村へ出稽古に赴いていた沖田惣次郎が麻疹を発症して馬で布田宿へ送り届けられている(76)。

文久三年一月土方歳三は小島鹿之助宛年賀状に「両三日前ニ江戸表より申し参り候ニ、文武両様之ものニ候ハヽ、百五拾石より弐百石まて、壱通りニてハ五拾石つゝ被下候趣申来り如何候哉（中略）、一日野井上源三郎へ諸公より御上洛御供として三十俵弐人扶持づつ被下候」と幕府が新規召抱の計画を立てている旨書き送っている(77)。

文久三年一月一五日土方歳三は小島家へ上洛の挨拶に来た。鹿之助は「一刀を貸ス」と刀一振りを渡した(78)。

翌日には近藤勇が小島家へ上洛の挨拶に来た。その際鹿之助は「錸衣を貸ス（中略）弐分二片右遣ス勇へ」と鎖帷子と金子を渡した[79]。

さらに翌一七日小島家には「近藤門人山南敬助、沖田惣次[80]」の、代稽古でなじみの二人が挨拶におとずれた。二月に入った五日、今度は小島鹿之助が「近藤餞別ニ行[81]」と柳町の試衛館をおとずれた。そして八日宗家近藤勇らは浪士組に参加して上洛したのである。

4 浪士組参加

「佐藤日記」は前述したように文久二、三、元治元年の三年分が欠けているため、近藤勇らの浪士隊参加の事情など不明である。しかし、文久三年一月、土方が小島鹿之助に宛てた年賀状[82]に、文武両様の者は一五〇石から二〇〇石、どちらか一方の者は五〇石、また日野井上源三郎へ御上洛御供として三十俵弐人扶持で召抱えるという話がある、と記している。

この新規召抱に応じて日野宿周辺の人選が行われ、日野宿井上源三郎、同宿佐藤喜四郎、同宿谷定次郎、石田村土方久蔵、同村土方歳三が選ばれた。しかし、石田村名主土方伊十郎の倅久蔵は親伊十郎が近藤勇に掛け合い病気を理由に辞退した。そのほか日野宿の佐藤僖四郎、谷定次郎の代わりに同宿中村太吉、同宿馬場兵助、そして青柳村佐藤房次郎が加わった[83]。このほかに江戸から近藤勇、沖田総司、山南敬助、永倉新八、藤堂平助、原田左之助、斉藤一、沖田林太郎、本多新八郎[84]の一四名が浪士組に参加して上洛した。

天然理心流は、四代目宗家が幕府の浪士組募集に応じて上洛してしまい、残った高弟が、多摩や江戸にいる弟子たちの指導や新規の弟子獲得を担ったのである。

小島鹿之助は近藤勇の上洛後の最初の音信を、三月一〇日に佐藤彦五郎へ回送している。これ以後上洛組からの音信は高弟たちの間を回覧される。

小島鹿之助は前述したように、嘉永元年近藤周助に入門し、その後嘉永二年九月に切紙と目録を許されている。文久三年時点で四〇歳、前年までの日記に剣術稽古の記述がない、おそらく目録を許されたところで、修業は終了したのであろう。しかし宗家上洛の文久三年から日記に剣術稽古の記述が増えた。

当時小野路村では分家の小島才蔵家と橋本道助家が稽古場であり鹿之助は橋本家へ出向いている。また野津田村の石阪又次郎（のち昌孝と改名）家でも四月八日道場の披露目を行い、盛んに稽古が行われ、小島鹿之助は野津田村へも頻繁に通っている。

佐藤彦五郎は近藤勇が上洛したあとの天然理心流を託されている。といっても指導者は前述した嶋崎一（西村一平）や原田忠司も加わっていた。そのことは**表2**で明らかである。

佐藤家で旧蔵していたと伝えられる「神文帳」3巻が小島鹿之助の子孫宅に所蔵されている。**表4**は神文帳に署名した門人の居住する村名と署名した年代を一覧にしてある。村名は『聞きがき新選組』(85)から、年代は『日野新選組展図録』(86)から抜き出している。原本を見ていないため年代不明がかなりの数に上っている。神文帳は文久三年一一月柴崎村の二名が最初である。

佐藤日記の記事と神文帳を比較すると、彦五郎の動きと神文帳の署名が一致する場合がある。土方歳三が京都より戻り、佐藤宅に滞在中の慶応元年四月一七日(87)、二人は上平村（現八王子市）の東照宮を参拝した。その時同村の二名が神文帳に署名している。また慶応二年三月三日(88)、日野宿の砲術稽古場で登戸、染谷などの者が野試合を行っているが、同日登戸村の者一名が神文帳に署名している。神文帳への署名は彦五郎が出稽古先へ持参して、門人が署名する場合と、佐藤道場へ門人が稽古に来たときに署名する場合がある。

入門者のいる村数は合計四六村、このうち日野宿寄場組合に属する村は二二村、日野宿助郷村は一七村である。また先代近藤周助の門人所在村と重複するのは一四である。日野宿寄場組合に属する二二村の合計が一一〇名であり六

表４　文久３年以降入門者村別年代別書上げ

＊＝日野宿助郷村　◎＝日野宿寄場組合

村名	現行政域	入門者数	文久３	元治１	慶応１	慶応２	慶応３	入門年代不明
日野宿◎	日野市	24				9		15
四谷村	府中市	14						14
粟須村＊◎	八王子市	12						12
是政村	府中市	11				4		7
平山村＊◎	日野市	9				9		0
柴崎村＊◎	立川市	7	2					5
石川村＊◎	八王子市	7						7
中神村＊◎	昭島市	7						7
上柚木村◎	八王子市	6						6
豊田村＊◎	日野市	5						5
下谷保村	国立市	5		1				4
川辺堀之内村＊◎	日野市	5				4		1
八王子宿	八王子市	4						4
屋敷分村	府中市	4						4
一ノ宮村◎	多摩市	4						4
下柚木村◎	八王子市	3						3
中山村	八王子市	3						3
下染谷村	府中市	3		2				1
松木村＊◎	八王子市	3						3
中野村＊◎	八王子市	3						3
堀之内村＊◎	八王子市	3						3
小野路村	町田市	2						2
相州上溝村	相模原市	2						2
平村＊◎	八王子市	2			2			0
小山田村	町田市	2						2
新井村＊◎	日野市	2						2
青柳村	国立市	2						2
下落合（落合）村◎	多摩市	2						2
乞田村＊◎	多摩市	2						2
登戸村	川崎市	2				1		1
北秋津村	所沢市	1						1
榎戸新田	国分寺市	1						1
平兵衛新田	国分寺市	1						1
上染谷村	府中市	1		1				0
府中宿	府中市	1		1				0
宮村＊◎	日野市	1				1		0
万願寺村＊◎	日野市	1				1		0
上小山田村	町田市	1						1
分梅（本宿）村	府中市	1						1
子安村	八王子市	1						1
八王子横山	八王子市	1						1
上菅生村	川崎市	1						1
中野島村	川崎市	1						1
越野村＊◎	八王子市	1						1
築地村＊◎	昭島市	1						1
宗三寺組		1		1				0
合計		176	2	6	2	29		137

出典：『聞き書き新選組』、年代は『日野新選組展』図録

割強を占めている。彦五郎は近藤勇上洛後、農兵取立てによる訓練と天然理心流の活動を表裏一体として行っており、日野宿寄場の農兵隊と小野路村農兵隊は主に天然理心流の門弟によって編成されていたのであろう。

佐藤彦五郎と小島鹿之助の尽力により近藤宗家の地盤は安泰と思えたが、宗家が上洛し、有力門人も上洛した天然理心流の弱点をさらす事態が起きた。

本田覚庵のもとに住み込みで医術の修業をした国分寺村出身の本多雖軒は、前述したが師家で小野路村の橋本才蔵から剣術の手ほどきも受けている。その本多雖軒は、文久元年退塾後府中宿で開業し、慶応元年実家のある国分寺村へ戻り開業している。

本多雖軒が、再び剣術修行を始めたのは、文久三年からで、府中宿にやってきた直心影流島田孝造（二代虎之助）のもとであった。この島田虎之助は幕末の著名な島田虎之助ではなくその息子と称し、初め島田孝造（孝三）と名乗っている。本多雖軒の「手控帳」(89)には安政元年に大宰清右衛門と斉藤惣兵衛へ宛てた直心影流の伝書が記録されている。また「島田孝三先生伝　父虎之助也後改号虎之助」という記述もある。

この島田一派と天然理心流多摩残留組とのいざこざは後述するが、三代目近藤周助が奉額し、四代目近藤勇の襲名披露をした拠点のひとつといえる府中宿に、直心影流島田虎之助が現れ旅籠の信州屋を拠点にしたのである。

雖軒の「手帳」(90)によると、文久三年一一月から稽古を始め慶応三年二月までの稽古日数と打ち込みの本数を記録している。稽古相手には門前坊加藤快圓や信州屋田中弥助などがいた。さらに元治元年二月に分梅の小川鯤助、下染屋の糟谷良循など天然理心流の有力門人や支援者が稽古に参加している。

この島田虎之助は府中宿ばかりでなく布田宿などでも稽古を行い、文久四年四月上布田宿の原泰助（のち原豊穣）へ剣術目録を授けている。(91)また慶応四年三月一八日付で原泰助宛の書状を横浜からであろう出し、その文面には官軍の動きや東海道筋の情勢などが書いてある。(92)

島田虎之助は明治以後も多摩地域で活動を続け、明治六年青梅清宝院に門人一同と額を奉じている(93)。また明治一五年本多雖軒の妻への病気見舞の時は島田孝造を名乗っていた。

佐藤彦五郎の活動で、先三代とは異なる日野宿および甲州道中筋での門人獲得がなっていたが、多摩の中心地のひとつである府中へ他流派が進出してきたことは、天然理心流側には宗家の留守という弱点がさらされることであり、その弱点を認めたくない事情があった。また直心影流側には宗家不在の天然理心流から門人を奪い、多摩の一角に拠点を築きたい事情があった。

それぞれの事情と面子をかけて両派があわや激突という事態になったのである。さて元治元年四月の府中宿における天然理心流と直心影流の衝突について、残念であるが佐藤彦五郎の日記が欠落していて彦五郎の記述したものは残っていない。小島鹿之助の父角左衛門が残した「聴書」には「元治元年四月二八日佐藤彦五郎からの書状に『先日是政村に新道場ができて、稽古初めに招かれ、府中宿信州屋へ立ち寄った時、江戸の剣客島田虎之助という者から手合せを申し込まれた。たってということなので承知し、翌日粕谷新之助、井上松五郎、佐藤信四郎等を伴い、府中へ赴いて、同門の門前坊掃部に立会いを頼んだが「今、近藤先生は在京中である。先生留守中の試合は禁止されているはずだ」と意見されてしまった。ところが先方にも、江戸へ急飛脚をだして頼んだ加勢が一人も来ないという事情があって、結局試合は中止になった』という。まずは双方とも安堵のことに御座候(94)」と彦五郎からの書状を写している。

直心影流側の記録は本多雖軒の二点の史料に残っている。一点は「手帳(95)」で、「同廿五日　一　二本　島田　土屋　此日日野宿彦五郎来、外数十人伴ひ」である。もう一点は長文であるが引用しよう。

〔史料五〕

四月廿五日

日野宿佐藤彦五郎井上松五郎喜四郎山下定五郎等初事々く逆麟（鱗）近藤流一統相談之上、番場宿信州屋へ来、廿四日仕合之義申越、折節島田先生ニ出合直ニ手合セ可致旨被申、先方殆当惑、いつれ今日は下染屋村迄出張之所存、殊ニ腹痛ニて差当り仕合致兼日延致し暮（呉）候様相頼、依而翌廿五日迄相延シ候処、其日七ッ時迄不来、漸来リ候処十人程、其外遠見之人物凡四五十人、しかれ共島田先生之勢力ニ恐縮シ、門前坊一山ヲ相頼ひたすら相詫、近藤勇帰国迄相延暮候様、依而聞済、併遠方之処被来候間、仕合ハとも斯も拙者門生当正月より煉（練）兵之物ニ候得共、余程上達致候間見物のミ致帰宅可致様申聞、若右も出来不申候得は俄ニ仕合可致旨申之候処、乍承知致し織田氏宅へ参り、然れ共道場見物之義は御容赦相願度申之、依而右も勘弁致し遣し、日野佐東低頭屈膝帰、実ニ猛勇之人物不為取者也、市中承而有狂歌、又文曰

兵書曰不戦而屈人之兵は先之先（善之善）成者也、是誠然、爰以古人曰文武二道不為者、不能為将□、夫人は為万物之主、有天地其間、有人有獣人は天地間之主也、有天即有地、有陽則陰、又曰有男必女物、各如車之両輪有文者必武有武者必有文、然日野佐藤彦五郎は従幼稚之時、無文唯唯猛武也、依而有此誤可慎□

言込で日野も来ぬけりゃ恥もせで　去りとてはまた府中迄来て

全盛の府中の街の島田にて　佐藤も酒も迚も及ぬ

佐藤もち安倍川宿の名物も　今ハ府中でみそを付けたり

島田にハ金谷せぬのに　さかろふて末ハ佐藤も人を掛川

日野宿の佐藤餅をば府中迄　うり弘めんとさわく人々

日は永しもちハすゆるし気ハもめる　門前坊に頼む詫言

わけ知らぬ天狗世界をかけあるき　羽根もおはなも飛んだ大疵

地震流鹿島流をは臥をがみ　自然恐怖の筆をあらわす
結構な日野あかるきを暗夜《うば》たまの　夢中できたかざと《佐藤》う剣術(96)

双方の言い分に異なる点があるのは当然として、この勝敗はやはり引き分けなのであろう。佐藤彦五郎の門人獲得活動はその後も鈍ることなく行われているし、また島田虎之助も引き続き府中で門人の指導にあたり、修業の旅をする武芸人という立場を利用して前述したように社会情勢を情報として伝えることで存在を示している。

5　都との交流

上洛した近藤勇から最初の書状が届いたのが三月一〇日であることは既に述べた。二月二三日に都に到着してすぐに無事だということを書き送ったのであろう。次の書状が三月二六日付の「志大略相認書」(97)である。近藤勇が当初予定を変更して、浪士組と分離し都へ残る事情を詳細に述べている著名なものである。

清河八郎率いる浪士組は三月一三日都を離れ、二七日に江戸へ戻ってきた。帰府組の中に沖田林太郎、馬場兵助、中村太吉、佐藤房次郎がいた。

浪士組の上洛と同時に八王子千人同心も将軍に従い上洛している。井上松五郎の日記(98)には、都での近藤ら壬生残留組との交流が頻繁に記されている。

井上松五郎は将軍の行列警護の役での上洛であるから、浪士組より遅れて三月四日に入京した。

三月六日壬生にいる浪士組の参加者と面会、酒宴と都見物をしている。

井上松五郎が上洛中に浪士組の本隊は江戸へ戻り、残留した浪士組も会津藩御預の処遇が決まった。その後隊内に発生した問題を土方歳三や沖田総司などが井上松五郎に相談し、井上は「他浪士門人一同集まり近藤に腹を立て、下拙方へ談、水、会私一存の取り計らいには成りかね、何分宜しく御文通[99]」を、と誰かに相談している。

近藤勇らが京都に残留するという知らせはいつ多摩に届いたのであろうか。浪士組の江戸帰還が三月二七日であるから帰還組からの知らせが第一報だったのではないか。詳細な事情説明は三月二六日付の近藤の書状「志大略相認書」であるが。

ではこの書状が江戸へいつ届いたのか、それを示す日付が宛名の脇に記されている。これは回覧した日付であり、この日付順に並べ替えると「近藤周斎　一七日→嶋崎勇三郎→蓊山新之丞→寺尾安次郎→萩原多賀次郎　四月一九日寺尾氏より順達廿日船板へ上ル」である。近藤勇の京都残留が正式に書面で説明されたのが、四月一七日以降のことである。

多摩では一応京都残留のことを承知した旨返書が出されたのであろう「六月三日国元佐藤より四月廿三日認書状参り、披見いたし案心[100]」と井上松五郎はその日記に記している。

井上松五郎は六月一〇日大坂で新選組の面々と送別の酒宴を催し一五日大坂を出立した。

次に多摩の人が上洛し、日記を残したのは、連光寺村名主冨澤忠右衛門である[101]。冨澤忠右衛門は領主旗本天野氏の用人代理として、将軍上洛の警護にあたる天野氏に従ったのである。一行は元治元年正月三日に江戸を出立し、都には一月一七日到着した。

二月二日冨澤忠右衛門は壬生の新選組を訪れ[102]、外出していた近藤勇と病気の山南敬助には会えなかったが、多摩の旧知である土方歳三、井上源三郎、沖田総司と酒肴を開いて酌み交わした。その後在京中に祇園や島原で数度交流し四月一三日伏見まで土方歳三、井上源三郎に送られて帰郷した。近藤勇らが上洛して一年が経過しているこの時期の新選組の様子は帰郷した冨澤忠右衛門から多摩の人々へ語られた[103]。

同年七月一七日都では「禁門の変」が起きた。多摩にもその知らせは届き、七月二五日鹿之助は日記[104]に「京都大火之由」と記録。その後も「近藤・土方其外知己之安否不相分」「近藤戦死之凶聞有之」と不安な思いでいるところへ近藤勇の無事が知らされた。その後は江戸市中で近藤らの活躍が話題となり「正しく武士」などの評判を取り、関東取締出役と面会した折にも近藤の噂が出、土方歳三の名前などを書出して欲しいとの求めがあったりした。(105)

その近藤勇が江戸へ戻ってきたのは九月のことで、一〇日佐藤彦五郎から小島鹿之助へ知らせがあり鹿之助は急ぎ江戸へ向かっている。同月三〇日には近藤勇が日野宿の佐藤家を訪れ、知らせを聞いて鹿之助は日野宿へ出向いている。(106)

近藤勇は江戸滞在中に蘭方医松本良順に面会するなどし、江戸を一〇月一六日出発し同月二七日都に到着した。翌慶応元年四月五日こんどは土方歳三が戻ってきた。隊士募集が目的であった。一〇日騎馬で日野宿へ来ると連光寺村の冨澤忠右衛門や小野路村の小島鹿之助が佐藤宅を訪れ都の情勢を聞いている。

日野宿滞在中の土方歳三は、一七日には上平村（現八王子市）の東照宮を佐藤彦五郎と共に参拝した。この時二名が神文帳に署名している。帰りがけに粟須村忠左衛門方に寄り稽古をした。(107)都で活躍する土方の姿は天然理心流の門人獲得には効果大であっただろう。新隊士募集で多摩から上洛したのは布田宿出身で近藤勇の再従兄弟である宮川信吉である。天然理心流をいつから学んだのか、どこまで修得したのかなど不明であるが郷土の期待を一身に担ったのではないか。しかし慶応三年の天満屋事件で紀州藩士と戦い一命を落としてしまった。多摩の人々にとって顔見知りの新選組隊士の死は山南敬助以来二人目である。

土方歳三は、伊東甲子太郎、宮川信吉ら五二名の新隊士を引連れ同月二七日江戸を出発した。(108)

慶応三年九月二四日再び土方歳三が隊士募集のために江戸へ戻ってきた。この時は六月に新選組が幕臣に取り立てられたあとで、一〇月七日井上源三郎と一緒に騎馬で日野宿佐藤宅への帰郷であった。(109)この帰郷については連光寺村の冨澤忠右衛門も、小野路村の小島鹿之助も日記に記述していない。

この時土方が入隊させた多摩の人間は、井上源三郎の甥井上泰助と松本捨助、満田川蔵である。満田川蔵の入隊については、恐らく佐藤彦五郎の推挙を受けたのであろう。一〇月一八日佐藤彦五郎は吉五郎と満田川蔵を同道して廿騎町の近藤勇の留守宅へ出向いている。二一日「川蔵儀、歳三へ相頼、京都へ召連入局為致候積先日相談致、歳三、源三郎共今朝江戸出立」(110)これ以前の満田川蔵についてはほとんど日記に記載がない。しかも、宮川信吉と井上泰助、松本捨助の三人の入隊のいきさつについても諸日記には記述がない。

土方歳三は一〇月二一日二〇名の新隊士(111)を引連れ江戸を出発した。大政奉還の直後である。

浪士組に参加して上洛した近藤勇らに続きたいという思いを抱いた者たちがいた。浪士組に参加し都に留まった近藤勇と土方歳三は共に農民出身である。彼らに続けと本宿村松本捨助が都へ上り土方歳三から入隊を拒否されたのは文久三年一一月であった。土方歳三は「過廿一日松本捨助殿上京仕、壬生旅宿へ向参上、如何之義有之候哉、難計依之一先下向為致候」(112)とあとのことを依頼した小島鹿之助宛の手紙を持たせて帰郷させている。小島鹿之助は「松本捨助先祖親類へ対シ節義之為ニ放蕩ニおよび、父母之恩愛を絶んと欲スル之話を聞テ、我深ク彼が節義を感シテ、為之泪数行ニ及ぶ」(113)と日記に記している。

松本捨助は本宿村名主友八の長男であり、小野路村橋本家の親類であった。放蕩していたのは跡継ぎには不適格という事実を作り、周囲の反対を押し切って入隊する積りであったのであろう。小島鹿之助は「節義を感シテ」と書き、土方歳三も同じように感じたのであろうかこの時入隊を拒否されたが、慶応三年には許され上洛している。

しかし、多摩からの上京者の中には、「無こし参り、近藤、土方とさして甚々同志中へ不面目之義候、行々右よふの者無之奉願上候」(114)と同郷であるが故に状況を弁えないと不快に思わされる者もいたのである。

慶応三年一〇月二一日土方歳三が都へ向けて出発してすぐの二五日小野路村小島鹿之助から大政奉還の一報が届いた。慌しく情報収集をしている最中の二八日三代目近藤周助が亡くなった。もちろん近藤勇が帰府できるわけもなく、佐藤彦五郎ら門人が葬儀を執り行ったのである。

佐藤彦五郎の天然理心流宗家への支援者としての活動はここまでである。これ以後は支援者ではなく、当事者として官軍東征を迎えることとなった。

おわりに

多摩に広まった天然理心流という剣術流派は、初代を除いて多摩の農民出身者が宗家を継いでいる。農民が修業することを禁じられた剣術流派の宗家になったという事実。剣術修業を文化活動の一事例として捉え、趣味の域を超え専門家になるとはどういうことかと考えてみようと思ったがそこまで到達できなかった。

表題である宗家上洛後の天然理心流を実際に支えたのは佐藤彦五郎である。彦五郎は本稿で紹介したように甲州道中日野宿の名主であり、日野宿寄場組合の役人である。さらに農兵隊の指導者も務めている。これらの立場を利用して天然理心流の拡大を図り支えた。宗家不在の多摩で進出してくる他流派と対抗していられたのも彦五郎の力があったからであろう。

近藤勇の四代目襲名以後の天然理心流と多摩の有力者の結び付きを考えるとき、日野宿名主佐藤彦五郎と小野路村名主小島鹿之助の二人の存在は大変重要であるが、もうひとり重要な位置にいる人物がいる。それは土方歳三である。佐藤家とも、小島家とも姻戚関係があり、そのほか小野路村の橋本家、下谷保村の本田家、下染屋村の糟谷家など土方家との密接な血縁関係の繋がりが、多摩での天然理心流への支援と新選組への支援が表裏一体で行われた要因のひとつではないか。土方歳三がいなければ本稿で利用した史料類のいくつかは存在しなかったのではないかと思えてならない。

〈注〉

(1) 近藤勇書簡「志大略相認書」(『日野新選組展』図録　日野市教育委員会　一九九八年)三三頁。
(2) 島田魁「新撰組英名録」(『英名録』霊山資料館、一九九四年)。
(3) 「寛政十年　千人同心月番日記」(『八王子千人同心資料集第一集』八王子市教育委員会)一八一頁。
(4) 平成一九年度特別展図録「八王子の天然理心流」付録天然理心流史跡マップ(八王子市教育委員会　二〇〇八年)。
(5) 村田光彦著『八王子の金石文』(多摩文化研究会、一九六六年)二三四頁。
(6) 「寛政十年　千人同心月番日記」(注3参照)一八一頁。
(7) 平成一九年度特別展図録「八王子の天然理心流」(注4参照)。
(8) 小島政孝著『武術天然理心流　上』(小島資料館、一九七八年)一四頁。
(9) 小島政孝著『武術天然理心流　上』(注8参照)一四頁。
(10) 小島政孝著『武術天然理心流　上』(注8参照)二〇頁。
(11) 「寛政十年　千人同心月番日記」(注3参照)一九六頁。
(12) 小島政孝著『武術天然理心流　上』(注8参照)三〇頁。
(13) 小島政孝著『武術天然理心流　上』(注8参照)三一頁。
(14) 村田光彦著『八王子の金石文』(注5参照)二四〇頁。
(15) 「島嵜年譜」(『町田市史上巻』町田市、一九七四年)一四二六頁。
(16) 小島政孝著『武術天然理心流　上』(注8参照)一四四頁。
(17) 小島政孝著『武術天然理心流　上』(注8参照)一四六頁。
(18) 近藤勇の襲名披露野試合に参加した江戸方の人々。都に留まる決意を記した「志大略相認書」の宛名にある萩原多賀次郎・寺尾安次郎・蔭山新之丞ら。

(19)『八王子千人同心資料集第一集』(注3参照)。
(20) 小島政孝著『武術天然理心流　上』(注8参照)一一七頁。
(21) 小島政孝著『武術天然理心流　上』(注8参照)一〇〇頁。
(22) 小島政孝著『武術天然理心流　上』(注8参照)五四頁。
(23) 小島政孝著『武術天然理心流　上』(注8参照)三九頁。
(24) 村田光彦著『八王子の金石文』(注5参照)一四四頁。
(25) 小島政孝著『武術天然理心流　上』(注8参照)一〇二頁。
(26) 村田光彦著『八王子の金石文』(注5参照)二四〇頁。
(27) 数馬広二著「古武道研究(第一報)」(中央大学保健体育研究所紀要第一七号、一九九九年)。
(28) 小島政孝著『武術天然理心流　上』(注8参照)一七二頁。
(29)「島嵜年譜」(注15参照)一四二七頁。
(30) 塩野適斎『桑都日記　上編』(鈴木龍二記念刊行会、一九七二年)六八二頁。
(31) 塩野適斎『桑都日記　上編』(注30参照)九三五頁。
(32) 数馬広二著「古武道研究(第一報)」注27参照)九二頁。
(33) 佐藤昱著『聞きがき新選組〈新装版〉』(新人物往来社、二〇〇三年)。
(34) 高尾善希著「石碑からみた『慶応水滸伝』」(『宗教社会史研究Ⅲ』立正大学史学会、二〇〇五年)二一四頁。
(35) 高尾善希著「石碑からみた『慶応水滸伝』」(注34参照)二一九頁。
(36) 鈴木平九郎『公私日記』天保八年から安政四年まで(立川市教育委員会、一九七三年～一九八三年)。
(37) 佐藤彦五郎『佐藤彦五郎日記　一』(日野市、二〇〇五年)九頁。
(38) 佐藤彦五郎『佐藤彦五郎日記　二』(日野市、二〇〇五年)七二頁。
(39) 小島政孝著「幻の天然理心流大奉納額」(『幕末史研究37号』幕末史研究会　二〇〇一年)

(40)小島政孝著『武術天然理心流　上』（注8参照）二一三頁。
(41)小島政孝著『武術天然理心流　上』（注8参照）一六一頁。
(42)小島政孝著『武術天然理心流　上』（注8参照）一九一頁。
(43)小島政孝著『武術天然理心流　上』（注8参照）一七六頁。『調布市史』中巻（五〇〇頁）によれば慶応二年すでに国領宿在住。
(44)菊地明編『土方歳三、沖田総司全書簡集』（新人物往来社　三刷　二〇〇二年）三頁。
(45)菊地明編『土方歳三、沖田総司全書簡集』（注44参照）四頁。
(46)小島鹿之助『小島日記27』（小島資料館、二〇〇五年）三九頁。
(47)『特別陳列　新撰組』（京都国立博物館二〇〇三年）一二〇頁。
(48)文久三年「手帳」（『国分寺市史料集Ⅳ』国分寺市、一九八四年）三三頁。
(49)「天然理心流神文帳」『日野新選組展』図録（日野市教育委員会、一九九八年）二三頁。
(50)『指田日記』（武蔵村山市教育委員会、一九九四）一八〇頁。
(51)鈴木平九郎『公私日記　第十二冊嘉永二年』（立川市教育委員会、一九七九年）一一頁。
(52)『日野市史別巻　市史余話』（日野市史編さん委員会、一九九〇年）一四七頁には「日頃から彦五郎に恨みを持っていた男が、火を見て突然狂いだし」と書かれている。
(53)神津陽はその著書『新選組多摩党の虚実』（彩流社、二〇〇四）で村方騒動は古くからたびたび起きていると、日野宿内紛史年表を示して述べている。
(54)佐藤彦五郎『佐藤彦五郎日記　一』（注37参照）九頁。
(55)小島政孝著『武術天然理心流　上』（注8参照）一九二頁。
(56)佐藤彦五郎『佐藤彦五郎日記　一』（注37参照）四一頁。
(57)佐藤彦五郎『佐藤彦五郎日記　一』（注37参照）八三頁。

(58) 本田覚庵『覚庵日記』(国立市教育委員会、一九八九年)五一頁。
(59) 佐藤彦五郎『佐藤彦五郎日記　一』(注37参照)一二八頁。
(60) 佐藤彦五郎『佐藤彦五郎日記　一』(注37参照)一三二頁。
(61) 本田覚庵『覚庵日記』(注58参照)八〇頁。
(62) 佐藤彦五郎『佐藤彦五郎日記　一』(注37参照)一五九頁。
(63) 本田覚庵『覚庵日記』(注58参照)一〇六頁。
(64) 宮川豊治著「近藤勇と宮川家」『近藤勇のすべて』(新人物往来社、一九九三年)四〇頁。
(65) 国文学研究資料館史料館『農民の日記』(名著出版、二〇〇一年)九二頁。
(66) 本田覚庵『覚庵日記』(注58参照)一一〇頁。
(67) 国文学研究資料館史料館『農民の日記』(注65参照)九六頁。
(68) 国文学研究資料館史料館『農民の日記』(注65参照)一〇三頁。
(69) 「特別展　新選組誕生」図録(日野市、二〇〇六年)二三頁。
(70) 「糟谷」については、健在である良循の義父を想定したが、糟谷本家の糟谷兵右衛門は小野路村橋本政常の五男で、天保二年糟谷家へ養子に入っているため、この糟谷は兵右衛門の可能性もある。(小島政孝著「下染屋村糟谷家の大砲について」『小島日記31』一九九八年)八五頁。
(71) 国文学研究資料館史料館『農民の日記』(注65参照)一一六頁。
(72) 国文学研究資料館史料館『農民の日記』(注65参照)一一六頁。
(73) 比留間七重郎『比留間七重郎日記』(府中市教育委員会、一九八五年)三〇頁。
(74) 小島政孝著『武術天然理心流　上』(注8参照)二二〇頁。
(75) 文久三年「手帳」(注48参照)二五頁。
(76) 小島鹿之助『小島日記27』(注46参照)三九頁。

(77)『土方歳三、沖田総司全書簡集』（注44参照）一八頁。
(78) 小島鹿之助『小島日記28』（小島資料館、一九八四年）一七頁。
(79) 小島鹿之助『小島日記28』（注78参照）一七頁。
(80) 小島鹿之助『小島日記28』（注78参照）一七頁。
(81) 小島鹿之助『小島日記28』（注78参照）二〇頁。
(82) 菊地明編『土方歳三、沖田総司全書簡集』（注44参照）一八頁。
(83)「特別展　新選組誕生」図録（注69参照）一〇六頁。
(84)「浪士組廻状留」、「沖田林太郎留書写」（注47参照）に記載されている人名。八王子千人同心井上松五郎も壬生村で土方らと一緒に面会（井上松五郎著『八王子千人同心井上松五郎　文久三年御上洛御供旅記録』日野の古文書を読む会研究部会、一九九八年）しているので、試衛館関係者とおもわれるが不明。
(85) 佐藤昱著『聞きがき新選組〈新装版〉』（注33参照）六八頁。
(86) 注49と同。
(87) 佐藤彦五郎『佐藤彦五郎日記　二』（注38参照）三〇頁。
(88) 佐藤彦五郎『佐藤彦五郎日記　二』（注38参照）七〇頁。
(89) 元治元年九月「手控帳」（『市史料集Ⅳ』国分寺市、一九八四年）三五頁。
(90) 文久三年「手帳」（注48参照）二五頁。
(91)「島田虎之助剣術目録」（『調布の近世史料　下』調布市、一九八七年）四一九頁。
(92)「官軍の動きなどにつき虎之助書状」（『調布の近世史料　上』調布市、一九八七年）七一頁。
(93) 佐々木秀明著「多摩の剣術奉額」（『多摩のあゆみ』八六号、一九九七年）五九頁。
(94) 飯田俊郎著「府中に来た二代目島田虎之助」（注93参照）七〇頁。
(95) 文久三年「手帳」（注48参照）二八頁。

(96) 元治元年九月「手控帳」(注89参照) 三五頁。
(97) 近藤勇書簡「志大略相認書」(注1参照)。
(98) 『八王子千人同心井上松五郎　文久三年御上洛御供旅記録』(日野の古文書を読む会研究部会、一九九八年)。
(99) 『八王子千人同心井上松五郎　文久三年御上洛御供旅記録』(注98参照) 四九頁。
(100) 『八王子千人同心井上松五郎　文久三年御上洛御供旅記録』(注98参照) 九四頁。
(101) 「旅硯九重日記」(『ふるさと多摩第2号』多摩市、一九九九年) 五一頁。
(102) 「旅硯九重日記」(注101参照) 六〇頁。
(103) 小島政孝著「元治元年の多摩における新選組の動勢」(『多摩のあゆみ』二一号、一九八〇年) 一八頁。
(104) 小島鹿之助『小島日記29』(小島資料館、一九八七年) 四五頁。
(105) 小島政孝著「元治元年の多摩における新選組の動勢」(注93参照) 一九頁。
(106) 小島鹿之助『小島日記29』(注104参照) 四八頁。
(107) 佐藤彦五郎『佐藤彦五郎日記　二』(注38参照) 三〇頁。
(108) 松浦　玲著『新選組』(岩波書店、二〇〇三年) 一一三頁。
(109) 佐藤彦五郎『佐藤彦五郎日記　二』(注38参照) 一二三頁。
(110) 佐藤彦五郎『佐藤彦五郎日記　二』(注38参照) 一二三頁。
(111) 松浦　玲著『新選組』(注108参照) 一四六頁。
(112) 菊地明編『土方歳三、沖田総司全書簡集』(注44参照) 二七頁。
(113) 小島鹿之助『小島日記28』(注78) 六七頁。
(114) 菊地明編『土方歳三、沖田総司全書簡集』(注44参照) 八三頁。

幕末の日光山をめぐる人々の意識

安田寛子

はじめに

慶応四年（一八六八）四月一一日、江戸城は官軍の勅使に引き渡された。この時、旧幕府軍の一部の人々は、再起を期して江戸を脱出し、北関東から会津・仙台へと転戦し、最終的には箱舘まで戦いを続けていく。しかし、総督大鳥圭介に率いられて江戸を脱出した彼らが、最初に目指したのは会津や仙台ではなく日光であった。彼らの行動に対しては、北関東から奥羽にかけての戦いや、箱館における最後の戦いにばかり目が向けられがちで、彼らがまず、日光に向けて進軍したという事実は、従来見過ごされてきた感がある。しかし、彼らが日光に向けて進軍したのは、単に日光が会津などへの通過点だったからにすぎないのだろうか。

日光山は、古くからの屈指の霊地であり、修験の信仰の山である。そのうえ、元和三年（一六一七）、徳川家康が東照大権現として勧請されてからは、さらに多くの参詣者を迎える霊地となった。そして、徳川幕府の権威創出に重要な役割を果したのである。

「賊徒」とされた旧幕府軍脱走兵たちが、江戸脱出に際し、最初の目的地として日光という地を選択した背景には、このような、日光という地が持つ特殊性があったと思われる。そこには、日光が単に会津などへの通過点だったという以上の、彼ら一人一人の心の問題が大きく影響していたのではないだろうか。彼らはどのような思いを抱いて日光へと進軍していったのか。また官軍側は、そのような性格を有する日光という地をどのように捉えていたのか。そして、多数の武装兵を迎えることになってしまった日光の人々は、どのように感じたのであろうか。もちろん、彼ら一人一人、すべての人の心のうちを知ることはとうてい不可能である。

しかし本稿では、日光山をめぐる旧幕府軍・官軍双方の動向、また、両陣営の戦闘の渦中に置かれた日光周辺住民や僧侶などの動向をみることで、旧幕府軍側、官軍側、そしてそこに巻き込まれてしまった人々の意識について考えてみたい。

一　旧幕府軍と日光東照宮参拝

1　進軍の目的と大義

江戸城が官軍の勅使に引き渡された翌日の四月一二日、下総鴻の台（千葉県市川市）には、旧幕府側の脱走兵、およそ二〇〇〇人余り(1)が集まっていた。そして、市川渡船場近くの寺院では、脱走兵たちを率いる主要メンバーたちが軍議を開いていた。旧幕臣からは大島圭介・土方歳三・吉沢勇四郎・小管辰之助・山瀬司馬・天野電四郎・鈴木蕃之助ら、会津藩士からは垣沢勇記・天沢精之進・秋月登之助・内田衛守・牧原文吾ら、桑名藩士からは立見鑑三郎(2)・松浦秀人・馬場三九郎などが参加した。彼らは軍議の結果、大鳥圭介を総督として、全軍を先鋒軍・中軍・後軍の三隊に分け、順次日光に向かうことを決する[3]。この時以降、箱舘戦争までの状況は、後に総督大鳥が記した「南柯紀行」によって詳しく知ることができる。ここでは、当該史料を中心に、大鳥を始めとする旧幕府側脱走兵の進軍の目的と大義について考えてみたい。

ところで、軍議によって日光行きが決まったと述べたが、当初、この軍議において衆議の出した結論は違ったものだった。「今より行軍の順次を定め、宇都宮に向わん[4]」というものだったのである。宇都宮にはすでに四月六日、河田佐久馬率いる因幡藩兵と彦根藩兵が、翌七日には、香川敬三・有馬藤太が率いる官軍が到着していた。八日には、備中松山の藩主板倉伊賀守勝静、その子萬之助勝全が香川の軍門に下っている[5]。このような状況からして、彼らはすでに宇都宮での官軍との戦闘を想定していたものと思われる。ここまで新選組を率いて戦ってきた土方も、そのような意識を代表する者だったと言えようが、彼はどのような思いでこの軍議に臨んでいたのであろうか。新選組隊士島田魁は、江戸城開城後のことについて、「十一日江戸城遂ニ官勅使ヱ引渡シニ相定ル、是ニヲイテ土方公榎本公等評議ヲ決シ、海軍ハ尽ク軍艦ニ乗込、陸軍ハ追々脱走ス、恢復之謀ヲ約シ[6]」と日記に記している。つまり、江戸城の開城が決まった時、土方歳三・榎本武揚らは評議を決し、海軍は一人残らず軍艦に乗り込み、陸軍は追々江戸を脱走して、その後旧幕府軍勢力の恢復を謀ることを約していたというのである。とするならば、土方は、市川での軍議に臨んだ際、すでに旧幕府軍による軍隊の兵力立て直しを決意していたことになる。それはすなわち、官軍との戦いに対しても、すでに強い決意を抱いていたことを示している。その根底にあったのは、土方の一途な信念であった。

この軍議から五ヵ月後の明治元年（一八六八）九月、奥羽戊辰戦争における仙台藩の藩論が降伏に決した時、土方は榎本武揚とともに、同藩の新奉行大條孫三郎・遠藤文七郎らに面会し、彼らの降伏謝罪論を説破しようとした。その時土方は、次のような主張を行ったという。

弟ヲ以テ兄ヲ討チ臣ヲ以テ君ヲ征ス、彝倫地に堕テ綱常全ク廃ル、斯クノ如クニシテ如何ゾ国家ノ大政ヲ執ルヲ得ンヤ苟モ武士ノ道ヲ解シ聖人ノ教ヘヲ知ルモノハ、彼レ薩長ノ徒ニ與スベカラズト信ズ

すなわち、弟が兄を討ち取ったり、臣が君を征服するなど、不変の人の道は地に堕ち、人の行いを締める大筋も全く廃れる。このようなことで、どうして国家の大政を執ることができよう。いやしくも、武士の道を解し、聖人の教えを知るものは、薩長に与するべきではないと信じる、というもので、その主張は、「義侠ニ似タリト雖モ順逆ヲ誤マレリ」と反論する遠藤とは、全く噛み合わないものだった。また、この時遠藤は、榎本を維新の皇業に大害を与える人物であると危険視したのに対し、土方は小人で論ずるに足らない人物であると、問題視しなかったという(7)。しかし、敗北色も濃くなったこの時期において、なお土方が述べたとされるこれらの言葉からは、彼の行動を律していた理念ともいえるものを知ることができる。それは「彝倫(人の道)」・「綱常(人の行いを締める大筋)」・「武士道」・「聖人の教え」というものである。彼の戦いの大義は、ここにあったといえる。そして当然、これらはこの期に至るずっと以前から、彼のなかに培われてきたもので、市川での軍議の際にも、当然彼のなかに強い信念としてあったに違いない。他の面々にもそれぞれの信念があり、思いもさまざまであっただろうが、とにかくともに宇都宮に向かおうというのが衆議の出した結論だった。

しかし、軍議の面々から、宇都宮行軍への意見を聞かれた大鳥圭介は、その時のことを次のように記している。

答曰予元来兵隊を引率し此に来りし所以は今直に戦争を為す積にあらず、先ず一旦鴻の台へ屯集し江戸の形勢を見て事を挙げんと欲するなり乍去公等宇都宮に向うことなれば我輩も兎に角日光山へ至り世上の動静を見んも亦良しと(中略)然るに之を総督する人なく毎度議論沸湧、殊に戦端開くときは諸説紛々必機会を失う大患あり、故に右

全軍を君の総括せんことを願うと、予辞して曰小川町の大隊は格別其外兵隊の脱走は予の強て知らざる事なれば命令も行届き兼且小子是迄戦場に出でしことなければ進退のことに未熟なれば其大任を荷う能わず、と然れども夫まては何日迄も事の治定することなく今先隊出発の期に至り困却せるゆえ枉て衆議に従い給え、と云うより然らば追々時刻も移り前途も遠きゆえ予全軍の事を心得、仮りに之を都督して日光迄至るべしとて直に行軍の順次を定めり。(8)

つまり、大鳥は軍議の面々に対し、自分が兵を率いてきたのは、今すぐ戦争をするためではない。まず一旦鴻の台に集まり、江戸の形勢を見てから事を起こしたいと望んだ。しかし、宇都宮に向かうということならば、自分もとにかく日光山に行き、世上の動静を見るのも良いだろうと答えたとある。大鳥はすぐに官軍と戦うことよりも、まずは形勢を見ることを重視していたのである。そのため、宇都宮に向かうという衆議への妥協案として、日光山で世上の動静をみるという考えに至ったのだと受け取れる。また、総督への就任を望む声に対しては、最初は戦場に出たこともなく、進退のことに未熟であるなどとして辞退したが、「枉て衆議に従い給え」という声に推されて引き受けることになったのだとある。つまり、日光への行軍も、総督への就任も、衆議の意向に従ったもので、自ら積極的に望んだものではなかったことが強調されている。

この時の大鳥圭介と、土方歳三を初めとする衆議との間には、かなりの温度差があったと言わざるを得ない。土方は最初から旧幕府軍勢力の恢復を目指していたし、その土方を含む衆議は、官軍との戦闘を前提とする宇都宮行きを選択した。一方、大鳥は世上の情勢を見ることを優先しており、そのための場所として日光を目指したというのである。もちろん、「南柯紀行」が戦後記されたものであり、大鳥が箱館戦争敗戦によって投獄されたものの、後には明治政府に出仕した人物であることは考慮しなくてはならないだろう。しかし、ここに至るまでに、すでに厳しい状況を戦い抜いてきた者たちと違い、大鳥はまだ実戦を経験していなかった。その彼が官軍との本格的な戦闘を決意するには、まだ時間と、さらに背中を押してくれる力が必要だったのではないだろうか。そのための選択が、まず動静を見るために、日光を目指すということだったのだ。このことはまた、強い戦闘意欲や信念を持たず、あるいは単に生活のためだけに従ってきた兵士たちにも、納得しやすいものだったといえよう。これについてはまた後述するが、単に路頭に迷うことを恐れて従ってきた者も少なくないと思われるからだ。つまり、多くの者たちにとっては、時間が必要だったのだといえるが、ではなぜ、そのための場所が日光だったのだろうか。その理由は、前述したように、日光という地が持つ特殊性にあった。旧幕府軍の軍勢は、全軍が同じ道を進んでは通行にも宿泊にも差し支えるため、先鋒軍は秋月登之助と土方歳三が率いて、大鳥軍とは別の道を進軍していた。その途中彼らは、下妻藩の陣屋（茨城県下妻市本城町）を襲って同士としているのだが、この時のことを島田魁は次のように記している。

軍監井上清之進、峯松之介、倉田巴、我輩四人於之東照神君ノ白旗ヲ翻シ勢揃ヲシ夫ヨリ常《ママ》州下妻井上辰若丸使節ヲ以テ封書ヲ送リ、直ニ辰若丸殿当陣門ニ来リ、同士ス(9)

島田他三人は、東照宮の白旗を翻して勢揃いしてみせた後、下妻藩に対して封書を送ると、すぐに同士となったとある。もちろん武力を背景に降伏させたのであるが、この時、彼らは相手への示威行為として、武力だけでなく、「東照神君」という存在を前面に押し出し、それによって自身の行動を正当化したうえで、下妻藩に降伏を迫ったのである。それが、彼らの重要な大義名分であった。

このようなことからも、一行が江戸脱出に際し、まず最初に目指したのが日光だったことの意味は、日光が東照大権現の鎮座する場所だったからに他ならない。もちろん、日光が会津への途上に位置していたことは重要な要素ではあるが、時間的猶予を必要とした彼らが、日光を目指した理由を考える時、そのような物理的な要素以上に、死をも覚悟した人々の心理的な要素にもまた、深く立ち入って考える必要があるのではないだろうか。

2　大鳥および旧幕府軍の意識

ここでは、大鳥やその他の兵士たちの心の内に、さらに深く立ち入ってみたい。

四月一九日、秋月登之助と土方歳三が率いる先鋒軍は、すでに官軍を迎え入れていた宇都宮城（栃木県宇都宮市本丸町）を襲撃した(10)。官軍側の応援兵が一八日には江戸を出発していたが、この時はまだ到着しておらず、そのため宇都宮藩は苦戦を強いられ、再挙を期して城を捨てるしかなかった。そして、市中は敵味方双方が放った火によって、大半が消失してしまうことになる(11)。引き続き先鋒軍とは別行動をとっていた総督の大鳥圭介は、合戦場から鹿沼に向かう途中、この戦闘による火災の焔と煙を目撃し、先鋒軍が宇都宮城を襲ったことを知る。さらに、宇都宮城が落城したとの風聞に接し(12)、大鳥軍も翌二〇日、宇都宮城に入城した。一方で同日、官軍の応援兵たちが、宇都宮城から少し離れた壬生城（栃木県下都賀郡壬生町）に入っていた(13)。その報告を受けた旧幕府軍側は、壬生城進撃を決め、二二日、攻撃を開始する。この時大鳥は、「不快にて」と病気を理由に戦闘に参加していなかったが、旧幕府軍側にとって戦況は芳しいものではなかった。さらに翌二三日、旧幕府軍側は大軍による激しい攻撃を受け、宇都宮城も奪い返され、全軍日光口へ撤退するしかなかった(14)。

土方はこの戦闘で負傷し、療養のため、同行の隊士六名とともに会津に向かい、四月二九日、療養先となる七日町（福島県会津若松市中町）の清水屋に到着する。ここで彼らは、流山で別れて以来の新選組隊士らと再会することになる(15)。

一方、大鳥はその他の全軍を率いて奥州街道に向かった。徳次郎宿に出る日光街道には、すでに官軍が進軍してきていたため、奥州街道に向かったのである。しかし、奥州街道に出る分岐点に差し掛かった時、彼らは奥州街道には出ず、一方の日光に通じる田舎道へと軍を進めた。その途中で、大鳥は不思議な出来事に遭遇したと記している。

日光路の方角は知らざれども土人に問いながら進み行きしに、不思議なるは其辺の百姓家にて多く兵粮を焚出し結びとなし胡麻抔を附けて通行の者に供したり、余も黄昏の頃一村を通行せしに百姓出来り、何卒茅屋に入り給いて兵粮を遣い給えと云に従い半丁計立寄れば椽（縁）側に籠を並べ結びを山の如くに積み上げ通行の者へ与えたり、予余り不思議に思い何故斯く我等を饗応するやと問いしに、百姓曰く我等百姓なれども東照宮の御恩沢に浴すること実に久し、尊公徳川氏の為に御尽力之れあるに付ては、責めて兵粮にても御用相勤め三百年来の御恩義に謝する寸志なりと落涙して述ぶるを聞き、大に感嘆し夫に付けても譜代恩顧の臣下唯生活を偸み居る者百姓にても斯く忠貞なる心実に憐むべしと、則金子五両計も出して与うれども辞して請取らず、強て之を投じ深く謝して立出でし[16]

これによると、彼らは土地の人間に日光への方角を聞きながら進んでいたが、不思議なことに、その辺の百姓家でたくさんの兵粮を焚出し、結びを作って胡麻などをつけ、通行の者に提供していたという。大鳥自身も、黄昏の頃、ある村を通り掛かると百姓が出て来て、「何卒茅屋に入り給いて兵粮を遣い給え」と言われ立ち寄ると、縁側に籠を並べて結びを山のように積み上げ、通行の者へ与えていた。それを大鳥は、あまりにも不思議に思い、なぜこのように自分たちを饗応するのかと聞いた。するとその百姓は、自分たちは百姓であるけれども、長年東照宮の御恩沢に浴してきた。「尊公」、つまり大鳥が徳川氏のために尽力するについては、せめて兵粮ででも御用を勤め、三百年来の御恩義に感謝する寸志であると、落涙して述べたという。

これを聞いた大鳥は大いに感嘆し、譜代恩顧の臣下たちがただ生活を偸み取るような状況なのに、百姓であってもこのように忠貞な心を持っていることは、実に賞美すべきことであるとして、金子五両ばかりも出して与えた。しかし、百姓は辞退して請け取らなかったため、大鳥は強いて投げ与え、深く感謝して立ち去ったのだという。大鳥率いる軍勢は、この時「何れも空腹にて甚困弊せり[17]」という状況だった。それだけにいっそう感動的な出来事だったに違いないが、それ以上に、ここには徳川のために戦おうとしない、「譜代恩顧の臣下」たちに対する激しい批判が示されている。

そのような複雑な思いを抱きながら、日光に向けて軍を進めた大鳥であったが、この時の大鳥は、すぐに日光山に参詣することに賛成ではなかったという。彼は、全軍とも今市でしばらく滞陣して、敵の挙動を見るのがよいと考えていた。しかし、士官から兵士に至るまで、「日光山に参詣することを頻りに急ぎ、之を止むれども追々駆抜けて日光に赴く形成[18]」であったという。

この地に至るまでの戦いのなかで、大鳥軍は疲弊し、銃・弾薬も不足する状況にあった[19]。それゆえ大鳥は、戦略的配慮から様子を見ることを選択したかったのだと思われる。しかし、大半の兵士たちにとっては、むしろ、日光山に参詣することで得られるに違いないと信じる、精神的な支えの方が重要だったのだ。それを大鳥も、充分に理解することができたのでないだろうか。

大鳥は兵士たちの望み通り、日光山への参詣を決め、四月二五日、「明日は早朝より序次を定め神廟に拝謁し、直ぐに今市へ下るべし」と命じた。そして、翌二六日には大鳥も早く起き、事務処理をした後、神廟を拝謁した[20]。大鳥は、神廟を拝謁した時の感想を、次のように記している。

神廟は兼て承わりしにも勝る美麗壮観なれども、兵隊進退のことに心を砕き且斯の如き偉大の霊地も最早今日までにて、後来如何なる形勢に遷り行くべきやと悲泣に堪えずして、そそこにして神前を下れり[21]

この時の大鳥は、神廟が聞いていた以上に美麗壮観なことに心を打たれたようだが、兵隊の進退のことに気をもんでおり、また、偉大な霊地である日光山も、今後どのような形勢になっていくのかと悲涙に絶えず、早々に神前を下ったという。この時大鳥は、今後の日光山に対し、極めて悲観的な観測をしている。

これには、参拝前日の四月二五日、大鳥が備中松山藩主板倉勝静と面談した時のことが関わってくる。大鳥は、板倉父子が潜居していた寺院、南照院に呼ばれて会いに行ったのだが、この時のことを次のように記している。

格別の卓見も無く唯此地にて干戈を動かしては廟前へ血を濺ぐに至り、忠誠も却て水泡抔と旧に依て因循の輪なり、是れ尤一山の僧徒より頼み入て予に話せしことと覚えたり、愈々防戦と決心其手筈調いし上は、仮令弾丸神廟に触るるといえども無拠次第なり、唯防禦の策未だ相立たず苦辛せりと答えて帰れり。(22)

これによると、板倉には特別すぐれた意見もなく、ただこの地で武器を交えられては神廟の前に血を注ぐことになり、忠誠も却って水泡に帰すことになると述べ、日光山での決戦を避けさせようとしたという。これについて大鳥は、板倉が一山の僧徒から頼まれて述べたものと察している。しかし大鳥は、いよいよ防戦と決心して、その手筈を調えたうえは、たとえ弾丸が神廟に触れようとも仕方のないことである。ただ防禦の策がいまだ立たず、苦辛していると答えて帰ったという。

つまり大鳥は、その行動を決めるにあたって、「美麗壮観」な神廟を無傷のまま残したいなどという、感傷的な思いに囚われるつもりはなく、当然、僧徒の頼みなど聞くつもりもなかった。もちろん前述のように、多くの兵士たちが日光山に対して熱い思いを抱いていた。大鳥自身も大半の兵士たち同様、日光山を偉大な霊地として崇拝し、精神的支柱とする思いはあったに違いない。しかし、大鳥にとって最も重要だったのは、それが戦略的に見てどうなのかということだったのである。そして彼は、ともに戦おうとしない「譜代恩顧の臣下」たちへの強い批判意識を抱きつつ、勝つためにはどう行動すべきかを優先して考えるに至っていたのである。

3　籠城地としての日光山

前述のように、大鳥は日光山で防戦すると決めたら、たとえ神廟が損傷しようとも厭わない覚悟だった。しかし、彼らが日光山に籠城することはなかった。それはなぜだったのか。ここでは、その理由について考えたい。

神廟参拝後今市に入っていた一行のもとに、四月二七日、松平太郎が到着し、江戸の近況を伝えた。その話を聞いた士官一同は、驚き、あるいは嘆いて、ともに涙を含んで話し合ったという。この時の彼らの思いは、神廟を拝謁した後だけに、いっそう熱いものがあったと思われる。その夜、大鳥は松平太郎とともに今市の本陣に泊まったが、翌二八日には松平太郎と別れ、その日のうちに隊を率いて再び日光に入った。そして大鳥はその夜、山内の安居院に泊まっている。(23)

前述のように、大鳥は日光山の行く末に対して、悲観的な観測をしていた。そのまま大鳥たちが山内に留まっていたら、その観測は現実になっていたかもしれない。しかし、実際に日光山が火の海になることはなかった。神廟での血戦を望む声もあったのだが、その意見は採用されなかったのである。

四月二九日の軍議では、意見が二つに分かれていた。一つは、弾薬・兵粮の蓄えもなく、持久すればまもなく困迫するとして、いったん会津に入り、規律を整え、弾薬・兵粮を備えて、再度日光に帰ってくるのがよいという意見であった。またもう一つは、目の前に敵がいるのに会津に行くのは武人の恥だとして、血戦して神廟の前に死ねば元より願うところであり、心残りはないとする意見であった。後者が選択されれば、日光山も焦土と化したであろうが、大鳥は、後者は「衆人の行いがたきところ」であり、歩兵の土崩瓦解は免れないとして、会津への一時撤退を選択したのである。[24]
大鳥は、兵士たちの多くが戦意を喪失しているのに気づいていた。「南柯紀行」によれば、当時の状況は次のようなものだった。

日光山神廟へ一同参詣の上は速に今市に出で此にて防御すべしと欲すれども、宇都宮一敗後人心瓦解唯一寸にても退くことを考え敵に近く出ずることを好まず[25]

すなわち大鳥は、日光山神廟へ参詣した後はすぐに今市に出て、この地を防御すべきであると考えていた。しかし宇都宮での敗戦後、人心は瓦解し、少しでも退くことだけを考え、敵に近づくことを好まないというような状況だったという。このような状況では、一時撤退するより他なかったのである。
また大鳥が、日光山は籠城地として適さないと考えたことも、下山を選択させた理由であったと思われる。日光山について、彼は次のように記している。

日光は一方口にて左右後口とも高山聳え立ち容易に上るべき地にあらざれば、随分守るには宜しと雖第一兵粮に乏しきを以て持久すべきにあらず[26]

日光に入る口は一つで、左右にも後ろにも高い山が聳え立っている。容易に上れる地ではないので、守るにはかなりよい場所であると評価している。しかし、兵粮に乏しい場所であることから、持久すべきではないと考えていたのである。

つまり、日光山がいくら地形的に有利な場所であっても、兵粮確保が困難な地であるため、弾薬・兵粮も乏しく、戦意の喪失した軍隊を抱えた状況で、籠城策は選択できなかったのである。

一方、官軍を率いて日光に入った東山道先鋒総督府参謀の板垣退助も、日光山での戦闘を回避するための画策をしていたという。これについてはまた後述するが、僧侶に旧幕府軍の日光山からの退散を説得するよう依頼したというのである。大鳥が日光山での持久が困難であることを見越していたとするなら、当然板垣も見抜いており、最終的には勝利する可能性が高いと判断していたかもしれない。しかし、旧幕府軍の兵士たちが死を覚悟して籠城し、日光山が焦土と化した場合の人心を考慮すれば、日光山での血戦は避けたかったに違いない。新政府に対する不満が高まり、脱走兵に味方する者が出たり、一揆・打ち壊しなどの不穏な動きが出ることは、最も警戒すべきことだったからである。(27)後に東叡山寛永寺は焦土と化すわけであるが、日光山は家康が東照大権現として勧請される以前からの信仰の山である。その地を焼き尽くすことは、政治的配慮からも避けたかったに違いないと思われる。

このように、日光山が籠城地とならなかったのには、日光山の地形的要素もあったが、それ以上に、旧幕府軍・新政府軍双方それぞれの事情が大きく影響していたといえる。

二　日光山僧侶と周辺住民の動向

1　日光周辺住民の苦難と意識

これまで、江戸脱出後の目的地を日光としたことは、大鳥圭介にとって時間的猶予を得ることであり、また日光が東照大権現の鎮座する場であることが、大鳥を含め多くの兵士たちにとって、精神的な拠り所として重要な要素であったことを見てきた。しかし、不穏な大軍に押し寄せられ、人馬や食料の供出を求められた進路にあたる沿道の住民たちの苦難は、相当なものであったに違いない。彼らはこのような事態を、どのように受け止めていたのであろうか。

人馬の徴発や宿泊については、大鳥軍や忠義隊・誠中隊などの旧幕府軍が、進路にあたる沿道住民に対し、軍事力をむき出しにして強要したこと、それが平時における参勤交代などの武家通行の方式を、そのまま衍用したものであったことが指摘されている。(28)その所行は、ずいぶん乱暴なものだったようである。

次の史料は、大槻村針生(福島県郡山市大槻町)の七海文吉正成という人物が記した、戊辰戦争時の記録である。

—八月朔日の夜より郡山宿騒動始る—

大槻にても、土蔵目ぬりなどを致し逃候者は戸前破られ又は分取などを致されける、後世に至りても此儀を能く心得て、家々を放るる事限て仕間敷、後世の為に書下置ものなり(29)

大槻村においても土蔵に目塗りをして逃げた者がいたが、戸前を破られたり、略奪されたりしたという。それが、旧幕府軍、官軍、いずれの仕業によるものかは書いていないが、後世に至ってもこのことはよく心得て、家々を放れることだけはしてはならないと、後世のために書き置くとしている。またこの記録には、八月に入り官軍側・会津側両方から、期限のない人足かり出しにあったことも書かれている。それについて記録者は、「会津方からは、会津領に成上は三ヶ年の間無年貢に致し候様に被仰ける、然れども官軍に不及ようすを見て、何迚会津へ随ふべきや」(30)と、会津側の劣勢を冷静な目で観察して記録している。

前述の、宇都宮城撤退後に大鳥が経験した、沿道住民による積極的な食料提供も、このような略奪行為をされるよりは、むしろ積極的に提供を行った方が、より被害が少ないと考えた冷静な判断の結果だったとも考えられる。しかし、彼らが「東照宮の御恩沢」ゆえに兵粮を勧め、「三百年来の御恩義に謝する寸志」であると述べたと、大島が記録している事実についても考えてみる必要があるだろう。もちろん、これが「生活を偸み居る」「譜代恩顧の臣下」たちへの、批判を強調するための誇張である可能性を、完全に排除することはできない。しかし、多少の誇張があったとしても、この出来事が全くの嘘だったとも思えない。実際、この後に立ち寄った大網村では、「百姓ども残らず逃げ去り更に人影も見ず」[31]という状況だったと書いており、事実をそのまま記そうとしていたと思われる。では、その百姓が述べたという「東照宮の御恩沢」、「三百年来の御恩義に謝する寸志」などという言葉の背景にはどのようなものがあったのだろうか。

一つには、言葉通りの東照宮信仰が考えられる。かつて東照宮信仰は為政者のものとされてきた。しかし、民衆によって勧請され、祀られてきた東照宮が多数存在することが指摘されている[32]。日光山に近く、そこに通じる道沿いの住民が東照宮を信仰し、その「御恩沢」への感謝の念を持っていたとしても、不思議ではないのではないだろうか。だからこそ、接待する必要を感じた時、自然とこのような言葉が口から出されたのではないかと思われるのである。

もう一つは、現実的な側面での「御恩沢」である。「南柯紀行」には、この食料提供をしてくれた村の名については書かれていない。しかし、日光街道沿いの村ではないものの、宇都宮を出て、大網村に至るまでの、日光に通じる道沿いの村である。宇都宮は奥州街道と日光街道の分岐点に位置し、「日光道中第一の繁昌の地」[33]と表現される宿場町である。日光社参や参勤交代などの公的な通行だけでなく、日光への私的な物見遊山のための通行も多く、非常な賑わいを見せていた。当然、その周辺の村々にも、往来者からもたらされる恩恵があったのではないだろうか。いわゆる、観光収入である。

江戸時代には多くの庶民が、寺社参詣という名目の物見遊山の旅を行っていた。日光山へも多くの堂者（参詣者）

が訪れている。ちなみに、天保一二年（一八四一）九月二五日から翌一三年（一九四二）九月二四日までの一年間に、日光山を訪れた堂者の数は三万五〇四二人であった。[34]これだけでも相当な数であるが、この時期は天保改革が実施されており、社会状況の悪化も顕著であったことを考えると、時期によってはさらに多くの堂者が訪れていた可能性は大きい。彼らは、日光街道、御成道、例幣使道、壬生通などを通って日光に向かった。その沿道の村々が、定期的に繰り返される公的通行のため、多大な助郷負担を負い、衰微を顕著にしていったのも事実である。実際、宇都宮宿も天保九年（一八三八）に、宿場の困窮を理由とした御定人馬の軽減が認められるなど、[35]苦しい状況にあった。しかし、それでもなお、前述のように、日光を目ざす堂者や公用のための通行者は存在した。それゆえ、困窮する人々がいる一方で、通行人がもたらす金銭によって潤った人々がいたのも事実であろう。

八王子千人同心原弥源太が、慶応元年（一八六五）秋に記した「日光道中記」がある。彼は例幣使道から壬生通を経て日光に入っているので、大鳥が百姓と出会ったと思われる村は通っていないが、日光道中の状況を知る一手段として見てみたい。この記録は、道順を辿るくらいの簡単な記録なのであるが、興味深いのが、そのような簡単な記録のなかに、「女郎屋」の件数を記していることである。その意図は不明だが、これによって、沿道の宿駅には相当な数の女郎屋、すなわち、遊女を抱え置く遊興の場が存在したことが分かる。まず、例幣使道では、富田宿に二七軒、合戦場宿に一九軒、金崎宿に一〇軒、壬生通に入ると、奈佐原宿に六軒、鹿沼宿に三五軒、文挟宿に八軒、板橋宿に六・七軒あったという。また、富田宿に行く途中のあら町と横手町には、かつて「女郎屋」が三七軒あったが「今ハつぶされ候」、犬伏宿では七軒あったが「今ハなし」と、廃業した店の数まで書いている。[36]原自身に利用するつもりがあったかどうかは分からないが、少なくとも行く先々の宿場に存在した女郎屋が、旅人としての原に記録を残させるほどの興味をもたらしたことは事実である。

そして前述のように、繁華な町であった宇都宮では、嘉永年間（一八四八〜一八五四）には旅籠屋四五軒のうち、四二軒までが飯盛旅籠屋だったという。そして、そのほとんどは池上町と伝馬町に集まっており[37]、天保年間（一八三〇〜一八四四）のものと推定されている史料[38]によると、両町で二七軒の旅籠屋が、子供三七人を含む一八二人の女性を抱えていた。表1は、伝馬町で六軒（A〜F）、池上町で二一軒（A〜U）の旅籠屋が抱えていた女性たちの人数を、町別、旅籠別、年齢別に一覧にしたもの、表2は、そのうちの年齢別人数を折れ線グラフにしたものである。

表1で、一五歳と一六歳が子供にも大人にも含まれるのは、店によってこの年齢層を大人として記録している場合と、子供として記録している場合があるからである。一五・六歳が大人と子供の分岐点だったといえる。また、表2からは一六歳から二三歳までの女性が多く、なかでも一七歳から一九歳が最も多い年齢層であったことが分かるが、九歳・一〇歳の幼い子供や、夫や子供と幸せに暮らしていてよいはずの二七歳から二九歳の女性まで、このような店で働かざるを得ない厳しい現実があったことが分かる。実に不幸なことであるが、当然、これら女郎屋・飯盛旅籠屋などとその周辺の人々は、その利用者、すなわち日光を目指す旅人によって、金銭的恩恵を受けていたはずである。女性との遊興の場以外でも、沿道住民が日光山に詣でる人々から得た収入は大きかったと思われる。ただし、一八世紀後半以降は日光領内が疲弊していき、そのなかで堂者の争奪戦が次第に激化していったことが指摘されている[39]。これは堂者の数が減ってきたために起こった現象といえるが、このことから、幕末には沿道住民が得る収入も減少していたと思われる。しかし、逆に堂者の争奪戦が行われるほどに、一人一人の堂者から得られる収入が大きかったのだともいえる。このようないわゆる観光収入は、現実的な意味での「東照宮の御恩沢」だったといえる。

信仰という精神的側面、金銭という現実的側面、これら両面で「東照宮の御恩沢」を受けてきたと思われる宇都宮周辺の沿道住民が、差し迫る迷惑な存在からの被害を回避するための方便であったとしても、その感謝を形で示し、かつ口にすることは、充分に折り合いの付くことだったのではないだろうか。少なくとも、大鳥圭介に感動を与えた沿道住民の行為は、その動機が力ずくの強要・強制からの回避にあったとしても、その背景に東照宮との深いつなが

表1　飯盛女　町・旅籠・年齢別召し抱え人数表

	町	伝馬町						池上町																					
	旅籠屋	A	B	C	D	E	F	A	B	C	D	E	F	G	H	I	J	K	L	M	N	O	P	Q	R	S	T	U	年齢別人数
子供	9																				1								1
	10															1													1
	11	1																			1								2
	12																1		1		1						1		4
	13							1											1							1	1		4
	14			2			1		1										2					1					7
	15	1		1		2				1			1			1	1												8
	16		1					2				1	1													1			6
	判読不能	1									1				1								1						4
	子供人数合計	3	1	3	0	2	1	3	1	1	1	1	2	0	1	2	2	0	4	0	3	0	1	1	0	2	2	0	37
大人	15																				2								2
	16				1									2						1	1				1	1			7
	17	1	2	3	1	2	1			1	2		2				1		2		2	1						1	22
	18	2		1				1	1	1			4			1	1				1	1				1		1	16
	19	1	1	2	1	3		4			1			1	1						3		3		1		1		23
	20	2		1	1		2		3	1							1		1					1				1	14
	21											1	2	2		3	2		1		1								12
	22	1				2		2		2	3												1			1			12
	23	2		1								1	1		1	1	1			2	1	1				1	1	1	15
	24																												0
	25																												0
	26																												0
	27																									1			1
	28												1																1
	29								1																				1
	判読不能		1			1	1					1	2	4	2	1		1	2		3								19
	大人人数合計	9	4	8	4	8	4	7	5	5	6	3	12	9	4	6	6	1	6	3	14	3	4	1	2	5	2	4	145
	旅籠別人数合計	12	5	11	4	10	5	10	6	6	7	4	14	9	5	8	8	1	10	3	17	3	5	2	2	7	4	4	182

註.「飯売女当時有人数取調書上帳」（宇都宮市史編さん委員会編『宇都宮市史』近世史料編Ⅱ、宇都宮市発行、1981年、65頁～74頁）より作成。

表2　飯盛女年齢別召し抱え人数表

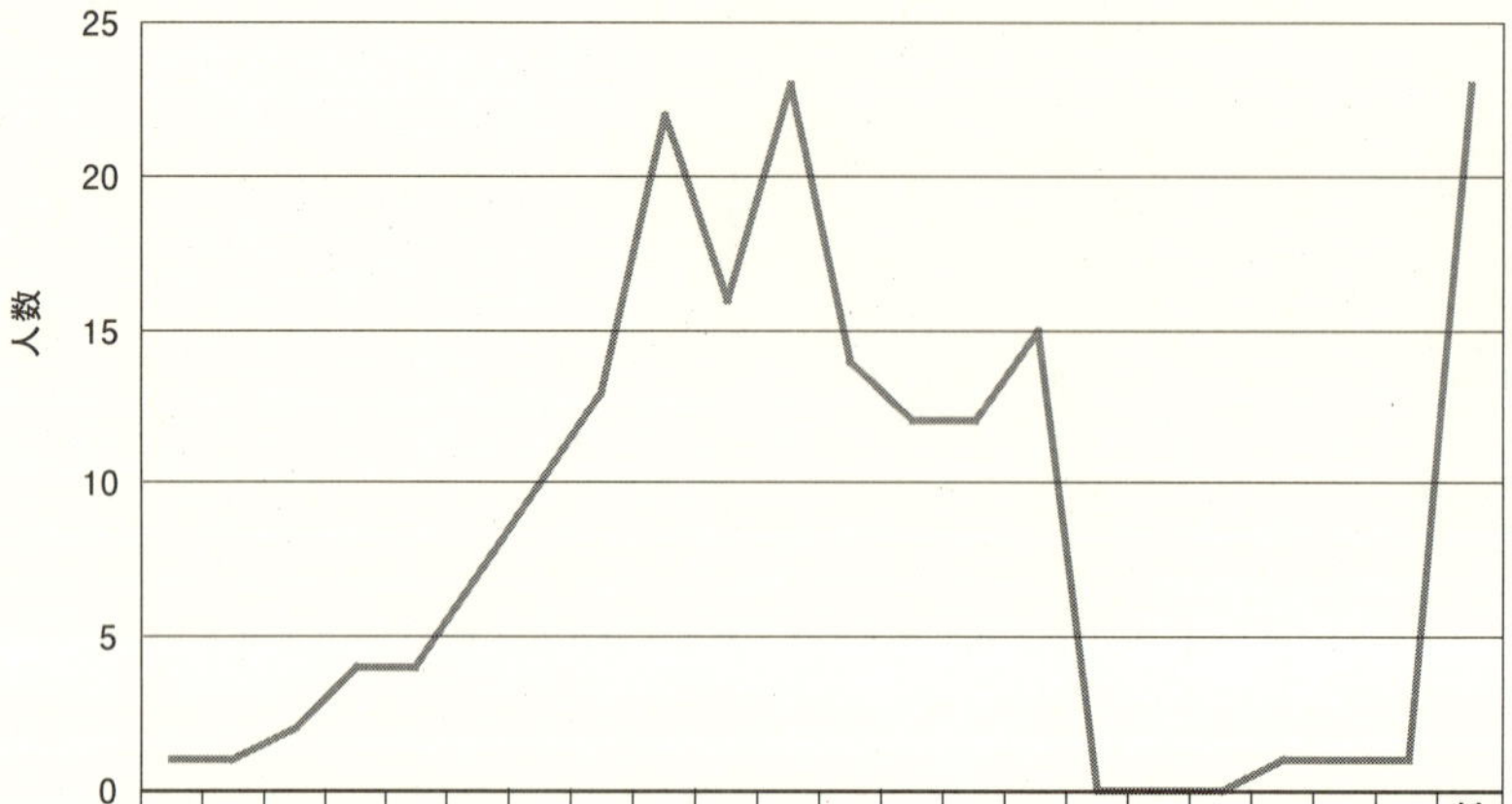

	9	10	11	12	13	14	15	16	17	18	19	20	21	22	23	24	25	26	27	28	29	判読不能
人数	1	1	2	4	4	7	10	13	22	16	23	14	12	12	15	0	0	0	1	1	1	23

註.「飯売女当時有人数取調書上帳」（表1に同じ）より作成。

りがあったことは否定できないのではないだろうか。
もちろん官軍の通行もまた、沿道住民に負担を強いた。今市宿に官軍が入ったのは、大鳥軍より早く、慶応四年（一八六八）四月八日のことだった。これでいよいよ今市宿もいつ戦場になるかもしれないと、周辺の人々は戦々恐々としたに違いない。事実、二宮尊徳の仕法役所では、その日のうちに、必要な帳面類を宿外の都賀郡千本木村滑川坪作兵衛宅に疎開させている(40)。官軍は四月一一日には今市宿から全軍宇都宮へ引き上げているが、代わって今度は、一九日に旧幕府軍三〇〇人ほどが今市宿に入って来た。そこで仕法役所では、状況は追々切迫していくとして、さらに「主法要用書類」の相馬への搬出を決意している。二二日には、主法書類を馬五疋に載せて相馬に向けて出立させた。また、二宮家族、門人家族も翌二三日には奥州中村へ向けて出立し、書類のうち一九包は都賀郡引田村高畑坪まで運んだ。二四日には、主法書類の残り一三包や白米二包、玄米一二俵などを千本木滑川坪義兵衛宅に運んでいる。今市宿ではこの他にも、家ごとに家財はもちろん、戸・障子・畳までも、近村へ避難させるという状況にあった[41]。今市宿は官軍・旧幕府軍入り乱れて、非常に切迫した状況にあったのである。そして、日光周辺の住民たちは、複雑な思いで官軍・旧幕府軍の両方を受け入れていた。そのなかで彼らは、状況を正確に見極め、仕事や身を守るための最善の方法を、模索して行動していたといえる[42]。

2　日光山僧侶の動向

大軍に押し寄せられて迷惑を蒙ったのは、沿道住民ばかりではない。日光山僧侶たちにとっても、大変な脅威となった。

明治四〇年（一九〇七）六月一五日に開催された史談会の席上で、日光山に官軍が進軍してきた際、宇都宮厳亮という一僧侶が日光山に立てこもる旧幕府軍を説得して退散させたという話が語られた。宇都宮厳亮は壬生の台林寺（栃木県）住職であったが、慶応四年（一八六八）四月二七日、土佐藩兵を率いて日光に入っていた東山道先鋒総督府参謀の板垣退助に呼び出され、日光山を焦土としないため、また僧侶たちを朝敵としないためにと、旧幕府軍への説得工作を委託されたのだという。前述したように、古くから多くの信仰を集め、宮門跡が管掌する日光山を焦土と化すことは、新政府にとって避けたいことだった。それは、新たな政権の担い手として、民意を重視したためである。旧幕府軍も結果的に、日光山での戦闘を避ける決意をしたものの、動機の点で大きく違っていた。旧幕府軍が撤退を決意したのは、あくまでも戦略的に有利か不利かという、冷静な状況判断によるもので、民意に斟酌したためではない。また、聖地を血で汚したくない、あるいは日常を守りたいという、僧侶の意識とも大きく違うものだったといえる。

厳亮は二八日未明に出立、鹿沼・今市の旧幕府軍による関門を言い訳をしつつ通過し、筋違橋の関門では捕縛までされながらも、翌二九日、なんとか輪王寺宮留守居である華厳院慈龍と面会することができた。そこで、厳亮は僧侶たちの賛同を得て、協力しながら旧幕府軍の各隊ごとに説得に当たった。その結果、二九日の夜のうちに三〇〇〇人有余の旧幕府軍たちは山を下りたという。彼らは、東照神君の御廟であり、輪王寺宮の御座所である日光山を焦土とすることは徳川家への忠義ではないという、僧侶たちの説得に感じて応じたのだという。[43]これは老年になった厳亮と、明治二一・二年（一八八八・九）の頃に知り合ったという僧侶、中村寂静からの聞き書きである。そのため、この話には中村の思い違いや、厳亮の誇張がないとは言えない。

また前述したように、大鳥圭介は自らの行動を、僧侶の説得などに左右されるつもりはなかった。日光山に籠城することに、困難を感じたからこその撤退決意だったのである。このような状況を考えると、厳亮たちの説得が真実であったとしても、それが大鳥指揮下にあった、旧幕府軍たち全員の意思を左右したとは思えない。しかし、僧侶のなかにこのような動きもあり、それに同感した兵士たちもあったという証言は、当時の日光山の混乱した状況を推察させる一つのエピソードとして貴重である。さらに、彼らが退去した翌日の閏四月朔日には、官軍が日光山に繰り込み、周辺の探索をして四人の脱走兵を捕獲したことが二宮尊徳の「日誌」に記されており、[44]立て籠もりの不利を悟っていた大鳥圭介にしてみれば、すぐにも退去するしかなかったと言える。四月二九日、大鳥圭介ら旧幕府軍たちは日光山を去って会津に向かった。

一方日光山では、別当大楽院が四月二六日の早朝、一時兵威を避けようと、東照宮の神体と宝器類を持ち出したとされる。やむを得ず社家らも神体と神宝を擁護して大楽院に同道していくことになり、結局会津まで行くことになったというのである。閏四月一日には会津領五十里村に到着し、閏四月五日には「若松城三ノ丸兼テ私造アリシ東照社ニ、神体神宝ヲ安置シ、附属ノ僧徒社務等日夜警固」[45]したという。この時、東照宮神体に供奉したのは、大楽院の他、神人三一人・社家二人、宮主一人の合わせて三五名であったという。[46]大楽院の真意は測りがたいが、会津藩にとっては、城の外郭内に祀った東照宮に、日光山から運び入れた神体・神宝を安置することで、さらに正当性における大きな力を得たといえる(47)。

しかし、この時の大楽院による神体持ち出しについては、明治元年（一八六八）七月二一日、日光山仮留守居妙道院は取締りを担当する官軍芸州藩の「御宮之一件大楽院脱走之時分之事柄糺方」に対し、大楽院が脱走に際し持ち出したのは、「金御幣壱串、御太刀十振、御宝蔵入金子員数不分」だけで、「御神躰并御内陣向御道具等聊御別状無御座候(48)」という内容の届書を提出して否定している。真偽の程は分からないが、日光山にとっては、神体が外部に持ち出されたなどとは、決して認められなかったのだともいえる。

しかし、旧幕府軍の日光山進軍が、僧侶たちの行動にも大きな影響を及ぼしたことは間違いない。

三　日光奉行新庄右近将監と岩田織部正

ここでは、遠国奉行の一つ、日光奉行について見ていきたい。日光奉行は、初めは日光山守護職・日光御宮守または日光御宮番と称したといわれる。元禄一三年（一七〇〇）八月に設置された役職で、東照宮以下の祭祀・営繕・警備いっさいのことを管轄するのが職務だった(49)。この後、寛政三年（一七九一）の日光神領改革、目代山口氏の廃止によって、日光奉行の権限が拡大されたという(50)。

1　日光奉行新庄右近将監

慶応四年（一八六八）四月八日、官軍が今市宿に到着したが、この時日光奉行新庄右近将監直温が目付町野善太郎とともに、大沢宿で官軍と談判に及んだ。日光奉行組同心出役大沢徳三郎は、これについて次のような連絡を受けたという。

（前略）東照宮之儀者　勅命を以別段京地ニ而も厚御取扱之儀ニ付、御神領ニ而戦争等者不及申、小しも御地けがし候様之儀者決而不致儀と御答も有之候故、必動よふ無之様と（後略）(51)

つまり官軍側は、東照宮のことは勅命によって、京都でも厚く取り扱っていることなので、神領で戦争するのはもちろん、少しでもこの地を汚すようなことは決してしないと答えたという。前述のように、新政府軍の政策決定において、民意は非常に重要だった。これを聞いた新庄たちは、動揺することのないようにと、さっそく役所にこの旨を伝えた。そして翌日には、大沢徳三郎が直接町々の年寄宅へ行き、市中に動揺しないようにとの達しを出すように命じた。また同時に、会津の家来たちが宿泊することがあれば、届け出るようにとも命じている。

新庄はまた、鉢石町の宿に大鳥軍が到着した時にも、大鳥圭介の元を組頭の清水三郎右衛門とともに訪問している。四月二五日のことであるが、大鳥はこの時のことを次のように記している。

日光奉行新荘右近、組頭清水某旅宿に尋来り談ずるには、此に多人数御留置きにては米塩も兼て貯少なき地なれば土人大に迷惑の旨、乍去愈此地に御本陣なれば今市其外より兵粮運入せずんば直に差支ゆべしと、一口に言えば此にて戦争されては僧徒も迷惑、障らぬ神に崇なし早く何れへか御立退可然との主意なり、予其心の頼むべからざるを察し宜程に挨拶して還せり。(52)

この時新庄たちは、この地は以前から米や塩も蓄えの少ない地であるから、このまま多人数を留め置いては、土地の人間が大いに迷惑をすると述べた。しかしそのうえで、いよいよこの地に本陣を置くと言うのであれば、今市やその他から兵粮を運び入れなければ、すぐに差し支えるだろうと述べたという。これを聞いた大鳥は、その主意は「一口に言えばここで戦争されては僧徒も迷惑、障らぬ神に祟りなし。早くどこかへ立ち退いてくれ」ということで、あてにはできないと察したという。

実際のこの時の新庄の真意は分からないが、それを推測させる史料がある。慶応四年（一八六八）二月、多数の歩兵が日光に押し寄せ、東照宮への参詣を求めて来た。これは、その時の状況を新庄が報告したものである。

当月十三日申上置候、日光表近領江歩兵之もの多人数押来到着いたし、当　御山江向罷登候趣相聞候ニ付、今市宿江支配向之もの兵隊共差出、近村猟師共凡千人程呼集、秋元但馬守家来江茂申達、同所迄出張為致、且又文挟宿江探索并応接之者等差出置申候、然ル処、彼等道中筋ニおゐて侵暴之所置有之趣を相聞候、将共内志之程難相分候間、組同心両人鹿沼宿迄相越、一ト通相尋候処、真意者難計御座候得共、昨年中ゟ京坂ニ相詰罷在、当春戦争ニも罷出、然ル処、俄ニ還　御被為成候ニ付辛シ而便船江打乗所、一同帰府仕候旨可悪者彼三藩時節を見合報国尽忠施身命候心底ニ罷在候処、改其外共御役御免ニ相成、然ル上者不遠御暇ニも可罷成哉、左候而者露命を繋兼（後略）(53)（読点は筆者による）

これによると、日光表近領へ歩兵が多人数やって来て、日光山へ登ってくると聞いたため、今市宿へ支配向の者と兵隊を差し出したという。また、近村の猟師たち約一〇〇〇人ほども呼び集め、日光山警衛の任についていた館林藩主秋元但馬守礼朝の家来へも連絡して今市宿まで出張させた。二月一三日夜五ッ過ぎ、秋元但馬守家来が照尊院にもたらした報告によると、今市宿へ到着したのは「歩兵体之浪人六百人程」(54)であったという。そして、文挟宿へは探索と応接の者なども差し出した。しかし、歩兵たちが道中筋において乱暴な振る舞いをしていると聞いたので、その心のうちを聞くために、組同心二人を鹿沼宿まで派遣して、一通りのことを尋ねたところ、その真意は分からないが、昨年中から京坂に詰めていたが戦争になった。しかし、将軍が急に江戸に帰ることになり、辛うじて便船に乗ったが、時節を見合せて「報国尽忠施身命」の心底であった。それなのに、御役御免になり、このうえは遠からず暇を出され、そうなれば露命を繋ぎかねる状況であるなどと述べたという。彼らは、とにかく路頭に迷うことを恐れていたのだ。前述したように、この二ヵ月後、大鳥が率いて江戸を脱出していった兵士たちのなかにも、信念のためというよりはむしろ、この時の歩兵たちと同じような恐れを抱いて従っていった者も少なくなかったのではないだろうか。

さらに後略部分を見ると、彼らはこれでは「赤心も空敷」なってしまうため、「厚仁之聞」もある会津侯に歎願にいく途中であったが、固めを避けて回り道をするうちここまで来たので、東照宮へも参拝したいなどと述べている。これに対して組同心たちは、「当節者御取締厳重ニ而、旅人者都而参詣留ニ在之」と、当節は取締りが厳重であるから、旅人はすべて参詣を留めさせていると説明し、さらに、仮に平常の時であっても、兵器を携えて多人数集まって通行しようとする者は、通行を差し止めるのだと申し聞かせ、彼らが奥州道中へ行くまで見極めてから日光山に戻っている。

日光山をめぐる状況は、この時からさらに悪化していたといえる。そのため、大鳥に対しては新庄自らが面会して、この史料にあるように、大鳥たちの「内志之程」を尋ねに行ったのであろう。その時の新庄の主意を、大鳥は「ここで戦争されては僧徒も迷惑」、「早くどこかへ立ち退いてくれ」ということだと察しているが、この史料からも、大鳥の推察は間違っていないだろうということが伝わってくる。日光奉行新庄右近は、あくまでも日光山と領民、僧侶の守護を第一に尽力していたのである。

しかし、日光山に官軍が入り込んできた時には、新庄も避難するしかなかったようである。

一同年（閏脱）四月十一日石坂弥次右衛門殿組一同被召連日光御番先ゟ御帰国ニ相成、右者日光表江官軍入込日光奉行始メ行衛不相知種々不都合故御帰国、昨十日ニ有之、御同役江御掛合も有之候処、御当人思召ニ相違ニ付十一日御切腹有之候事（読点は筆者による）[55]

これは、日光勤番中の千人隊（八王子千人同心から改称）石坂弥次右衛門組一同が、突然帰国し、結果、石坂が切腹することになったことを記したものである。これによると、日光山に官軍が入り込んできた時には、日光奉行を始めとする山内の者たちの行衛が分からなくなり、種々不都合なほどであったという。

この後、新庄と清水は東山道総督府によって日光で謹慎することを命じられるが、五月になると、彦根藩兵によって江戸に護送され、六日江戸に到着し、因幡藩に預けられた[56]。日光山へ官軍が入り込んできた時の新庄たちの行動は、勇敢とは言えないにしても、充分に理解できるものである。これによって、新庄が日光山警衛に力を尽くしたことを否定することはできない。

2　最後の日光奉行岩田織部正

新庄の後任で、最後の日光奉行となったのは、岩田織部正通徳という人物である。彼は慶応二年（一八六六）二月二一日、目付に任ぜられて大坂行きを命じられ、さらにこの年、広島に派遣されて萩藩の状況報告をしたり、八王子千人同心らとともに小倉に転陣するなどしている[57]。また慶応三年（一八六七）五月には京都見廻役並、その年の一二月には遊撃隊頭[58]、慶応四年（一八六八）二月には見廻組（のち狙撃隊）の頭[59]を命じられるなどしており、有能な人物であったろうと思われる。そして閏四月一一日、日光傍近を鎮撫し、派兵して日光を警備するようにと、大目付兼帯の日光奉行を命じられた。このことは、岩田本人から上野東叡山に申し出があり、日光山へも達せられた(60)。また閏四月二九日には、岩田織部正から上野東叡山方に日光までの案内を申し入れてきたとの報が、日光山にもたらされた(61)。一方、土佐・彦根両藩は、岩田が兵隊を率いて登山することを心配し、どのように取り計らうべきかと東山道総督府を通じて問い合わせを行っていた。それに対して大総督府では、閏四月二九日、岩田が兵を率いて赴任した場合は勝手に討ち取るようにとの決定を下し、それが土佐・彦根両藩にも達せられた(62)。

しかし、そもそも岩田が大目付兼帯日光奉行に就任したのは、日光傍近鎮撫のためであった。田安家当主田安中納言慶頼が大総督府に対し、次のような書を送ったのである。

日光山之儀ニ付テハ、格別　御配慮被成下候処、今以全静寧ニ至兼候趣相聞候間、此度同所鎮定之儀、岩田織部正へ申付、不日差遣シ、鎮撫方為取計候積御座候、就テハ、右神領之儀ハ、官軍モ御差シ置無之様被成下度奉存候、且織部正罷越候節、同所へ暴行等及候ハ、警衛之タメ相應人数差遣シ申候間、兼テ其段官軍へ　御布告被成下候様奉願候、以上(63)。

日光地方が未だに鎮定していないので、岩田を派遣して鎮撫させるつもりであると記されている。さらに、神領には官軍も置かないようにしてほしいこと、そして織部正が赴任した際、神領へ暴行などが及ぶような時には、警衛のため相応の人数を差し遣わすので、そのことを官軍へあらかじめ布告しておいてほしいともある。大総督府は、この書の内容と日光山の現状を勘案すれば、岩田を大目付兼帯日光奉行に任命する段階で、岩田が兵を率いて赴任することは充分予想できたはずである。任命そのものに反対しても良かったはずであるが、そうはしなかった。大総督府が、いざ岩田が登山してくるとなった時、やはり、兵を率いて登山させるのは危険だと判断したのは、先鋒を務める彦根藩、土佐藩、東山道総督府などの進言があったからである。

大総督府から東山道総督府に、岩田の日光奉行就任が伝えられた時、同時に、岩田から田安中納言に対して提出された伺書の控えももたらされた。

（前略）神領之儀ハ、山方ニテ猪、鹿等、格別多分ニ付、作物之害相防候タメ、百姓トモ鉄砲所持仕、傍山猟渡世之処、鉄砲御取上ケニ相成候趣、右ハ品柄ニ付、御引上相成候儀ニハ可有之候得共、此儘ニテハ、一同活計ヲ失申候間、何卒夫々御下ケ戻相成候様、神領進入之御軍勢ヘ御達相成候様仕度事、
官軍御神領御立払之御軍令ハ、定テ厚御趣意之趣モ被　仰出候儀ニ可有御座ト奉存候、右寫為心得織部正ヘ御渡奉願候、右ヲ証拠ニ脱走人ハ勿論近領諸家ヘモ掛合之上、兵卒壱人モ神領ヘ立入不申様取計、人民安撫仕度事、
日光山領参詣人之儀、総て是迄之通ニテ何モ差支無之ニ付、諸事前々之通相心得可申哉、奉行在住之上ハ、官軍方ヨリ御談之儀ハ、都テ奉行ヘ被申談、官軍方ヨリ御直達無之様仕度事（後略）(64)

これは伺書のうち、神領進入の官軍方に関わる部分を抜粋したものである。ここでは、①百姓兼猟師への鉄砲下げ戻し、②神領への立ち入り排除の証拠となる、「神領御立払」の軍令の写し、③禁止している日光山参詣の許可、④日光奉行在住以後は、すべて日光奉行と談判し、官軍からの直達はしないこと、以上四点が求められている。①については、旧幕府軍側に味方されないとも限らないことを考えると、非常に危険である。(65)③も、防衛上危険であり、④は官軍の威信に関わる問題である。

そこで、閏四月一九日、東山道先鋒総督鎮撫使岩倉大夫具定と副総督の岩倉八千丸具経の二督は、岩田が狙撃隊の兵二〇〇人程を率いて日光山に入ろうとしているという風聞があるとして、彦根藩・土佐藩と談判のうえ、大総督府

に対し、急ぎの書を送ることになった。その内容は、「時勢柄甚懸念仕候」として、日光山へは岩田織部正単身で赴任させたい、そして④については逆に、すべて官軍の方へ談判し、官軍側が承知したうえで施行するようにしたい、また、③の参詣人許可、①の猟師への鉄砲下げ戻しについては、今しばらく見合わせたい、そのように岩田に命じて欲しいというものだった。そして詳しくは、土佐藩士島村助四郎、彦根藩士橋本勘四郎から聞き取って欲しいとして、両人を使いとして大総督府に送っている(66)。前述の大総督府の決定は、彼らのこのような不信感から下されたものだったといえる。

一方、岩田の思いはどこにあったのだろうか。猟師や配下の兵を使って、新政府に敵対行為を働く意図があったとは思えない。日光領民の生活を守るという、日光奉行の職務に忠実であろうとしただけであろう。参詣の許可も、同様の意図からのものと思われる。ただ、②で求めた官軍の軍令を証拠に、脱走人・近領諸家へも掛け合って、兵卒は一人も神領へ立ち入らせないようにして、人民を安撫したいとしていること、④で、官軍からの直達はせずに、日光奉行とまず談判して欲しいと求めていることに、官軍への対抗心は明らかに示されていると思われる。前述のように、新政府に敵対する意思が岩田にあったとは思わない。しかしそこには、日光奉行に任命された以上は、日光領民の生活を守るのは自分の役目であるという、職務への忠誠心と意地が感じられるのである。

四　奥羽戊辰戦争の終結と戦後処置

1　奥羽戊辰戦争の終結

慶応四年（一八六八）五月一五日の夜明けに始まった彰義隊と官軍の戦い、いわゆる上野戦争は、その日のうちに勝敗を決し、彰義隊は壊滅することになる。彰義隊に擁立されていた第六七世公現法親王輪王寺宮も、敗戦後は江戸にいられなくなり、海路会津に向かうことになる。

一方会津藩では、輪王寺宮が磐城平方面から海路平潟地方に上陸し、会津に向かったという急報を受けたため、軍事奉行添役を勤めていた柴太一郎を本宮宿の本陣へ出迎えに派遣した。柴はその時の様子を、明治三四年（一九〇一）一二月一四日の史談会の席上で語っている。それによると、輪王寺宮には上野からずっと羽倉外記と河野大三郎の両名が従ってきて、すべてを取り仕切っていた。彼らはひとまず猪苗代で休憩し、その後若松城に行ってしばらく滞在することになった。そこに輪王寺宮の参謀とも言われた執当覚王院義観が合流するのだが、彼は陸路を密行して来たという。(67) その後、輪王寺宮は六月一八日に若松城を出立し、二〇日には米沢城に到着、二九日には白石城に泊まり、七月二日仙台の仙岳院に到着した。(68) 仙台まで会津藩からは家老の諏訪伊助、小野権之丞、南摩綱紀などが付き添ってきた。(69) しかし、落ち着く間もなく、七月一二日には仙岳院を立ち、翌一三日に白石城に入っている。(70)

柴によると、輪王寺宮はこの奥羽越列藩同盟の「御総督と云う様な姿」に置かれたという。(71) また、これは奥羽連合諸藩の請願によったものか、あるいは覚王院らの献策から出たものかとも述べているが、これについて覚王院は、その日記のなかで「内実之御頼之盟主に者候得共御法中之事に付軍事御差図等者堅御断之筈」と、輪王寺宮は法中であるから軍事の指図などは堅くお断りのはずであると記しており、(72) 軍事面での役割は否定している。

奥羽越列藩同盟とは、閏四月二三日、奥羽諸藩の重臣が集まって、仙台・米沢両藩主を盟主とする同盟を結んだことに始まる。その後、この同盟には越後の諸藩も参加し、奥羽越三一藩の同盟が成立した。(73) 奥羽越列藩同盟の会議所は、当初仙台に置かれ公議所と呼ばれていたが、白石城に移転後は公議府と改称、場所が仙台に戻されてからは呼称も再び公議所に戻された。

一方、日光から会津に入った大鳥圭介たちの戦いは厳しいものだった。八月二一日早朝には、官軍二〇〇〇人余りが母成峠（福島県耶麻郡猪苗代町）に押し寄せ、圧倒的な官軍勢力の前に守備隊はわずかで、敗走するしかなかった。この地は防戦が非常に困難な地であったが、会津周囲の入口二一道のうちで、この口が破られることは、すなわち会津滅亡を意味するというほど重要な地であった。そのため、この口が破られた以上、会津藩は若松城への籠城を余儀なくされてしまう。二三日には、官軍は若松城下に入り込んで放火するなどし、市中に陣を構えた。そして若松城では、兵およそ八〇〇〇人余り、兵糧弾薬を取り扱う女兵一〇〇〇人余りが籠城していた。[75] そのようななか、旧幕府軍脱走兵たちは、ことごとく仙台に向かったのである。[76]

これより先八月一九日、指揮下の艦船を官軍に引き渡すことを拒否した旧幕府海軍副総裁榎本武揚も仙台に向かい、寒風沢に入港した。榎本率いる艦隊のうち、開陽には陸軍奉行並松平太郎、回天には永井玄蕃が乗船していた。榎本は日々公議所へ出席したらしいが、この頃の公議所は振るわず、世上の様子も何となく倦み果てた状況だったという。その席上、榎本は奥羽の全軍を指揮する総督を選んで福島に進軍することを提案した。これに対しては各藩の者も賛成したのだが、いざ総督を選ぼうとすると、それぞれが藩主の名をあげるような状況だったため、榎本は慨然として次のように述べるとこれを非難したという。

貴君方ハ今尚を門閥に依て事を為さんと云ふやうでありますが、門閥何をか為さん、苟も三軍を指揮する惣督を仰ぐに、其の技量なくんバ、矢張是を設けざるの勝さるに如かない結果になるであります、其れでハ何うも御相談に成兼ねます（読点は筆者による）[77]

榎本は今なお門閥にこだわる者たちに対し、三軍、すなわち全軍を指揮する総督には、その技量がなくてはならないことを力説した。これを聞いた各藩の者が、榎本の見込みを尋ねると、彼は総督には土方歳三をおいて他にはないと述べたという。各藩の者も同意したのだが、これに対し土方は、引き受けるにあたっては条件があると述べた。

大任でハありますが、素より死を以て尽すの覚悟で御座れバ、各藩の御依頼は敢て辞しませんけれども、是れを受くると受けざるとに於ては、一応御尋申さなければならんが、苟も三軍を指揮せんにハ軍令を厳にせねバならん、若し是れを厳にするに於て背命のものがある時ハ、御大藩の宿老衆と雖も、此の歳三が三尺の剣に掛けて斬って仕舞ハねバならぬ、去れバ生殺与奪の権を惣督の二字に御依頼とならバ受けますが、其辺ハ如何がなものでありませうか(78)(読点は筆者による)

土方は、三軍を指揮するには軍令を厳しくしなくてはならないから、もし命令に背く者があれば、それが大藩の宿老であっても斬ってしまわなければならないとして、生殺与奪の権を与えるように求めた。しかし土方は、なぜわざわざ生殺与奪の権を求めたりしたのだろうか。前述のように、公議所の活力は失われ、世上は倦み果てた状況にあった。それを土方自身も痛感していたため、改めて、出席者たちの決意の程を計りたかったのではないだろうか。

これに対し、各藩は口を揃えて、「生殺与奪の権の如きハ従来惣督の二字に附着したるもの」であるとして、総督を依頼する以上は当然、生殺与奪の権をも与えると答えた。しかし、二本松藩の安部井磐根は、生殺与奪の権は藩主に決を取ってからでないと答えられないと述べ、これに米沢藩の片山甚一郎も同意した。そのため、その場はごう然となったというが、榎本が一藩や二藩のために躊躇するには及ばないことであるから、返答は待っても良いと述べたため忽ち静まりかえったという。これで、土方が全軍を指揮する総督に決まったのであるが、彼が福島へ出発することはなかった(79)。

これより前、七月には秋田藩が仙台藩の使節を殺害して同盟を脱落しており、次いで弘前藩・三春藩・新発田藩も脱落、八月には相馬藩も脱落している[80]。また、同盟の中心となっていた仙台藩内でも、主戦派・恭順派の対立があって藩論は揺らいでいた[81]。そのようななか、公議所への出席も仙台藩からは以前のように家老や若年寄が出席することはなくなり、その代理が一・二人来る程度となっていた。実際、降伏も近い状況にあるにも関わらず、まじめに評議する榎本のことを安部井は気の毒に思い、同志とともに、米沢藩ではすでに降伏謝罪書を提出したという風評があることなどを伝えると、榎本は様子を変えて、腕を拱きしばらく案じた後、「そんなことに立至りましたか」などという一言を残して退散すると、その夜のうちに兵をまとめて仙台を立ち退いたという[82]。

ただし、榎本が米沢藩の状況を聞いて、その日のうちに仙台を立ち退いたというのはいささか誇張があるかと思われる。米沢藩が謝罪嘆願書を提出したのは九月五日であったが[83]、榎本と土方歳三が、旧幕府軍たちの最後の拠り所だった仙台藩の降伏謝罪決定を知り、藩の奉行大條孫三郎・遠藤文七郎に面会したのは九月一二日[84]、さらに九月一四日には、榎本は仙台城下国分町の宿で大鳥圭介と面談し、諸兵隊のことや時勢変換の世運について話し合っている。そして九月二二日、ついに会津藩が降伏する[85]。このような経緯から見て、米沢藩の降伏を知ってすぐ、仙台を立ち退いたとは考えにくいが、当時の状況が、非常に短い間にめまぐるしく変化していたため、安部井の記憶には榎本が即日撤退したかのように刻み込まれたのかもしれない。いずれにしても、やっとの思いで仙台にたどり着いた旧幕府軍脱走兵たちは、仙台藩までも降伏するという状況のなか、再び行き場を失ってしまう。そのため彼らは、榎本艦隊に分乗して箱館に渡ることになるが、箱館でも激しい戦いが待っていた。しかし、明治二年（一八六九）五月一五日、まず新選組が籠城していた弁天台場が降伏し、一八日には五稜郭も降伏して、旧幕府軍たちの戦いは終わったのである[86]。

前述の柴太一郎は、会津が落城し榎本武揚らが箱館に渡ることになった時のことを、伝聞の形で語っている[87]。それによると、この時輪王寺宮も同行を希望したが、榎本は争ってまでこれを諫め、同行を止めさせたという。榎本には、その先の可能性の低さが見えていたのかもしれない。しかし榎本は、もちろん大鳥も土方も、最後まで命を懸けて戦い続ける覚悟だった。況んや、土方は文字通り命を捧げた。そんな彼らにとって、奥羽越諸藩のとった行動は、さぞかし歯痒く許し難いものだったのではないだろうか。

2　輪王寺宮公現法親王と東照宮神体

慶応四年（一八六八）八月二七日、日光神領・霊屋領は下野知県事鍋島道太郎の支配下に置かれることになった。このことは、鍋島道太郎附属の増田園三・高木平八の連名で日光奉行支配吟味役小野善助宛に通達され、すべての寺院・神職に通達するように命じられた。こうして東照宮は所領を失うことになり、以後は駿府徳川家に属し、御霊屋御用取扱林右近の指揮下に置かれることになった(88)。鍋島は巡見のため、八月二九日に鉢石宿に到着、九月一日夕方にはかつての日光奉行屋敷へ入ったのである(89)。

そして九月一八日、仙台藩主伊達慶邦は仙岳院にあった輪王寺宮の元に熊谷文之丞という人物を派遣し、仙台藩が謝罪降伏に決したことを報告し、輪王寺宮にも嘆願を行うように勧めた(90)。そこで輪王寺宮は、奥羽追討平潟口総督四條隆謌の元へ仙岳院・松林院を使者に立て、朝廷への嘆願書を提出した。この時両院から直接嘆願書を受け取ったのは参謀の寺島秀之助で、四條が受け取ったのは二四日になってからだった。また輪王寺宮は、嘆願書提出と同時に龍王院堯忍・覚王院義観の執当職を免じ(91)、龍王院は光禅寺に、覚王院は誓願寺に、それぞれ謹慎させた(92)。龍王院と覚王院の両者にも相応の責任をとらせたわけだが、箱館への同行まで求めたという輪王寺宮の真意は、はたしてどこにあったのだろうか。そして明治元年（一八六八）一〇月一二日、四條隆謌から東京行きの命を伝えられた輪王寺宮は、津藩兵の護衛の下、仙台を出発し(93)、覚王院義観と龍王院堯忍もまた、一〇月一四日、東京へ護送された(94)。

その後、輪王寺宮は還俗して伏見宮に復すが、明治五年（一八七二）三月二四日、その年の正月二日に薨去した弟の北白川宮智成親王の後を受けて北白川宮を相続し、北白川宮能久王となる。[95] そして明治一一年（一八七八）八月二六日には、再び仁孝天皇の養子親王に復された。[96]

ところで、東照宮別当大楽院らによって、会津に運ばれたとされる東照宮神体は、輪王寺宮が総督府に対し、日光山へ帰還させるようにと要請した。[97]「社家御番所日記」には、一〇月二九日付けで、「今日御宝物奥州より御帰之事」[98]とある。そして明治二年（一八六九）三月一七日、功徳院、古島織部、中磨丹波守他、神人一五人らが日光県役所に呼び出され、「会津表江及脱走、神廟を後ろし候ニ立至リ候段、職分柄不届ニ付」[99]として、改めて会津行きの罪で謹慎を申し付けられた。

そして明治三年（一八七〇）三月二八日、比叡山延暦寺に天台宗を管轄させ、東叡山・日光山両山は本山と称することを停止される。[100]

おわりに

江戸城明け渡し前後の日光山には、多数の軍勢が押し寄せ、大きな混乱をもたらしていた。その混乱のなかで、江戸を脱出した一部の旧幕府軍兵士と、その制圧を望む官軍、そしてこれら敵対する両陣営の大軍に押し寄せられた、日光山の僧侶や周辺住民、日光奉行など、日光山をめぐる人々がどのような意識を持って行動していたのかについて考えてきた。

旧幕府軍兵士の意識を考えるについては、まず彼らが日光へ向けて進軍したことを手がかりとした。それは総督大鳥圭介の、世上の動静を見ることを重視する方針によるもので、そのための場所として日光が選択されたのである。当初、他の面々が進軍の目的地として、すでに敵地となっていた宇都宮の名をあげたのとは違い、大鳥には未だ実戦経験がなく、なお時間を必要としたからである。それは、強い戦闘意欲や信念を持たず、生活のためにやむを得ず従ってきたような、多くの兵士たちにとっても同様だったといえる。また、日光が東照大権現の鎮座する場所であるということも、彼らが日光行きを選択するうえでの重要な要素であった。そして、その進軍の過程で、大鳥はともに戦おうとしない「譜代恩顧の臣下」たちへの強い批判意識と、戦うこと、勝つことに対する意識を高めていったといえる。

しかし、日光山が大規模な戦闘地となることはなかった。それは、日光山が籠城に適さないということもあったが、それ以上に、旧幕府軍には戦備の充実と戦意の回復が必要で、そのためには、ひとまず日光山から撤退するしかなかったということが大きな要因としてあげられる。さらに、民心を重視する必要のあった新政府も、日光山を焦土と化してしまうような状況は、極力避けなければならなかったのである。また、僧侶や日光山を守護する役割を担っていた日光奉行も、日光山が戦闘地とならないよう奔走した。そして、日光山周辺の人々は、官軍・旧幕府軍双方を受け入れ、少しでも少ない被害ですませられるよう、最大限の努力をしていたのである。

本稿では、そのような日光山をめぐる人々の意識について、なるべく多面的に捉えようと試みた。たとえば「東照宮の御恩沢」と述べる沿道住民の存在と、その心理的背景、混乱のなかで、彼らがどのように感じ、行動したのかなどについても考えてみた。その他、日光山が籠城に適さないと判断した旧幕府軍脱走兵たちが、日光山を退去した後の動向や、彼らと行動をともにすることになった奥羽越諸藩や輪王寺宮の動向、東照宮神体移動の意味などについても考察した。

そこからは、社会の大規模な変動のなかにあって、強い信念で戦いを選択した人々がいた一方で、多くの人々は平穏な日常の継続を目指して奔走していた事実が見えてくるのである。そのような人々によって日光山は守られ、さらに新しい時代が準備されていったといえる。

〈注〉

(1) 大鳥圭介「南柯紀行」（大鳥圭介・今井信郎『「南柯紀行」・北国戦争概略・衝鉾隊之記』、新人物往来社、一九九八年、九頁）では二〇〇〇人余り、島田魁「島田魁日記」（全二冊、霊山歴史館蔵、木村幸比古編『新選組日記―永倉新八日記・島田魁日記を読む―』、PHP研究所、二〇〇三年、二三二頁）では三〇〇〇人余りとある。「南柯紀行」は、明治三〇年（一八九七）発行の『旧幕府』第一巻第一号・三号・四号・六号に掲載された。これと『同方会報告』（後に『同方会誌』と改名）に掲載された「獄中日記」を合わせたものが、『幕末実戦史』として広く知られている。この『幕末実戦史』は、中田蕭村氏が編纂したものであるが、一九九八年に新人物往来社から出版された『「南柯紀行」・北国戦争概略・衝鉾隊之記』の解説で、菊地明氏は、中田蕭村氏による『幕末実戦史』と『旧幕府』掲載の「南柯紀行」とを比べると、「誤記や誤植の域を超えて、文章が改変されている」などと指摘している。そこで、以下本稿引用の「南柯紀行」は、前掲新人物往来社版に依るものとする。

(2) 内田衛守の変名は工藤、牧原文吾の変名は松井九郎である。また、立見鑑三郎は桑名藩雷神隊隊長で、変名は倉田巴である。

(3)「南柯紀行」（注1参照）九頁。

(4)「南柯紀行」（注1参照）九頁。

(5)「宇都宮藩家老縣信緝戊辰日誌」（『栃木県史』史料編　近世七、栃木県史編纂委員会発行、一九七八年）七〇六頁。

(6)「島田魁日記」（注1参照）二三一頁。

(7) 藤原相之助『仙台戊辰史』三（日本史籍協会編『続日本史籍協会叢書』第四期、東京大学出版会、一九八一年復刻）七七七頁。

(8)「南柯紀行」（注1参照）九頁～一〇頁。

(9)「島田魁日記」（注1参照）二三二頁。

(10)「島田魁日記」（注1参照）二三三頁。
(11)「藤田左京手記」（徳田浩敦編『史料宇都宮藩史』、柏書房、一九七一年）三四六頁〜三四七頁・三五二頁。
(12)「南柯紀行」（注1参照）一七頁〜一八頁。
(13)「藤田左京手記」（注11参照）三五三頁。
(14)「南柯紀行」（注1参照）一九頁〜二〇頁。
(15)「島田魁日記」（注1参照）二三五頁。
(16)「南柯紀行」（注1参照）二二頁〜二三頁。
(17)「南柯紀行」（注1参照）二二頁。
(18)「南柯紀行」（注1参照）二三頁〜二四頁。
(19)「南柯紀行」（注1参照）二四頁。
(20)「南柯紀行」（注1参照）二五頁。大鳥圭介は「南柯紀行」において、四月二三日以降二九日までのことを、二四日から閏四月一日のことと誤認して記載していると思われる。たとえば、四月二三日の宇都宮城撤退を二四日としていること、『日光叢書社家御番所日記』二十二（日光東照宮社務所発行、一九八二年）、明治四〇年（一九〇七）六月一五日「宇都宮厳亮師の事歴」（史談会編『史談会速記録』合本三十三、原書房、一九七四年復刻）などでは、四月二九日夜とする旧幕府軍の日光山下山を、閏四月一日としていることなどから窺える。そこで、この間の出来事については、一日ずつずらして引用するものとする。そのため、この大鳥参拝についても、「南柯紀行」では二七日とあるが、二六日とした。なお、旧幕府軍の参拝については、『日光叢書社家御番所日記』二十二（四四〇頁）に、二五日のこととして、「今日御旗本多人数参詣に立入、尤宇都宮之戦争より引上候事」という記述がある。これが前述した、大鳥の制止を聞かずに参拝した者たちと思われる。一方、「新宮上人諸雑記写（抄）」（『日光叢書社家御番所日記』二十二（六八二頁）には、二六日付で「今日も江戸勢弐百人余登山之由」とあり、これが大鳥の指示に従って参拝した者たちであったと思われる。
(21)「南柯紀行」（注1参照）二五頁。

(22)「南柯紀行」（注1参照）二五頁。

(23)「南柯紀行」（注1参照）二六頁。同書では、大鳥と松平太郎が今市に泊まった日を二八日、両者が別れた日を二九日としている。柴田宜久『明治維新と日光』（随想舎、二〇〇五年、九四頁～九五頁）などもその日付を採用しているが、前述のように、筆者は大鳥がこの間の日付を誤認していると考えている。そのため、ここでも今市宿泊は二七日、別れは二八日とした。なお、二宮尊徳はその「日誌」に、四月二八日のこととして、「陸軍奉行松平太郎外御目附壱人、和宮様天璋院様より脱走之籏下士鎮撫之為出張被命　有栖川宮様迄相貫き、昨夜當宿迄上下拾弐三人にて到着、脱走隊長大鳥敬助（圭介）光岳より出張之上、徳川家名何程歟可相立之處、脱走共麁暴之儀相働候ては、却て徳川家不為之云々談判に及候由之處、當宿出張之人數、今晩八ツ時頃より日光へ引揚、松平太郎御目附、宇都宮へ罷越候事」（二宮尊徳『二宮尊徳全集』第三四巻、二宮尊徳偉業宣揚会発行、一九七七年復刻）と記している。すなわち、二宮の日誌でも、今市宿泊は二七日、別れは二八日となっている。

(24)「南柯紀行」（注1参照）二六頁～二七頁。

(25)「南柯紀行」（注1参照）二四頁。

(26)「南柯紀行」（注1参照）二四頁。

(27)原口清『戊辰戦争』（塙書房、一九六三年、一八三頁）においても、新政府軍が脱走諸隊と民衆との結合を恐れ、軍事行動に手加減を加える状況のあったことが指摘されている。

(28)飯島章「戊辰戦争期旧幕府軍通行の一考察」（『交通史研究』第四二号、一九九九年）六一頁～六二頁。

(29)一九五　戊辰の年「永久記」（大槻町安藤市郎家文書、小原覚右衛門編『戊辰戦争会津東辺史料』、歴史春秋出版、一九九四年）四七九頁～四八〇頁。

(30)一九五　戊辰の年「永久記」（注29参照）四八〇頁。

(31)「南柯紀行」（注1参照）二三頁。

(32)高藤晴俊「東照宮信仰の一考察──神遊幸の信仰と東照宮勧請を中心として──」（『國學院雑誌』八七──一一）二九五頁～二

九六頁。
(33)岸井良衛編『五街道細見』（青蛙房、一九五九年）九五頁。
(34)『日光市史』中巻、第三編第五章第三節（日光市史編纂委員会発行、一九七九年）八七〇頁。
(35)宇都宮市史編さん委員会編『宇都宮市史』近世通史編、第四章第一節（宇都宮市発行、一九八二年）二六七頁。
(36)「八王子より松山通り日光道中記」（『八王子千人同心史』資料編Ⅰ、八王子市教育委員会（八王子市郷土資料館）発行、一九九〇年）。
(37)『宇都宮市史』（注35参照）二八五頁～二八六頁。
(38)『宇都宮市史』（注35参照）二八五頁。
(39)『日光市史』中巻（注34参照）八八五頁。
(40)『二宮尊徳全集』第三四巻（注23参照）六二七頁。
(41)『二宮尊徳全集』第三四巻（注23参照）六二八頁～六二九頁。
(42)下野水沼村の豪農星野七郎右衛門は、新政府・徳川のどちらにも属さず、中立的な立場をとっていた。それは、「自己を守る唯一の手段」であったとの指摘がある（『戊辰戦争』、注27参照、一八七頁）。
(43)明治四〇年六月一五日「宇都宮厳亮師の事歴」（注20参照）二九頁～四三頁。
(44)『二宮尊徳全集』第三四巻（注23参照）六三〇頁。
(45)「復古記（抄）東山道戦記」（『日光叢書社家御番所日記』二十二、注20参照、六七一頁～六七二頁）。明治三四年一二月一四日の史談会席上で語られた、元会津藩軍事奉行添役柴太一郎の話にも、東照宮の神体は会津城外郭内に建立された、立派な東照宮の宮に一時納められたとある（史談会編『史談会速記録』合本十八、原書房、一九七三年復刻、六頁）。
(46)『栃木県史』史料編　近世七（注5参照）六六八頁。
(47)曽根原理は「会津地域における東照宮信仰」（神道古典研究所編『神道古典研究所紀要』第四号、（財）神道大系編纂会発行、一九九八年、三九頁）において、保科正之の東照宮信仰は、「東照宮を頂点とする幕藩秩序の意識と連動していた」と指摘している。その思いは幕末の会津藩にも継承されていたと考えられる。
(48)「本院詰番日並写（抄）」（『日光叢書社家御番所日記』二十二、注20参照）六八九頁～六九〇頁。
(49)『日光市史』中巻、第三編第一章第五節（注34参照）一四五頁～一四六頁。
(50)『日光市史』中巻、第三編第二章第一節（注34参照）二三八頁。
(51)「日光同心大沢徳三郎日記」（『日光叢書社家御番所日記』二十二、注20参照）七〇一頁。
(52)「南柯紀行」（注1参照）二四頁～二五頁。
(53)慶応四年二月一七日付「日光表歩兵事件之義ニ付申上候書付」（国立公文書館所蔵〈多聞櫓〉）。
(54)『日光叢書社家御番所日記』二十二（注20参照）四〇六頁。
(55)「享和三癸亥年ヨリ慶応三丁卯年三月迄跡追々書入候事、粟沢汶右衛門源定静一代記」（『八王子千人同心史』資料編Ⅱ、八王子教育委員会（八王子市郷土資料館）発行、一九九〇年、二八四頁）。「慶応四辰年二月廿八日より達書控」（『八王子千人同心史』資料編Ⅱ、三四四頁）には、「十一日明ケ方御切腹ニ候、然ル処内事ハ御急症ニテ御死去之由ニテ十一日夜ニ入御内葬有之」とある。
(56)『日光叢書社家御番所日記』二十二（注20参照）四五一頁、『復古記　第十冊』（内外書籍、一九二九年）一一三頁、『復古記　第十一冊』（同、一九三〇年）六八五頁。
(57)東京大学史料編纂所編『維新史料綱要』六（東京大学出版会、一九六六年復刻）三四五頁・三八四頁・三九九頁・五六三頁。
(58)東京大学史料編纂所編『柳営補任』六（東京大学出版会、一九六五年）三一頁。
(59)『柳営補任』六（注58参照）三八頁。
(60)『日光叢書社家御番所日記』二十二（注20参照）四四五頁。
(61)『日光叢書社家御番所日記』二十二（注20参照）四五〇頁。
(62)『復古記　第十一冊』（注56参照）六二三頁。

(63)『復古記　第九冊』（内外書籍、一九二九年）八一七頁。
(64)『復古記　第十一冊』（注56参照）六二二頁。
(65)『戊辰戦争』（注27参照、一八四頁）には、猟師と旧幕府軍との結びつきの事例が紹介されている。
(66)『復古記　第十一冊』（注56参照）六二二頁〜六二三頁。
(67)『史談会速記録』合本十八（注45参照）、六頁〜九頁。
(68)「覚王院義観戊辰日記」（幕末維新史料叢書3『竹亭回顧録　維新前後』新人物往来社、一九六九年、三〇六頁・三一八頁〜三二〇頁・三二四頁）。
(69)明治二五年七月一一日「明治元年戊辰奥羽連合白石会盟に係る前後の事実」（史談会編『史談会速記録』合本一、原書房、一九七一年復刻、六七頁）。
(70)「覚王院義観戊辰日記」（注68参照）三三九頁〜三四〇頁。
(71)『史談会速記録』合本十八（注45参照）九頁。
(72)「覚王院義観戊辰日記」（注68参照）二九八頁。
(73)『仙台戊辰史』三（注7参照）。
(74)「中島登覚え書」（『新選組史料集』新人物往来社、一九九三年）では八〇〇〇人余り、「島田魁日記」（注1参照、二四四頁）では九〇〇〇人余りとある。
(75)「島田魁日記」（注1参照）二四四頁。
(76)「島田魁日記」（注1参照）二四六頁。
(77)『史談会速記録』合本一（注69参照）七〇頁。
(78)『史談会速記録』合本一（注69参照）七一頁〜七二頁。
(79)『史談会速記録』合本一（注69参照）七二頁〜七四頁。
(80)宮城縣史編纂委員会編『宮城縣史』二（近世史）（宮城縣史刊行会発行、一九六六年）七〇八頁。

(81)『仙台戊辰史』三（注7参照）。
(82)『史談会速記録』合本一（注69参照）七五頁〜七六頁。
(83)『仙台戊辰史』三（注7参照）七四〇頁。
(84)『仙台戊辰史』三（注7参照）七七六頁。
(85)『宮城縣史』二（近世史）（注80参照）七一〇頁。
(86)「南柯紀行」（注1参照）九七頁。旧幕府軍の江戸から北関東への進軍と会津・箱館両戦争については、拙稿「第二章　第五節　会津・函館時代」（大石学編『新選組情報館』教育出版、二〇〇四年）を参照されたい。
(87)『史談会速記録』合本十八（注45参照）一〇頁。
(88)『日光市史』中巻、第三編第二章第一節（注34参照）二四三頁。
(89)『日光叢書社家御番所日記』二十二（注20参照）四八一頁。
(90)『会津戊辰戦史』一（日本史籍協会編『続日本史籍協会叢書』東京大学出版会、一九七八年復刻）三六七頁。
(91)「東北征討始末十・賊徒処分」（『太政類典』第一編、マイクロフィルム、国立公文書館所蔵）。
(92)『会津戊辰戦史』一（注90参照）三六七頁。
(93)『維新史料綱要』巻九（維新史料編纂事務局発行、一九三八年）五三六頁。
(94)「東北征討始末十・賊徒処分」（注91参照）。
(95)「能久親王年譜」（宮内庁書陵部編『皇室制度史料皇族四』吉川弘文館、一九八六年、二一五頁〜二一六頁）。
(96)「法令全書」（『皇室制度史料皇族四』、注95参照、二一六頁）。
(97)その結果、神体は日光山に奉還されることになり、大楽院もこれに従った（『維新史料綱要』巻九、注93参照、五三六頁）。しかし、大楽院は途中で神体を運ぶ一行から離れ、日光には戻らなかったという（『明治維新と日光』、注23参照、二二六頁〜二二七頁）。
(98)『日光叢書社家御番所日記』二十二（注20参照）四九三頁。

(99)『日光叢書社家御番所日記』二十二(注20参照)五二一頁~五二二頁。
(100)『維新史料綱要』巻十(維新史料編纂事務局発行、一九三九年)三一七頁。

甲州鎮撫隊と甲州道中日野宿

矢口祥有里

はじめに

甲州鎮撫隊は慶応四年（一八六八）正月の鳥羽・伏見の戦いに敗れ、江戸へ引き揚げてきた新選組を母体とする組織である。甲陽鎮撫隊と称されることが多い。新選組は二月二八日に甲斐鎮撫を命じられ、甲府に上る途次、先に甲府城に入った東征軍と三月六日に勝沼宿（山梨県甲州市）で交戦し敗れた。新選組が鎮撫隊として活動したのはわずか一〇日に満たず、敗軍ゆえ意図的に記録類を隠滅した痕跡も窺え、残された史料も極端に少ない。そのため、これまでは主として、鎮撫隊参加者である永倉新八の『新撰組顛末記』(1)や結城無二三(2)、稗田利八の談話(3)など、新聞記者による「又聞き」を中心に述べられることが多かった。だが、近年の目覚ましい史料発掘などにより、明らかになった事実も少なくない。本稿一章では、これまで述べられてきた甲州鎮撫隊と勝沼戦争について改めて見直すことを目的とする。また、二章では、新選組とゆかりの深い甲州道中の日野宿（東京都日野市）の人びとが体験した戊辰戦争について述べることとする。

一　甲州鎮撫隊

1　甲州鎮撫隊の派遣と勝沼戦争

(1)　鎮撫隊の進軍

慶応四年正月三日、鳥羽・伏見の戦いに敗れた旧幕府軍は、大坂城を出て江戸城に入った前将軍徳川慶喜を追って、江戸へ引き揚げた。二月三日、親征の詔が発布され、三月一五日に江戸城総攻撃と決まり、有栖川宮を大総督として東海・北陸・東山道の三道から進軍が開始された。正月七日に追討令を出された慶喜は、恭順の意志を表すため江戸城を出て、二月一二日から上野の寛永寺大慈院で謹慎した。慶喜は家臣に対して暴発を禁ずる旨を繰り返し、さらに家臣を上京させ、総督府に対し徳川家救済のための嘆願を行わせた。

正月一五日に品川に着船した新選組は、品川宿の釜屋を旅陣とし、さらに二三日には鍛冶橋門内の秋月右京亮邸へ陣を移した。新選組は二月一五日から、上野で謹慎する慶喜の警護に遊撃隊と半隊交代で当たったが、二五日に解任され、三日後の二八日に「甲斐鎮撫」を命じられた(4)。二九・三〇日の動向は分からないが、鎮撫隊と改称した新選組は、三月一日、「甲府鎮撫として大久保剛・内藤隼人外、鎮撫隊として百人程引連江戸出立(5)」し、甲州道中を進んだ。局長近藤勇は大久保剛《たけし》、副長土方歳三は内藤隼人と変名していた。

鎮撫隊は近藤の生家のある上石原（東京都調布市）を通過し、一日の夜は府中（東京都府中市）に泊り、二日は日野宿の佐藤彦五郎方で休憩した後、八王子宿（東京都八王子市）で昼食をとり、与瀬宿（神奈川県相模原市）で泊りとなった。翌三日は上野原宿（山梨県上野原市）で昼食、猿橋宿（山梨県大月市）で泊りとなった。四日は花咲宿（山梨県大月市）で昼食をとり、笹子峠を越えたところで東征軍の先遣隊の甲府入城が伝えられた。その夜は駒飼宿（山梨県甲州市）の渡辺半兵衛方を本陣とした。(6)

甲府に入城した東征軍とは、中山道を進む東山道先鋒(7)の本隊と分かれ、三月二日に下諏訪を出立し甲州道中を進んできた支隊のことである。支隊は土佐藩と因幡藩を中心に、諏訪高島藩を武器賄方兼嚮導としていた。四日に斥候によって鎮撫隊の動向を知った東征軍は、進軍を急ぎ、四日のうちに先遣隊が甲府柳町に到着し、五日朝五つ時には全軍が甲府入城を果たした。

鎮撫隊が甲府城を先取出来なかったことについて、これまでは結城無二三の書いた「柏尾の戦」が踏襲されて、近藤の故郷での親戚・知友による接待が長引き、進軍が遅れたため、といわれてきた。(8)だが当時、江戸〜甲府間の行程は三泊四日が一般的であり、鎮撫隊の進軍が並はずれて遅いとはいえない。特に江戸からの上りは小仏峠（五四八メートル）と笹子峠（一〇九六メートル）という二つの難所があり、雪の降る悪天候の中、よく進んだというべきだろう。加えて、結城は鎮撫隊の出立を二月三〇日とし、三月二日は八王子宿で泊まったと述べたために、甲州に入るまでの鎮撫隊の行程がひどくのろい印象を与えるのだが、実際には二日は与瀬泊まりで、八王子には泊まっていない。

(2)　鎮撫隊の人数

鎮撫隊の出立時の人数は、「士官兵卒凡百有余人」(9)である。だが、鎮撫隊参加者の詳細な名簿などはまだ確認されていない。「金銀出入帳」には、二月二八日に「甲行手宛」(10)として、五九五両が同志四九人（一人あたり一〇両）と局長付二一人（一人あたり五両）に分配されている。この外に、横浜病院に同志一六人と局長付六人が収容されており、永倉新八が品川釜屋において「惣人員相調候処九拾人ニ相成ル」(11)と書いたのとほぼ合致する。このことから、鎮撫隊に参加できた新選組隊士は、傷病兵を除く七〇人前後にすぎなかったことがわかる。これに外部からの協力者が約三〇～四〇人ほど加わって出立時の約一〇〇人になったと考えられる。

その後、四日に駒飼宿に泊まったときには、鎮撫隊の人数は馬丁・小者含めて一二一人であった。(12)出立時の一〇〇人前後に、三月二日に日野宿から加わった農兵ら二三人を含めた数字なのかは定かではないが、これを含めればほぼ近い数字になる。

永倉によれば、鎮撫隊は幕医松本良順の口利きでフランス式の歩兵調練を受けた浅草弾左衛門の配下一〇〇人を加え、急ごしらえで構成したというが、(13)これでは駒飼宿で泊まった一二一人を大きく上回ってしまう。このため同書は、甲府城が東征軍の手に落ちたと知り脱走者が相次いだとする説を展開するが、仮にこの数字が正しかったとしても、当初から一〇〇人全員が参加していない可能性があると思われる。(14)鎮撫隊は近藤たちの本隊のほかに、先発して甲州入りしていた者（大石鍬次郎など）や、異なる道程を辿って甲州入りした者、途中で合流したり、後日合流する予定であった者などがいることも考えておく必要があるだろう。

土方歳三は五日の午の刻頃、「官軍之兵隊千弐百人程甲府え押至り候趣ニ付、右注進として(15)」早駕籠で帰府し、六日の朝五つ時には日野宿を通過したことが分かっている。(16)これを援軍を求めに行ったとする説もあり、結城無二三は「菜葉隊二大隊が後詰をする事になり、八王子の千人同心も二小隊程繰り出す筈(17)」だったというが、千人同心による具体的な協力を示す史料はこれまでのところ確認されていない。結局、この後、援軍の到着は見られなかった。小仏関所役人の日記には、三月五日に鎮撫隊一七人が上りへ通行したとあるが、(18)これは人数も少ないことから後から合流する手はずの後発部隊と推測される。また、数は不明だが探索活動のため別行動をとる者や、すでに甲州へ先発していた隊士とそれによって集められた兵もいたと考えられ、現地で徴集した猟師や農夫も合わせて、戦争時の鎮撫隊側の人数はおよそ一七〇人になったという。(19)だが、にわか集めで調練も行届かず、東征軍の先発部隊五〇〇人に対し、圧倒的に不足する兵力だった。

なお、軍資金については、鎮撫隊の派遣にあたり、新選組は二七日に江戸城で二三九四両一朱を受け取り、二九日にも松本良順から三〇〇〇両、会津藩から一二〇〇両を受け取ったことが「金銀出入帳」に記されている[20]。永倉新八も徳川家から金三〇〇〇両、ほかに大砲八門、元込銃三〇〇挺と弾薬を拝領したという。金額の大きさから松本の私的なポケットマネーではなく、松本を通じて徳川家から受け取ったと考えるのが妥当であろうが、しかしこれでも十分でなかったのか、近藤の実兄宮川惣兵衛は、近藤から軍用金の不足を訴えられ、田畑を質に入れ金を工面し、鎮撫隊に届けたという[21]。

(3)　勝沼戦争

三月五日、鎮撫隊は勝沼宿に入り、家々に宿札をかけ旅宿した。鎮撫隊は五日、等々力《とどろき》村まで偵察に出た。この時、近藤勇は「近田勇平」の変名を使い、自ら栗原宿まで行ったという[22]。鎮撫隊は宿役人に命じて、五日の夕刻から朝までの間に、勝沼宿頭（勝沼宿上町の鍵の手）に一箇所と宿尻等々力村境（勝沼宿の西隣、等々力村下町）に一箇所、都合二箇所に柵門（関門）をつくらせ、東征軍の侵攻に備えた[23]。同夜八時頃、土佐藩の武市久万吉が因幡藩某と勝沼宿へ偵察のため潜入したところ、鎮撫隊三〇～四〇人が夕餉をとるため宿内に来ており、大変混雑していた[24]。鎮撫隊はまた、勝沼と岩崎村の民家に布令して一戸につき二把ずつ薪を出させ、夜通し篝火を焚くように命じた。この地は甲府盆地の東端にあたり、盆地が一望できるため、東征軍側からもこの火がよく見えたという。

三月六日、朝四つ時、東征軍の軍勢約五〇〇人は田中陣屋から進軍を開始した。これを聞いた鎮撫隊は、関門に守備兵を残して勝沼宿を引き払い、勝沼宿の東隣である柏尾《かしお》村（山梨県甲州市）の東神願《じんが》（東神荷）に陣を構えた[25]。ここは柏尾坂、鳥居坂、ジンガ坂などと称され、このため、勝沼戦争は「柏尾戦争」「柏尾坂の戦い」などとも呼ばれる。また、鶴瀬宿の手前の平石という所に後陣を置いた(26)。

九つ時頃、等々力村の関門で守備兵と東征軍が衝突し、宿人足一人が腰を撃たれ即死した。等々力関門を破った東征軍は三手に分かれ、土佐藩砲隊・因幡藩二小隊は本道（甲州道中）を進み、土佐藩一小隊・因幡藩一小隊・高島藩一小隊は日川を越え勝沼宿の南に位置する岩崎村の間道を進み、さらに一手は宿の北側へ廻り菱山を越え柏尾山の裏から鎮撫隊を急襲した。

鎮撫隊は各間道に兵を配置し、日川に流れ込む支流深沢川に架かる柏尾橋の東に大砲二門を据え、橋板を外し、松の木を伐り倒して進路を塞ぐとともに、砲発の際に邪魔になる小屋三軒を焼き払った。この時、火をかけることは人気に差し障ると渋る猟師に、戦闘後、元通りに建て直し、褒美の金も与えると約束して火をかけさせたという。しかし西風が激しく、火をかけた小屋の煙が鎮撫隊側に吹き付け、視界を遮る結果となった。また、鎮撫隊は施条砲を有しながら大砲の撃ち方に慣れている者が少なく、不発弾を多く出した。近隣の住民の中には、不発弾を持ち帰った者もいたという。近藤は前年暮れ御陵衛士の残党によって右肩に貫通銃創を負い、鳥羽・伏見の戦いを経験していない。銃・砲を駆使しての戦いは勝沼戦争が初めてであるうえ、右腕ともいえる土方も傍らにおらず、うまく采配を振るえなかった可能性が高い。さらに、柏尾山の上から急襲されたことが決定打となり、七つ時、鎮撫隊は敗走した。東征軍は鶴瀬宿境まで追撃したが引き返し、その夜は勝沼宿に旅宿した。

勝沼戦争の報せは八日には内藤新宿に達し、問屋高松喜六から松村忠四郎役所に届けられた(27)。敗走した鎮撫隊は、七日朝には大月宿へ着し、吉野宿で再備を立てようとしたが間に合わず、その夜は吉野宿で泊りとなった。鎮撫隊の先触によれば、八日に吉野を出立し、駒木野で休、府中で泊り、九日は高井戸で休、その後江戸着の予定とされていた(28)。予定通りに通行したらしく、八日夕七つ時、近藤は鎮撫隊の人数を引き連れて小仏宿を通過し(29)、その夜は阿佐ヶ谷（杉並区）の玉野家に泊まっている(30)。先行していた永倉新八や原田佐之助は、一〇日に神田和泉橋の医学所で近藤・土方に再会したが、意見が合わず新選組から分裂した。

この戦いで東征軍は、施条砲一挺と小銃十数挺《(ママ)》などを分捕り、会津藩士大崎壮助を斬首したほか、首四級を挙げた。[31]「首は勝沼の駅柳の木にくくり附置く」[32]という話や、下矢作の酒造雨宮家が東征軍の炊き出しを命じられ、梅の実を入れた握り飯を大八車に積み、柏尾村へ運搬したところ、「官軍は血のしたたる首級を前に置き、これを囲んで喫せしが見るも戦慄の思い」[33]だったという話は、戦場の血なまぐささをよく伝えている。東征軍側では、因幡藩の木村（品治《ほんち》）伊助が貫通銃創を受けて死亡し、宿内の護念寺に葬られた。勝沼村では百姓宇兵衛が死亡、五郎左衛門外三人が居宅を焼失し、初鹿野村猟師二人が鎮撫隊に協力した罪で捕縛された。

2　甲州における事前工作

(1)　甲州の状況

享保九年（一七二四）以降、幕府直轄領となった甲府には、甲府勤番支配二名の下にそれぞれ勤番士一〇〇人と与力・同心を置き、甲府城の警衛と城下の町方支配に当たっていた。また、郡部には甲府、石和、市川に代官が置かれ、在方の支配に当たっていた。慶応二年八月には甲府城代が新設された。しかし、同四年正月に小田原藩主大久保忠礼が甲府城代を辞し、東海道先鋒総督の命で二月二八日に沼津藩主水野忠敬が城代に就任するまで、甲府城は小普請（甲府勤番）支配佐藤駿河守と町奉行若菜三男三郎の預かりとなっていた。

甲府は五街道の一つである甲州道中で江戸に直結しているほか、甲州裏街道と呼ばれた青梅往還（内藤新宿～青梅～大菩薩嶺～秩父往還と合流）も江戸に通ずる。また、富士川を下れば東海道へ出られることから、東海道を進む東征軍の背後に回り込み、江戸と上方を分断し挟み撃ちにすることも可能となる。慶応三年十二月にも、関東攪乱の先兵とされた江戸薩摩藩邸に潜伏中の浪士たちが、甲府で挙兵する計画があった（二章参照）ように、甲府は戦略上の重要拠点と考えられていた。

折しも、二月四日から五日にかけて、江戸の歩兵屯所から鳥羽・伏見戦後の処遇に不満を抱いた歩兵たちの脱走が相次ぎ、そのうち約六〇〇人が甲州道中を西上する事件がおきた。脱走歩兵たちは、沿道諸村で掠奪や暴行などを重ねながら大月宿辺まで進み、旧知の寺僧を頼って強瀬《こわぜ》村(山梨県大月市)全福寺に屯営した。寺僧の説得でまず約一八〇人、続いて約一二〇人が江戸に引返したが、帰府を拒み逃走した八五人は、石和陣屋の兵などに阻まれ、追捕に来た遊撃隊頭井上八郎らに捕らえられ、事件は収束した。

脱走歩兵が甲府まで行かずに大月辺で留まったのは、当時、小沢雅楽之助と高松実村の隊が甲府に入り、偽官軍として処罰される事件があったことと関連する。また、二月一二日には官軍先鋒嚮導隊の高橋下総の名で出された、徳川慶喜らを誹謗中傷し、年貢半減を謳った檄文が甲州道中の宿場に継ぎ送られてきた。官軍先鋒嚮導隊とは、薩摩藩邸で浪士の指揮をとっていた相楽総三率いる赤報隊一番隊のことである。こうした甲州の不穏な空気は江戸にも伝わってきていた。

(2) 甲府勤番との内応

新選組は二月一五日から上野で謹慎中の慶喜の警護に当たっていたが、同じ頃、甲州方面で会津藩士や新選組隊士の姿が目撃されるようになる。「深沢氏見聞誌」によれば、「追々関東より会津藩甲府郭内へ入込居、勤番衆とも内談有之様子ニて、勤番衆も官軍を引請防戦可致心底ニも相成様子」[34]と伝えられている。新選組や会津藩士が甲州に入った目的の一つは、甲府勤番士の佐幕派に説いて、同志を集めることだったと考えられる。

このことを裏付けるように、まず二月一七日に、新選組上下五人が急御用で江戸を出立し、勝沼宿まで通行している[35]。同じ日、新選組は甲州行き手当として金三〇〇両を三人に支給していることが「金銀出入帳」[36]に記されている。

二月二六日には、新選組日野元之丞が急御用で甲府を出立し、早駕籠で江戸まで通行との先触が出された(37)。日野元之丞は二八日の九つ過に、梶原監物と共に小仏宿を通過している。これは一七日に甲府へ向かった新選組上下五人の帰路であるとも考えられる。ただし現時点で、日野元之丞・梶原監物ともに、いかなる隊士か詳細は分かっていない。

二七日の酉の中刻には、新選組隊士大石鍬次郎が江戸から甲府まで急御用のため早駕籠で通行との先触が出された。やはり同日、大石にも甲州行き手当金一〇両が渡されていることから(38)、新選組に甲斐鎮撫御用が命じられたことに関連して先発したものと考えられる。

〔史料二〕は、望月直矢の『峡中沿革史』である。甲州に入った新選組ないし会津藩士を「激徒」と呼び、彼らが甲州で同志を集める理由を説明している。明治期の成立であり、筆者の望月が何を見てこれを書いたのか判然としないものの、恭順している慶喜に朝敵の汚名を着せる西南狗鼠（薩摩・長州藩などをさす）を倒すのは勿論のこと、慶喜の弟でありながら東征軍に加わった因幡藩と備前藩、臣下の分を弁えぬ彦根藩を倒し、君側の奸をのぞくことを目的に掲げている点が興味深い。

〔史料二〕

「峡中ノ士民ハ漸ク幕府ヲ慕テ官兵ヲ忌ミ動モスレバ幕府ノ為メニ奔馳セントスル状アルヲ察シ、激徒等ハ猥ニ流言セシメテ曰ク、夫レ天地ヲ経綸シ、宇宙ヲ総統スル者ハ唯名義ノ存スルヲ以テナリ。一日之ヲ廃スレバ天地傾倒、万姓塗炭ニ陥ル。今ヤ徳川ヲ攻伐スル処ノ諸侯ハ何人ゾ。三百年ノ久シキ恩義ヲ受ケタル徳川ノ臣ニアラズヤ。因備ハ何人ゾ。内府ノ弟ナリ。伊井《ママ》ハ家臣ノ身分ナリ。然ルニ弟ニシテ兄ヲ討ジ、臣ニシテ君ヲ弑ス。天下後世之ヲ何トカ云ハン。実ニ徳川内府ノ天朝ニ対シ二心ナキハ天下万民ノ知ル処ナリ。然ルニ西南狗鼠ノ輩、之ヲ詿《かい》誤《ご》シ、付スルニ朝敵ノ汚名ヲ以テシ、人倫ノ大義ヲ棄テ無耻ノ挙ヲ施ントス。嗚呼天日地ニ落テ、海内冥々、悲痛嘆惜、是レヨリ甚ダシキハナシ。仍テ気節ノ士ト謀リ義ヲ掲ゲ、皇国千歳ノ為メ狗鼠ヲ刈リ、君側ヲ清メ綱常ヲ維持セントス云々ト。依テ各陣屋ニ資ヲ借リ番士等ト結ビ直チニ甲城ニ拠ラントセシ(39)」

二月二六日、東海道先鋒総督も甲州の事情を警戒し、黒岩治部之助（直方）を甲府へ派遣して、城内の者の説得を行い請書を出させたが、組頭柴田監物、加藤将監その他六、七人が請印を拒否している(40)。また、三月五日に東征軍が入城した際も、甲府勤番の入江瀧之助、中山太郎、加藤将監、磯辺勘兵衛、石野市左衛門、田村縁太夫、内藤福太郎、鈴木宅次郎、中村才之助らが脱走している(41)。なお、柴田監物は、勝沼戦争後に「賊徒」として保々忠太郎、市川五郎、市川幸八郎、中川権五郎、原田金之丞、疋田喜一郎、佐々井安左衛門、秋鹿慶之助らと共に捕縛され(42)、「会藩と示し合セ官軍と防戦の企致候趣(43)」により、厳重に吟味するため入牢となった。

このように甲府勤番士の中には、東征軍に城を明け渡すことを拒み、新選組ないし会津藩と内応して抗戦する考えの者が確かにいたのである。

さらに甲州で鎮撫隊に協力を求められたのは、甲府勤番士だけではない。鎮撫隊は不足する兵力を補うため現地で猟師や農夫などを集めている。

「内外新報(44)」によれば、鎮撫隊の梶原監物、峯松之助、東條岳之助が谷村陣屋（都留市）へ来て兵粮と軍勢の不足を訴え、神職や農兵を徴募し、大砲を借りようとしたほか、上吉田の御師団有志（蒼龍隊）の元へも「新撰組浪人二人、強瀬村全福寺住僧差添え村役人方へ用向の旨也、且つ又同勤の者軍加勢、猶強壮の人共一同相頼み度き由也(45)」と、加勢を求めている。この強瀬村（大月市）全福寺住僧については、「内外新報」に「大久保剛ハ猿橋宿在強瀬村全福寺住僧案内にて行軍(46)」とあり、道案内などの協力が確認できる。全福寺は二月に脱走歩兵が屯集した場所であるが、住僧は元幕臣の斎藤秀全をさす。秀全は鎮撫隊から協力を乞われた際、直ちに承諾したことから「一諾斎」と名乗り、勝沼戦争敗退後も新選組と行動を共にし、同年一〇月仙台で降伏した後、日野宿の佐藤彦五郎のもとを訪れている。

このほか、甲斐郡内日川村（山梨市）出身の結城無二三が、甲州鎮撫隊に協力して地理案内や砲術指南などをしている。結城は小佐手村（甲州市）へ行き、「鎮撫隊地理嚮導結城無二之介」の名で、六日九つ時、下粟生野村千松（松泉）寺に集まるよう各村の名主に回状を出し、鎮撫隊への協力を呼びかけた。集まった名主たちは快諾したというが、この間に戦争が始まったため、結城は隊に戻らず実際の戦闘には参加していない。

また、新選組と博徒との接触も見られる。二月一四日、土方から呼び出された日野宿の要蔵と幸助が出府した。二人は新選組から三〇両を遣わされ、一六日夕方日野に戻った。用向きも金の使途も不明であるが、天野要蔵は通称を「玉川の要蔵」といい、侠客小金井小次郎の兄弟分であった。(47)小金井小次郎とは、佐藤彦五郎も松本捨助も関係がある。(48)松本捨助の新選組入隊は慶応四年だが、松本はかつて文久三年（一八六三）一一月に、京へ行き入隊を希望したが断られた経緯をもつ。(49)この時期にわかに入隊が許されたのには、何か事情がありそうである。

この他に、結城無二三によれば、行軍中与瀬の辺りで熊五郎という博徒を使って探索にあたらせたという。(50)結城によれば、熊五郎は伊豆の大場の久八の子分という触れ込みであるが、侠客大場の久八は、松岡磐吉の口利きで鎮撫隊に協力し、八王子のそば亀一家と郡内の吉田一家の博徒で編成した辰巳隊三〇人を兵糧方として鎮撫隊に参加させたとする説もある。(51)

原田弘『会津小鉄と新選組』(52)によれば、鳥羽・伏見戦争での侠客会津小鉄の活動について、「小鉄は常吉と淀の東軍前衛基地にあって前線の陣営に食糧弾薬等の輸送の役目に当たる事にした。戦いとなれば、戦死傷者の収容の任務もある。それは先の禁門の変と同じであった。（中略）この荷駄隊を請負い指揮する者は尋常の者ではない。戦国時代は、野武士などが戦国大名について働いている。幕末のこの戦いも、小鉄に限らず他の大名も、元締博徒を利用している。」と紹介している。新選組も同様に、戦線への物資輸送や探索、人集めに侠客や博徒を利用したことは十分に考え得る。史料がないため現時点ではこれ以上言及できないが、博徒の関与がうかがえることは指摘しておく。

3 鎮撫隊の目的

「甲斐鎮撫」を命じられた新選組は、「鎮撫隊」の名称を用いるようになった。名称については、従来「甲陽鎮撫隊」と称されてきたが、同時代史料では単に「鎮撫隊」、或いは「甲府御用鎮撫隊」（小仏関所役人佐藤正賢日記(53)）などと書かれており、「甲陽鎮撫隊」と書かれたものは見当たらない。よってここでは「甲州鎮撫隊」の名称を用いることにする(54)。

鎮撫隊の目的も「甲府御城御固め」（「河野清助日記(55)」）、「甲府城御預かり」（「小仏関所役人佐藤正賢日記」）、「甲州鎮静方御用」（金子家文書「内届書(56)」）とさまざまである。

永倉によれば、近藤は江戸に引揚げるとすぐさま、慶喜へ甲州御城内の委任を願う建白書を出したという(57)。さらに『新撰組顛末記』では、なぜ甲府城委任かという理由に踏み込んで、「近藤は甲州城を自分の力で手にいれここに慶喜を移そうとする計画をたてていた(58)」とする。新選組は江戸に引揚げてなお、再戦の意志が固かった。正月二〇日に土方歳三と面談した日野宿の名主佐藤彦五郎は、鳥羽・伏見の戦況を尋ね、面談の内容を日光勤番中の千人同心井上松五郎に書き送った。その手紙には、「一、江戸表議論紛々として更ニ不相分、一説ニハ上ミ方之変動ヲ見合可攻登と之御策略ニ有之候由、一、上様御隠居と申説ニ御座候得共、多分浮説と相聞候(59)」と記され、江戸城内には上方へ攻め上る計略があり、慶喜の隠居も浮説であろう、と土方が彦五郎に聞かせたことがわかる。

だが、慶喜が恭順謹慎したことで、抗戦派は慶喜を大将に再戦する望みが絶たれたと考え、このままでは戦いの機会を失することになると危惧した。そこで甲府城を拠点にし、東征軍に抗戦しようとする計画を、実行に移そうとしたと考えられる。新選組隊士の甲州での動きが活発化するのが、慶喜が謹慎した二月一二日以降であるのも、このためではないだろうか。

一方、会津藩士もまた、藩主松平容保が二月一六日に帰国の途につき、江戸藩邸内の藩士たちも順次帰国を開始した時期にあたっていた。在京中から新選組と関係のあった藩士の中には、これを機に新選組と共に甲府へ行こうとした者がいたことは十分に考えられる。ただし、会津藩士の関与については、変名を用いているのか、藩士の誰であるかを特定することが難しい。

ところで、多人数を率いて甲府へ向かう表向きの理由として、「暴徒の鎮撫」は好適である。実際に甲州では二月に脱走歩兵の屯集や偽官軍の問題が起きており、「暴徒の鎮撫」は徳川家から承諾を得やすく、武器や軍資金を受け取るのに格好の理由となった。

では、新選組の甲州鎮撫の願いを容れたのは誰であるか。松浦玲は『新選組』(60)の中で、越前藩草尾精一郎から本多修理宛の書状に「甲州御勤番の者百姓等鎮撫の為、大久保一翁指図にて大久保剛、実は近藤勇のこと、御遣の処」とあることから、若年寄の大久保一翁であったと指摘するが、近藤勇自身もやはり四月の捕縛後の取調の際、甲州鎮撫は大久保一翁の指示であったと返答している〔史料二〕。

〔史料二〕

「甲州に出でしは如何、勇云う、是は大久保一翁より命を受け参りたり。甲州に於ては是迄人気悪しき処にてこれあるに付き、官軍御通行の砌、如何様の挙動を仕出し候も計ず、右鎮撫の為め命ぜられし事なり(61)」

結城無二三は、「一切永井と申す若年寄の計らひで勝さんなどは反対のやうでしたが、別に御止めもなさりませんでした。」[62]と、若年寄永井尚志の名を挙げているが、永井は慶応四年二月九日に若年寄を罷免されて寄合となっており、可能性は低い。二月二五日付で軍事総裁に就任した勝海舟とする巷説も多くなかば信じられているが、結城の言を借りて《反対のようだが別に止めなかった》というのは、逆説的に海舟が直接命じたのではないことをさすのではないか。

では、なぜ近藤らの願いが許可されたのか、〔史料三〕によれば次の通りである。

〔史料三〕

「近藤、土方、その徒を率い江戸に来る。再戦を説き、大いにその徒を集む。官兵東下の際、吏に説いて云う、先鋒に接する者その人あり、我れは甲府に出て我が家の趣旨を説かむ。必ずや恭順の趣意を守り敢えて暴動するなかるべしと。この際、四方に使いする者、みな恐怖を懐き、身を致す人に乏しく、故にその乞いを容る。彼竊かに銃弾を荷物に包み、陽に恭順を表し、陰に一戦を含む。」[63]

この時期、東征軍に捕らえられる危険のある嘆願の使者や、鎮撫の任に当たろうとする者が少なかったことがわかる。ゆえに、甲府方面に使者となって赴き徳川家の恭順の趣旨を説こうという近藤の願いは、受け容れられやすかった。勝はそれが近藤の《口実》であると見ている。

結果として、鎮撫隊は武力衝突を起こし、近藤の「暴発」は、恭順して助命嘆願の使者を派遣していた慶喜を激怒させた。遊撃隊士の人見勝太郎（寧）は、東海道先鋒総督府の海江田武次に嘆願書を提出したその帰路、三月八日に駒木野宿で近藤に面会している。その後登城した人見は、城内の模様を、「勇を首級を揚げて官軍へ差出し、御恭順の旨趣を貫かねばならぬ。不都合千万の奴であるということで大久保一翁などは大変憤怒しておりました。[64]」と語ったが、より詳しい状況が分かる〔史料四〕では、激怒しているのは慶喜である。〔史料三〕の文中の「吏」を大久保一翁と仮定すると、次に見る一翁の困惑した様子は、近藤を甲州に派遣したのが他ならぬ一翁であることを強く感じさせる。

〔史料四〕
「西城にて勝・大久保の両氏に面して、海江田・木梨等に面会したる顛末を語りたり。此時大久保氏、予に問うて曰く、近藤勇の所在を知らざるかと。予感ずる処あり、実を告げず之れに答えて曰く、昨日途中にて伝聞する処に由れば、甲州にて一敗後何れかへ行きたりと避けたり。同氏曰く、近藤の暴発上様の激怒甚しく、自分度々上野へ召され、勇の所在を捜索し首級を揚げ、速かに官軍の軍門へ差出せよと厳命あり、誠に当惑すと。[65]」

これを裏付けるように、三月一〇日に川勝備後守から大小目付へ、「甲州表人気騒立候ニ付、為鎮撫差遣候衆之内、脱走之者モ相加、封官軍争端開候哉之趣相聞へ、右ハ兼々被仰出候御趣意ニ相背候者共ニ付、召捕次第、夫々厳重御処置可有之候間、心得違無之様可被致候[66]」という達しが出された。近藤は官軍だけでなく、徳川家からも追われる身となったのである。一三日夜から、「大久保大和」と変名した近藤勇を含む新選組四八人は、五兵衛新田（足立区）の金子健十郎家に滞在することになった。

なお、人見勝太郎は四月に遊撃隊の一部を率いて脱走し、徳川家の再興を目指して請西藩主林忠崇らと上総に挙兵し、東海道に出て江戸と上方の新政府軍を分断するという作戦を立て、海軍の協力を得て相模湾に渡海し、東海道の諸藩に檄文を送り同盟を求めた。さらに御殿場から甲府へ入ろうとして、解兵を求める山岡鉄太郎に制止され、総督府へ提出する趣意書を託した。趣意書は「臣君ヲ弑シ子父ヲ弑ス、大逆無道天地容サル所ナリ、紀尾彦ノ徳川氏ニ於ケル臣子也、臣等カ紀尾彦ニ於ケル儀同藩ニ齊シ、故ニ今同志ノ徒ト其罪ヲ攻ントス、是臣等カ微衷也」(67)というもので、紀伊・尾張・彦根藩を問罪するという部分は、〔史料一〕の因幡・備前・彦根藩を問罪するという部分と共通する。望月が『峡中沿革史』を書いた際に、鎮撫隊と遊撃隊を混同して論じていないかを今後検証していく必要があるが、旧幕府軍内で武装挙兵の目的を徳川家内部の問罪のためとする論理が、いつどのように展開されたのか知る上で興味深い事例である(68)。

4　武器輸送の問題

さらに、鎮撫隊が勝沼戦争に敗れた理由の一つとして、武器輸送に支障をきたすという深刻な問題を抱えていた点を指摘しておきたい。

鎮撫隊は、二八日に大砲六門、本込小銃二五挺、二ツハントウ(二つバンドと呼ばれたミニエー銃)本込銃二〇〇挺(69)など大量の武器・弾薬を支給されていた。これらの荷物は「御用」物として、甲州道中を宿継ぎで送られた。鎮撫隊は三月一日の江戸出立時にも大量の武器や長持を携行していたが、出立後も二日と六日の両日、内藤新宿から「跡荷物」が出されている(70)。荷物の中身は玉薬(銃砲弾の発射に使われる弾丸と火薬)が主で、他に「大砲玉薬七十棹」(71)、「鉄砲の様なる莚包み」(72)などであった。だが、後発で送り出された荷物は五日、六日夜の時点で、まだ日野や八王子辺を通過中であり、鎮撫隊は拝領した武器・弾薬の一部しか勝沼で所持していなかったことになる。

〔史料五〕

「別紙御荷物継立人足百廿七人之義者、兼而大久保剛様御内市村鉄次郎様より御先触御差出し相成、明六日江戸出

立御荷物ニ御座候処、悉ク御差急キニ付、昼夜不限早々継立可申段、高田継次郎様より別段宿々江御達可申旨被仰付候間、此段御達申候、以上
　三月五日戌刻　　　内藤新宿問屋役人[73]」

〔史料五〕は、当初六日に内藤新宿から出す予定だった鎮撫隊の荷物を、五日の夜「悉ク御差急キニ付」、昼夜兼行で送るよう、鎮撫隊の高田継次郎から宿々へ達しがあったとする文書である。高田は五日に小仏宿を下りへ早駕籠に乗って通行したことがわかっており[74]、土方歳三より江戸到着が一日早い。東征軍との衝突の気配に、一刻も早く残りの荷物を受取るために引き返したと考えられる。なお、高田について、現在までに判明している新選組の隊士名に該当する者がなく、隊士以外か、または隊士の変名であるか不明である。

だが、勝沼の戦いは六日の内に終わり、高田が急がせた上りへの荷物は再び下りへ送り戻される事態となった。〔史料六〕は三月八日の出来事で、伝馬宿の混乱を伝えるものである。特に八日は江戸へ下る鎮撫隊の通行と重なり、上り下りに宿駕籠や荷物が行き交い、錯綜した一日となった。

〔史料六〕
「鎮撫隊御多人数并右御用の大砲玉薬その外数多の御荷物日々引続き差し立て相成り（中略）合戦最中の趣上野原宿より注進これあり、右次第故いよいよ増早追その外不時の御通行相嵩み、（中略）鎮撫隊御持参の御荷物も追々御引戻しに相成候趣、最早常と違い右体軍事戦争と成り行き候[75]」

一方、東征軍は三月八日に「一、人足五百人　一、馬八十疋　右は甲府表鎮撫として今六日江戸出足、甲府まで罷

越候条昼夜ニ不限滞なく手当いたし置へきもの也　江戸より内藤新宿甲府迄宿々問屋中」という鎮撫隊の向打を入手した。先述した通り、これは当初から六日に内藤新宿から出す予定の荷物であった。しかし、すでに六日に勝沼で鎮撫隊と衝突し敗走させていた東征軍は、この先触を「官軍の追打をゆるくせんと」する謀計と見なし、「益す進ミテ厳敷追掛」ることにした(76)。

荷物の手配に当たった各宿では、東征軍の追及を逃れるための相談がなされた。例えば、三月九日に府中宿の問屋役人から下石原宿問屋役人への達書には、八王子に宿陣中の東征軍が、鎮撫隊の荷物を継ぎ立てたことについて「殊之外厳重御取調之よし」と述べ、「宿方にても日野八王子にて申上候趣ハ、鎮撫隊御役人ならびに御荷物等一同継送り、其跡にて野田尻宿より達し来候よし之申口候間、其宿にても左様御承知可被成候(77)」と口裏を合わせるよう指示している。

この後も、東征軍の大量輸送は引き続き行われた。従来の大助郷、増助郷を駆使しても間に合わず、戦時下の非常態勢ということで、遠く離れた村へも当分助郷が割り当てられた。このため、「伝馬人足ハ日々百人、弐百人、三百人、馬八拾疋、百疋、日々伝馬也(78)」という状況を生み出した。

二　甲州道中日野宿の戊辰戦争

1　甲州鎮撫隊への協力

(1) 天然理心流の流行と日野農兵

五街道の一つ、甲州道中の日野宿は、日本橋から約一〇里に位置し、八王子横山宿と府中宿に挟まれ、宿場としての規模は小さいが、交通の要衝である多摩川渡船場を有する。村としては日野本郷といい、村高約二千五百石の幕府直轄領である。通称上佐藤・下佐藤と呼ばれる両家が半月交替で名主を勤め、日野宿の問屋も兼帯した。

現在、日野宿があった東京都日野市は、「新選組のふるさと」をキャッチフレーズに観光振興策をとっている。これは同市が新選組副長土方歳三（旧石田村出身）や井上源三郎（旧日野宿出身）らの出身地で、子孫宅を中心に多くの新選組関係史料が所蔵されていることが背景にある。特に幕末期の名主（問屋兼帯）であった下佐藤家の彦五郎は、土方歳三の義兄であり、天然理心流近藤一門の有力な支援者であった。

天保三年（一八三二）から伊豆韮山代官江川太郎左衛門の世襲支配を受けた日野本郷では、江川代官支配地の特徴として、文久三年一〇月に農兵が取立られ、地域の防衛を担った。慶応二年（一八六六）六月の武州一揆では、佐藤彦五郎率いる日野宿組合農兵隊が、他地域の農兵隊らと共に多摩川築地渡船場（昭島市）に出動し、一揆勢の南下を止めた(79)。この功績により、彦五郎と日野農兵には同年一〇月に幕府から褒美状が送られている。

慶応三年一二月一五日には、甲府城占拠に向かう上田修理ら約一〇人が、八王子宿で江川代官所手代の増山健二郎に襲撃、捕縛される事件があった(80)。浪士の宿泊先の名から、俗に「壺伊勢屋事件」と呼ばれている。甲州挙兵計画は、関東攪乱をねらった薩摩屋敷潜伏浪士らによる、野州出流山の農民蜂起（一一月二九日）や相州荻野山中陣屋の焼討ち（一二月一六日）と呼応しての挙兵計画であった。増山の要請を受けた日野宿では、佐藤彦五郎ら六人が捕縛に同行した。このうち、馬場市次郎が短銃で撃たれ即死、道案内山崎兼助が斬られ数日後に死亡した。

同行した六人は、いずれも天然理心流の近藤門人である（但し、山崎兼助は井滝伊勢五郎門人）。日野宿では、千人同心井上松五郎や佐藤彦五郎をはじめ、天然理心流三代目近藤周助、及び四代目近藤勇に入門した者が多かった(81)。特に近藤勇の上洛中、多摩から相模地域の門人の指導や取立をまかされた彦五郎は(82)、実力のある者を新選組へ斡旋することも視野に入れて入門者の獲得に力を注いでいた。彼らが農兵とはいえ、刀を振るって死傷者を出すような最前線で戦うことが出来たのは、撃剣術の素養があったからといえる。本来、百姓の武芸稽古は禁止されていたが、直属の兵隊を持たない代官にとって、治安維持のために黙認せざるを得ない状況があった。

こうした日野宿の気風は、慶応四年二月七日の脱走歩兵の通行の際にも現れる。「日野宿ハ気荒ニ付、万一手向致し候ハハ砲発致候とて渡船差掛り候節は銘々鉄砲え玉込致押通り(83)」とある通り、日野宿の人間の気性が荒いことは、近郷近在に知れ渡っており、乱暴で知られる脱走歩兵ですら、多摩川を渡る前に銃に玉込めして警戒するほどだったというのである。

(2) 元込銃の購入

一章3節でも述べたが、江戸へ引き揚げてきた土方歳三と慶応四年正月二〇日に面談した彦五郎は、土方から近々必ずや再戦となると聞かされ、自らも参戦することになると考えた。これより先、一月一六日に江戸城で佐倉藩士依田学海から鳥羽・伏見戦争について尋ねられた際に、土方は「戎器非砲不可、僕佩剣執槍、一無所用（戎器砲に非ざれば不可、僕剣を佩き槍を執る、一も用ゆる所無し）(84)」と語ったとされるが、同じ内容を彦五郎にも話したと考えられる。この直後、日野宿では元込銃を新規に購入するからである。

彦五郎から銃の買付けを指示された下宿の有山重蔵は、横浜で元込銃二〇挺と弾薬を六〇〇両で購入する商談をまとめ、手付金一〇〇両を支払い日野に戻った。二三日の夜、村内の富裕者が集められ出金の相談が持たれた(85)。有山は二五日に残金五〇〇両を持参して、再度横浜に赴き、銃を持ち帰った。入手した二〇挺の内、二挺には銃剣を取付け、早速農兵の調練が行われている。この農兵も新規に二〇人程を取立てた。「ケヘール一発打候内、元込五打相発し実ニ弁利宜候(86)」と、ゲベール銃よりも性能の優れた元込銃に満足している様子からは、彦五郎が単なる地域防衛にとどまらず、より積極的に戦争に関わろうとしているように見える。この年二月に彦五郎は「倅代迄苗字御免(87)」を仰せ付けられたことも、徳川家のために尽力しようとする気持ちをより高めたと考えられる。

　彦五郎は天然理心流の剣術免許を持ち、刀を愛好し収集もしていた。だが、彦五郎にとって刀は外敵から身を守る《実用》の品であった。旗本たちの多くが、武士の《象徴》としての刀にこだわり、銃装に抵抗を示したのと異なり、刀で戦うことの不利を説かれれば、容易に銃へ切り替えることが出来た。それは目的遂行のためにより高い効果を得られる《道具》を選択する、という発想である。ただし、彦五郎自身は操銃を熱心に学ぼうとはしておらず、新規農兵取立や元込銃の調練はもっぱら若年層を中心に行われている。

(3)　鎮撫隊への同行

　甲州鎮撫隊に、日野宿から佐藤彦五郎率いる二十数人が同行したことはよく知られている。この時、彦五郎は俳号の春日庵盛車から「春日盛」と変名し、組織された農兵隊は「春日隊」と名乗ったとされているが、現在までのところ同時代史料にはこの名称を見いだすことができない。明治二三年（一八九〇）、佐藤俊宣の書いた「佐藤俊正寿冢《じゅちょう》碑記[88]」の中に、「我郷子弟五十余人将赴援請而不止、乃父不得止自率之名春日隊」とあるのが、文字として残っているものの中で早いものであろう。

　三月一日夜、鎮撫隊の泊まる府中宿に出向いた彦五郎らは、近藤から小荷駄方の不足を訴えられ、協力すると回答して帰宅した。翌日、日野宿を通行する鎮撫隊を自邸で出迎えた後、彦五郎は日野農兵を連れ、昼過ぎに鎮撫隊の後を追って出立した。小仏峠で日が暮れ、与瀬宿で鎮撫隊に追い付いた時は夜になっていた。

　鎮撫隊に同行したのは、定次郎、半之丞、惣十郎、歌之助、藤太郎、仙五郎、清十郎、権三郎、久兵衛、忠助、祐之助、愛次郎、吉造、栄三郎、多吉、権左衛門、正三郎、外に藤助、清吉、釜屋伊三郎、石田村土方作助、青柳村（国立市）佐藤房次郎の二二人と、司令師として佐藤隆之助、宰領として佐藤彦五郎と供の清太という一行であった。[89]

『新選組始末記』には、佐藤俊宣翁（彦五郎長男源之助）談として、「門弟達がみんなお供をしたいと言いましたが、近藤は承知をしませんで、『まだまだ諸君のする事は外に沢山あります、お志はうれしいが供は許されません』と言いました。それでもなかなか聞き入れませんので、私の父が春日隊というのをこしらえまして、左様三〇名ばかりのものです。大月まで行ってここで兵糧方をやりました。[90]」とあり、門人たちが積極的に同行を願い出たことになっている。だが、鎮撫隊敗走後に作られた嘆願書では、「御用筋之儀、殊ニ元師匠之儀、旁難黙止、無拠弐拾人程罷出候[91]」と、仕方なく協力したことになっている。日野農兵は後方支援に留まり、戦闘が始まる前に引き返したことを考えると、全員が彦五郎のように積極的に戦場に赴こうとしていたのではなかったといえよう。

日野農兵は、不足しているという鎮撫隊の小荷駄方に混じり、鎮撫隊の後方で荷物の警固をしながら進んだ。しかし戦争の気配が濃厚になったことから、農兵たちは小荷駄方御免を願い出て、五日昼に鎮撫隊と別れ引き返すことになった。鎮撫隊の大切の荷物、鎧櫃、両掛を警固して、昼に駒飼宿を出立した日野農兵は、その夜は大月宿に泊まった。彦五郎のみ駒飼宿に残ったが、六日鳥沢宿で昼食をとり、彦五郎を待っていたところ、彦五郎が来て戦争があったことを聞かされた。農兵らは七日未明に鳥沢宿を出立し、同夜は与瀬宿に泊まり、八日の夕方、日野に帰り着いた。[92]つまり、日野農兵は勝沼での戦闘には加わっていない。彦五郎の曾孫にあたる佐藤昱《あきら》の『聞きがき新選組[93]』には、「春日隊の奮戦」と題して勝沼戦争で「春日隊」が戦う描写があるが、この部分は一部を除き鹿島淑男の『幕末史伝近藤勇[94]』（明治四四年）からの引用である。鹿島は佐藤家で取材しているが、佐藤家にも日野農兵が勝沼で戦ったという史料は残されておらず、何を元にこの部分を書いたのか不明である。[95]

2　東征軍の日野宿侵攻

(1)　彦五郎家の一家離散

日野宿の人々は「鎮撫隊・日野農兵チヨウテキ（朝敵）ノ名ヲ請ル」[96]という事態に困惑し、「諸家ニテ物ヲカタ付ル」[97]のに奔走した。

「今昔備忘記」[98]によれば、彦五郎は次男、三男、四男、老母マサをそれぞれ親戚に預け、自身は妻ノブ、次女トモと下女のアサを連れ、平村（八王子市）名主平甚之助の手引きで大蔵院へ逃れた。しかし、佐藤家で留守を守る井上忠左衛門から、探索が厳しいとの報せが入ったことから、さらに井上の親戚を頼り、二宮村（あきる野市）の茂平宅、さらに茂平の親戚である大久野村（日の出町）の羽生家へ逃れた。深夜に羽生家に到着し、ここでしばらく潜伏することになった。前年から病臥中で歩行困難だった長男の源之助（俊宣）は、中庭から垂駕に乗り、親戚の粟須村（八王子市）名主井上忠左衛門方へ身を寄せた。翌日昼頃、下男の鉄蔵と隣家の伜兵蔵が、官軍の偵察隊三〇人余りが前の山の下まで来ていると駆け込んできた。危急の場合は、西の山を越え宇津木村へ、老婆が一人で住んでいる一軒家に隠れよとの指示で、源之助は鉄蔵に、忠左衛門の養子錠之助は兵蔵に背負われて老婆の家へ行き、戸棚に隠してもらった。しかし、官兵数十人に囲まれ、捕らえられた。尋問の後、八王子の本営に連行された。

彦五郎の四男彦吉が預けられた小野路村（町田市）の小島家では、佐藤源之助と日野農兵が捕えられたと聞き、「甚だ恐縮致し候、北方物騒にて心配、諸荷物片付け致し候」[99]、大犬久保という場所へ逃げている。

ところで、「諸家ニテ物ヲカタ付ル」、「諸荷物片付け致し」と諸書に散見される《荷物の片付け》とは何であろうか。佐藤家には、筆跡から土方歳三の字と特定できるものの、故意に宛名と差出人の名が切り取られた書状が残るが、これは東征軍の侵攻の際、急いで処分したためと伝えられている。土方歳三の甥の作助は、やはり鎮撫隊に同行し、帰村後は庭に穴を掘って手紙類などを全て埋め、高幡山に数日間隠れていたと伝えられている。土方家に残る天然理心流の中極位目録は、発行年から土方歳三に授与されたものと推定されるが、宛名の部分が削り取られ別の人名に書き換えられている。日野では、慶応二年夏以降の近藤・土方の手紙がほとんど見つかっておらず、佐藤彦五郎の日記に不自然な欠落が多いのも、このときに隠滅された可能性が考えられる。

(2) 東征軍の探索と通行

東征軍は三月一一・一二の両日、全軍が八王子宿に宿陣した。千人頭が出迎え、勤王誓書を提出した。

これに先立つ一〇日夜八つ刻、東征軍嚮導の諏訪高島藩兵が日野宿に来て、「宿中農兵改」と両名主宅の捜索が行なわれた。東征軍は、彦五郎及び日野農兵を「近藤勇の徒党」と見なし、「日野宿は賊長近藤勇の古郷にして、門弟知音多く、其の甲府に赴くや、兵卒の召募兵器の求め、専ら此に弁ずと聞く、且つ里正佐藤某、勇の謀議を助成するの聞へある」[100]と、名主自ら農兵を率いて官軍に抗した事態を重く見ており、探索は苛烈をきわめた。すでに「十日夜問屋両人出奔致」[101]した後で、彦五郎・芳三郎とも不在だった。東征軍は佐藤家の土蔵を全て開け、座敷の天井板をはがし、庭の池ざらいまでしたという。その様子は近隣から「打ちこわし」と称されている[102]。正月に購入した元込銃は、堆肥にする落ち葉をかぶせて田圃の中に隠したが発見され、一九挺が押収された。その夜は、諏訪兵三〇人が日野宿に泊まった。

彦五郎宅で留守番をしていた親戚の日野久兵衛と粟須村名主の井上忠左衛門が捕縛され、八王子宿の本営に連行されて彦五郎の行方を尋ねられた。他にも、平山惣二郎という浪人が捕えられ、農兵九人が呼び寄せられた。佐藤源之助以下、捕縛・連行された者は一二日の夜、「御チヒ（慈悲）ニテ」[103]釈放された。

東征軍は一三日に八王子宿を出立し、日野宿は惣助郷となった。土佐藩小島捨蔵ら三〇人が日野で昼食をとり、諏訪藩の人足二六人が宿内の宝泉寺に泊まったため、慌ただしい一日となった。東征軍は錦の幟二流を翻して進み、多摩川を繋留した船に板を渡した「船橋」を作り通行し[104]、その夜は府中に泊り、翌一四日に内藤新宿に達した。

3　鎮撫隊協力者の赦免運動

四月二三日、日野宿では多羅尾民部の手代藤野乗平と江川太郎左衛門の手代大井田源蔵を差添として、彦根屋敷に在営中の鎮撫府参謀方へ嘆願書を提出した(105)。木梨精一郎（長州）、海江田民次（薩摩）、吉村長兵衛（伊予）の取次で、受理された。

嘆願書は、佐藤彦五郎以下、鎮撫隊に協力した者の赦免を願う内容で、鎮撫隊に翻弄された村の様子がよく分かるので、長くなるが以下に全文を紹介する。

〔史料七〕

乍恐以書付奉歎願候

甲州道中日野宿寺院并小前役人助郷村々一同奉申上候、先般甲府表鎮静方として大久保剛様并鎮撫隊御同勢、当月（去月ヵ）二日当宿御通行之砌、小荷駄方之者不足ニ而差支候間、先年日野宿江取立候門人共、甲府表迄之処道中世話方相頼度由御談有之、且御用筋之儀殊ニ元師匠之儀、旁難黙止、無拠弐拾人程罷出候得共、御時節柄一統心配仕候間、右之者共取締として問屋彦五郎附添、先方小荷駄方江交リ、同五日駒飼宿迄罷登リ候処、甲府表より因州様・土州様御人数石和宿迄御繰出相成候風聞有之、右者素々送り一ト通り之儀ニ而罷出候儀ニ付、万一変事等御座候而者当惑心痛仕候間、小荷駄方御免帰宅仕度旨申入候処、決而事変等可有之次第ニ無之、乍去心配ニ存候ハヽ立戻リ可申旨被申聞候間、五日昼時より駒飼宿出立大月宿泊リ、六日鳥沢宿ニ而昼喰致候処、彦五郎儀持病相発し駒飼宿江相残り候間、鳥沢宿ニ而一同待合居り候処、無程同人罷越、同日勝沼宿ニ而戦争御座候趣申聞候ニ付驚入、翌七日未明同宿出立与瀬宿泊リニ而一同帰宿仕候儀ニ付、日野宿之者共儀、全以戦争之場へ携御手向へ等仕候儀者

毛頭無御座候得共、万一御疑念奉請何様之御沙汰可奉請も難計と深く奉恐入罷在候折柄、追々右御両家様へ諏訪様御附添日野宿御通行、彦五郎宅其外御取調奉請、夫是之儀ニ而弥以奉恐縮、彦五郎其外之者共、宿方立去り中ニ者御召捕ニ相成御両家様御役々様方ニ厳重御取調奉請候者共も有之候得共、御寛大之御慈非(悲)御差宥し相成一円難有仕合ニ奉存候、且又、逃去候者共之内、問屋芳三郎者其節罷出候儀ニ者無御坐候得共、宿方御取調請候儀ヲ奉恐縮立去リ候儀ニ相違無御座、其余之者共ニおゐても素より百性之身分ニ付、鎮撫隊へ協力同心可仕謂決而無御坐、問屋両人共不罷在候而者御伝馬御継立者勿論、御用向等逸々御差支ニ相成、難渋至極仕、今更同宿之者先非後悔仕、逃去候者共所々行衛尋中ニ御座候得共前書御宥免之者共ニ得と承りおよひ候処、右之仕合ニ付、助郷村々ニおゐても不見忍、何共不便至極ニ歎ケ敷奉存候間、不顧恐多も此段奉歎願候、何卒出格之以　御慈悲、右逃去罷在候者共一同帰宿仕宿方無難ニ相続相成候様右御両家様へ被仰立御憐愍之御沙汰有之候様一同挙而奉願上候、以上

慶応四辰年
四月　日」(106)

この後に、日野宿の五寺院（大昌寺・宝泉寺・普門寺・成就院・欣浄寺）と組頭四〇名（うち四名無印）、小前惣代三六名（うち四名無印）の連名があるが、ここでは省略した。赦免を願う嘆願書なので、全体的に低姿勢である。御用筋の儀で元師匠の頼みゆえ拠所なく同行した、とする点や、彦五郎が持病をおこし駒飼宿に一人で残った、とする点などは、必ずしも真実を述べているとはいえない可能性もある。だが、芳三郎と彦五郎の名主二人は日野宿の問屋も兼帯しており、「問屋両人共不罷在候時は御伝馬御継立は勿論、御用向等逸々御差支ニ相成、難渋至極仕」と、両人不在のままでは問屋の業務に支障をきたすという理由は、北関東・奥州への東征の最中で、これから輸送のますます増える東征軍にとっても捨て置けない事態である。なお、芳三郎本人は鎮撫隊に同行していないが、長男の隆之

助が司令士として同行していたことから、後難を恐れて日野を離れていたのであろう。芳三郎は三月下旬には日野に帰っており[107]、この嘆願の内容も知っていたはずである。

嘆願は成功し、四月末には日野農兵の赦免が決まった。閏四月四日に彦五郎は自宅に帰り、祝宴が開かれている[108]。しかし中には赦免されたことを知らずに、数年に及ぶ逃亡・潜伏を続けた者もいた[109]。

おわりに

鳥羽・伏見の戦いに敗れた新選組は、再戦の機会をうかがい、甲府城を拠点にするべく、徳川家へ働きかけた結果、「甲斐鎮撫御用」を仰せつかることとなった。だが、会津藩士や甲府勤番衆の佐幕派との連携や甲州での事前工作はあるものの、他の旧幕府陸軍諸隊との連携はほとんど見られず、援軍のないまま孤立した。徳川家から拝領した大量の武器弾薬も、荷継ぎの遅れから勝沼戦争に間に合わず、鎮撫隊の江戸への敗走と重なり宿場の混乱を招いた。仮に鎮撫隊が東征軍より先に甲府城を接収していたとしても、不足する兵力で物資の補給が滞ったまま東征軍を迎え撃つことは難しかったであろう。京都を出立して以来、大きな抵抗にも会わず進軍してきた東征軍にとって、勝沼戦争は銃火器を使用した最初の本格的な戦争であった。勝沼で抗戦したことは、四月に近藤勇が捕縛され、斬首される際、罪状の一つに挙げられている。

日野宿の佐藤彦五郎にとって、甲州行きは念願かなって新選組と初めて共闘する機会であったが、日野農兵は鎮撫隊の後方で荷物番をするにとどまり、実際の戦闘には参加していない。勝沼戦争の敗北により、鎮撫隊と日野農兵は「朝敵」となり、名主自ら農兵を率いて鎮撫隊に協力したことで、村全体が東征軍に反抗したと見なされた日野宿は、厳しい探索と取調を受けた。

日野宿の人々にとって、親戚・知友の多い新選組は「郷士の誇り」であると同時に、「賊軍」となった苦い過去であり、屈折した感情を子孫たちに残した。佐藤彦五郎は明治期も変わらず村政を担い続け、明治一一年（一八七八）から一四年まで初代南多摩郡長にも就任し、かつて東征軍に壊された屋敷は、明治一四年の巡幸で明治天皇の小休所となった。新政権になじんでいく一方で、子孫達は近藤勇・土方歳三の顕彰碑建立や書物の出版など、新選組の「復権」に力を注ぎ込んでいった。

〈注〉

（1）『新撰組顛末記』（新人物往来社、一九六八年）。原題は、杉村義太郎『新撰組永倉新八』（自費出版、一九二七年）。
（2）「柏尾の戦」『旧幕府』第三巻第七号（一八九九年）。この懐旧談は息子の結城礼一郎が寄稿する形で『旧幕府』に発表された。のちに、結城礼一郎『おまえたちのおぢい様　旧幕新撰組の結城無二三』（玄文社、一九二四年）として出版された。それを文庫化したものが、結城礼一郎『旧幕新撰組の結城無二三』（中央公論社、一九七六年）である。無二三本人の執筆したものがあるのか未確認だが、随所に新聞記者だった礼一郎の手が加えられている可能性がある。
（3）子母澤寛「新選組聞書―稗田利八翁思出話―」『新選組物語』（中央公論社、一九八六年）。
（4）「島田魁日記」『新選組史料集コンパクト版』（新人物往来社、一九九八年）。
（5）慶応四年「佐藤彦五郎日記」『日野宿叢書　第五冊　佐藤彦五郎日記　二　附新選組関係史料』（日野市発行、二〇〇五年）。
（6）野田市右衛門「勝沼・柏尾坂戦争記」『新選組史料集コンパクト版』（新人物往来社、一九九八年）。
（7）東山道先鋒総督兼鎮撫使は岩倉具定。総督府参謀は土佐藩士の乾退助（大垣で板垣と改姓）。二月一四日に京都を出発し中山道を進軍。途中三月二日に、諏訪で赤報隊を処罰した。

（8）「柏尾の戦」（注2参照）では、二月三〇日に出発したとされ、「此の時ズット甲府まで這入って仕舞へば宜かったのですが、近藤も土方も日野在の出生で、今度二人が大層エラクなって其地を通行すると云ふので、親戚故旧が皆道へ出迎って、あっちでも御祝ひ、此方でも御悦びと、酒ばかり飲んで居たものですから、其晩は府中泊り、明くる日は四里行って八王子泊りで、三日目に漸う甲州へ這入って郡内の与瀬と云ふ所へ陣を取りました。」と書かれており、二日目以降、実際の行程と一日ずれが生じている。
（9）「中島登の覚書」『新選組史料集コンパクト版』（新人物往来社、一九九八年）。
（10）三鷹市龍源寺蔵「金銀出入帳」『新選組史料集コンパクト版』（新人物往来社、一九九八年）。
（11）「浪士文久報国記事」木村幸比古編著・訳『新選組戦場日記』（ＰＨＰ研究所、一九九八年）。
（12）野田市右衛門「勝沼・柏尾坂戦争記」（注6参照）。
（13）『新撰組顛末記』（注1参照）。
（14）なお、「浪士文久報国記事」（注11参照）に、「団真樹改メ矢嶋直樹ト申シ道中払方殊ニ直樹甲州出生右ニ付探索周旋方ニ相用イ召連ル」とあり、弾左衛門の関与は確認できる。
（15）「佐藤彦五郎日記」（注5参照）。
（16）「宇津木政兵衛日記」および『河野清助日記　二』（日野市教育委員会、一九九七年）。
（17）「柏尾の戦」（注2参照）。菜葉隊とは、旗本を中心に構成された西洋式の横浜警備部隊で、青羽織を着用していたことからこの名がある。
（18）「小仏関所役人佐藤正賢日記」『幕末史研究』三五号。
（19）明治元年三月六日「東山道戦記　第六」『復古記』一一（マツノ書店復刻、二〇〇七年）、三〇六頁。
（20）「金銀出入帳」（注10参照）。
（21）中西駿郎「甲陽鎮撫隊と多摩」『多摩のあゆみ』二一号（多摩中央信用金庫発行、一九八〇年）。
（22）明治元年三月六日「東山道戦記　第七」『復古記』一一（マツノ書店復刻、二〇〇七年）。三〇四頁。

(23)「贋勅使之一件（三月七日付御注進言之控）」（甲州文庫・092.5−4）及び「柏尾戦争記」（甲州文庫・092.5−3）。
(24) 弘田親厚「東征道の記」（林英夫編『土佐藩戊辰戦争資料集成』高知市民図書館発行、二〇〇〇年）。
(25) この地には養老二年（七一七）開基と伝わる真言宗の古刹、柏尾山大善寺（本尊薬師如来）がある。柏尾村は勝沼村の内に含まれるが、事実上、大善寺として独立しており、山号にちなんで柏尾村と通称されていた。明治初年、寺領制の廃止により勝沼村の一部となる。柏尾橋の袂には、昭和三〇年代まで大善寺の東端をあらわす東神願鳥居があった。永倉新八を初め新選組側の史料では、大砲を据えた場所をいずれも「観音坂」としているが、「柏尾坂」の誤認と思われる。
(26)「柏尾戦争記」（甲州文庫・092.5−3）。
(27)「内御届」『新選組研究』一七号（三十一人会発行、一九七七年）。
(28)『調布市史研究資料Ⅵ　調布の近世史料　上』（調布市発行、一九八七年）。
(29)「小仏関所役人佐藤正賢日記」（注18参照）。
(30)『杉並区史』中巻（杉並区発行、一九五五年）。
(31)「太政官日誌」第七。鎮撫隊側では加賀爪勝之進、上原栄作の死亡が判明している。
(32) 梶田明宏監修・解題『皇国形勢聞書』（新人物往来社、一九九五年）。
(33) 水上文渕「柏尾戦争」（一九二二年）。
(34)「深沢氏見聞誌（抄）」『甲府市史』資料編第二巻　近世Ⅰ（町方Ⅰ）（甲府市発行、一九八七年）。
(35) 斎藤博「慶応四年二月の甲州街道」『多摩文化』一二号（一九六三年）。
(36)「金銀出入帳」（注10参照）。
(37) 斉藤博「慶応四年二月の甲州街道」（注35参照）。
(38)「金銀出入帳」（注10参照）。
(39) 望月直矢『峡中沿革史』（温故堂内藤伝右衛門発行、一八八八年）。
(40)「深沢氏見聞誌（抄）」（注34参照）。

(41)「深沢氏見聞誌（抄）」（注34参照）。
(42)「太政官日誌」第七。余談だが、結城無二三は市川村神主内膳方に潜伏していた柴田監物が召捕られていく姿を目撃したという。
(43)「深沢氏見聞誌（抄）」（注34参照）。
(44)「内外新報」四八号。
(45)『富士吉田の文化財その十一　報国蒼龍隊の壮挙（上の一）』（富士吉田市教育委員会、一九七九年）。
(46)「内外新報」四八号。
(47)谷春雄「金銀出入帳と玉川要蔵」『新選組隊士遺聞』（新人物往来社、一九七三年）。
(48)小金井小次郎と佐藤彦五郎については、佐藤昱『聞きがき新選組』（新人物往来社、一九七二年）、及び皆木繁宏『小金井小次郎伝』（小金井新聞社、一九七五年）。松本捨助については、谷春雄「松本捨助のこと」『新選組隊士遺聞』（新人物往来社、一九七三年）。なお、小金井小次郎の墓（小金井市西念寺）には、松本捨助の名が刻まれている。
(49)文久三年一一月付　小島鹿之助宛土方歳三書簡。菊地明編『沖田総司・土方歳三全書簡集』（新人物往来社、一九九五年）。
(50)「柏尾の戦」（注2参照）。
(51)戸羽山瀚『江戸から静岡へ』（静岡文化研究会、一九六九年）。
(52)原田弘『会津小鉄と新選組』（歴史春秋社、二〇〇四年）。
(53)「小仏関所役人佐藤正賢日記」（注18参照）。
(54)甲州鎮撫隊と同様に、三月一日に上州・信州方面へ古屋佐久左衛門率いる鎮撫隊が勝海舟によって派遣されたが、この部隊もまた信州中野陣屋に向かう途次、九日に梁田（栃木県足利市）で東征軍と戦闘になっている。
(55)『河野清助日記　二』（日野市教育委員会、一九九七年）。
(56)「内御届」『新選組研究』一七号（注27参照）。

(57)「浪士文久報国記事」(注11参照)。
(58)『新撰組顚末記』(注1参照)。
(59)慶応四年二月一日付　井上松五郎宛佐藤彦五郎書簡(井上源三郎資料館蔵)。なお、品川歴史館図録『東海道・品川宿を駆け抜けた幕末維新』(品川区教育委員会発行、一九九九年)五四・五五頁に釈文が全文掲載されている。
(60)松浦玲『新選組』(岩波書店、二〇〇三年)。
(61)片岡健吉旧蔵「東征記」(林英夫編『土佐藩戊辰戦争資料集成』高知市民図書館発行、二〇〇〇年)。
(62)「柏尾の戦」(注2参照)。
(63)「海舟別記　巻二(新徴組近藤勇、土方歳三の徒始末)」『勝海舟全集』別巻2(勁草書房、一九八二年)。
(64)「人見寧談話」『史談会速記録』(一九〇一年)。なお、ここでは山村竜也『新選組証言録』(PHP研究所、二〇〇四年)を使用した。
(65)大正元年「人見寧履歴書」。
(66)「復古記　巻四十五」『復古記』二(マツノ書店復刻、二〇〇七年)。七五五頁。
(67)「一夢林翁戊辰出陣記」。大久保利謙編『江戸』第四巻　戦記編(立体社復刻、一九八〇年)。
(68)『旧幕府』第二巻第十号に掲載されている作者不明の「戊辰二月檄文」も内容が重複する。
(69)「島田魁日記」(注4参照)。
(70)『東村山市史』7資料編近世I(東村山市発行、一九九六年)八七六頁。
(71)「小仏関所役人佐藤正賢日記」(注18参照)。
(72)『調布の近世史料　上』(注28参照)。
(73)慶応四年「御用留」『八王子千人同心関係史料集　第六集』(八王子市教育委員会、一九九九年)。
(74)「小仏関所役人佐藤正賢日記」(注18参照)。
(75)『東村山市史』7資料編近世I(注70参照)。八七七頁。

(76) 弘田親厚「東征道の記」(注24参照)。
(77)『調布の近世史料　上』(注28参照) 七二頁。
(78)『藤野町史』資料編上　一九九四年、五五五頁。
(79)『日野市史』通史編二 (下) (日野市史編さん委員会発行、一九九二年)。三三一〜三四三頁。
(80)『里正日誌』第十巻 (東大和市教育委員会発行、一九九六年)。六五〜六九頁。
(81) 安政五年 (一八五八) に、日野宿の鎮守牛頭天王社 (現八坂神社) に懸額を奉納した日野宿の近藤周助門人は、千人同心井上松五郎を筆頭に二三名である。
(82) 元治元年九月二〇日付の近藤勇書簡に「撃剣流名の義、日野宿佐藤氏へ発足の節相頼み置き候間」とあり、彦五郎は近藤から神文帳 (入門者が署名血判する誓約書) 五巻を預かった。
(83)『調布の近世史料　上』(注28参照) 八八頁。
(84) 依田学海「譚海　巻之四」『依田学海作品集』(依田学海作品刊行会発行、一九九四年)。
(85)「宇津木政兵衛日記」慶応四年正月二三日の条。
(86) 慶応四年二月一日付　井上松五郎宛佐藤彦五郎書簡 (注59参照)。
(87) 佐藤彦五郎新選組資料館蔵。
(88) 佐藤彦五郎新選組資料館蔵。
(89)『佐藤彦五郎日記　二』(注5参照)。
(90) 子母澤寛『新選組始末記』(中央公論社、一九七七年)。
(91) 慶応四年四月「鎮撫隊逃亡者帰村歎願書」(「軌跡Ⅱ—史料と解説—新選組特集」(日野の古文書を読む会発行、二〇〇五年)。
(92)「鎮撫隊逃亡者帰村歎願書」(注91参照) および『河野清助日記 一』(注55参照)。
(93) 佐藤昱『聞きがき新選組』(新人物往来社、一九七二年)。彦五郎の孫で昱の父である佐藤仁が、昭和初年に書いた「籬蔭史話」から、新選組の部分を中心に抜き出し、補筆して刊行された。
(94)鹿島淑男『幕末史伝近藤勇』(東京国民書院、一九一一年)。
(95)野田市右衛門「勝沼・柏尾坂戦争記」(注6参照)と鹿島の前掲書(注94参照)も酷似している部分が多く、どちらかがどちらかを参照していると思われる。水上文渕「柏尾戦争」(注33参照)もまた三箇所を除き、鹿島前掲書の引用である。
(96)『河野清助日記 二』(注55参照)。
(97)『河野清助日記 二』(注55参照)。
(98)佐藤玉陵「今昔備忘記」(『続新選組史料集』新人物往来社、二〇〇六年)。
(99)『小島日記』慶応四年三月一一日の条。
(100)明治元年三月十一日「東山道戦記 第七」『復古記』一一(マツノ書店復刻、二〇〇七年)。三四八頁。但し、日野宿が近藤勇の故郷というのは誤り。
(101)「伝馬賃銭渡方の願書」『日野市史史料集』近世1 交通編(日野市、一九七八年)四〇四~四〇七頁。
(102)慶応四年「五十子隼太日記」(日野市郷土資料館蔵)。
(103)『河野清助日記 一』(注55参照)。
(104)慶応四年三月「官軍自見誌」(『歴史の道調査報告書 第五集 甲州道中』東京都教育庁生涯学習部文化課、一九九八年)。
(105)『佐藤彦五郎日記 二』(注5参照)。
(106)「鎮撫隊逃亡者帰村歎願書」(注91参照)。
(107)「伝馬賃銭渡方の願書」(注101参照)四〇六頁に、「芳三郎儀、三月下旬帰宿いたし候」とある。
(108)『河野清助日記 二』(注55参照)。及び国文学研究資料館編『史料叢書5 農民の日記』(名著出版、二〇〇一年)。
(109)例えば、高木吉造(長次郎)は御嶽山の御師黒田家を頼り、杣小屋に匿われて、一年ほどそこで過ごしたという(高木たかし『新選組余聞史』(新人物往来社、一九八九年)。
※なお、引用の際には、史料により適宜句読点を付し、( )内に補注を加えた。

西村兼文の『文明史畧』にみえる新選組

坂詰智美

はじめに

近世江戸の水環境を法的に考えることから研究をスタートした私は、ここ数年、近代の環境に関する法、特に塵芥処理やリサイクルに関する法を探る中で、「違式詿違条例」、見ることが多い。(1)「違式詿違条例」は、明治五年（一八七二）一一月に出された「東京違式詿違条例」がその嚆矢である。(2)翌同六年（一八七三）に司法省が出した「地方違式詿違条例」(3)に従い、各府県は地域の実情に合う条例を制定していくこととなったのである。

ところで、この「違式詿違条例」をキーワードに国立国会図書館で検索をかけると、明治九年（一八七六）に出された『京都府違式詿違条例図解　全』なるものの存在に行き当たる。他県の図解もいくつかヒットしているが、特に京都府のものに目がとまった理由は、その編著者である。編著者は西村兼文。

西村兼文といえば、明治二〇年代後半に『新撰組始末記』(4)を世に出したことで名を知られた人物であることから、幕末維新史研究の中では有名であるが、一般的にはなじみの薄い人物である。その人物が明治の早い段階で、歴史書ではない、法律書を出していたことに非常に興味を覚えた。そこで、西村兼文が『新撰組始末記』を世に出すまで、いったい何をしていたのかを確認してみると、大変多くの書物を世に送り出していることがわかったのであるが、その中にあったのが今回とりあげる明治九年に出版された『文明史畧』である。

本論では、西村兼文という人物と彼の編著作物をあげた上で、明治九年という早い段階で世に出された『文明史畧』に、新選組がどのように書かれていたのか、史料紹介を中心として述べていきたい。

一　西村兼文の先行研究

先行研究では、西村兼文はどのような人物として認識されているのであろうか。ここではまず、『国史大辞典』からわかる西村兼文と、新選組研究の分野からわかる西村兼文を明らかにしていきたい。

1　『国史大辞典』の中の西村兼文

『国史大辞典』の人名検索では、西村兼文は二箇所にその名を見出すことが可能である。それは(1)『続群書一覧』の編集者としてと、(2)明治期の本の著作者としてである。

(1)　『続群書一覧』の編集者(5)

江戸時代後期の享和二年(一八〇二)、国学者である尾崎雅嘉の著した国書解題が『群書一覧』であるが、これはわが国で綜合的な国書解題をなしたはじめとされている。西村兼文はこの『群書解題』の拾遺補訂を企て、明治二五年(一八九二)に『続群書一覧』十五巻を編集、二九部門一四四六部を収めた。これはのちに入田整三の校訂を以て

『（増補）続群書一覧』として大正一五年（一九二六）に刊行されることになった。

(2) 明治期の本の著作者(6)

大正後期、明治文化研究会（吉野作造、長佐竹猛、宮武外骨らが代表的メンバー）が結成され、明治時代の基本的文献を蒐集・選定する試みがなされた。これはやがて『明治文化全集』というかたちに編集され、昭和二年（一九二七）から同五年（一九三〇）にかけて全二四巻が叢書として日本評論社から出版された。この第二四巻『文明開化篇』に、西村兼文の著作である『彗星のさとし』・『開化の本』が収録されている。編集のひとり、明治文化研究会のメンバーである宮武外骨とは交友関係にあったことは知られるが(7)、やはり明治初期の著作家として西村兼文の名は残るものなのかもしれない。

2　新選組の記録者としての西村兼文

西村兼文の名を現在に知らしめているのは、新選組についての記録として名高い『新撰組始末記』、別名「一名壬生浪士始末記」を世に出したことであると思われる。

『新撰組始末記』は明治二二年（一八八九）に脱稿、明治二七年（一八九四）に野史台の『維新史料』一四六・一四七編に発表された。これは西村兼文が幕末の一時期、新選組が屯所をおいた京都・西本願寺の侍臣であった折に、実際に見聞きしたことをもとに、明治期のその後の各隊士の足取りなどを入れつつまとめた記録として知られている。新選組の古参幹部の一人、永倉新八の残した『新撰組顛末記』と並んで古典的資料とされており、のちに書かれた多くの小説はこれらをベースに書かれているといっても過言ではない。

『新撰組始末記』の序文（馬場文英の撰）には、西村について「世上ノ奇事」を筆することを好む人物と評されている。これは後にあげる明治期に大量に出された西村兼文名義の著作物からも一致することかと思われる。

二　著作物一覧からみた西村兼文

『国史大辞典』や『新撰組始末記』などの著作以外に、西村兼文がどのような活動をし、如何なる編著作物を残しているのか、現時点でわかる範囲を略年表としたものが**表1**である。

西村兼文は天保三年（一八三二）に出生。どのような経緯かは判然としないが、幕末期は西本願寺の侍臣であった。元治元年（一八六四）の段階の動向については記録がなく、新選組が壬生から西本願寺に屯所を移転した慶応元年（一八六五）三月の時には、中国地方から九州を廻っており在京していない（帰京は同年閏五月下旬）。江州人の池田健次郎なる人物を下関から入京させるのが目的とされる(8)。帰京した西村は、この年松に「甲子戦争記」を脱稿する。その後の激動期には論稿も見当たらないが、明治二年（一八六九）以降、断続的に様々な書を編集・刊行している。なお、明治二年から翌三年（一八七〇）にかけては、「城兼文」名義である。

作成した略年表には入れることのできない（年代不明の著作物）も含めれば、西村兼文（城兼文名義を含む）の編著作物は、現段階で三十数編にのぼる。これらの編著作物の中で特に味わい深いのは、依頼による編纂本の存在、編纂本の下調べにしようしたと考えられる書類の存在、教科書として書かれたとされる著作物が存在することであろう。

依頼による編纂本としては、まず明治一四年（一八八一）の『真宗年表』（共信社刊）をあげることができる(9)。幕末期、西本願寺の侍臣であった西村であるから、その関係から依頼を受けたものと考えられる。明治二八年（一八九五）の『法隆寺旧記抜萃』(10)も、晩年の西村は明治二〇年代に奈良県庁の宝物取調に従事していたようなので(11)、その関係から依頼を受けていたと考えられよう。

表１　「西村兼文」略年表

年度	事　項	所蔵等
天保３（1832）	7.22　出生	
慶応元（1865）	？～閏５月ころ、中国・九州地方をまわる	
	12月、「甲子戦争記」脱稿	国
明治２（1869）	『有節録初篇』【城兼文名義】	天理
	『殉難草』【城兼文名義】	天理
	『近世殉国一人一首（巻１・２）』【城兼文名義】	天理
明治３（1870）	『近世報国志士小伝名余材小伝集』【城兼文名義】	天理
	『近世野史』初編巻１～５、２編巻１～５【城兼文名義】	国、天理
明治５（1872）	東京に鈴木三樹三郎を訪ねる	
明治７（1874）	『彗星のさとし』	
	『開化の本』（京都）	国
	『外国史略』編纂（東京）	国、東
	『実名鈔』	
明治８（1875）	『訓蒙国史集覧』編纂（伊勢）	東
	『内国表』編纂（東京）	国
明治９（1876）	『文明史畧』編纂（津）	国、東
	『京都府違式詿違条例図解』編纂（京都）	国
	『皇族華族一覧表』編纂（京都）	国
	『日本地誌略註解』（京都）	国
明治10（1877）	西村家の家督を相続	
	『鹿児島征討日誌』編纂（京都）	国、中、香（※１）
	『南朝遺墨集覧』編纂（京都）	国
明治11（1878）	『桂御別業明細録』編纂（京都）	国
明治12（1879）	『区画改正郡区吏員必携』編纂（京都）	国
明治14（1881）	『真宗年表』（京都）	国
	このころ『京都故事談』を編纂か	国（※２）
明治18（1885）	『現今在野名誉百人伝』	
明治19（1886）	『府県長官銘々伝』編纂（京都）	国
明治22（1889）	『新撰組始末記』脱稿	
明治25（1892）	『続群書一覧』編纂→大正時代に刊行される	
明治26（1893）	『京都名物名寄墳墓之部』	京府
明治27（1894）	『新撰組始末記』が発表される	
明治28（1895）	『法隆寺旧記抜萃』編纂	国
明治29（1896）	11,1　死去	
大正７（1917）	『本朝画人伝補遺』刊行	
大正15（1925）	『続群書一覧』刊行	
昭和２（1927）	『続群書一覧』（増補・再版）刊行	

＜年代不明の著作物＞
・国会図書館所蔵
　⇒『本邦古版目録』、『書籍解題１～６』（※３）、『都遺聞』（※４）
・天理大学図書館所蔵
　⇒『浪華名家墓碑集』、『山城州墓碑全集』

凡例
１．各本のうしろのカッコは、本の発行された地名である。
２．各本の所蔵については、次のように略した。
　国→国会図書館、東→東書文庫（東京書籍の教科書史料館）
　中→東京都立中央図書館、香→香川大学図書館、京府→京都府立総合図書館
　天理→天理大学図書館

※１．全17巻だが、この中で揃っているのは国会図書館のみである。
※２．本文中の「京都戸数人数」の中に「明治14年６月改」の記があるので、これ以降の可能性が高い。
※３．年代は所々記載されているが、はっきりとわかるものは少ない。
※４．年代不明。最終頁に「右都遺聞三巻、西村兼文氏自筆、根岸武香」の記述あり。

編纂にあたっての下調べ書類としては、年代不明の『書籍解題』がその主たるものといえそうである。(12)この『書籍解題』は全六巻あるが、一から四巻まではる有り合わせの紙、それもほとんどが反古紙である。五・六巻は「教王後国寺」・「奈良県」・「奈良公園」などの罫紙の残部を転用したものと思われる。内容は題名から推測できるが、様々な書籍（古代から近代まで、時代もジャングルもバラバラで、整合性無し）について、西村自身が覚書的に書きとめた、いわば備忘録のようなものにも見える。各書名の上には丸印やバツ印、「西村」の印など記号が付されているので、他の本の編集を行う際に利用したと考えられる。(13)

そして問題となるのが、教科書として書かれたとされる著作物の存在である。明治七年（一八七四）編纂・発行の『外国史略』（寿楽堂）は、明治五年（一八七二）に発行された南摩綱紀編纂『内国史略』（羽峯書屋）の姉妹編として著作されたものである。全四巻からなり、タイトル通り外国史教科書として認識される。また、明治八年（一八七五）に編纂・発行の『訓蒙　國史集覧』は、六国史・大日本史・国史略・皇朝史略・日本政記の五書を初学幼童のために抄解したものである。この二書については、海後宗臣編纂『日本教科書大系　第二十巻』(14)の歴史教科書総目録に、初等教育での代表的教科書として

タイトルがあげられている。[15]

この二書以外にも、教科書として編纂したとされるものが存在する。それが明治九年（一八七六）に出された『文明史畧』である。

三　『文明史畧』とその内容

1　書誌

私が『文明史畧』そのものを確認したのは、現在のところ国立国会図書館と東書文庫（東京書籍の教科書資料館）だけである。国立国会図書館についてはマイクロフィッシュのみの閲覧となっているため、実物を確認したのは東書文庫である。[16]

本書の形態であるが、縦二三センチメートルのほぼＡ５版サイズの和綴じ四冊ものである。一冊の中に二巻ずつが綴じられ、全八巻（総計一七七枚）から構成される。それぞれの巻末に難解な人名・語句があげられ、ふりがなが付されている。

表紙の真ん中に『文明史畧　全部四冊』とあり、両脇にそれぞれ「官許　西郁兼文編」・「明治九年五月発悦　寿楽堂蔵版」とある。奥付には「明治八年一月二十官許　同九年五月刻成発悦　全部四冊　定価金壱円」とある。出版人は三重県下勢州津八幡の服部清七。裏表紙には「弘通書林」の名のもと、京都堀川通二條下ル町・井上治兵衛、同花屋町通西洞院西入町・永田調兵衛、同三條通寺町東入町・福井源次郎、同寺町通三条上ル町・同孝太郎、同二條通衣角・風月荘左衛門、同寺町通四条上ル町・田中治兵衛という書肆一覧がのせられている。ここから、本書については西村兼文は編者であり、発行人ではないことがわかる。

2　内容

本文に入る前に、「文筆唱人　頼復」なる人物が本書を撰する序文があり、その後に本書の凡例が続いている。この凡例には、西村兼文の幕末に対する熱烈な思いが感じられるばかりでなく、本書の性格も現れていて大変興味深いものとなっている。次にあげるものが、その凡例である。（読点は筆者）

〔史料一〕

凡例

○此書モト童蒙愚知ノ者ニ天下ノ政権朝廷ニ復リテ今日ノ如キ隆治ヲナセル原由ヲ知ラシメンタメ編輯セルナリ、故ニ其文雅ナラスト雖モ事実ニ於テハ旧官武ノ記録ニ徴シテ聊モ疑ハシキハ採ラス

○諸侯ノ苗字徳川氏執政ノ間ハ松平ヲ称レル多ク大藩大概ミナ然リ、政権奉還ノ後ハ本氏ニ悉ク従ウ故ニ前後ニテ替リ紛ハシケレバ、幕府停廃ニ至ラザル程ヨリ島津修理大夫・前田筑前守ト書シ、松平修理大夫・松平筑前守ト記サザルナリ

○書名ヲ冠スルニ文明ノ二字ヲ以テスルハ、文久ヨリ明治隆世ノ今日ニ及ベハナリ、王政復古ノ偉業ヲ補ヶ名義ノ不正ヲ改メタルハ安政戊午ヨリ起ル然リト雖モ、近世ノ史略陸続編纂アリテ殊ニ詳明ナリ、唯恨ムラクハ文久以来闕下ノ紛紜遂ニ鳥羽伏水ノ大戦尋テ錦旗東北ニ麾キ、疾雷ノ勢ヒ急電ノ機賊畳ヲ一撃ニ魚潰シタル盛挙ノ事実ヲ絲分縷解始終ヲ備ニ記スノ書ヲ欠ク、又東京ニ密ナルハ西京ニ疎ク、九州ニ委シキハ東北ヲ漏ラス、兼文惟ミルニ天地ノ正気ヲ廓ニシ日月ノ重昏ヲ洗ヒ、歴代ノ積憤ヲ雪キタルハ、海内憂国ノ士闕下ニ嘯集シ奸

臣ヲ斃シ、人心ヲ鼓舞シ中興淳朴ノ世ニ復セシナリ、兼文此際ニ方リ闕下ニ此顚末ヲ窺ヒ其始終ヲ詳カニス、慷慨ノ有志何ノ事業ヲ為シタル請書ニ湮滅スルアリ、豈遺憾ナラザルャ蓋シ田中河内介・坂本立馬《(ママ)》・伊東甲子太郎等ノ事蹟ナリ、之レ此書ヲ著ス所以ト雖モ、又五十歩ヲ以テ百歩ヲ笑フノ此類ナランカト云フ

明治七年五月　　　　　　　　西村兼文　識

この凡例から、この書は単なる文明論を綴るものではなく、明治の比較的早い段階に書かれた幕末維新史本であることがわかるのである。

本文は文久元年正月の記述から始まっている。最初の項は「長岡駅ニ浪士屯集」である。その後、動乱の様子を淡々と記し、最後は明治四年十二月三日の「東西京ニ不軌ノ徒ヲ処置ス」なる項を記す。ここでは「不軌ノ徒」として高田源兵（河上彦斎のこと。佐久間象山の暗殺者として知られる人物）などが斬罪されたことを詳述し、この書は終わりとなる。西村兼文は、文久元年から明治四年までの都合一一年間を幕末維新の動乱期と捉えていたと考えられないだろうか。

四　『文明史畧』の中の「新選組」

本書は、文久元年正月から幕末におこった様々な事件・事柄を記録する。構成としては、本文の上に重要な事件・人名を記すかたちがとられ、本文には年月日とともに事件などの内容がコンパクトに記されていく。ここでは史料紹介も兼ねて、『文明史畧』の中に書かれた「新選組」や関連する項目を抜粋してあげておきたい。

1　江戸時代の新選組

○文久三年正月末頃

新徴組浪士ノ魁首鵜殿鳩翁・山岡鉄太郎等、又書ヲ呈シテ之（攘夷）ヲ薦ム

○文久三年四月十三日　清川正明謀殺

十三日、新徴組浪士ノ魁首清川正明、積年攘夷ノ畜念遂ニ激発シ、其部下五百人ヲ鼓舞シ、横浜ヲ屠ラント謀ル、旗下ノ士高久半之介、之ヲ江戸麻布ニ謀殺ス

○文久三年八月十日

久坂通武、新選組ノ浪士斎木又三郎ヲ朱雀野ニ誅ス、間諜ヲナスヲ以テナリ

○文久三年八月十六日　近藤勇

十六日、新選組浪士ノ魁首芹沢光幹（名・鴨）及ビ平間重助等、虚威ヲ仮テ人民ヲ虐ス、会津藩令ヲ其同志近藤勇・土方歳三・沖田総司等ニ下シテ之ヲ謀サシム、爾来勇代テ隊長トナリ、益暴威ヲ逞フス

○文久三年八月二十四日

幕府、新選組浪士ニ都下ノ巡察ヲ命ズ、之ヨリ市中ヲ跋扈シテ人民代ニ悩ム

○元治元年六月五日　池田屋ノ変

六月五日、諸国ノ浪士京師ニ潜匿シ謀ル処アリ、会津ノ間諜之ヲ告ク、此夜会藩多人人数ヲ以テ其旅寓三条端池田屋某ノ家ヲ囲ム、桑名・松山両藩援兵ヲナシ、新選組ノ浪士先鋒ニ進ミ夜撃ニ及ブ、之ガ為メニ楼上ニ闘死スル者、宮部増實（称・鼎蔵、長州藩）・本山告麿（七郎）・周田正順（半蔵、土州）・松雄則信（甲之進、長州藩）、重創ヲ被リ藩邸ニ屠腹スル二ハ吉田秀實（大次郎、又稔麿）・杉山律義（弥作、長藩）、其余松田範義（重

介、肥後）ハ翌日死ス、安藤誠之介・大澤逸平ハ脱走シ大高忠兵衛・西川幸助・宮藤主水以下縛ニ就ク者十余人、其外各所二十余名ノ永藩ヲ縛フ

○元治元年七月廿一日
会藩神保内蔵助五百人ヲ率テ天王山ニ向フ、彦根・桑名ノ兵応援シ、新選組先登山上ニ至ラントス、真木松山等深林ヨリ銃発シ大声ヲ揚ク、新選組狼狽シテ山ヲ下ル

○慶応元年十一月四日　新選組浮慮ヲ帰シテ策ヲ設ク
大監察・永井主水正、小監察・戸川鉡三郎、松野孫八郎、大阪ヲ発シテ広島ニ向フ、是ヨリ先キ京坂ニ於補フル長州浪士赤根武人・峯郡之介・淵上郁太郎等ヲ論シ帰国ナサシメント、新選組浪士ノ隊長近藤勇・伊東武明（甲子太郎）之ヲ同伴ス

○慶応二年九月十二日
土州藩京師三条橋ノ高札ヲ下ス、新選組ノ浪士埋伏ヲ三所ニ起シテ之ト戦フ、土藩藤崎吉五郎・安藤謙治即死ニ及ヒ、宮川助五郎ハ重想ヲ得テ縛ニ就キ、松島和介・中山鎌太郎等五人ハ逃遁ス、新選組原田左之助・橋本会介・内海治郎以下傷ヲ被ル

○慶応三年六月十四日　新選組ノ暴殺
十四日夜京師守護職邸ニ於テ、新選組浪士茨木司・佐野七五三介・中村五郎・富川十郎ノ四人ヲ暴殺シ、中井三弥以下六人ヲ放逐ス、之レ近藤勇ノ刻薄ヲ会津藩佐クル処ナリ

○慶応三年十一月十八日　伊東武明殺サル・三士又屠ラル
十八日夜、新撰組隊長策ヲ設ケテ、伊東武明（甲子太郎）ヲ暗殺シ、猶暴虐ヲ逞フシ之カ同盟ノ有志ヲ併殺ノ姦謀ヲ七條油小路ニ構ヘ、遂ニ其徒ヲ此ニ誘導シ以テ伏ヲ四方ニ起ス、伊東ノ党服部武雄（三郎兵衛）・藤堂良全

（平助）・毛内監物之ト戦テ死ス、鈴木三樹三郎・秦秦之進・冨山弥兵衛以下傷ヲ得テ遁レ、薩邸ニ潜リ之カ復仇ヲ謀ル、蓋シ此挙タルヤ伊東ヲ始メ新選組ニアリシカ、尊攘ノ大儀ヲ論シ離隊ニ及ヒ、専ラ力ヲ王室ニ尽シ薩州ニ依テ謀ル旨アリ、又長ニ通スル疑惑ヲ得シナリ

○

慶応三年十二月十八日　藤ノ杜復仇

十八日、此日伊東武明ノ残党薩摩邸ニアッテ復讐ヲ謀リ、近藤勇ノ二條城ヨリ伏水ノ帰途、藤ノ杜ニ於テ之ヲ襲フ、勇良馬ニ鞭シテ走ル、阿部十郎小銃ヲ発シ之レカ左肩ヲ貫ク、勇屈セス馬ニ伏シテ遁ル、其従士五名此ニ屠ラル、武明ノ弟三樹三郎同志新井陸之助・加納鵰雄以下二十余人伏水ノ薩摩邸ニ拠テ奉行所ニ屯集スル近藤勇・土方歳三ヲ狙フ、新選組又援ヲ会津ニ乞ヒ多勢ヲ以テ之ヲ鏖殺セントス事、此ニ倥偬シ薩会ノ間ニ兵端ヲ開クト衆覘目ス

2　鳥羽伏見以降の新選組

○

明治元年正月三日　鳥羽ノ戦争

（略）京橋ニ備ヘシ新選組土方歳三、隊士ヲ率キテ北侵ス、薩兵急ニ御香宮ニ至リ彦藩ノ守衛ヲ朝命ヲ以テ払ハセ、奉行所ヲ直下ニ発砲ス、近藤勇会勢ヲ率キテ之ニ屯シ彦藩ノ去リシヲ知ラズ、不意ノ弾丸ヲ屈セス篁中ニ拠テ之ヲ防戦ス（略）

○

明治元年正月三日　薩邸ヲ焼ク・土方奮戦

（略）奉行邸攻撃勝敗ヲ分タズ、近藤勇ハ先キノ銃創ヲ傷ミ松原ニ退キ、土方歳三・山口次郎大ニ奮勇、薩摩藩伊集院正雄（金次郎）・八田知義（本介）・山田有義（孫一郎）以下此ニ討ル、中村半次郎・有馬藤太益ス衆ヲ激シテ之ニ逼ル、長藩進ンテ邸前ニ至ル、小川師久（佐吉）先登遂ニ一方ヲ破リ火ヲ放ツ、土方防戦死力ヲ尽シ隊

士之ニ死スル、衆シ長藩又三浦孝之（竜介）・尾川直忠（猪三郎）以下死傷少シトセス、後藤則正（深蔵）・相木師継（岡四郎）等ハ接戦シテ倒ル、土方後援ノ至ラザルト火ノ盛ナルニ堪ヘズ、遂ニ松原ヲ淀ノ方へ敗走ス（略）

○明治元年正月三日　新組組瓦解

（遊撃隊敗北、会津藩兵割腹）　此時ニ方リ新選組再挙、淀川堤ヲ伏水ニ迫リ松原ニ於テ大ニ薩長ノ二軍ト戦ヒ山崎蒸・井上源三郎以下討ル、土方歳三先登長ノ一軍ヲ敗ル、長藩入江重忠・品川義春・河村正義等戦死後軍之ニ代リ拒戦、薩ノ一軍伏ヲ葭島ニ起シ、新選組大敗其半ヲ亡シ復振ハザルニ至ル

○明治元年三月　勝沼ノ戦ヒ

五日、東山道鎮撫使ノ先鋒進ンテ甲府ノ城ヲ取ル

六日、新選組近藤勇・土方歳三等兵ヲ率テ江戸ヲ脱シ甲府ニアル徳川ノ臣ト通シ、土州・因州ノ兵ヲ勝沼駅ニ拒ミ、猟師ヲ募ツテ山道ヨリ木砲ヲ以テ之ヲ敗リ火ヲ其背ニ放チ、官軍大ニ困ス、官軍兵ヲ各所ニ分チ間道ヨリ山上ニ抵リ砲撃ス、近藤等遂ニ敗ラレ東奔ス

○明治元年三月　新選組梁田ニ敗ル

九日、東山道ノ官軍薩長大垣ノ兵武州ニ入リ、新選組又梁田ニ拒ンテ利ニアラズ、長藩進ンデ忍城迫、忍藩密カニ脱走兵ヲ援ケ敗ル、ニ及ンデ皆降ル、然リト雖モ後日其首謀丹羽蔀白木道伯罪ヲ謝シテ死ス

○明治元年四月　官軍流山ヲ囲ム・近藤勇ヲ誅ス

五日、東山道ノ官軍参謀香川敬三及ビ薩摩有馬藤太、長藩祖式金八郎、土藩上田楠次等彦根須坂楫斐ノ兵ヲ率キ潜カニ武州流山ヲ襲フ、賊軍狼狽進退ヲ失フ、蓋シ此兵籏下ノ脱走及ビ会桑両藩ナリ、近藤勇従容トシ一死ヲ以テ此囲ミヲ解カント単騎官軍ノ営ニ来リ、大久保大和ト自称シ官兵ニ抗セザル旨ヲ弁シ砲器ヲ渡シ囲ミヲ解カン

コトヲ請フ、官軍近藤勇ヲ知ラズ其請フ処ヲ聴サントス、此時有馬藤太ノ隊ニ加納鷗雄アリ、伊東武明ノ門子ニテ師仇ヲ復セント此陣ニ加リ計ラズ勇ナルヲ見、其旨ヲ有馬ニ通シ其席ニ臨ミ一別ノ辞ヲナス、勇愕然其逃ルベカラザルヲ知リ、実名ヲ明シ遂ニ縛ニ就ク、土方歳三以下応接ノ間ニ乗ジテ悉ク走ル、官軍勇ヲ板橋ノ駅ニ於テ誅シ、輦下ニ暴横ヲ逞フセシヲ以テ首級ヲ京師ニ送リ、三條磧ニ之ヲ梟ス

○明治元年四月十九日　賊軍宇都宮ヲ陥ス

此日、大鳥圭介一隊、土方歳三一隊、桑名藩立見尚文・松浦秀八一隊三面ヨリ宇都宮城ニ迫ル、官軍城外一里ニ之ヲ拒ム、土方ノ軍進ンテ城下ニ至ル、壬生須坂ノ兵篁中ニ拠テ発砲シ賊軍進ムヲ得ズ、歳三援力直チニ先登之ヲ破ル、桑名藩又戸田大和守ノ邸ヲ火ク、大鳥ノ軍彦根吹上宇都宮ノ兵ヲ破リ、会津ノ兵大澤ヨリ来リ四面ヨリ攻撃、官軍遂ニ支フル能ハズ、古河館林ニ敗逃ス、賊軍城ニ入リ板倉父子ヲ又奪フテ之ニ拠ル

○明治元年九月初旬

（略）此頃、越後下野ニアル賊軍、若松ノ切迫ヲ聞キ之ヲ援ケント大鳥圭介・加藤平内等城ニ入、会ノ老臣山川大蔵・丸山盛之允・小野権之允、桑名ノ老臣服部半蔵・参謀山脇十郎諸隊ヲ卒シ毎戦出テ官軍ヲ窘ム、土方歳三・諏訪常吉等城ニ入ラント窺ヘトモ能ハズ、官軍参謀山縣狂介城外ノ山上ニ登リ破烈弾ヲ以テ城櫓ヲ摧砕セシム、之ニ於テ城兵大ニ困シ加フルニ糧食弾薬共ニ乏シ

○明治元年十月　脱走蝦夷地ニ入ル

二十二日、脱走ノ兵大川正次郎・滝川充太郎ノ二隊、大鳥圭介之ニ督シテ函館ニ進行、之ヨリ先キ函館ノ府兵人見本多ノ旅寓ニ襲撃シ趣意ヲ弁解スル暇ナク遂ニ兵ヲ構フ、此報鷲ノ木ヘ聞ヘ、古屋作左衛門・松岡四郎次郎等ノ後隊、赦応トシテ至ル、春日左衛門及ビ桑名藩森常吉田・仙台藩星恂太郎ノ三隊、土方歳三ヲ将トシテ閑道ヨリ進軍、大野村ニ府兵ヲ破リ七重村ニ苦戦シ、小笠原長行ノ弟三好胖及ビ遊撃隊長大岡甲次郎・諏訪信五郎等戦

死ス、然レドモ進ンデ亀田五稜郭ニ迫ル、函館知事清水谷侍従、普魯士ノ飛脚船ニ駕シ津軽ニ遁逃、賊軍大小砲弾薬及ビ金三万五千両ヲ得ル

○

明治二年三月　脱艦颶風ニ会フ

廿五日、官軍ノ兵艦七隻南部ノ宮古港ニ滞泊ス、脱艦回天・蟠龍・高雄ノ三隻之ヲ襲ハン為メ暴キニ函館ヲ発シ、颶風ニ会ヒ悉ク離散ニ及ビ、今暁回天ノ一艦当港ニ達シ、新井郁之介・土方歳三之ニ将タリ、断然十死ヲ決シ官艦ノ巨魁甲鉄ヲ奪ハント、米国ノ旗章ヲ建テ二三歩ニ逼リ、俄ニ日章ト引換ルト等シテ大砲ヲ発ス、襲鉄ノ堅艦弾丸貫ク能ハズ、甲鉄紛乱応砲ノ暇ナク、回天楫ヲ転シテ其船舷ニ乗上ケ、大塚浪次郎・野村理三郎・笹間金八郎・加藤作太郎等刀ヲ揮テ躍入ル、官軍土方堅吉・品川四方位置衆ヲ命シ、短槍ヲ以テ之ヲ拒ク、他ノ官艦回天・甲鉄ト接スル故、十分ニ発弾之ヲ援ク能ハズ、小銃ヲ頻リニ連射ス、回天又霞実ノ両弾ヲ雨注ニ散シ数人ヲ斃ス、大塚等遂ニ戦士シ又艦ニ入ルヲ得ズ、回天ノ船将甲賀源吾重創ヲ痛ミ忍ビ、尚衆ヲ激励シ左顱面より右へ打抜レテ斃レ、其他矢作沖麿・渡邊大蔵・筒井専一郎其他十九名即死、酒井良輔・相馬主計・安藤太郎等ヲ始メ三十余人ニ傷ヲ得、遂ニ勝ベカラザルニヨリ提督之ニ令シテ宮古港ヲ去ル、此戦争僅ニ三十分時間ニ官軍兵ノ死傷殆ント一百人頗ルノ烈戦ナリ、蟠龍艦鮫浦ニ回天ニ会シ、遂ニ楫ヲ転シテ共函館ニ帰帆ス

○

明治二年四月　官軍江差ヲ取ル

十二日、官軍五稜郭ヲ陥サント間道ヨリ進ム、賊長大鳥圭介四小隊ヲ率ヒ木古内ニ出、土方歳三一大隊ヲ将ニ二股口ニ向ヒテ応援ス、木古内ニハ薩長以下ノ官軍暁霧ニ乗ジ急激シ殆ント破レントス、時ニ方リ大鳥圭介・本多幸七郎・星恂太郎等馳乗リ騎兵ヲ以テ之ヲ破ル、官軍乱走スル事二里ニ及ブ、二股口又烈戦賊勝利ヲ得ル

（略）

○

明治二年五月十一日　回天蟠龍ヲ火ク

（略）五稜郭ヨリハ再ビ函館ヲ襲ハンガ為ニ、松平太郎兵ヲ将ヒ一本松ニ進戦シ、土方歳三流弾ニ中リ死ス

（略）

むすびにかえて

西村兼文の編纂した『文明史畧』は、そのタイトルから想像される文明発達史を内容とするものではなく、幕末維新期の社会動乱を後世に伝えるために書かれた非常に珍しいタイプの書物であった。東書文庫では教科書として分類されているが、この書が教科書として本当に使われていたかどうかは不明である[17]。

しかしながら、明治九年の段階において、このような書が編纂され世に出されたという事実には驚きを感じる。特に、後に世に出された『新撰組始末記』を脱稿する一三年も前に、幕末維新時の一コマとして新選組についての記述をしていることに注目したい。内容の正確さ・詳細さという点においては『新撰組始末記』にかなわないが、明治の比較的早い段階で書かれている点も注目に値するだろう。

今回は史料紹介という形で、新選組に関する記述を列記したにすぎないが、今後は内容の精査を行う必要がある。人名表記のミスをはじめ、多くの誤記が認められるのは事実である。『新撰組始末記』は詳細な記述をしているが、『文明史畧』は簡潔に（西村が）事実と思ったことを記述するというスタイルをとっているので、両者が密接な関係を持っているものとは言えないであろう。が、以前に書いたものを全く反古にしているとも思えないので、『文明史畧』を土台として『新撰組始末記』が書かれた形跡がないかどうかについては、今後の検討課題としておきたい。

西村は『文明史畧』を編纂したのちも、多くの書物を編纂している。特筆すべきものとしては、明治一〇年（一八七七）に編纂された『鹿児島征討日誌』（編纂・出版は西村兼文。明治十年三月八日出版御届・同日刻成発兌）がある。これは全一七巻からなるが、大著ではなく、薄い本が何冊も断続的に出されているのである。西南戦争の戦いを、リアルタイムで週刊誌さながら書き綴るスタイルをとるが、人物のとりあげ方はのちの『新撰組始末記』に近いかたちがとられている。戦いの記述を中心とする書物として、いずれ比較検討をする必要があるのではないかと考えている。

〈注〉

（1）拙稿「明治期塵芥処理法制の変遷　明治三三年・汚物掃除法制定以前の様相」（『専修総合科学研究』第十号、二〇〇二年）参照。

（2）これについては、拙稿「東京違式詿違条例の創定過程について」（『専修総合科学研究』第十一号、二〇〇三年）、及び同「東京違式詿違条例の施行状況に関する一考察」（同前第十二号、二〇〇四年）。

（3）地方条例については、神谷力「明治初年における地方軽犯罪法制の研究（一）（二）」（『愛知学芸報告』八・十号、一九五九・六一年）、及び同「地方違式詿違条例の法的構造（一）（二）」（『愛知教育大学社会科学論集』十六・十七号、一九七六・一九七七年）が詳しい。

（4）日本史籍協会叢書　別編三十『維新之源・他』（一九七四年、東京大学出版会）、及び新人物往来社編『新選組史料集　コンパクト版』（一九九五年、新人物往来社）。

（5）『国史大辞典』第四巻、一〇一五頁。

（6）『国史大辞典』第十三巻、七四五頁。

（7）宮武外骨が主宰していた『骨董雑誌』（明治二十九（一八九六）年十二月二十日付）によれば、宮武自身が西村の死亡を伝えている。晩年の仕事なども把握していることから、文筆を生業とする者として互いに交流があったことが推測される。

（8）前掲（注4）『新選組史料集　コンパクト版』一二頁。

（9）国立国会図書館所蔵（YDM一八五六四）。

（10）国立国会図書館・古典籍史料室所蔵。請求番号八三〇—二〇四。

(11) 前掲（注7）。

(12) 国立国会図書館・古典籍史料室所蔵。

(13) この『書籍解題』に使用された反古紙の中には、非常に興味深いものが存在している。それは「西村兼文蔵版」と記された「上納書」・「勧解願」なる書類である。勧解は明治初期の段階で行われていた裁判システムの一環であり、現在の和解の前身にあたる。何故、このような書類を西村が作成し持っていたのかは判然としないが、西村が著述業以外の仕事をしていた可能性を示すものとしてあげられよう。また、明治初期の勧解制度の一端も垣間見れる史料だと考えられるので、別稿にて詳述する予定である。

(14) 講談社、一九六四年。

(15) 明治初期に文部省が出していた『文部省報告』では、明治八年以降同一五年までに布達した「文部省書籍目録」を載せている。学制から教育令の時代に各府県学校が教科書として使用したもののほとんどはこの目録に見ることができるが、本文にあげた西村の書籍は入っていない。

(16) 東書文庫　三二一の四三。

(17) この点については調査を続行中であるが、未だ結論には至っていない。全国的な調査を行う必要があろう。

第二部　一九世紀の政権交代と外交

「安政五カ国条約」を問うて
――開国条約の再検討へ――

ル・ルー・ブレンダン

はじめに

1　「安政五カ国条約」の定義について――課題設定

「安政五カ国条約」という表現は、高校の教科書に出てくる事実から、広く認識されているものであると言える。幕末期において、それらの五つの「修好通商条約」が重要な役割を果たした事実を物語っているであろう。ところが、それらの一般的な定義の中に、興味深いところがいくつかある。つまり、安政五年（一八五八）に結ばれたそれらの五つの条約は、全て「修好通商条約」として紹介され、しかも「日米修好通商条約を原型とする不平等条約」で「ほぼ同様の条約」ということである。そういった記述について疑問が残るので、本稿では、事実として紹介されたそれらの点について検討していきたいと思う。

「安政五ヶ国条約」に関する一般定義の例：

「安政五カ国条約……江戸幕府が一八五八（安政五）米・蘭・露・英・仏各国と締結した修好通商条約の総称。［中略］各条約は本文と貿易章程からなり、自由貿易を骨子として開港を規定した日米修好通商条約を原型とする不平等条約で、片務的な最恵国待遇条款によって欧米列強は相互に結びつき、後の条約改正において各国に共通の利害を形成した。安政五カ国条約は勅許が得られないまま幕府によって調印されたため仮条約とも呼ばれ、尊王攘夷運動の激化とそれに対する安政の大獄等の事態を招いた。(1)」

「日米修好通商条約……大老井伊直弼は、孝明天皇はじめ多くの尊攘論者の反対にもかかわらず、ハリスに脅迫されて一八五八（安政五）年六月、この通商条約に調印した。［中略］引き続き英・蘭・露・仏とも、ほぼ同様の条約が結ばれた（安政の五カ国条約）。本条に伴う付属貿易章程七則に注意。(2)」

2　先行研究

安政五年の条約を扱った先行研究はいくつかあるが、断片的な研究しかないのが現状である。つまり、主に日米通商条約に関する研究であり(3)、全ての五つの条約を比較し検討した研究は見当たらない。石井孝は、「日米条約は、他の四国との条約の基準になっているが、日英条約は、清国との天津条約をも参考して、もっとも整備された内容をもっている」と評価し、それらの二つの条約を比較することだけで安政五年の条約を物語ることにする(4)。他方では、安政五年の条約が不平等条約であるという考えから「領事裁判権(5)」、または税率(6)というようなテーマに集中する研究も見られる。

一方、石井が指摘するように、「欧文を参看することが必要である」が、全ての条約が締結国の言語、日本語、そしてオランダ語で書かれているにもかかわらず、それぞれの文章を比較した研究も見当たらない（石井は英語の文章にとどまっている）。また、石井が「当時の邦訳は、往々誤訳がある」と興味深い指摘をしているが、なぜ誤訳であるのかについて説明していないし、本当に誤訳であるのかどうかという点にも触れていない。つまり、条約の作成に必要な通訳・翻訳の問題について考えていないようで、他にそういった研究もまた見当たらない。

それらの点を踏まえて、本稿では、安政五年の五つの条約をそれぞれの言語を照らし合わせて比較し検討していきたいと考え、また条約の作成にあたって重要な役割を果たす通訳・翻訳の問題についても述べたいと思う。他方では、日米条約に関する研究が最も多い現状に対して疑問を抱き、日米条約だけでは安政五年の諸条約から発展した日本の開国を語ることができないのではないかということを念頭に置いて、日米条約とその他の条約との違いをも強調したいと思う。(7)

一　交渉段階

1　交渉の流れ

(1)　日米条約

「安政五カ国条約」の最初の条約である日米修好通商条約の交渉は、正式に一八五七年（安政四）一〇月二六日から江戸で始まった。(8)最初のアメリカ領事であるタウンセンド・ハリス（Townsend Harris, 一八〇四―一八七八）が下田に着いてから一五ヶ月ほど後になる。ハリスは下田においても、一八五四年の神奈川条約（ペリーと幕府全権林大学頭韑以下四名との間に締結調印された条約）(9)や、日蘭と日露の諸条約・協定を参考に、下田奉行などの幕府の諸役人との交渉を既にし始めていた。また、自分が来日する前に「シャム王国と結んだ条約を見本とし、提出し、交渉の土台にしようとした」[10]が、日本側はそれを断った。それらの交渉は、ハリスが自分の使命と考えていた修好通商条約の締結への下準備であると言えよう。[11]ところが、ハリスが江戸に着いた後でも、その長い下準備が行われたにも拘らず、条約締結への交渉は非常に長くなるのである。日米修好通商条約が実際に調印されたのは、一八五八年（安政五）七月二九日で、ハリスが江戸で正式な交渉を始めてから六ヶ月以上後のことである。なぜ条約の調印がそんなに長い期間を要したのだろうか。[12]

まず日本側が西洋風の外交的交渉に慣れておらず、ハリスの要求の全てを一つ一つ細かく分析したり、老中同士の討議のための延期も多かったりしたようである。また、最も重要な問題は、幕府は勅許を得ないでアメリカとの条約を締結できないと主張したことである。[13]しかし条約がその時点ではすでにほぼ完成していたのは以下の史料から確認できる。

〔史料一〕

To His Excellency Townsent [sic] Harris, Plenipotentiary and Consul General of the united States of America, etc., etc., etc.

The negociations between you and the Commissioners of the Treaty of the United States and of Japan is ended, and this treaty is completed and made ready to be signed. But from a very important cause, an embassy from His Majesty the Tycoon will be sent to Kyoto to present it respectfully to the consideration of His Majesty the Spiritual Emperor〔天皇〕; thus it is impossible to sign the Treaty until the return of the Embassy, wherefore a time of two months will be required, on or before which time the Treaty shall be signed.

Represented with respect.
The 5th day of the first month of the fifth year of Ansei.
(signed) HOTTA BITSUNOCAMI
For Dutch translation : (signed) MORIYAMA TAKITSIRO.
A true translation : H. C. J. HEUSKEN.(14)

堀田備中守は勅許を得るために京都に派遣され、京都に一八五八年三月一九日に着いたが、同年年六月の始めに成功できずに江戸に帰ってきた。その失敗の結果、井伊掃部頭が大老に任命されることとなった。つまり、条約を締結するためにハリスはその後二ヶ月ほど幕府の役人と戦い続けなければならなかったということになる[15]。一方、ハリスは、英仏連合軍が清国に圧勝し、天津条約（一八五八年六月二六日に清英条約、二七日に清仏条約）を結んだことによって中国が強制的に開国されたという情報をうまく利用して幕府を何回も脅迫した[16]。また、石井によると、日米「通商条約は、英国をはじめ欧米諸国が清国と結んだ諸条約を模型としたもの[17]」であるとすることから、一八五八年六月以降にも日米条約の交渉が続いたと思われる。従って、大老井伊直弼の政策の変更によって日米条約が遂に締結された一八五八年七月二九日まで、条約の内容自体に関するものではなかったにしても、ハリスはずっと交渉を続けたといえる。つまり、日米条約の締結まで八ケ月かかったのである。

(2) その他の条約

それに対して、四番目の条約である日英条約の場合は、エルギン卿（James Bruce, Earl of Elgin, 一八一一―一八六三）が率いる使節団は一八五八年八月三日に長崎に到着し、八月一〇日に下田に着いたが、ヴィクトリア女帝が将軍に贈呈する快走船を理由に、直接江戸まで進むことを決定し、「江戸の城と直接相対する地点まで達して、十二日の午後三時ごろそこに碇を降ろし(18)」たという。そして日英修好通商条約が締結されたのは八月二六日、つまりエルギン卿の使節団が江戸に着いてからわずか二週間後のことなのである。その間に、エルギン卿が数回しか日本側の委員たちに会わないで条約を作成し締結したのも決定的であろう。

〔史料二〕

私は新任の大臣らと二回会見しました。はじめは十八日で、その時には私自身と随行員との紹介をしました。二回目は二十一日に行い、快走船の司令官ワード氏、及び艦隊の上席士官として、レトリビューション号艦長バーカー大佐を紹介しました。これらの会見は用務というよりも形式的な事柄でした。［中略］ところで、私のもっとも重大な用務は、私と商議すべく大君から特に任命された委員らを相手に処理しなければならなかったのです。ハリス氏との交渉には二名がその権限を与えられていました。プチャーチンとの交渉の場合は三名でした。ところが私の場合、その人数は六名に増えたのです。私たちの最初の公式会見は十九日に行われ、そのとき委任状の交換を行いました。［中略］われわれはさらに条約の条項を検討するために二十一日、二十二日、及び二十三日に会見しました。［中略］二十三日の会談が終わって、条約の条項全部が合意に達し、二十六日に二通に調印することに同意しました。私が二通に調印することに同意したのは、もし四通作成することを主張すれば、三、四日余計に江戸に滞在しなくてはならないことが分かったからです(19)。

要するに、わずか三日間で日英修好通商条約が作成されてしまったということになるのである。以上で見たハリスの何ヶ月もかかった努力とは大きく違う結果である。その会見は、エルギン卿の秘書であるオリファントが「昼食がすんだ後われわれは難なく十五箇条を作り上げてしまった[20]」と記しているほどスムーズに行われたようである。なぜそれほど条約の交渉がスムーズに行われたかというと、当然のこと、日米条約が既に存在していたことが第一の理由であろう。エルギン自信が以下のように記している。

〔史料三〕

そこで遅滞を避け、また外国人と日本人との間の正式の貿易を開始するに当っての混乱や紛糾の危険をできる限り除くために、私は、［中略］ハリス氏の条約の規定に、また多くの場合にその語法にさえも、きわめて接近することにしました。［中略］

したがって、イギリスの条約に新しい条項を取り入れようとする私の努力も、貿易上にとりわけ重要と思われるいくつかの点に制約されてしまったのです[21]。

日米修好通商条約が見本として存在し使用されたので、日英条約の交渉が楽でスムーズに行われたということである。しかし、もう一つの理由として、日英条約には、天津条約と「全く同文である[22]」部分があるので、イギリス全権エルギン卿が自分で締結した条約をも参考にして、日英条約の締結を急がせたということが挙げられる。外交関係に関する経験のない幕府と対照的な政策である。

日仏条約の場合は、第一三代将軍家定の死去に伴う喪と、当時江戸で流行っていたコレラのせいで交渉の開始が延期され、それほどスムーズではなかったが[23]、フランスの使節団が一八五八年九月二七日以降江戸で交渉を行い、一〇月九日に日仏修好通商条約が締結された。つまり二週間もかからなかったということである。そしてここで忘れてはいけないことであるが、五つの国々のうちに、一八五八年という時点で日本との条約を未だ結んでいなかったのはフランスだけであった。それにも拘らず、使節団長グロ男爵に書記として勤めたモージュは、使節が上海を出帆し、下田を経由して江戸まで行き、上海に戻ってくるという旅は、わずか七週間で行われたと述べている。[24]当時の交通状況を考えてみるといかに速い旅であったかが分かるだろう。

ところが、条約の交渉の際に通訳を務めた宣教師のメルメ（Eugène Emmanuel Mermet (Cachon)，一八二八―一八八九）は、日仏条約は「形式的に多少の違いがある、日英条約のコピーである」[25]と記しているのである。つまり、日仏条約の交渉が行われた時に、主に日英条約が参考になったということになる。また同じように、フランス使節が江戸に滞在し交渉を行った間、使節の警備や町への見学等、様々な面で幕府の参考になるのは主にイギリス使節の前例である。[26]日本側の史料からも確認できることである。

〔史料四〕

今般仏蘭西より使節差越、条約取結之儀申立候ニ付、振合を以英吉利之、仮条約為御取替相成、昨六日、退帆いたし候、此段為心得相達候、

右之通、向々江可被相触候、

九月七日[27]

日米条約が最初の通商条約として重要な存在であったことが言うまでもないが、条約交渉の背景を考えると、イギリスが自国の中国に於ける経験を活かしたこと、フランスがそのイギリスの条約を見本にしたこと、ハリスが天津条約等を参考にしていたということは、日米条約の影響を和らげる手掛かりになりえよう。要するに、安政五年に条約を結んだ五つの国々は、二世紀にわたって長崎で日本と外交・貿易関係を続けてきたオランダと、一八五四年

の神奈川条約によって日本に領事を置く権利を獲得したアメリカと、専ら全権使節を介して条約の交渉を行わざるを得なかったロシア・イギリス・フランスの三つのグループに分けることができるのではないかと思う。[28]

2　通訳・言語の問題について

(1)　日米条約

条約の交渉における言語の使用についても、それぞれの国によっていくつかの決定的な違いが見られる。日米条約の場合は、ペリーの経験を活かして、ハリスは日本における外交上の公用語であるオランダ語の通訳を雇って日本へ連れて行くことにした。オランダのアムステルダムに一八三二年に生まれ、一八五三年にアメリカに移住したヒュースケン（Henricus Heusken, 一八三二―一八六一）は、日本における初代アメリカ領事ハリスが英語とオランダ語のできる通訳を求めていることを知って、それに応募して採用された。一八五五年一〇月二五日にニューヨークを出帆し、翌年三月二一日に初めてハリスと対面し、[29]一八五六年八月二一日（安政三年七月二一日）にハリスと一緒に下田に着いた。フランス語やスペイン語などができたハリスも、日本との交渉の時に使われていたオランダ語を話すことができなかったので、通訳に任せざるをえなかった。その役割をヒュースケンが果たしたが、[30]日本側にも一人の通訳（通詞）がいた。それは森山栄之助（後に多吉郎）[31]という人物で、長崎のオランダ通詞の家の出身であったが、オランダ語の他に、日本に漂着したアメリカ人ラナルド・マクドナルドという人物から本格的に英語も学んだ。[32]森山は直接英語でハリスと会話した記事が残っているものの、交渉という正式な場の場合は、ヒュースケンとオランダ語で通訳の仕事が行われた。ハリスから英語でヒュースケンへ、そしてオランダ語でヒュースケンから森山へ、最後に日本語で森山から日本側の委員たちへ、という流れ（またはその逆の順で）だったようである。[33]以下の史料から、ハリスが条約の草稿を作成し、日本側に渡す前にその翻訳が正しいかを確認する際に、三つの言語が使われたその通訳プロセスが良く表われている。

〔史料五〕

To-day the translations [of the draft of the treaty] were finished. In order to be sure of the translation being correct, I had the Japanese translator read from the Japanese copy and translate orally into Dutch to Mr. Heusken, who held the Dutch version. It has been an immense labor, but my great anxiety has been that the Japanese should *fully* understand what I proposed to them.(34)

また以上の史料からハリスが日本人の通訳の能力をあまり高く評価していなかったということも良く分かる。不思議なことに、日本人はオランダ語と日本語の文法的な相違、特に語順がほぼ逆であるという相違を無視しているほど言語能力が足りないという印象をハリスがうけたようである。ハリスの日記から、日本人のオランダ語が二五〇年も前のものでかなり疑わしいものであるということが何カ所に現れているが、以下の項目はその代表的なものであるので載せたいと思う。

〔史料六〕

Wed june 17 1857

To-day we sign the Convention, having been some nine days in settling the *wording* of the Articles, which by the way is a work of much difficulty, as the Dutch of the Japanese interpreters is that of the ship captains and traders used some two hundred and fifty years ago. They have not been taught a single new word in the interim, so they are quite ignorant of all the terms used in treaties, conventions, etc., etc. This, joined to their excessive jealousy and fear of being cheated, makes it excessively difficult to manage such a matter as the present one. They even wanted the words in the Dutch version to stand in the exact order they stood in the Japanese!! Owing the difference of grammatical structure this would have rendered it perfect gibberish. (...)(35)

(2) 日英条約

日英条約の交渉の場合も、まったく同じパターンが見られるのが興味深いことである。通訳過程が同じ言語を通じて行われただけではなく、同じ人物を通じて行われたのである。つまり日米条約の場合と同様、日英条約の場合にもヒュースケンと森山が通訳として務めたのである。イギリス使節にとってのヒュースケンの重要さについて、以下の証言がある。

〔史料七〕

「〔アメリカ領事ハリスは〕エルギン卿の申出を入れて、彼の有能なオランダ人通訳ヒュースケン氏を貸して奉仕させてくれたのである。この紳士はわれわれが江戸に滞在している間、実に有能な助手であると同時に、きわめて親切で気持ちのよい仲間となった。この国で二年間を過し、彼はかなりたくさんの言葉を覚えていた。私は彼のおかげで多くの興味ある見聞を得ることができた。すべての公式折衝には日本人の通訳がオランダ語を日本語に翻訳するために雇われた(36)。」

しかし、ハリスの日米条約の場合と違って、日英条約の交渉においては、日本人の通訳森山の活躍の方が評価されたと思われるような証言も見られる。

〔史料八〕

「〔江戸における条約交渉の際に〕昼食がすんだ後で、われわれは難なく一五箇条を作り上げてしまった。そのため被害を受けたのは、森山一人であった。彼は日本語とオランダ語と二通りの写しを作る仕事をしていたからである。[37]」

一方、なぜイギリス使節がハリスの通訳を雇ったのかという質問が残り、その問題について以下のエルギンの記述がある。

〔史料九〕

〔前略〕長崎で通訳の係を雇い入れようと努めて成功しなかったため、オランダ語か日本語を話すことのできるものを連れていなかったのです。これらの言葉のいずれかを使わない限り、日本の政府と特に重要な問題について交渉することは不可能だということが、私にはじきに分かりました。〔中略〕もしハリス氏が私の申し入れを入れ、多大の配慮と寛大とによって、二週間、彼自身の秘書兼通訳の、ヒュースケンという名のオランダ紳士の奉仕を提供してくれなかったならば、まったくどうすることもできなかったでしょう。[38]

エルギンが日本における外交上の言語の状態（日本語かオランダ語のいずれかを使わないと幕府との交渉が不可能だという状態）を知っていたにも拘らず、日本にどちらかの言語のできる人を連れて行かなかったのは、なぜだろう。おそらく、上海で一緒に清朝の委員を待っていたフランスの使節団を出し抜くつもりでもあったか、上海をかなり急いで出帆したので、中国で通訳を雇う暇もなく、「長崎で通訳の係を雇い入れようと努め」ようとしたのであろう。また、一九世紀半ばの当時には、オランダは小国に過ぎず、オランダ語という言語は西洋の外交上では重要な言語ではなかったという事実も忘れてはならない。アメリカ、ロシア、イギリスの使節団の中に、当時西洋の外交用語であったフランス語が話せる人が何人かいたのに対して、オランダ語の話せる人はいなかった。以下の史料から、その日本における「言語上の鎖国」(40)ということが良く窺える。(39)

〔史料一〇―一〕

「[イギリス使節が出島に上陸しようとする際に、日本の役人は]甲板の上を、押し合いながら、実に悠然とできるかぎり落ち着いた様子でやって来た。そしておとなしい愛想のよい笑顔をしてオランダ語で話しかけたが、船内にはそれがわかるものは一人もいなかった。(41)」

〔史料一〇―二〕

「[長崎の市場を訪れてその品々について調べようとする際に]通訳がいないために、結局どういうことなのか分からずじまいに終わった。実際のところわれわれは、長崎の短い滞在中に、出島のオランダの紳士たちから教えてもらうほかには、どのような知識を得ることも困難だということが分かった。ただ一人の日本人がごくわずかの英語を知っていただけである。通訳はすべてオランダ語を話したが、私のオランダ語の知識はごく限られていたし、われわれの仲間でそれを話せる者は一人もいなかった。(42)」

しかし、アメリカ、オランダ、イギリスと違って、日本独特の外交用語であるオランダ語で条約の交渉を行わないようにした国もあった。ロシアに関する史料を未だ分析していないので断定できないが、ロシア・イルクーツクの日本語学校の存在と、以前に日本を訪れたロシアの使節団に何人かの日本語通訳（ロシア人、日本人、日魯のハーフ）がいたということを考えると、プチャーチン使節団にも日本語の通訳がいたことが不思議ではないだろう。しかし森山栄之助が嘉永六年（一八五三年）のプチャーチン来航の際に通訳を務めたことを考えると、日魯条約の交渉がオランダ語で行われた可能性がないとも言えない。

(3) 日魯・日仏条約

ところがフランスの場合は、ハリスがヒュースケンをフランス使節に通訳として提供したがグロ男爵はそれを拒否し、[43]交渉はオランダ語ではなく、直接に日本語で行われたことが確実である。一八五五年二月二六日から一八五六年一〇月二七日まで沖縄に滞在し日本語（と琉球語）を学んだ宣教師のメルメは、フランス全権大使グロ男爵によって、日本との条約の交渉のための日本語の通訳として採用されたのである。[44]メルメの直筆書簡には、その交渉の流れ自体が良く現れていないが、少なくとも自分の日本語能力だけで十分であったことを強調している（自慢を含めてではあるが）[45]。しかし、日本語が使われた場合、オランダ語の場合と違って、両側の通訳を使う必要がなく、専らメルメの通訳に交渉の運命を任せることになってしまうので、メルメの言い過ぎなのではないかという疑問も残る。確かに、日本側の史料を見ると、他の通訳もいたことを確認することができるのである。森山と一緒に英語を学んだ名村常之助という人で、条約交渉の際に、メルメよりいくつかのプレゼントを贈られた。[46]但しメルメの日本語能力が、フランス皇帝ナポレオン三世が将軍に宛てた書簡やグロ全権が外国奉行に宛てた書簡を和訳した（片仮名ではあるが）[47]という事実によって確認できるので、日仏条約の交渉が完全に日本語で行われたのか、それとも他の言語も交ざっていたのかについては、更に検討する必要がある。

以上のことから、条約の交渉において、日本独特の外交用語であったオランダ語を通じて交渉を行った国々（アメリカ、イギリス、そして当然のことにオランダ）と、直接相手国の言語である日本語で交渉を行おうとした国々（フランス、ロシア?）があったと言える。違う言語を使うというのは、特に相手国のことばを使う場合は、その相手国に対する見方と態度が違うことを意味するとも言えるので、重要な相違点であると思う。

これを、以上に述べた交渉の流れとその困難さが大きく異なっているということに合わせて考えると、「安政五カ国条約」が、明らかに違う環境、違う条件、違う過程によって作成された条約であると結論付けたい。内容は、日米条約の影響によって類似しているところがあるかも知れないが、その細かい分析によって、それぞれの国々の外交上政策や日本に対する見方・認識が現れるので、次に述べたいと思う。

二　条約内容の比較

1　形式・設定について

(1)　日付

当然のことではあるが、まず五つの条約の最初の相違点として、締結日程がある。表1でも明らかなように、ハリスは一八五八年七月二九日（安政五年六月一九日）に、勅許を得ず、「日米修好通商条約」を締結した。これ以前二世紀にわたって既に日本と貿易関係をもっていたオランダも、アメリカに続いて一八五八年八月一八日（安政五年七月一〇日）に条約を結び、その翌日の八月一九日に、プチャーチンが率いるロシア使節団は「日魯修好通商条約」を

表1 「安政五カ国条約」交渉の流れの比較

国名	来日	交渉初日（下準備を除いて）	条約調印	調印者（条約の元本の日本語版のまま）	通訳等
亜米利加合衆国	1856年8月21日（下田）	1857年12月4日（江戸）	1858年7月29日（江戸）	タウンセンド・ハリス 井上信濃守 岩瀬肥後守	ヒュースケン（蘭人、オランダ語⇔英語） 森山多吉郎（日本人、日本語⇔オランダ語・英語）
阿蘭陀			1858年8月18日	ドンクル・キユルシユス 永井玄蕃頭 岡部駿河守 岩瀬肥後守	オランダ語
魯西亜			1858年8月19日	ヱフキーミー・プウチャチン 永井玄蕃頭 井上信濃守 堀　織部正 岩瀬肥後守 津田半三郎	日本語？ オランダ語？
英吉利	1858年8月3日（長崎）	1858年8月19日（江戸）	1858年8月26日（江戸）	エルギンとキンカルデン 水野筑後守 永井玄蕃頭 井上信濃守 堀　織部正 岩瀬肥後守 津田半三郎	ヒュースケン（蘭人、日本語⇔オランダ語・英語） 森山多吉郎（日本人、日本語⇔オランダ語・英語）
仏蘭西	1858年9月14日（下田）	1858年9月27日以降（江戸）	1858年10月9日（江戸）	グロ　男爵 水野筑後守 永井玄蕃頭 井上信濃守 堀　織部正 岩瀬肥後守 野々山鉦蔵	メルメ（仏人、フランス語⇔日本語） 日本人の通訳も（名村常之助）

締結した。

また、天津条約の締結を得て、イギリス全権大使エルギンは一八五八年七月三一日に五艘の船舶と将軍に贈るヨット船を持って上海を出帆し、八月二六日（陰暦七月一八日）に「日英修好通商条約」を調印した。他方では、同じく天津条約を締結して中国に駐在していたフランスのグロ全権大使（Jean-Baptiste Louis, Baron Gros, 一七九三―一八七〇）は、エルギンと同じく日本へ赴こうとしたが、幕府に強い印象を与えるための適切な戦艦がなかったため[48]、上海を出帆するのが延期された。結局フランスの使節は三艘の船舶を用意し、通訳として宣教師のメルメを雇い、九月六日に上海を出帆し、七日後に下田に到着した。ところが既に触れたように一三代将軍家定の死に伴う服喪と江戸に広まったコレラの流行によって、条約の交渉がなかなか進まなかった。結局、一八五八年一〇月九日（安政五年九月三日）に、東アジアに進出しつつある他の西洋列強と比べてかなり遅れて「日仏修好通商条約」が締結された。

それらの締結日を並べることだけでは、なかなか重要なことが表われないように見えるが、西洋列強の日本に対する態度・政策をある程度示すだけではなく、条約の中に記された条約の実施日付と照らし合わせてみると、興味深いことが現れてくる。最も早く締結された日米条約の第一四条とその次の日蘭条約の第一〇条では、それぞれの条約が一八五九年七月四日から実行されるべきだと定められている[49]。それに対し、日魯条約の第七条と日英条約の第三条では、一八五九年七月一日という日付が定められている。最後に結ばれた日仏条約の第三条では、条約が一八五九年八月一五日から実行されるべきだと定められている[50]。つまり、条約に定められた権利・特権等を最初に享受できるのは、通商条約を結ぶために長く戦い続けたアメリカではなく、イギリスとロシアなのである。これを考えると、全ての列強が単にアメリカに従ったとは言えないことも明らかになる。その上、一方では日米・日蘭条約、他方では日魯・日英条約の実行される日付の差が勿論それほど大きくはないが、象徴的なレベルでは、日本におけるそれぞれの国々の国際的地位に影響を及ぼすと思われるものなので、有意義な指摘であると言えよう。

(2) 条項数・調印者

五つの条約にもう一つ当たり前と思われる相違がある。それは、条約に含まれた条項の数が同じではないということである。確かに、日英条約は二四条からなり最も長いもので、日仏条約は二三条からなるもの、日魯条約は一七条、日米条約は一四条、日蘭条約は一〇条からなり最も短い条約である。前述の日付と同様に、条項の数が異なるという事実は、それぞれの国々と日本との関係を表していると言える。

最も明らかなのが、日蘭条約の例であろう。条項数が少ないが、それぞれの条項が割りと長く、直接に関係のない、様々な内容を含んでいる。一七世紀始めから日本と貿易・外交関係を有していたオランダは、アジアにおける他の列強の進出によって初めて日本と条約を結ぶ必要性に迫われて、一八五六年（安政二）一月三〇日に長崎で条約、また一八五七年一〇月一六日に追加条約を結んだ。しかし、日本におけるオランダの地位が他の列強のそれと比べて非常に有利であると考えられていたので、条約の作成にはそれほど努力しなかったという印象をもつ。例えば、第二条が非常に長く、開港・開市のことや、そこに居留する権利、土地を借りる・建物を建てる権利、日本の科学等を学ぶ権利、日本人と自由に貿易する権利、武器売買に関する制限、米・麦の輸出禁止、銅の輸出に関する制限、日本人を雇う権利、というような様々な内容が記されている。この第二条を読むと、日蘭条約があまり合理的で近代的な条約ではないことが明らかになる。

それと違って、最も長い日英条約は、その構成も非常に合理的で、「最も整備された内容をもっている」[51]と言えよう。イギリスは一八四二年八月の南京条約（アヘン戦争）や一八五八年六月の天津条約（アロー号事件）を締結することによって得られた経験を活かし、日英条約の条項が多いことがそれぞれの内容が細かくて明確であることを示している。**表2A**を見ると、基本的に一つの条項に一つの要素しか記されていないことが良く分かる。その意味では、最後に結ばれた日仏条約は、日米条約というよりも日英条約にかなり似ていると言える。ハリスは条約の内容にこだわっていたが、条約の構成に関する記述が史料から見当たらず、日米条約より日英条約の方が合理的かつ近代的なものとして作成されたのではないかと思う。

ところで、その条約締結の流れが西洋列強によるものなのかどうかという点については、議論の余地がある。確かにイギリスの外交的経験が重要なことではあるが、条約を結ぶ際には少なくとも二つの国が必要で、日本側の方はどうであろうか。つまり、条約の交渉を行わざるを得なくなった幕府も、外交的な経験を積んできたわけである。イギリス全権エルギンが自ら指摘するように、「ハリス氏との交渉には二名がその［交渉の］権限を与えられていました。プチャーチンとの交渉の場合は三名でした。ところが私の場合、その人数は六名に増えた」(52)ということである。つまり、幕府は最初避けようとしていた外国とのやり取りを段々真剣な問題と考え始め、外国との関係は段々官僚化していったのである。要するに日米条約締結の際に安政五年七月八日に設置された外国奉行という職が少しずつ機能し始めたのである。条約の調印者の名前と数を比較することによって幕府の外交問題に対する態度の変更を読み取れ、幕府の近代的な外交官僚の誕生をも窺うことができる。

(3) 条項の順

それぞれの条約の条項数が異なるのであれば、当然条項の順も異なる。これを比較することによって、それぞれの国々の日本における外交政策、日本に対してどのような権利・特権等を優先するのかということが窺えるので、安政五年の諸条約という問題を扱う上には重要な点であると思う。表2Bを参照に、次の例を検討することにしよう。

五つの条約の最初の方の条項が、平和的な外交関係の開始や箱館・長崎・神奈川などの開港を求めるような条項であるが、日仏条約の第四条に来ると、他の条約とかなり違う内容が記されていることに驚く。日仏条約第四条の日本語版には、「日本に在る仏蘭西人自国の宗旨を勝手に信仰致し其居留の場所へ宮社を建るも妨なし日本に於て踏絵の

第一条	前文	調印者	条項数	締盟日程	修好通商条約
両国に於ける外交官の居留と旅行の許可	帝国大日本大君と亜米利加合衆国大統領 The President of the United States of Japan and his Majesty the Tycoon of Japan Zyne Majeistet de Taikoen van Japan en de President der Vereenigde Staten van Amerika	井上信濃守（外国奉行） 岩瀬肥後守（外国奉行） タウンセンド・ハリス	14	安政五年六月十九日 1858年7月29日	日米
両国に於ける外交官の居留と旅行の許可	阿蘭陀国王と帝国大日本大君 Hunne Majesteiten De Koning Der Nederlanden en De Taikoen van Japan	永井玄蕃頭（外国奉行） 岡部駿河守 岩瀬肥後守（外国奉行） ヤン・ヘンデリッキ・ドンクルキュルシュス	10	安政五年七月十日 1858年8月18日	日蘭
以前締結された条約の廃止	帝国大日本大君と全魯西亜国帝 Его Величество Императоръ Всероссiйскiй и Его Величество Тайкунь, Верховный Повелитель Японiи Zyne Majesteit de Keizer van het geheele Rusland en Zyne Majesteit de Taikoen van Japan	永井玄蕃頭（外国奉行） 井上信濃守（外国奉行） 堀織部正（外国奉行） 岩瀬肥後守（外国奉行） 津田平三郎 グラフ、エフキーミー・プウチャチン	17	安政五年七月十一日 1858年8月19日	日魯
両国間の平和	帝国大日本大君と大貌利太尼亜 及意而蘭土の女王 Her Majesty the Queen of the United Kingdom of Great Britain and Ireland, and His Majesty the Tycoon of Japan Zyne Majesteit de Taikoen van Japan en Hare Majesteit de Koningin van het Vereenigde Koningryk Groot Britanie en Ierland	水野筑後守（外国奉行） 永井玄蕃頭（外国奉行） 井上信濃守（外国奉行） 堀織部正（外国奉行） 岩瀬肥後守（外国奉行） 津田平三郎 エルギンとキンカルデス	24	安政五年七月十八日 1858年8月26日	日英
両国の人を懇ろに扱うべし	仏蘭西皇帝と日本大君 Sa Majesté l' Empereur des Français et Sa Majesté l' Empereur du Japon Zyne Majesteit de Keizer van Frankryk en Zyne Majesteit de Taikoen van Japan	水野筑後守（外国奉行） 永井玄蕃頭（外国奉行） 井上信濃守（外国奉行） 堀織部正（外国奉行） 岩瀬肥後守（外国奉行） 野々山鉦蔵 グロ男爵	22	安政五年九月三日 1858年10月9日	日仏

第八条	第七条	第六条	条項数	締盟日程	修好通商条約
アメリカ人にとっての宗旨の自由。 「双方の人民互に宗旨に付ての論争あるべからず」 踏絵の廃止	遊歩範囲：10里（各地に特別規定あり） 罰として、遊歩範囲を1里にしたり、国地退去も有り得る	日本人とアメリカ人間の争いは、夫々の国の裁断によって解決する	14	安政五年六月十九日 1858年7月29日	日米
日本側はオランダ人犯罪者・出奔人が捕まる協力をすべきその費用はオランダ領事が負担するべし	オランダ人にとっての宗旨の自由。 「双方の人民互に宗旨に付ての論争あるべからず」	遊歩範囲：10里（各地に特別規定あり） 罰として、遊歩範囲を1里にしたり、国地退去も有り得る	10	安政五年七月十日 1858年8月18日	日蘭
遊歩範囲：10里（各地に特別規定あり） 罰として、遊歩範囲を1里にしたり、国地退去も有り得る	家族と一緒に暮らす許可。 「自ら其宗旨を念し宗法を修する事を得べし」 踏絵の廃止	江戸と大坂に逗留するのは、商売のためだけ。 そこでの土地の賃貸の自由、限定された範囲での遊歩の自由	17	安政五年七月十一日 1858年8月19日	日魯
日本人を雇う権利	逋債がある時、領事・奉行に訴えるべき	イギリス人の日本人に対する訴えは、領事を通して解決する	24	安政五年七月十八日 1858年8月26日	日英
品物の商売の自由（日本に於いて禁じられた物意外） 「武器は日本政府並に外国人の外売べからず」 日本人を雇う権利	フランス人と日本人間の訴えは領事・奉行を通して解決するべし	日本人とフランス人間の争いは、夫々の国の裁断によって解決する	22	安政五年九月三日 1858年10月9日	日仏

表２A　安政五カ国条約内容比較（条項別）

第五条	第四条	第三条	第二条
外国の諸貨幣の通用	運上所での輸出入貨物の値段の設定。阿片の輸入禁止。	下田と箱館の他、後に神奈川、長崎、新潟、兵庫、江戸、大坂も開くべし 土地の賃貸、建物の建築、出入の自由。品物の売買の自由。 但し軍用の物は日本役人にしか売れない。米と麦を輸出の禁止。 日本人を雇う権利。	両国の船舶の友睦の取り計らい
日本人とオランダ人間の争いは、夫々の国の裁断によって解決する	外国の諸貨幣の通用	運上所での輸出入貨物の値段の設定。阿片の輸入禁止。	長崎と箱館の他に神奈川、兵庫、日本海の港、江戸と大坂も後に開くべし その地において、土地の賃貸、建物の建築、出入が許可されるべし 品物の売買も自由。但し軍用の物は日本役人にしか売れない：米と麦の輸出の禁止。日本人を雇う権利。
それらの港に於いて、土地の賃貸、建物の建築の自由	ロシア政府は開かれた港に領事を任し、 日本政府はそれらのための学校・病院に土地を貸すべし	下田、箱館、長崎の他に、神奈川、兵庫と日本西海岸の港も開くべし	両国に於ける外交官の居留と旅行の許可
日本人とイギリス人間の争いは、夫々の国の裁断によって解決する	イギリス人間の争いはイギリスの裁断によって解決する	神奈川、長崎、箱館、そして兵庫、新潟、江戸、大坂も開くべし。 その地に於ける土地の売買、建物の建築、出入の自由 遊歩範囲：10里（兵庫：京都方面は狭く、長崎：御料所を限り）	両国に於ける外交官の居留と旅行の許可
フランス人間の争いは、フランス公使・領事によって解決する	「日本に在る仏蘭西人自国の宗旨を勝手に信仰致し其居留の場所へ 宮社を建るも妨なし日本に於て踏絵の仕来は既に廃せり」	神奈川、長崎、箱館の他に、後に新潟、兵庫、江戸、大坂も開くべし。 その地に於ける土地の賃貸、建物の建築、出入の自由 遊歩範囲：10里（各地に特別規定あり）	両国に於ける外交官の居留と旅行の許可

第十二条	第十一条	第十条	第九条
以前に締盟された条約の廃止 条約を全備するために要する規律等は、要相談	商法の別冊の重要さ	アメリカから船舶・軍艦・武器等を買入れ、学者・職人等を雇う権利	日本側はアメリカ人犯罪者・出奔人が捕まる協力をすべき その費用はアメリカ領事が負担するべし
		1872年７月４日以降、条約を補い、改めることができる 条約は1859年７月４日から発効する 条約は阿蘭陀国王（と外務大臣）と日本大君 （と高官）の印を証とする	「外国人民に免許ある廉ハ悉く阿蘭陀人へも直に差許すべし」 以前に締盟された条約の廃止 商法の別冊の重要さ
軍用の物は日本役所以外に売るべからず 米と麦の輸出禁止	阿片の輸入厳禁	運上所での輸出入貨物の値段の設定。 商税のこと	品物の商売の自由 日本人を雇う権利
イギリス船を助ける義務	イギリス海軍の為の品物に関する規定	外国の諸貨幣の通用	イギリス人にとっての宗旨の自由
品物の運上に関する規定	フランス船は水先案内を勝手に雇う権利	日本禁制の物の輸入を防ぐ為、過料又は荷物の取上げが可能	商法の別冊の重要さ

第十五条	第十四条	第十三条	条項数	締盟日程	修好通商条約
	条約は1859年7月4日から発効 条約は大君（と高官）と米国大統領（と外務大臣）の印を証とする 「尤日本語英語蘭語にて本書共に四通を書し其訳文は何れも同儀なりと雖蘭語訳文を以て証拠と為すべし」	1872年7月4日以降、条約を補い、改めることができる	14	安政五年六月十九日 1858年7月29日	日米
			10	安政五年七月十日 1858年8月18日	日蘭
条約の改め・加入は、両国の意志によるもので、14年後から可能	日本人罪は日本役所にて罰し、ロシア人罪は領事より罰せられる日本役所にはロシア人犯罪者が捕まるのを手伝う義務	外国の諸貨幣の通用	17	安政五年七月十一日 1858年8月19日	日魯
運上所における値段決定に関する規定	各港に於ける輸出入の自由 軍用の物は日本役所以外に売るべからず 商売の自由、日本役人が立会わないこと	イギリス船は水先案内を勝手に雇うこと	24	安政五年七月十八日 1858年8月26日	日英
運上の際の値段に関する規定	外国の貨幣が日本にも通用すべし 両替に関する規定	「仏蘭西人日本の開きたる港へ持渡たる品物定例の 運上払いし上は日本人国中に持行共運上取立る事なし」	22	安政五年九月三日 1858年10月9日	日仏

第二十二条	第二十一条	第二十条	条項数	締盟日程	修好通商条約
			14	安政五年六月十九日 1858年7月29日	日米
			10	安政五年七月十日 1858年8月18日	日蘭
			17	安政五年七月十一日 1858年8月19日	日魯
条約を全備するために要する規律等は、要相談	「此条約は日本英吉利及和蘭語にて書し各翻訳は同儀同意にして和蘭翻訳を元と見るべし」 「日本司人にいたす公事の書通は向後英語にて書すべし 尤此条約調判の月日より五箇年の間は日本或は和蘭の訳書を添べし」	商法の別冊の重要さ 条約を全備するために要する規律等は、要相談	24	安政五年七月十八日 1858年8月26日	日英
条約は仏蘭西皇帝と日本大君の印を証とする 「此条約は仏蘭西にては仏蘭西語を用ひ日本の片仮名を添え日本にても和文を用ひ片仮名を添へし其文意は何れも同様なれ共猶両国にて通する和蘭語の訳文を双方より添たり若条約に解し難き事あらは其蘭文を以て証とすへし」 「此文は魯西亜英吉利亜墨利加条約に添たる和蘭陀語訳文と同様なり」	「仏蘭西ミニストル並にコンシュルより日本高官へ書面にて掛合ふ事あらば仏蘭西語を以てすべし日本にて速に解する 為に五年の間は都て日本語並に仏蘭西語にて認むべし」	条約の改め・加入は、両国の意志によるもので、 14年後から可能	22	安政五年九月三日 1858年10月9日	日仏

第十九条	第十八条	第十七条	第十六条
		条約は1859年７月７日から発効する 条約は日本大君（と老中）とロシア国帝（と高官）を証とする 「此仮条約書は日本語魯西亜語和蘭語に認め双方の全権各本国の文に 調印し和蘭訳文ハ双方通詞名を記し是を添て取替すもの也」	「此後他国の者に許容せる廉ハ猶予なく魯西亜国へも免すべし」 「魯西亜国に於而の日本人も同様たるべし」
「過料取上物の類者都て日本役所に属すべし」	密商に対する規則の必要性	外の港に輸送した輸入品に関する規定	「輸入の荷物定例の運上払済の上は日本人より 国中に輸送する共別に運上を取立る事なし」
「以後何事にても外国人へ免許したる事は 仏蘭西政府又は仏蘭西人へも同様に免許あるべし」	借財を払わず出奔した際に関する規定	フランス軍艦の肝要の品々は運上なく港の庫に入る	フランス船を救う義務

第二十四条	第二十三条	第二十二条
条約は日本大君と貌利太泥亜女王の印を証とする	「日本政府より向後外国の政府及臣民に許すべき殊典ある時は 貌利太泥亜政府国民へも同様の免許あるべし」	条約を全備するために要する規律等は、要相談
		条約は仏蘭西皇帝と日本大君の印を証とする 「此条約は仏蘭西にては仏蘭西語を用ひ日本の片仮名を添え日本にても和文を用ひ片仮名を添へし其文意は何れも同様なれ共猶両国にて通する和蘭語の訳文を双方より添たり若条約に解し難き事あらは其蘭文を以て証とすへし」 「此文は魯西亜英吉利亜墨利加条約に添たる和蘭陀語訳文と同様なり」

	締結国から船舶・軍艦・武器等を買入れ、学者・職人等を雇う権利	商法の別冊の重要さ	以前に締盟された条約の廃止	条約を全備するために要する規律等は、要相談
日米	第10条	第11条	第12条	第12条
日蘭		第９条	第９条	
日魯			第１条	
日英		第20条		第20条・第22条
日仏		第９条		

	1872年７月４日以降、条約を補い、改めることができる	発効日付	条約は大君（と高官）と締結国の長（と外務大臣）の印を証とする	「尤日本語英語蘭語にて本書共に四通を書し其訳文は何れも同儀なりと雖蘭語訳文を以て証拠と為すべし」
日米	第13条	第14条（1859年７月４日）	第14条	第14条
日蘭	第10条	第11条（1859年７月４日）		
日魯	第15条（但し単に「14年後から」）	第17条（1859年７月１日）	第17条	第17条
日英		第３条（1859年７月１日）	第24条	第21条
日仏	第20条（但し単に「14年後から」）	第３条（1859年８月15日）	第22条	第22条（「此文は魯西亜英吉利亜墨利加条約に添たる和蘭陀語訳文と同様なり」）

	「日本司人にいたす公事の書通は向後Ａ語にて書すべし尤此条約調判の月日より五箇年の間は日本或はＢの訳書を添べし」	家族と一緒に暮らす許可	海軍の為の品物に関する規定	締結国船は水先案内を勝手に雇える権利
日米				
日蘭				
日魯		第７条		
日英	第21条（A＝英語、B＝蘭語）		第11条	第13条
日仏	第21条（A＝仏語、B＝仏語）		第17条	第11条

	外の港に輸送した輸入品に関する規定	密商に対する規則の必要性	借財を払わず出奔した際に関する規定
日米			
日蘭			
日魯			
日英	第17条	第18条	
日仏		第10条	第18条

仕来は既に廃せり」とある。同じような信仰の自由を与える条項は、日米条約の第八条[53]、日英条約の第九条[54]、日蘭条約の第七条[55]、日魯条約の第七条[56]に記されているが、日仏条約のそれが最も先に定められているわけである。「修好通商条約」を求めて先ず自由貿易を定めた日米条約や、先ず領事裁判権を定めた日英条約とかなり違う政策である。しかもこれは偶然の条項配置ではなく、自らを全世界に於けるカトリック教会の保護者として考えていたフランスの外交政策・自己認識に相応しい選択なのである。自由貿易や他の特権よりも、宗教の自由の方がフランスにとって重要だと考えられていたので、日本との条約を作成する際にその宗教の自由が最初に定められたのである。勿論、条約の交渉の際にグロ全権の通訳を務めた宣教師のメルメの影響もここに

表２B　安政五年条約内容比較（テーマ別）

	両国に於ける外交官の居留と旅行の許可	両国間の平和	両国の船舶の友睦の取り計らい	下田と箱館の他、後に神奈川、長崎、新潟、兵庫も開港すべし
日米	第１条		第２条	第３条
日蘭	第１条			第２条
日魯	第２条			第３条
日英	第２条	第１条	第12条	第３条
日仏	第２条	第１条	第16条	第３条

	江戸、大坂も開市すべし	土地の賃貸、建物の建築、出入の自由	品物の売買の自由	各港に於ける輸出入の自由
日米	第３条	第３条	第３条	
日蘭	第２条	第２条	第２条	
日魯	第６条	第５条	第９条	
日英	第３条	第３条	第14条	第14条
日仏	第３条	第３条	第８条	

	日本人を雇う権利	運上所での輸出入貨物の値段の設定。	阿片の輸入禁止	外国の諸貨幣の通用
日米	第３条	第４条	第４条	第５条
日蘭	第２条	第３条	第３条	第４条
日魯	第９条	第10条	第11条	第13条
日英	第８条	第15条		第10条
日仏	第８条	第12条・第15条		第14条

	領事裁判権	締結国人の日本人に対する訴えは、領事を通して解決する	遊歩範囲：10里（各地に特別規定あり）	罰として、遊歩範囲を１里にしたり、国地退去も有り得る
日米	第６条		第７条	第７条
日蘭	第５条		第６条	第６条
日魯	第14条		第８条	第８条
日英	第４条（英人）・第５条（両国人）	第６条	第３条	
日仏	第５条（仏人）・第６条（両国人）	第７条	第３条	

	締結国人にとっての宗旨の自由	踏絵の廃止	日本側は締結国人犯罪者・出奔人が捕まる協力をすべきその費用は締結国領事が負担するべし	最恵国条款
日米	第８条	第８条	第９条	
日蘭	第７条		第８条	第９条
日魯	第７条	第７条	第14条	第16条
日英	第９条			第23条
日仏	第４条	第４条		第19条

現れているに違いないが、一八五八年六月の天津条約において宗教の自由とキリスト教布教の自由が中国のフランスの宣教師の影響によって定められたものであると考えると(57)、宗教へのこだわりがやはりフランスの外交政策の重要な特徴であったので、日本に対する態度にも現れているのである。その面では、イギリスの政策と全く違うもので、グロ男爵は中国におけるキリスト教の自由が天津条約に含まれたのがフランスのおかげだと主張している(58)。しかし日本へのキリスト教の布教を最大の目的としていたフランスの宣教師にとっては、日仏条約の第四条は失敗に等しいものであった(59)。更にメルメは「宗教の問題は一歩も進まな

かった」とまで述べている。[60] 但しもう少し楽観的な視点として、「確かに信仰の自由が日本人には認められていなかったが、それへの重要な一歩が行われた」というモージュの証言もある。[61]

他方では、安政五年の条約が「不平等条約」であるという評価をもたらした一つの条項である「最恵国条款」についてみてみると、その順もまたかなり異なっている。日蘭条約において第三条でかなり先に記されたのに対し、日魯条約では第一六条、日仏条約では第一九条、日英条約では第二三条で、逆に最後の方に記された条項である。また、日米条約においてはその「最恵国条款」らしい条項が記されていないことが驚くべきことである。[62] ハリスはアメリカが日本を開国させた最初の国であるという威信を念頭に、そのような条項を入れる必要性を見なかったのかも知れない。それとは逆に、二世紀にわたって日本と貿易・外交関係を続けてきたオランダの場合は、以前のその優位的な地位をできるだけ保つために、他の国々に与えられた特権・権利を求めることが必要であると感じただろう。

2　条項の翻訳について

(1)　宗教の自由

以上の例に引き続き、それぞれの条約の宗教の自由に関する条項を、日本語版にとどまらず、すべての言語を照らし合わせて比較することにしよう。まず、日仏条約にこだわり続けて、フランス語版には、最後の部分は日本語版とオランダ語版にあるように単に「日本に於て踏絵の仕来は既に廃せり」(«De gewoonte van, in Japan, op zinne-beelden te trappen, is reeds afgeschaft»)と記されているのではなく、「日本政府は［日本］帝国に於けるキリスト教に対する侮辱的な行為を既に廃した」[63]という、もっと激しい記述である。さらに興味深いことに、この部分はちょうどメルメの書簡に現れる記述と同じ内容と表現であるので、[64] この第四条はやはりメルメの影響によって作成されたものであると言えよう。日仏条約の第四条は、外交上におけるフランスとキリスト教との密接な関係を示しながら、日仏関係の成立過程における宣教師の重要な役割を証明しているものでもある。

また、日魯条約の第七条を分析してみると、同じような指摘をすることができる。つまり、日本語版とオランダ語版の最後の部分は単に「長崎に於て踏絵の仕来ハ既に廃せり」（《het trappen van voorwerpen van hunne godsdienst is door de Japansche Regering afgeschaft》）[65]と記されているが、ロシア語版では日本政府が宗教的な象徴を「踏むこと」ではなく、むしろ「侵害すること」[66]を廃止したと記されている。その意味では、以上に見た日仏条約の規定に似ており、ロシアの宗教へのこだわりも窺うことができよう。それとは逆に、日英条約の宗教の自由に関する条項が最も短く、キリスト教徒に対する踏絵のような習慣を禁じるというような要求もないことから、イギリスが宗教を優先すべき外交テーマと考えていなかったことが明らかである。

(2) 条約題について

始めに述べたように、辞書や教科書において、安政五年の条約は一般的に「安政五カ国条約」と称され、「修好通商条約」として知られている。しかし、それぞれの条約の題を比較すると、「修好通商条約」として簡単にまとめられるものであるかどうかについては、議論の余地がある。オランダ語以外の西洋の言語で「修好通商条約」と題されたのは、日米条約（英語では《Treaty of Amity and Commerce》）のみである。オランダ語訳の題を見てみると、「修好通商条約」（《Traaktat van Vriendschap en Handel》）と題されたのは、日魯条約と日仏条約だけである。**表3**を見ると、「平和修好通商条約」という題名が「修好通商条約」という題名ほど多い（日英、日仏、日米蘭語訳）ことが分かる。ところが、日本語版の題を見ると、日蘭条約を除いて、その他の条約の題が確かに「修好通商条約」となっていることから、日本側がこのような総称をつけたと推測できる。しかもここでは最初に結ばれた日米条約の題を基にした結果であると考えられる。未だに外交関係に慣れていない幕府にとっては、それらの最初の通商条約は同

表3　安政五年条約題名比較

条約	外国語題名（その和訳）	和語題名	オランダ語訳（その和訳）
日米	Treaty of Amity and Commerce Between the United States of America and the Empire of Japan （日本帝国とアメリカ合衆国との間の修好通商条約）	日本国米利堅合衆国 修好通商条約	Traktaat van Vrede, Vriendschap en Handel Tusschen de Vereenigde Staten Van Amerika en Japan （アメリカ合衆国と日本との間の平和修好通商条約）
日蘭	Traktaat van Vriendschap, Handel en Zeevaart Tusschen Nederlanden en Japan （オランダと日本との間の修好通商航海条約）	日本和蘭 修好通商航海条約	
日魯	Трактать Заключенный Между Россiею и Японiею （ロシアと日本との間に締結された条約）	日本国魯西亜国 修好通商条約	Traktaat van Vriendschap en Handel Tusschen Rusland en Japan （ロシアと日本との間の修好通商条約）
日英	Treaty of Peace, Amity and Commerce Between Great Britain and Japan （大ブリテンと日本との間の平和修好通商条約）	日本国大不列顛国 修好通商条約	Traaktat Tusschen Japan en Groot Brittanie （日本と大ブリテンとの間の条約）
日仏	Trait? de Paix, d' Amiti? et de Commerce Entre le Japon et la France （日本とフランスとの間の平和修好通商条約）	日本国仏蘭西国 修好通商条約	Traaktat van Vriendschap en Handel Tusschen Japan en Frankryk （日本とフランスとの間の修好通商条約）

じようなものであったと言えるのかも知れない。それぞれの国々との交渉の際に、できるだけ前例と違うことを譲らないようにしている幕府の委員達の態度もそれを示していると思う。日本から見れば、幕府はそれぞれの国々との関係を始めたのではなく、異人＝西洋人という一つの存在とのやり取りを始めていることになるのではなかろうか。

(3) 元首記述について

条約文の言葉遣い・翻訳という視点から外国の日本に対する認識を確認できる例として、それぞれの条約の前文に現れている日本の元首（即ち条約を締結した権力者）に関する記述が挙げられる。**表4**の和語の部分を見ると、日本側は全て「日本大君」となっていることが印象的である。つまり、勅許を得られなかった幕府は、自らを日本の元首として条約を勝手に調印し、京都（＝ミヤコ）にいる天皇とその朝廷の存在を、条約の本文からは完全に省いてしまったのである。また、日米・日蘭・日露・日英条約の場合は日本の代表者が和語の部分で「帝国大日本大君」と記されているのに対し、日仏条約の場合だけは、それが単に「日本大君」となっている。[67]その上、上記の「帝国大日本大君」（和語版）という表現は、それぞれの条約の英語、オランダ語、ロシア語版には使用されていないし、[68]それぞれの条約に付いている蘭語版にも現れていないものである。[69]要するに、幕府は、将軍＝大君が日本最高の長ではないということを強調したかったかのように、日本語版を作成した際に、「帝国」（大日本大君）という言葉を付け加えたのであろう。つまり、幕府はそれらの条約の交渉と本文から完全に省かれた天皇の存在を元首記述に強調したと言えよう。日本は確かに帝国ではあるが、将軍＝大君はその帝国の皇帝ではないことを強調したのではないかと思う。ということで、欧文に既に「大君（陛下）」という表現が用いられた条約（日米、日英、日蘭）の場合は、それぞれの英語とオランダ語の記載に「帝国大日本」（日本語版）を加えた。それに対し、将軍＝大君を完全に「日本皇帝」（«L' Empereur du Japon»）とみなしている日仏条約の場合は、その誤った記載が「日本大君」に改められたのであ

表4　安政五年条約の前文に見る元首記述

条約	外国語（その和訳）	和語	オランダ語訳(その和訳)
日米	The President of the United States of Japan and his Majesty the Tycoon of Japan （アメリカ合衆国大統領と 日本大君陛下）	帝国大日本大君と 亜米利加合衆国大統領	Zyne Majesteit de Taikoen van Japan en de President der Vereenigde Staten van Amerika （日本大君陛下と アメリカ合衆国大統領）
日蘭	Hunne Majesteiten De Koning Der Nederlanden en De Taikoen van Japan （オランダ国王陛下と 日本大君陛下）	阿蘭陀国王と：帝国大日本大君	
日魯	Его Величество Императорσ Всероссійскій и Его Величество Тайкунь, Верховный Повелитель Японіи （全ロシア皇帝陛下と 日本最高の支配者大君陛下）	帝国大日本大君と 全魯西亜国帝	Zyne Majesteit de Keizer van het geheele Rusland en Zyne Majesteit de Taikoen van Japan （全ロシア皇帝陛下と 日本大君陛下）
日英	Her Majesty the Queen of the United Kingdom of Great Britain and Ireland, and His Majesty the Tycoon of Japan （大ブリテン及アイルランド連合王国女王陛下と 日本大君陛下）	帝国大日本大君と 大貌利太尼亜及ひ意而蘭土女王	Zyne Majesteit de Taikoen van Japan en Hare Majesteit de Koningin van het Vereenigde Koningryk Groot Brittanie en Ierland （日本大君陛下と 大ブリテン及アイルランド連合王国女王陛下）
日仏	Sa Majesté l'Empereur des Français et Sa Majesté l'Empereur du Japon （フランス人の皇帝陛下と 日本皇帝陛下）	仏蘭西皇帝と 日本大君	Zyne Majesteit de Keizer van Frankryk en Zyne Majesteit de Taikoen van Japan （フランス皇帝陛下と 日本大君陛下）

る。しかしなぜ日仏条約の場合だけに「帝国大日本大君」と記載されていないのかは不明である。

他方、元首記述の面で、日魯条約の前文もまた興味深いものである。ロシア語の記載の「日本最高の支配者大君陛下」（«Его ВеличествоТайкунъ, Верховный Повелитель Японiи»）という、天皇の存在を考えれば非常に相応しくない表現が、日本語版に「帝国大日本大君」、オランダ語版に「日本大君」（«Zyne Majesteit de Taikoen van Japan»）に改まっている。つまりここで興味深いと考えられるのは、「帝国大日本大君陛下」という表現が日仏条約和語版のように「日本大君」になったことではなく、むしろ日仏条約の「日本皇帝陛下」（仏語版）と日魯条約の「日本最高の支配者大君陛下」（魯語版）という二つの表現が、日本語版でもオランダ語版でも単に「日本大君」になってしまったということである。(70)

フランスとロシアによるそれらの表現の使用は、宗教的皇帝である天皇と世俗的皇帝である将軍が並存するという、西洋で一般的だった日本の政治的構造に対する認識不足を示すだけではない。安政五年の条約が最初にそれぞれの国の言葉で書かれ、後に日本語とオランダ語で訳されたということと、(71)それらの訳文が文字通りの翻訳ではなかったということを示している。その指摘を裏付けるものとして、日蘭条約以外のそれぞれの条約に、「両国にて通ずる和蘭語の訳文を双方より添たり若条約に解し難きことあらば、その蘭文を以て証とすべし」(72)というような記載があることが挙げられる。要するに、江戸時代の日本独特の状況に基づく、オランダ語を外交用語とした秩序が存続したことを意味するのである。その特殊の国際秩序においては、大君＝将軍を「日本皇帝陛下」（日仏条約仏語版）や「日本最高の支配者大君陛下」（日魯条約魯語版）というふうに記すのが許されないことだったのである。それらの変わった記述が、条約によって最も正確とされたオランダ語版には完全に消されてしまったということは、オランダ（語）が主になっている日本独特の国際秩序がある程度残存していたことを意味するのである。しかし、幕府は外国側のそれらの誤解を訂正するほどの権力・説得力がなかったことも言えるだろう。

交渉の段階から違う背景、違う環境、違う条件や外交政策によって作成された安政五年の条約は、その内容においても様々な相違・ニュアンスを示している。それぞれの条約の内容が全体的に似ているとは言え、それぞれの締結国の目的・認識・政策・経験によって、独特の条約が生まれてくると言える。次に、それぞれの締結国がどのようにして条約を実施したかを検討することにしよう。

三　条約の実施

1　締結国の活動

安政五年の条約によって、神奈川・長崎・箱館・新潟・兵庫が開港され、後に江戸と大坂も外国人の貿易・居留に開かれる予定であった。しかし、それぞれの締結国が全ての開港場を同じように重要視していたわけではない。例えば、ロシアの場合は、地理的・歴史的・戦略的な理由によって、箱館が最も重要な場所になり、神奈川・江戸はほとんど無視されていたのである。ロシアが条約によって定められた領事館を設置する権利を最初に使ったのは、箱館であり、初代ロシア領事ゴシケビッチ（Иосиф Антонович Гошкевич、一八一四―一八七五）は一八五八年一一月五日（安政五年九月三〇日）に箱館に着任した。[73] それと逆に、フランスの場合は、まず領事を江戸に置いて、一八六四年まで箱館に領事を設置せず、イギリス領事がフランス領事を兼ねていた。[74] また、在箱館イギリス領事は一八六七年までオランダの領事事務をも取り扱っていた。ロシアが江戸周辺を外交活動の地域としてほとんど無視していた証拠として、安政五年の条約が実施し始めてから発展していった様々な外交問題の解決過程に良く現れている。

一八六一年（文久元）一月一五日にアメリカ領事館書記ヒュースケンが殺害された際、一八六三年春の天皇による外国人追放令の際、そして特に下関事件の際に、[75]ロシアは他の列強の会議や政策にまったく参加しなかった。翌一八六四年の下関砲撃は米・英・仏・蘭四国艦隊によって行われ、その結果下関事件取極書も横浜にて一八六四年一〇月二二日（元治元年九月二二日）に仏・米・英・蘭とによって締結されたのである。[76]つまり、ロシアは江戸周辺での列強の外交活動にまったく参加せず、専ら箱館をその外交の根拠地として利用していたにとどまったが、ロシアの状況を考えると、当然の選択でもあったといえる。

ロシアの例から、安政五年に日本との条約を結んだ西洋列強が皆同じように条約の内容を解釈していたわけではないことが明らかであろう。つまり、条約の内容だけではなく、その条約をどのようにしてそれぞれの国々の外交上の政策や目的に合わせられるのかという問題も重要になってくるわけで、その点においても、五つの条約が必ずしも同様の土台をなすとは決して言えない。

2　条約秩序における使用言語──箱館を事例に

安政五年の五つの条約によって、日本における外交上（ここでは西洋国と日本との関係に限る）の言語状態がある程度決まるようになった。つまり、以前は外交上の共用語であったオランダ語の代わりに、理論上では外交を行う際にそれぞれの締結国の言語を使おうという傾向になった。しかし当分は、便宜上では外交書簡をオランダ語で翻訳することも許された。幕府の西洋に対する意識が変化を見せていたとともに、江戸時代を通じて日本独特の外交共用語であったオランダ語の優先性がなくなりつつあったことをも示している。

以下の史料は日仏条約の第二一条と第二二条で、その傾向を良く表している。

〔史料一二〕

第二十一条

仏蘭西ミニストル並にコンシュルより日本高官へ書面にて掛合ふ事あらは仏蘭西語を以てすへし日本にて速に解する為に五年の間は都て日本語並に仏蘭西語にて認むへし(77)

第二十二条

此条約本書は仏蘭西皇帝自ら名を記し印を押し日本大君奥印して今より後一年の内に仏蘭西使節と日本委任の役人と江戸に於て取替すへし此条約は仏蘭西にては仏蘭西語を用ひ日本の片仮名を添え日本にても和文を用ひ片仮名を添へし其文意は何れも同様なれ共猶両国にて通する和蘭語の訳文を双方より添たり若条約に解し難き事あらは其蘭文を以て証とすへし此文は魯西亜英吉利亜墨利加条約に添たる和蘭陀語訳文と同様なり安政六未年七月十七日（西洋紀元一千八百五十九年八月十五日）に至りて本書取替はせ済まず共此条約の趣は其日より執行ふへし［後略］

他の条約にも同じような条項が記述されている。

日米条約第十四条：「尤日本語英語和蘭語にて本文共に四通を書し其訳文は何れも同様なりと雖蘭語訳文を以て証拠と為すへし」。

日魯条約第十七条：変なことに日本語版には記されていない。ロシア語文では：

«Голландскій текстъ (...) будетъ служить для поясненія смысла всѣхъ статей Трактата.»

つまり「和蘭語文は（…）条約の全ての箇条の説明に奉仕すべきである」〔筆者和訳〕ということになる。

日英条約第二十一条：「此条約は日本英吉利及和蘭語にて書し各翻訳は同義同意にして和蘭翻訳を元と見るへし」と「都て貎利太尼亜のヂプロマチーキアゲント及コンシュライルアゲントより日本司人にいたす公事の書通ハ向後英語にて書すへし尤此条約調判の月日より五箇年の間は日本或は和蘭の訳書を添へし」

日蘭条約には言語に関する規定が記されていないが、それはおそらく状況が以前のままで継続するからだと考えられる。

オランダ語の優先性がある程度守られたと言えるが、条約によってその点に関する記述が違ったり、訳されなかったりしているのが興味深いことである。一方、外交上の書簡に関する言語の記載が日英条約（第二一条）と日仏条約（第二一条）にしか現れていないこともまた興味深いことである。それはイギリスとフランスが一八五八年六月に清朝との間に締結した天津条約の経験を活かした結果であると考える。[78] それによって、歴史教科書等に現れる、「安政五ヶ国条約」の絶対的な見本としての日米条約の役割が弱まるとも言える。

⑴　箱館に於ける言語状況―その一　ロシア

実際に開港した箱館の外交実態を分析してみると、決して条約に記されている通りに機能していたとは限らない。まず、最初に箱館に興味を持ち始めたロシア側の史料から箱館における言語状況の実態に関する情報を収集してみよう。一八五八年一一月五日（魯暦一八五八年一〇月二四日、安政五年九月三〇日）に、初代ロシア領事ゴシケビッチが箱館に上陸した。[79] その時に、既にアメリカの貿易事務官ライス（Elisha E. Rice、一八二〇―一八八五）が箱館に滞在していた。

「モルスコイ・スボルニック」（«МорскойСборник»＝「海軍選集」の意）という雑誌に、ゴシケビッチと共に箱館に来日した、ロシア領事館の役人やロシア艦隊の士官がロシアに送った報告書や書簡が載っている。それらの中から、いくつかの興味深い事実を見ることができる。例えば、一八五八年一二月一日（西暦同月一三日）付のナジモフ（Назимов）海軍中尉からの書簡には、以下の記述がある。

〔史料一二〕

«24–го Октября, подойдя къ мысу у в ходанарейдъ, клиперъ остановилъ ходъ, корабль легъ въ дрейфъ ; консулъ съ состоящими при немъ лицами,переѣхалъ на вельботахъ на клиперъ. В 11 часовъ утра, ① приняли Японца лоцмана съ дипломомъ на лоцманское искусство, написаннымъ на англійскомъ языке. Отъ насъ впослѣдствіи снабдили лоцмана таковымъ же дипломомъ на русскомъ языкѣ. В полдень бросили якорь нарейдѣ Хакодати, противъ самаго города, внутри бухты. Японскіе чиновники не замедлили явиться на клиперъ съ поздравленіями ; первый из нихъ, взойдя на палубу,② поздоровался съ нами на англійскомъ языкѣ; то былъ переводчикъ, за нимъ слѣдовали : старшій губернаторскій чиновникъ, шпіонъ–офицеръ и таможенный офицеръ.

Вскорѣ эти господа узнали въ консулѣ стараго знакомаго.③ Разговоръ шелъ по англійски,(80) но чиновники не забыл и сейчасъ же объявитъ, что какъ сосѣди, онинамѣрены выучиться по–русски.(...)»

和訳

①「日本の水先案内人を、英語で書かれた水先案内の技術に関する書類で迎えた。」

②「彼ら［日本の役人］の内の最初のものは、甲板に乗りながら、英語で我々に挨拶した。」

③「話し合いが英語で進められた。」

«(...) переводчикъ (...) объявилъ, что губернаторъ желаетъ говорить по англійски черезъ переводчика (...)»(81)

和訳

「通訳は［中略］、奉行が通訳を通じて英語で話したいと知らせた。」

«Прежде всего обращаеть на себя вниманіе базарь для европейцевъ—собственно таможня илия отдѣленіе. Здѣсь присутствуютъ : переводчикъ, говорящій на ломаномъ англійскомъ языкъ (...).»[82]

和訳

「［ヨーロッパ人のための市場《バザール》では］ゆがんだ英語で話す通訳が出席している。」

つまり、これらの史料を見て、箱館の役人がロシア人と交渉を行う際にわざわざ英語を使用しようとしていたことが非常に興味深い事実であると思う。箱館、というよりも蝦夷地とロシアは以前から関係を持っていたし、一八〇八年（文化五）のフェートン号事件に伴い、幕府は長崎の蘭通詞にロシア語（と英語）を学習するように命じたので[83]、ロシア語の話せる役人がいたはずと考えるのが当然である。但し、箱館におけるこの英語の使用は、単に事実上の決定なのか、それとも幕府の命令によることなのかということについては、これからの課題として残したい。

(2) 箱館に於ける言語状況—その二 イギリス

ロシア領事ゴシケビッチが箱館に到着してから一年後、イギリス初代領事ホジソン（Christopher Pemberton Hodgson、一八二一—一八六五）が箱館に到着した。ホジソンは先ず長崎領事を勤めたが、すぐ箱館に派遣されるようになった。新着任地箱館へ向かって江戸に寄った際に、「フランス人の皇帝陛下の代理公使デゥシェーン・ド・ベルクール氏は私を箱館におけるフランス領事、フランス人の権益の保護の担当者として求めた[84]」と述べている。ホジソンは一八五九年一〇月五日（安政六年九月一一日）に箱館に到着し、そこに「約一年以上滞在した」[85]のである。ホジソンの著した『ホジソン長崎函館滞在記』にも、ロシア人が述べている、言語に関する同じ指摘が現れている。

〔史料一三〕

《The «Highflyer» arrived at Hakodate on the 5th of October, late at night ; and early[86] the next morning Government officers came on board, speaking, to our great surprise, not Dutch, but very decent English.》

その後の領事館の状況については、明確に述べていないので判断しづらいが、少なくとも、ロシアの場合と同様に、イギリス領事と幕府の役人との最初の出会いは、日本の伝統的な外交用語であるオランダ語ではなく、英語で行われたことが重要であると思う。幕府（それとも箱館奉行）が、新しい国際状況を読み取れて、オランダが西洋においては強国ではなく、むしろイギリスとアメリカがそれであると判断していた、と言えるのではないだろうか。

(3)　箱館に於ける言語状況―その三　フランス

更に、「佛国官吏来翰編冊―箱館奉行所[87]」という史料にも、箱館における外交用語の状況について興味深い記述がある。この史料から、以上に載せた日仏条約の第二一・二二条にもかかわらず、フランス領事館より箱館の奉行所に充てられた書簡の大多数が英語で書かれていることが分かる。確かに、一八五九年から一八六一年まで、箱館のフランス領事をイギリス領事のホジソンが兼ねていたという状況がある。ところが、ホジソンの日記にはフランス語も所々用いられているし、彼の妻がフランス人であったし、フランスの宣教師メルメと密接な関係を結んでいた[88]こともあり、恐らくフランス語も使えたと推測できる。しかし一方、「佛国官吏来翰編冊」にある書簡は一八六二年以降のもので、その時期はヴーヴ（Henri　Weuve またはVeuve、綴り未確定）がスイス副領事兼フランスの副領事を務めていた。[89] 次の史料に、フランス領事館による英語の使用に対する態度が現れている。

〔史料一四〕

«Hakodadi, le 20 janvier 1866

Excellence,

J'ai l'honneur de vous renvoyer ci inclus une lettre que vous m'adressez et que vous faites accompagner d'une traduction en langue anglaise.

A partir du départ de votre ancien interprète pour la langue hollandaise M. Namoera[90] jusqu'à l'arrivée de votre nouvel interprète pour cette langue M. Hori, j'ai bien pu accepter la traduction de vos lettres en anglais afin de faciliter les rapports qui ont eu lieu entre vous et moi ; mais je dois vous informer qu'à partir du moment où vous êtes à même de me fournir ainsi qu'il est stipulé dans le traité entre le Gouvernement français et celui du Japon des traductions en langue hollandaise il est de mon devoir d'exiger que cette clause du traité soit exécutée à moins que vous ne puissiez me fournir des traductions en langue française, ce qui me serait encore plus utile.

Avec ma respectueuse considération

A son Excellence

Koide Yamato no Kami

Gouverneur de Hakodadi

(signé) Weuve[91]

Consul de France»

和訳：

「閣下へ、

私に宛てられ、英訳も添えられた一通の書簡を同封してお返し致します。

貴方の前のオランダ語通詞の名村さんがいなくなってから、新しいオランダ語通詞のほりさんが着くまでは、貴方と私との関係を容易にするために、貴方の書簡の英訳を認めることができましたが、フランス政府と日本政府間の条約に記されているように私に蘭訳を提供することができる限りでは、この条項が守られるのが私の義務であることを、貴方に知らせねばなりません。或いは私にとって更に役に立てる仏訳を提供することができるのかも知れませんが。

敬具

ヴーヴ（サイン）

フランス領事」

小出大和守

箱館奉行閣下へ

一八六六年一月に書かれたこの書簡に蘭訳が添付されている。この書簡に、以前フランス領事が箱館奉行からもらった何通かの書簡に英訳が添付されていたのは、蘭語通詞がいなかったからだと記されている。つまり、一八五九年から数年間、箱館にフランスの宣教師メルメのフランス語学校が存在して、栗本鋤雲などがメルメにフランス語を教わったものの、奉行所には書簡を直接フランス語に訳す人がいなかったということになる。それともその時点で箱館当局が、以上で触れたように、やはり英語の外交上の重要性を認め始めていたのかも知れない。とにかく奉行所が諸外国とのやり取りにおいては諸条約の記載にも拘らず英語も使用しようとしていたことを、フランス領事館との書簡からも確認することができる。

他方では、フランス領事は日仏条約に基づいて、蘭訳または仏訳を奉行所に求めていたが、日仏条約の第二一条によると、「日本高官へ書面にて掛合ふ事あらは仏蘭西語を以てすへし」と、「五年の間は都て日本語並に仏蘭西語にて認むへし」と書いてあるように、蘭訳も英訳も認められていないはずである。また、史料一四が書かれた一八六六年には、条約に記された五年間という期限が既に過ぎている時期である。但し確かに日本高官からの書簡の言語については記載がない。また、第二二条には、確かに「猶両国にて通する和蘭語の訳文を双方より添たり若条約に解し難き事あらは其蘭文を以て証とすへし」と記されているが、それは日仏条約の本文自体に関する事項で、外交上の他の書簡に当てはまるとは言えない。つまり、日仏条約に従うと、一八六六年という時点ではフランス領事館から箱館奉行所宛の書簡は全てフランス語で書かれるべきだったとしか言えない。

ところがヴーヴがフランス領事として書く書簡の中に、交代で英語もオランダ語もフランス語も使用されている。**表5**を見ると、一八六二年から一八七一年までのフランス領事館より箱館奉行所宛の（入手できた）書簡の六〇％以上が英語で書かれているという数字が驚くべきであろう。それに対し、フランス語で書かれたものが二八％、オランダ語で書かれたものが七％しか占めない。それらの数字は、オランダ語を国際共用語としていた江戸時代における日

表5A　「佛国官吏來翰編冊」総合統計

年	書簡数	差出人	書簡数	宛先	書簡数	言語（訳語）	書簡数	場所	書簡数
1862	4	フランス領事	59	箱館税関所官吏	42	英語　（和語）	67（2）	箱館	54
文久2		メルメ	16	箱館奉行	26	仏語　（蘭語）	31（9）	Hakodadi	
1863	1	スイス領事	10	箱館副奉行	4	（和語）	31（1）	箱館	10
文久3		フランス兼スイス領事	4	箱館税関所担当副奉行	1	（英語）	31（1）	Hakodate	
1864	4	モンジュ号船長	4	箱館当局	1	蘭語	8（0）	ル・モンジュ船	2
元治1		フランス領事館書記官	3	フランス大使	1	和語	3（0）	Le Monge	
1865	43	メナール	2	ファブル商人	1			蝦夷	1
慶應1		スイス総領事	1	外務省「長島」	1			Iezo	
1866	10	エネルジー号船長	1	諭所所長	1			横浜	1
慶應2		箱館奉行	1	イギリス領事	1			不明	41
1867	0	外務大臣	1	不明	30				
慶應3		フランス大使	1						
1868	4	ファブル商人	1						
明治1		不明	5						
1869	2								
明治2									
1870									
明治3									
1871	2								
明治4									
不明	38								
	109		109		109		109		109

表５B 「佛国官吏來翰編冊」年別統計

年	差出人	書簡数	宛先	書簡数	言語（訳語）	書簡数	場所	書簡数
1862（文久２）	モンジュ号船長	3			仏語	2	箱館	
（書簡数：４）	メルメ	1			英語	2	(Hakodate	1)
							蝦夷	1
							Iezo	
							モンジュ号	1
							Le Monge	
1863（文久３）	フランス領事	1	箱館税関所	1	仏語	1	箱館	
（書簡数：１）							(Hakodadi	1)
1864（元治１）	スイス領事	2	箱館税関所	3	蘭語	2	箱館	
（書簡数：４）	フランス領事	2			英語	2	(Hakodadi	4)
1865（慶應１）	フランス領事	30	箱館税関所官吏	21	英語	21	箱館	41
（書簡数：43）	フランス兼スイス領事	2	箱館奉行	20	仏語　（蘭語）	19(8)	(Hakodadi	35)
	スイス連邦領事	7	箱館税関所長	3	（英語）	19(1)	(Hakodate	6)
	フランス領事館書記官	3			蘭語	3	横浜	1
1866（慶應２）	フランス領事	7	箱館奉行	5	英語	7	箱館	
（書簡数：10）	フランス兼スイス領事	2	箱館税関所官吏	3	仏語（蘭語）	2(1)	(Hakodadi	6)
	スイス連邦領事	1	箱館副奉行	2	蘭語	1	(Hakodate	1)
1867（慶應３）								
（書簡数：０）								
1868（明治１）	エネルジー号船長	1	箱館税関所	2	仏語（和語）	1(1)	箱館	
（書簡数：４）	フランス領事	3			英語	3	(Hakodadi	3)
							(Hakodate	1)
1869（明治２）	メナール	1	箱館奉行	1	仏語	1	箱館	
（書簡数：２）	ファブル	1	箱館税関所	1	英語（和語）	1(1)	(Hakodadi	2)
1870（明治３）	メナール	1	箱館当局	1	英語	1	箱館	
（書簡数：１）							(Hakodadi	1)
1871（明治４）	外務省	1	フランス大使	1	仏語	2	横浜	1
（書簡数：２）	フランス大使	1	ファブル	1				

本独特の国際秩序の終りと、英語の新国際共用語としての役割の始まりを示すと言えるのではないかと思う。

安政五年の条約の内容にもかかわらず、箱館においては、幕府当局が諸外国とのやり取りの際に、大いに英語を用いようとしていたことが明らかになったと言える。ロシアに対しても、イギリスに対しても、フランスに対しても、(92)箱館当局は外国側の要求に応えるという形ではなく、自らの意思でそう選択したとしか言えない。その政策が、箱館当局（箱館奉行？）の判断によるものなのか、または幕府の命令によるものなのかを確認することは、これからの重要な課題としたい。

おわりに

安政五年の五つの条約を分析すればするほど、辞書や教科書にまとめられているような、単なる日米条約のコピーというイメージが消えていってしまうと言える。交渉段階においては、西洋人と日本人共に自国の外交的な目的・作戦・経験を背負っている人間がかかわっており、条約という政治的・歴史的な産物をできるだけそれらに合わせるように、交渉を繰り返しているわけである。二〇〇年にわたって日本との貿易関係を続けてきたオランダ、サハリンなどで日本との境界をもつロシア、ペリーの影響で最初に日本を開国させることに成功したアメリカ、清国を破って中国を開国させたイギリスとフランスは、日本という未だ閉鎖された国において異なった地位を有し、それぞれの条約交渉は異なった立場から、異なった条件によって行われたわけである。

また、交渉が成功し条約が作成されても、五つの条約が同一のものであるとはとても言えない。交渉の背景にあったそれぞれの国々の外交的な目的・作戦・経験や、日本に対する認識・イメージが、やはり条約という産物においても、条約の数や順番・言葉遣いや翻訳などによって現れているのである。教科書のように、内容を大雑把にまとめることができるかも知れないが、条約の分析が細かくなればなるほど、それぞれの国々の個性・本質が現れてくると言える。

最後に、条約に様々な条項が記されたわけであるが、すべての国々がそれらを同一的に扱ったり・考えたりしていたとは言えない。やはりそれぞれの経験・政策・目的に合った条約解釈が行われたのである。明治維新に至る日本における国際関係がそれらの異なった条約解釈によるものであるとも言えるのではないかと思う。安政五年の条約の存在は幕末日本における外交関係とその発展を考える上には根本的なものであるからこそ、単なる一つの産物としてまとめることができず、逆に言えば本稿よりも更に細かい分析が必要になってくるのではないかと思う。

〈注〉

(1)『日本史辞典』角川書店、一九九七年。
(2)『新日本史B』数研出版、一九九九年、二六六頁。
(3) 花井宏尹「日米交流史(3)日米修好通商条約と安政の大獄〔含英語原文〕」(『By the Way』四七号、一九九九年)。坂田精一「日本の近代化と安政の日米修好通商条約—不平等条約の定説批判(『拓殖大学論集』一〇四—一〇五号、一九七六年)。
(4) 石井孝「従属的国際関係の「大憲章」安政通商条約」(『歴史評論』、九四号、一九五八年)。
(5) 森田朋子「「不平等」条約と領事裁判権——開港直後の日英交渉を中心として」(『史学雑誌』一〇五号、一九九六年)。
(6) 三代川正一「安政5年5カ国通商条約における税率の決定について」(『国際商科大学論叢』商学部編、三二号、一九八五年)。
(7) ここで使用する条約は、『舊條約彙纂』(外務省条約局、一九三〇—一九三六)に編集されているものである。石井孝もそ

「安政五カ国条約」を問うて(ル・ルー・ブレンダン)

れに基づき以上の論文（注4参照）を著している。

（8）ねづまさし「ハリスと日米和親通商条約」（『歴史評論』、九四号、一九五八年）、一八頁。

（9）HARRIS, Townsend, *The Complete Journal of Townsend Harris* (Doubleday, 一九三〇)：«Wednesday, november 18, 1857. (...) The Governor [Prince of Dewa] gave me a copy of a Treaty made with the Dutch in January, 1856. It is only a recapitulaion of the substance of the Dutch Convention of November, 1855, *except* it withdraw the right of the Dutch to lease the grounds and buy the buildings at Deshima.» «Friday, november 20, 1857. Went to the Goyoshi at the special request of the Governor, who gave me copies of Additional Articles made with the Dutch, October 16, 1857, and with the Russians on the 24th of the same month.»

（10）ねづまさし「ハリスと日米和親通商条約」（注8参照）、一七―一八頁。

（11）その結果、安政四年五月二六日に下田条約という協約を既に結んでいた。

（12）シャム王国との条約は交渉が始まってから一ヵ月半で調印された（ねづまさし「ハリスと日米和親通商条約」（注8参照）、一六頁）。

（13）HARRIS, *The Complete Journal of Townsend Harris*（注9参照）、五三八頁：«Ash Wednesday, February 17, 1858. (...) I at last discovered that they wished to delay the signing of the Treaty until a member of the Council of State〔老中〕could proceed as "Ambassador to the Spiritual Emperor〔天皇〕" at Kyoto and get his approval (...)。»

（14）同上、五四六頁。日付は西暦一八五八年二月一七日に当る。しかし交渉はそれ以降にも行われ、条約の完成草稿はハリスによって一八五八年二月二七日に日本側に提出され、三月二日に彼によってサインされた（同上、五五六―五五七頁）。

（15）辛い交渉と仕事の結果、ハリスは一八五八年二月二七日から重病にかかって、その日記もその日付から三ヶ月ほど中断している。

（16）一八五八年八月三〇日付「エルギン伯よりマルムスベリー伯外務大臣へフュリアス号にての書簡」：「とかくするうちに、天津で起こった事態の情報が伝わり、この情報によって感動を受けた結果、アメリカと日本との間の条約は今月二十日にハリス氏によって署名されることになったのです。」（オリファント（岡田章雄訳）『エルギン卿遣日使節録』（雄松堂書店、一九六八年）、二六八頁）

(17) 石井孝「従属的国際関係の「大憲章」安政通商条約」（注4参照）、一一頁。

(18) オリファント『エルギン卿遣日使節録』（注16参照）、二七一頁。

(19) 同上、二七四—二七五頁。エルギン卿使節団は、条約を調印した八月二六日その日に江戸を出帆し上海に赴いた。上海に清朝の委員と会見する予定だったので、中国に戻ることをかなり急いでいたようである。

(20) オリファント『エルギン卿遣日使節録』（注16参照）、一五九頁。

(21) 一八五八年八月三〇日付「エルギン伯よりマルムスベリー伯外務大臣への書簡」（同上、二六九頁）。

(22) 石井孝「従属的国際関係の「大憲章」安政通商条約」（注4参照）、一一頁。

(23) 一八五八年一〇月六日付「グロ男爵よりヴァレヴスキー伯爵（Alexandre Florian Joseph, comte Colonna Walewski, 一八一〇—一八六八）外務大臣宛の書簡」（«Chine N. 26 Octobre—Décembre 1858 : Mission du Baron Gros»（フランス外務省資料室所蔵））。

(24) MOGES, Marquis de, *Souvenirs d' une Ambassade en Chine et au Japon*（Hachette, 一八六〇）、三〇八頁（日本語訳：市川慎一、榊原直文編訳『フランス人の幕末維新』（有隣堂、一九九六年））。

(25) MARNAS, Francisque, *La "Religion de Jésus"*（*Iaso ja-kyo*）*ressuscitée au Japon dans la seconde moitié du XIXe siècle*（Delhomme et Briguet, 一八九七。以下 *La Religion de Jésus* と略す。）、第一巻、三二〇頁　: «Le traité franco-japonais est une copie avec quelques différences dans la forme, du traité anglo-japonais.»

(26) 『大日本古文書幕末外国関係文書之二十一』（東京帝国大学、一九一〇—一九六〇）、八二・一一〇・一二一・一二二・一二二頁等。ロシア使節の前例も少し見られるが、米・蘭使節については触れられていない。

(27) 同上、三九五頁（一八〇号　:「九月七日老中達　大目付目付へ　仏蘭西仮条約為取替済の件」。筆者が旧漢字と特殊文字を改めた。）

(28) その結論について、それぞれの使節に対する幕府の対応等を検討して立証する必要がある。
(29) ヒュースケン・ヘンリー『ヒュースケン日本日記』（青木枝朗訳、岩波書店、一九八九年）、七六頁。「〔ペナン島のアメリカ領事の〕カリアー氏の邸で、私の上司であり、シャムの宮廷への合衆国の全権使節兼駐日総領事であるタウンセンド・ハリス氏に対面した。」
(30) ヒュースケンもフランス語を話すことができ、彼の日記の原本はフランス語で書いてあることが興味深いことである。同上、八頁。
(31) 森山の名前について、以下のハリスの証言がある。«Moriama informs me that he was promoted one step when last at Yedo, and has a place in the Revenue Board. He says his name is now changed to Moriama Tatsitsio, in place of Moriama Yenosky (...)» (HARRIS, *The Complete Journal of Townsend Harris*（注9参照）、三二二頁）。
(32) 森山は嘉永六年（一八五三年）のプチャーチン来航の際に川路聖謨の通詞として活躍し、また嘉永七年（一八五四年）のペリー来航の際も通訳を務めた、重要な人物である。
(33) 実際の言語の使い方に関する事が今まで分析してきた史料からあまりよく現れていない。
(34) HARRIS, *The Complete Journal of Townsend Harris*（注9参照）、五〇四頁（Saturday, January 23, 1858）。
(35) 同上、三七四―三七五頁。
(36) オリファント『エルギン卿遣日使節録』（注16参照）、八四頁。
(37) 同上、一五九頁。
(38) 同上、二七二頁。
(39) ロシアの使節ではないが、下田に滞在したロシア船の士官についてハリスが以下の興味深い証言を残している。«Captains Possiet and Korsacoff, the Lieutenant commanding the schooner, and three other young officers dined with me to-day. Previous to this I had a visit from two of the young officers. They spoke French very well.» (HARRIS, *The Complete Journal of Townsend Harris*（注9参照）、二六四頁（Tuesday, November 11, 1856)）。また、«The more I see the Russian

officers the more I am pleased with them。(...) There is scarcely one of them that does not speak two or more languages.»（同上、二六八頁（Friday, November 14, 1856））。

(40) 杉本つとむ『長崎通詞ものがたり―ことばと文化の翻訳者』（創拓社、一九九〇）。

(41) オリファント『エルギン卿遣日使節録』（注16参照）、八頁。

(42) 同上、一八頁。

(43) HEUSKEN, Henry, *Japan Journal : 1855-1861*（Rutgers University Press, 一九六四）（日本語版は『ヒュースケン日本日記』（注29参照））、二一三頁。

(44) メルメが採用された時期については未だ不明であるが、少なくとも一八五八年四月の時点でその採用が決まっていたようである：«(...) Mr Mermet qui doit aller au Japon avec Mr le Baron Gros, ne sait encore quand il partira d' ici. (...)»（「グロ男爵と一緒に日本に行くはずのメルメ氏はいつここを出発するのかは未だ分かっていません。」一八五八年四月一二日付、リボア（Napoléon Libois, 一八〇五―一八七二、在香港パリ外国宣教会館長）神父よりパリ外国宣教会長宛の書簡。パリ外国宣教会資料室所蔵）。

(45) 一八五八年一〇月一八日付、メルメよりリボア神父宛の書簡（パリ外国宣教会資料室所蔵）：«Décidément, je me suis acquis une réputation fabuleuse. Comme linguiste, la renommée en retentira. Le Gros Baron m' admire et bien d' autres. J' espère bien que vous en ferez autant.»（「確かに、素晴らしい評判を得ました。言語学者として、名声が高くなりました。「大きい［グロ］」男爵は私を敬服し、他の人たちも同様です。貴方もそうなるのを願っています。」〔筆者和訳〕）

(46)『大日本古文書幕末外国関係文書之二十一』（注26参照）、一六八―一六九頁。後に箱館奉行の通詞を務めた名村と同一人物であろう。

(47) 同上、七三―七七頁。

(48) MARNAS, *La Religion de Jésus*（注25参照）、二九八頁。「オダシウーズ」（*Audacieuse*）という船に漏れ口があり、その修理に時間がかかった。

(49) この日付の選択理由について、史料には記載がないので断定できないが、恐らくアメリカ合衆国の独立記念日を念頭に定められた日付であると思う。

(50) 日英条約の七月一日の決定については、アメリカがイギリスから独立した七月四日という悲しい日を避けるためにエルギンがその日付を選択したとグロ男爵が幕府に説明している。また、日仏条約の八月一五日の決定については、施行日をナポレオン一世の記念日にするためだと説明している（一八五八年九月二八日付、«Procès-verbal de la 2e conférence de Yédo»（「江戸第二協議の議事録」）（«Chine N. 26 Octobre—Décembre 1858 : Mission du Baron Gros»（フランス外務省資料室所蔵））。

(51) 石井孝「従属的国際関係の「大憲章」安政通商条約」（注4参照）、二頁。

(52) オリファント『エルギン卿遣日使節録』（注16参照）、二七四―二七五頁。

(53) 日米条約第八条：「日本に在る亜米利加人自ら其国の宗法念し礼拝堂を居留場の内に置も障りなし並に其建物を破壊し亜米利加人宗法を自ら念するを妨る事なし　亜米利加人日本人の堂宮を毀傷する事なく又決して日本神仏の礼拝を妨け神体仏像を毀る事あるへからす　双方の人民互に宗旨に付ての争論あるへからす　日本長崎役所に於て踏絵の仕来は既に廃せり」。

(54) 日英条約第九条：「在留の貌利太泥亜人自ら其国の宗旨を念し拝所を居留の場所に営む事障なし」。

(55) 日蘭条約第七条：「日本に在る阿蘭陀人自ら其国の宗法を念し礼拝堂を居留地の内に置は障りなし並に其建物を破壊し阿蘭陀人宗法を自ら念するを妨る事なし　阿蘭陀人日本の堂宮を毀傷する事なく又決して日本神仏の礼拝を妨け神体仏像を毀つ事あるへからす　双方の人民互に宗旨に付ての争論あるへからす」。

(56) 日魯条約第七条：「日本に一時或ハ連綿在留の魯西亜人家眷を携る事を免し且自ら其宗旨を念し宗法を修する事を得へし長崎に於て踏絵の仕来ハ既に廃せり」。

(57) フランスがその第二次アヘン戦争＝アロー戦争に参加した理由はフランスの宣教師の殺害であったことを忘れてはならない。

(58) 一八五八年七月六日付、グロ男爵よりヴァレヴスキー外務大臣宛の書簡（«Chine N 25. Juillet—Septembre 1858 : Mission du Baron Gros»（フランス外務省資料室所蔵））：«Votre Excellence remarquera que dans le traité primitif de Lord Elgin il n' était pas dit un mot au sujet du christianisme et que mieux inspiré par l' exemple que je lui ai donné le traité définitif contient une clause très convenable à ce sujet.»（「閣下は、エルギン卿の最初の条約にはキリスト教に関しては一言も述べられていなかったのに、私の例によって動かされたおかげで最終条約はそれについてとても適切な条項が含まれている、ということに気付くでしょう。」〔筆者和訳〕）

(59) «There will not be any harassment in the exercise of our faith, but that which we desire above all—the liberty to preach the Gospel to the indigenes—has been absolutely refused.», *Lettres Communes de la Société des Missions Etrangères de Paris*（一八五九年六月一四日）、六五九頁（MEDZINI, Meron, *French Policy in Japan during the closing Years of the Tokugawa Regime*（Harvard University Press、一九七一）、一九頁から引用）。

(60) MARNAS, *La Religion de Jésus*（注25参照）、三二〇—三二一頁（一八五八年一二月一六日、メルメよりリボア宛の書簡）。

(61) MOGES, *Souvenirs d' une Ambassade en Chine et au Japon*（注24参照）、三四五頁«Sans doute la liberté religieuse n' était point accordée aux Japonais, mais un pas immense était fait dans cette voie.»〔筆者和訳〕。

(62) しかも以前に締結された日米条約（神奈川条約、下田条約）が今回の条約によって廃止されるという記載がある（日米条約、第一二条）。

(63) 日仏条約第四条：«Le Gouvernement Japonais a déjà aboli dans l' Empire l' usage des pratiques injurieuses au Christianisme.»〔筆者和訳・下線〕。

(64) 江戸に赴く直前に、グロがメルメと会見し、それからの交渉について相談する。MARNAS, *La Religion de Jésus*（注25参照）、二九八頁：«Je désire parler de la Religion aux Japonais. (...) D' après ce que raconte Poutiatine, ils en ont joliment peur.» «Il faudrait, me semble-t-il, demander l' abolition de tous les actes injurieux au christianisme. (...) l' abolition des

peines atroces portées par les lois japonaises contre quiconque professe la religion chrétienne.»（「日本人に宗教［キリスト教の意］について話したいですが。プチャーチンによると、それをかなり恐れているようです。」「キリスト教に対する侮辱的な行為の廃止（…）、キリスト教を宗旨にする人に対する、日本の法律による残虐な刑罰の廃止を求めるべきであると私は［メルメ］思います。」〔筆者和訳・下線〕）、一八五八年七月二七日、メルメよりリボア宛の書簡。

(65)「［ロシア人］の宗教に関する物を踏むことが日本の政府によって廃止された。」〔筆者和訳〕

(66)«Правительство Японское прекращаетъ попиранiе предметовъ служащихъ знаками ихъ религiи.»（「日本政府は彼ら［＝ロシア人］の宗教に用いられた物を侵害することを廃止する。」〔筆者和訳・下線〕）

(67)日米条約に「帝国大日本大君と亜米利加合衆国大統領」、日蘭条約に「阿蘭陀国王と帝国大日本大君」、日魯条約に「帝国大日本大君と全魯西亜国帝」、日英条約に「帝国大日本大君と大貌利太泥亜及意而蘭土の女王」と記されているのに対し、日仏条約に「仏蘭西皇帝と日本大君」と記されている。

(68)日米条約：«His Majesty the Ty-Coon of Japan»、日英条約：«His Majesty the Tycoon of Japan»、日蘭条約：«De Taikoen van Japan»、日魯条約：«Его Величество Тайкунъ, Верховный Повелитель Японiи»。

(69)五つの条約のオランダ語版には、«Zyne Majesteit de Taikoen van Japan»即ち「日本大君陛下」と記されている。

(70)実はアメリカの場合も同じ誤解が見られる。安政四年一〇月二一日にハリスは「将軍家定と会見し、大統領の国書を奉呈」した。「原文の宛名は「日本皇帝陛下」となっている、将軍をさしたものであるが、しかし訳文では「大君殿下」に改めてある」（ねづまさし「ハリスと日米和親通商条約」（注8参照）、一八―一九頁）。

(71)MEDZINI, *French Policy in Japan during the closing Years of the Tokugawa Regime*（注59参照）、一八九頁にもそれを裏付ける記載がある：«The [franco-japanese] treaty was written in French, two copies were made in colloquial Japanese, two in litterary Japanese［＝漢文］and two in Dutch.»

(72)日仏条約第二二条。他に、日米条約第一四条（「蘭語訳文を以て証拠と為すべし」）、日英条約第二一条（「和蘭文を元と見るべし」）、日魯条約第一七条（しかしなぜか日本語版には記されていない。ロシア語では«Голландскiй текстъ (...) будетъ служить для поясненiясмысла всѣхъ статей Трактата.»、つまり「蘭語文は（…）条約の全ての箇条の説明に奉仕すべきである」）。〔筆者和訳〕

(73) ロシアは、既に一八五五年二月に下田で調印された「日魯和親条約」によって、下田と箱館に領事を設置する権利を得ていた。

(74) 川崎晴朗『幕末の駐日外交官・領事官』（雄松堂出版、一九八八年）、二六一頁。

(75) 一八六三年七月八―一一日に下関海峡で米・仏・蘭の船が長州藩に砲撃された事件。それらの会議等について、CORNAILLE, Alain, *Le Premier Traité Franco-japonais*（POF、一九九四）、それぞれ二七―二八頁、七五―七六頁、九〇―九五頁を参照。

(76)『舊條約彙纂』（注7参照）、第一巻第一部、二二二―二二六頁。

(77) 万延元年（一八六〇）の外国奉行からの史料にも同じような意志が現れている：「〔前略〕其上開港後五年相立候上者双方訳文不相渡書通併復致し候筈条約の趣も有之〔後略〕」（万延元年四月三日「覚　仏蘭西語稽古望候者江ハ」（外務省引継書類外編幕末外交文書集編纂材料―外編―二〇「兵術語学伝習事件　乾」、東京大学史料編纂所所蔵））。

(78) 天津条約第五〇条（日英、ただし条約案には第一〇条）と第三条（日仏）を参照。しかし天津条約の場合は、日本の場合と違って第三国の言語（オランダ語）が存在せず、条約の元と見るべきバージョンは欧文版と定められた。

(79) 興味深いことに、ロシアは、一八五五年二月の日魯和親条約の第六条によって下田及び箱館に領事官を置くことができたのに、ゴシケビッチまでは領事官を派遣しなかった（川崎晴朗『幕末の駐日外交官・領事官』（注74参照）、二五六頁）。

(80)《Морской Сборник》、一八五九年五月号（T. XLI）、五三頁〔筆者和訳〕。

(81) 同上、五四頁〔筆者和訳〕。

(82) 同上、五八頁〔筆者和訳〕。

(83) 杉本つとむ『長崎通詞ものがたり―ことばと文化の翻訳者』（注40参照）、一五六頁。

(84) HODGSON, Pemberton, *A residence at Nagasaki and Hakodate in 1859–1860* (Ganesha Publishing & Edition Synapse,

二〇〇二年)、九〇頁：«Monsieur Duchesne de Bellecourt, Chargé d' Affaires de S.M.I. l' Empereur des Français, requesting me to act as French Consul, Chargé de la Protection des Intérêts Français at Hakodate»〔筆者和訳〕

(85) 同上、一頁：«Hakodate, where I resided somewhat more than a year»〔筆者和訳〕

(86) 同上、九一頁〔筆者和訳〕。

(87)「佛國官吏來翰編冊」は北海道大学北方資料室所蔵（インターネットにて公開）の史料で、幕末期の箱館フランス領事館から箱館奉行所に宛てられた書簡原本を合綴する。

(88) 例えば、ホジソンはメルメと共に、「箱館から北方へ三〇マイル（＝四八・二一 km）位まで行った」(«we went about thirty miles due north from Hakodate»)と述べ、つまり条約に定められた外国人の移動可能な範囲をはるかに越えている(Hodgson, *A residence at Nagasaki and Hakodate in 1859–1860*（注84参照）、五三頁)。

(89) このヴーヴは後に横浜仏蘭西語伝習所の教師になる人と同一人物かどうかは不明である。西堀氏によると、フランス語教師になるのはヴーヴというフランス陸軍の士官である（西堀昭「幕末の横浜に設立された仏蘭西語学伝習所の成立と背景（Ⅰ）―わが国における仏語（教育）史―」（『千葉商大論叢』第一一号、一九六九年六月)、六九頁)。しかし同氏の「幕末の横浜に設立された仏蘭西語学伝習所の成立と背景（Ⅱ）―わが国における仏語（教育）史―」（『千葉商大論叢』第一二号、一九六九年一一月）の四八頁には、「丙寅八月二十四日付の箱館奉行宛のウヱーウの書簡があり、その肩書には、仏蘭西国帝陛下岡士（領事）となっている」とあるが、それでも西堀が「和蘭の横浜の領事はW.M. Van Der Tak である」と加えてその情報を拒否する。ところがこの書簡を送ったヴーヴという人物は横浜ではなく箱館におけるフランス領事であったということは十分に有り得ると思う。

(90) この苗字の綴りからは、ヴーヴがオランダ語に関する知識を持っていたことが分かる。オランダ語読み以外は、«Namoera»という言葉は日本人の苗字にはなれないのである。この名村とは、以前条約交渉に参加した蘭通事のことである。

(91)「佛國官吏來翰編冊」(注87参照)、四三号〔筆者和訳・下線〕。
(92) アメリカ人など、箱館に滞在した他の外交官の史料で確認すべきではあるが。

万延・文久期における江戸湾浪士取締体制と沖番船出役

神谷大介

はじめに

本稿は、海域を含めた関東取締体制の全体像を復元する前提作業として、浦賀奉行所の沖番船出役に着目し、桜田門外の変後の江戸湾における浪士取締体制について、地域社会との関わりにも留意しつつ明らかにしようとするものである。

幕末期関東の治安維持に関する問題については、関東取締出役―組合村制を中心に研究が進められ、対外的危機による組合村の武装化の問題を考察した森安彦氏(1)、水戸風聞探索などの情報収集活動に着目した佐藤隆一氏(2)らの論考をはじめ、多くの成果が上げられてきた。

また、関東取締体制の実態については、横浜開港後の外国人遊歩区域における関東取締出役の動向や見張番屋の設置状況などを分析した小松修氏(3)・横山伊徳氏(4)・岩橋清美氏(5)、嘉永期から慶応期にかけての関東取締出役の変化・変質の過程を分析した牛米努氏(6)、浪士の襲撃対象となった横浜の治安問題について神奈川奉行所の軍制改革や諸関門の警衛体制に着目した西川武臣氏らの研究がある(7)。

これらの研究から明らかになったことは、幕末期の関東取締において、横浜開港が大きな制度的画期になったということである。安政七年(一八六〇)二月には関東取締出役と道案内が保土ヶ谷宿に常駐する神奈川遊歩地域警備のための「別段取締」体制=見張番屋体制が成立し、神奈川遊歩地域内の組合村を編成した攘夷派浪士取締りが関東取締出役の任務に加わったが(8)、それは外国人居留地や遊歩区域が設定されたことによって尊攘派浪士の外国人殺傷の可能性が高まったことへの対応にほかならない。事実、横浜では安政六年(一八五九)七月にロシア士官・水兵の殺傷、安政七年二月にオランダ人二名の殺害と、尊攘派浪士による外国人殺傷事件が相次いで発生している(9)。こうした事件にいかに対応するかは、幕府にとって国内の治安問題に止まらず、対外関係にも支障を来しかねない重要な政治課題であった。そういう意味において、横浜開港後の浪士対策は、まさに内憂外患への対応ということになろう。ゆえに、関東取締出役には軍事機構としての性格が付与され、それが当該期の関東取締出役—組合村制の特徴として位置付けられているのである(10)。

ただし、浪士対策という視点で関東の治安維持に関する問題を考える場合、関東取締出役—組合村制という枠組みだけでは明らかにし得ない、いくつかの検討課題が残されていることもまた事実であろう。

例えば、房総半島・三浦半島・江戸を結ぶ関東防衛上の重要な海域である江戸湾の浪士取締に関しては、いまだ十分な考察が加えられていない。関東取締出役による、いわば陸域の取締体制に関する研究と比較して、海域のそれについては不明な点が多く、まずはその仕組みを明確にしておく必要があると考えられる。

万延元年(一八六〇)五月に関東取締出役が作成した風聞探索書には、「当四月下旬の頃水戸領川和田郷士高倉長八郎宅へ天狗派士分・神職・農兵共凡三拾五六人寄集、横浜異人へ可及乱妨厳談致し、其節は例の通公辺へ乱妨候段御届致可申と評決、然ども陸路通行差支候間、水戸湊より乗船、此船の儀五百八拾俵積入候海船も有之、又は押送船も御座候、渡海致し浦賀へ上陸、夫より横浜へ可罷越申合の由無相違やに相聞、然る処何等の子細有之や差向難相分、先づ御見合に相成候風聞に御座候」[11]と海路による浪士の横浜襲撃計画が記されている。この情報はあくまで風聞であり、計画自体も見合わせになったとあるが、だからといって幕府が江戸湾の浪士取締という政策課題を等閑視できたかといえばそうではないだろう。本稿ではこの探索書の中で横浜襲撃前の上陸地とされている浦賀を分析の対象としたい。

浦賀は、享保期に浦賀奉行所（役所・番所）が設置され、江戸内海を出入りする諸船の乗組人数や積荷を検閲する船改めが行われるなど、海上輸送の拠点であった。それだけに、浪士が寄港する危険性も高かったわけである。また、文化文政期以降は、江戸湾近海で異国船来航が相次いだことから、海防が浦賀奉行所の重要な職務になった。こうしたことを考慮すると、江戸湾の浪士取締においても、浦賀は重要な拠点として機能していたと想定される。

近年、平川新氏は地域的公共圏を論じる中で、関東取締出役―組合村制について、「単に幕府の支配強化とみなすのではなく、地域社会の要望にもとづき、地域社会と一体となった治安・犯罪対策と評価したほうが適切であろう」と指摘している。[12]また、坂本達彦氏は惣代層の地域運営能力の獲得が関東取締出役―組合村制を機能させる前提になったとしている。[13]とするならば、江戸湾における浪士取締体制を分析するにあたっても、地域社会の動向に配慮しないわけにはいかないだろう。

以上の点を踏まえ、本稿で留意しておきたい問題の第一は、桜田門外の変を契機として江戸湾の浪士取締体制が構築されていることである。浪士の襲撃対象は外国人だけではない。幕府権力の中枢もその標的とされたのである。まずは桜田門外の変への対応として江戸湾における浪士取締体制が構築されていく過程を検討し、そこで浦賀がどのような役割を担うことになったのかについて明らかにしたい。そのうえで浦賀における取締りの成果についても考察する。

第二は、浪士取締の遂行過程における地域社会の対応を具体的に検討することである。ここでは主に浦賀の沖番船出役に伴う番船・水主の負担をめぐる地域社会の歎願運動の過程を取り上げることとする。

なお、本稿では幕末期の海防体制における防衛ラインに基づき、剣崎・洲崎間以北を「江戸湾」、観音崎・富津間以北を「江戸内海」と定義して論を進めていくことにする。

一　桜田門外の変とその対応

安政七年（一八六〇）三月三日、大老井伊直弼は登城中に襲撃され絶命した。桜田門外の変である。襲撃したのは水戸脱藩の浪士一七名と薩摩藩士有村次左衛門の計一八名であった。彼らは現場で闘死するか、大名屋敷へ自訴した後に斬首となったが、中には常陸や越後などに潜伏する者もいた。こうした残党をはじめ、水戸浪士による江戸や横浜襲撃の可能性に対して関東の治安をいかに維持していくかは、井伊政権を引き継いだ久世・安藤政権にとって重要な政策課題となった。

事件発生の翌四日、老中安藤信睦（のち信正）から浦賀奉行に対して、「水戸殿家来」（水戸浪士）が多数出府したため、浦賀においても船改めを強化するようにとの通達がなされている。

〔史料1〕

中閏三月四日対馬守殿立田録助を以御達、翌五日同人を以承附返上

坂井右近将監

浦賀奉行江

覚

水戸殿家来追々多人数出府致候ニ付、飛脚之外ハ差留之儀、近領之面々并中川御番所・江戸内川筋橋々等御取締相達置候処、水戸浦ゟ東海岸乗廻相越候も難計事ニ付、井上信濃守御預り之御船横浜最寄江差出、改方等之義申渡候ニ付、浦賀御番所改方ハ勿論、其外平常浦附番船等も差出置候場所も候ハヽ、与力・同心共相撰為改、怪敷体之船者不及申、水戸殿家来等ニも候ハヽ、差留、早々申聞候様可取計候、尤番船警衛等之儀神奈川奉行并井上信濃守江可被相談候事(14)

これによると、水戸藩近領・中川番所・江戸内川筋橋々などに対して飛脚以外は差し止めるようにと取締りの強化が通達されていたことがわかり、まずは街道・河川を通じた水戸浪士の南下経路の遮断が企図されたと考えられる(15)。そして、水戸浦から「東海岸」（房総半島）を廻って江戸内海へと侵入する経路が想定されることから、軍艦奉行井上清直管轄の「御船」を横浜付近へ派遣して「改方」を行うよう申し渡したとある。さらに、浦賀番所での「改方」は勿論、日頃から「浦付番船」などを派遣している場所があれば与力・同心などを選抜して調査にあたらせ、「怪敷体之船」や水戸浪士であれば差し留めて早々に通達するよう取り計らうことが命じられている。江戸内海を出入りする廻船の乗組人数・積荷を検閲する浦賀番所は、浪士取締においても重要な拠点として位置付けられていたのである。

また、「番船警衛等」については神奈川奉行や軍艦奉行井上清直へも相談するようにとされている。浪士襲撃の標的であった横浜近郊の警衛を担当する神奈川奉行、横浜へ「御預り之御船」を派遣する軍艦奉行井上清直、そして「番船警衛等」（沖番船出役）で江戸内海への浪士侵入を阻止する浦賀奉行、これらの部局が連携することによって江戸湾での浪士取締を遂行しようというのが幕府のねらいであったと考えられる。
横浜沖の浪士取締については後述するとして、まずはこの通達を受けて浦賀奉行坂井政輝が老中安藤信睦に提出した伺書について検討していこう。

〔史料2〕

「対馬守殿

水戸殿家来多人数出府候ニ付差留方之儀ニ付奉伺候書付

坂井右近将監

水戸殿家来追々多人数致出府候ニ付、差留方之儀以御書付被仰渡奉畏候、右ニ付番船差出方之儀早速浦賀表江可申遣候へ共、元来彼表之儀も江戸江乗入候諸廻船等往返ハ一々相改、不審之儀有之候節ハ其次第ニ応シ夫々取計来候義ニ候へ共、平日沖合通船之見改与して番船等差出候義ハ無御座、勿論湊内江不乗寄沖直通致候船有之候節ハ、早速追船為差出置候、且又夫々取計来候生魚積下候押送船之儀ハ、旧来下り之節ハ沖直通致、上り之節而已改受候仕来ニ御座候、右為見張廻船問屋共為乗組、御関所沖房州地辺迄番船差出候義も候得共、右ハ全臨時之取計ニ而差定候義ニも無之、今般被　仰渡候趣ハ、従来仕来ニ不拘御取締筋聢与相立候様不取計候而ハ難相成義ニ而、殊ニ潜ニ出府等心掛候者共何時通船致候も難計儀ニ付、差向為見張船日々壱艘宛沖合江差出、并御関所附押送船江与力・同心等為乗組、風様等見計御関所外手又ハ観音崎辺江壱、弐艘可差出置候、万一怪敷体之者沖直通

致候も難計、兼々合図定置、時宜次第船々一纏ニ相成為差押可申候、其節先方ゟ及乱妨候ハヽ、難捨置候間、非常之為手当組之者小筒用意為致可申奉存候、将又怪敷体之者見出し候而も風様ニ寄難潜近付候節ハ、御関所并神奈川沖罷在候軍艦江注進およひ候様可仕与奉存候、尤最初ゟ押送船多分差出置、房相両国之渡り中江間配候へハ、改方厳重ニ行届可申候へ共、彼地江海面狭き所ニ而三里程も有之、其余場所ニゟ候而ハ七、八里ニおよひ候儀故見通しも相成兼、殊ニ僅之風ニ而も浪立強く、其上夜中ハ勿論、風雨烟霧之節ハ前後之処も難見留候事故、難行届義与深く心配仕候事ニ御座候、且又潜ニ出府を心掛候者共押送船之体ニ仕懸ケ通船致候も難計奉存候、仮令押送船ニ候而も差出置候番船ニ而相届候丈ハ為改、疑敷者ハ相通し不申様可仕、右ニ付而ハ湊内江入津之船ニも別段ニ入念舟底迄も相改候様其筋江厚申渡可仕奉存候、右ハ当時在勤小笠原肥前守取扱候事ニ候間、一応相談之上可申上儀ニ御座候得共、差掛候御用筋其上遠路俣り手後ニも可相成奉存候間、先私一存を以奉伺置候、猶同人相談之上委細可申上候、以上

閏三月　　坂井右近将監(16)

浦賀奉行坂井政輝は船改めに関する元来の仕来りを以下のように述べている。江戸に乗り入れる諸廻船などは往返の度に積荷を改め、不審な点があればその都度対処していたが、平日から沖合を通行する船々の改めとして番船を差し出すことはなかった。ただし、浦賀湊内へ乗り入れずに沖を直通する船がある場合は、「追船」を出している。また、生魚積の押送船の場合は、上りに限って改めている。見張として廻船問屋を乗り組ませて房州辺まで番船を差し出すこともあるが、これは「全臨時之取計ニ而差定候義ニも無之」というものであった。

しかし、従来の仕来りに関わらず浪士を取り締まる必要性から、差し当たり見張船を日に一艘ずつ沖合へ差し出し、浦賀番所付の押送船へ与力・同心らを乗り組ませて、浦賀番所の「外手」や観音崎辺へ一、二艘を差し出すよう

にすると坂井は提案しているのである。さらに、不審者が沖を直通していた場合は、予め合図を定めて「時宜次第」に船々が一纏まりとなって差し押さえ、非常の手当として「組之者」には「小筒」を用意させる。また風向きによって近付き難い時は浦賀番所ならびに神奈川沖の「軍艦」へ注進し、船改も強化させるとしている。

このように浪士取締のための「番船差出」（沖番船出役）は、恒常的な派遣、小筒（小銃）による武装、神奈川沖の「軍艦」との連携という点で、従来の「仕来」とは異なる性質のものであったと考えられる。もう一人の浦賀奉行小笠原長儀との相談結果がどのようなものであったかは不明だが、閏三月一二日に坂井の提案は「伺之通相心得無油断心得候様」と認められている(17)。

同月中には浦賀奉行小笠原・同坂井が連名で武蔵・伊豆・相模三国の御料・私領・寺社領の浦付村々に対して浦触を出している(18)。これによると「浦賀ゟ江戸内海并房総海岸川筋とも漁船便船人為乗組候義者難相成旨今般被仰出候」とあり、浦賀から江戸内海、房総海岸川岸筋に至るまで漁船への便船人乗組が禁じられたことがわかる。ただし、公用・私用とも「事実無余儀」場合は、浦賀番所で船改めを受けるという条件付で便船人が認められていたことも同じ浦触からわかる。また、「便船人為乗組候ハ、仮令生魚計積受候船ニ而も右之廉を以御番所改を可請御規定之処、近来生魚計積候船者便船人有之候而も沖直通いたし候哉ニ相聞へ以之外之事ニ候」ともあり、生魚積みの押送船であっても便船人が乗り組んでいる場合は番所で検査を受けなければならない、という規定が当時は遵守されていなかったという。そこで、江戸内海へ乗り入れる船、内海川岸川筋などを渡海する船に至るまで便船人が乗り組んでいた場合は、厳重に船改めを行い、万一の場合は召し捕らえること、「不法之者」を見かけた場合は浦賀番所へ訴えることが浦触によって通達されているのである。こうした便船人取締の強化は、浦触中に「今般便船人改方別而厳重被　仰付候ニ付而者組之者為乗組数艘沖改与して差出置候間」とあるように、浦賀奉行所による「沖改」（沖番船出役）と連動した浪士取締体制強化の一環として位置付けることができると考えられる。

そして、もう一方の拠点である神奈川沖の浪士取締についても、同月、講武所奉行・外国奉行・軍艦奉行に対して幕府の洋式艦船朝陽丸・鵬翔丸を派遣する旨の通達がなされている[19]。朝陽丸・鵬翔丸には講武所稽古人・軍艦奉行支配向・神奈川奉行所役人が乗船して神奈川沖を取り締まり、「疑敷体之船」は「乗組人別荷物等」も検閲するようにし、「疑敷者」や「水戸殿家来」であれば召捕らえるという体制が敷かれたのである。なお、この二隻の洋式艦船は横浜に派遣するとされていた「井上信濃守御預り之御船」（史料1）・「軍艦」（史料2）に当たる[20]。外国人居留地のある横浜取締りの成否は幕府にとって対外関係に関わる重要な問題であったと考えられ、だからこそ導入して間もない洋式艦船を配備したのであろう。

以上のように、桜田門外の変を契機として、幕府は「水戸殿家来」、すなわち尊攘派水戸浪士の江戸・横浜襲撃に備えるべく江戸湾における浪士取締体制を構築していった。まず街道・河川を利用して水戸から江戸に入る南下経路を取り締まるとともに、番所が置かれていた浦賀では、海路からの浪士侵入を防ぐため、番船の派遣や便船人取締が企図された。さらに神奈川沖では軍艦奉行管轄の洋式艦船二隻が浪士取締に使用されることになった。沖番船出役による不審船の追跡が困難な場合は、浦賀番所ならびに洋式艦船に通報するといった体制が敷かれ、万延元年一一月には神奈川奉行から浦賀奉行に対して、「然ハ此程常陸辺之浪人共多輩申合、乗船ニ而横浜表江相越候風聞専有之候ニ付、其御役所ニおゐて昼夜ニ不限精々為御心付、右体之者乗組候船ハ勿論、品ニ寄り風体を替可罷在も難計候間、其御役所ニ而怪敷相見候分ハ御差留、一ト通御尋問之上荷物其外等之始末委細被御申上、猶其段拙者共江も被御申越候様致度」と水戸浪士や不審者の発見時にはその情報を通知してほしいという掛合があった[21]。幕府が構築した江戸湾における浪士取締体制とは、浦賀沖で水戸浪士や不審者の摘発・情報収集を行い、神奈川沖で軍事力を基盤に防衛を果たすという二段階の取締りを遂行する体制であり、そのために浦賀奉行所と神奈川奉行所の連携は必要不可欠なものであったと考えられる。

こうしたことから、浦賀は江戸湾の浪士取締体制において広範な海域を管轄して江戸・横浜への襲撃を事前に防止するという役割を担っていたと考えられる。

二　沖番船出役による取締状況

浦賀奉行所が浪士取締のために番船・水主を派遣することは「沖番船出役」と呼ばれた。ただし、浦賀奉行所による番船での不審船取締は横浜開港以前にも行われている。例えば、天明六年（一七八六）八月には印鑑を所持していなかったり、浦賀番所で船改めを受けずに沖を直通する船々を取り締まるために番船の派遣が三方問屋に命じられている。(22) また、徳川将軍の日光社参に応じて浦固め体制が敷かれた天保一四年（一八四三）には、江戸内海を無断で通航する押送船などを取り締まるため、向地（房総半島沖）と地方（浦賀近海）に分かれて、それぞれ三方問屋（三方船宿）二名が乗り込んだ番船が派遣されている。(23) 三方問屋は、東浦賀問屋二〇名・西浦賀問屋二二名・下田問屋六三名の計一〇五名からなる集団である。(24) その中には村役人を兼帯する家もあり、西浦賀村・東浦賀村（以下、東西浦賀村）の地域運営に大きな影響力を有し、与力・同心とともに浦賀番所での船改めに従事するなど、浦賀奉行所の職務にも深く関与していた。

浪士取締の目的で沖番船出役が開始されたのは万延元年（一八六〇）閏三月一四日であった。この日は沖番船出役に関して次のような決定がなされている。(25) それは、①浦賀番所付属の船二艘と三方問屋差出しの船二艘の計四艘を動員すること、②動員した四艘のうち二艘は富津、二艘は観音崎沖に派遣すること、③一艘につき与力一名・同心二名・三方問屋二名の計五名が乗船することである。これらは沖番船出役の全体的な勤務原則といえる。翌一五日には「沖出役御掛り」の与力細渕新之丞が与力四名・同心八名・西浦賀問屋七名・東浦賀問屋六名・下田問屋一一名の計

表１　万延元年における沖番船出役の人数構成

<table>
<tr><td>出役先</td><td colspan="2">観音崎
（地方）</td><td colspan="3">富津
（向地）</td></tr>
<tr><td>分類</td><td>A</td><td>B</td><td>CⅠ</td><td>CⅡ</td><td>D</td></tr>
<tr><td>与力</td><td>1</td><td>1</td><td>1</td><td>1</td><td>1</td></tr>
<tr><td>同心</td><td>2</td><td>2</td><td>2</td><td>2</td><td>2</td></tr>
<tr><td>西浦賀問屋</td><td rowspan="2">0</td><td rowspan="2">2</td><td rowspan="2">0</td><td rowspan="2">2</td><td rowspan="2">2</td></tr>
<tr><td>東浦賀問屋</td></tr>
<tr><td>下田問屋</td><td>2</td><td>0</td><td>2</td><td>0</td><td>0</td></tr>
<tr><td>合　計</td><td>5</td><td>5</td><td colspan="2">5</td><td>5</td></tr>
</table>

註）・安政７年「諸御用日記」（『浦賀書類（上）』・『浦賀書類（下）・他二編』所収）、『新横須賀市史』資料編近世Ⅱ資料№30より作成。

三六名を沖番船出役の「重立取計」に任命している。(26)

沖番船出役の勤務形態については、下田問屋の月番年寄がまとめた「諸御用日記」の安政七（万延元）年分の記述から確認することができる。(27) ただし、この史料は下田問屋が乗船した沖番船出役に限って記録されているため、西浦賀問屋や東浦賀問屋の勤務形態については明らかにすることができない。よって、まず下田問屋に関するデータを抽出し、それを勤務原則①〜③に当てはめることで東西浦賀問屋のデータを補足する。そうすることで沖番船出役の基本的な勤務形態を推定していきたい。

「諸御用日記」によると、データが取れる万延元年閏三月から同年一二月の間に、与力四名・同心九名・下田問屋一九名の計三二名が沖番船出役を務めていたことがわかる。このうち同心一名・下田問屋八名は「重立取計」を命じられていない者たちである。つまり、「重立取計」三六名以外にも実態としては沖番船出役を務めた者たちが存在していたわけである。そして、原則通り一艘ごとに与力一名・同心二名・下田問屋二名が乗船し、天候に関係なく計三六八回にわたって出役しており、その内訳は観音崎沖（地方）出役が二七六回、富津沖（向地）出役が九二回となる。例外もあるが、原則として下田問屋勤務の沖番船出役は、観音崎沖へ毎日一艘ずつ出役し、富津沖へ中二日おきにもう一艘が出役するという形態が採られている。

以上が「諸御用日記」から確認できた点であるが、これに前述の勤務原則①〜③を合わせて、出役した番船四艘(仮にA〜Dとする)の人数構成を抽出すると**表1**のようになる。下田問屋は毎日一艘ずつ観音崎沖へ出役している(A)ので、もう一艘の富津沖(B)には西浦賀問屋・東浦賀問屋のうちから二名が乗船していたことになる。また、下田問屋が三日に一回の割合で富津沖に出役している(CⅠ)ということは、残りの二回(CⅡ)ともう一艘の富津沖(D)は西浦賀問屋・東浦賀問屋が担当していたことになる。勿論、これらは原則であり、時々の状況に応じてその内容には変化がみられる。例えば、同年九月一二日以降は当面の危機的状況を脱したためなのか理由は明確でないが、一艘の出役人数が五名から三名に減少している(28)。

こうした点は一考する必要はあるものの、与力・同心・三方問屋らが一つの構成単位となり、番船で恒常的に観音崎沖・富津沖へ出役していたことは確認できた。

次に、沖番船出役による取締りの成果について検討したい。**表2**は「諸御用日記」によって万延元年閏三月から同年一二月の間に沖番船出役が取り締まった船、取締りの経過、その結果をまとめたものである。これによると、不審船を発見して取締りを行った事例は全七件、水戸浪士の取締りについては確認できないが、無許可で沖を直通する生魚船や便船人の取締り、つまり浦賀番所本来の役割に関しては一定の成果を上げていたといえる。発見の場所としては番所近辺の観音崎沖(地方)が多い。追跡したが見失った二件はいずれも雨天に行われたものであり、沖番船出役の成果が天候に左右されたことを窺い知れる。取締りの基本的な手順は、①不審船を発見したら追跡して召し捕らえる、②浦賀番所まで誘導して詳しい事情を調査する、③浦賀役所に通達する、④浦賀役所から吟味の指示があり不審船の滞船が命じられる、⑤その後関係者が浦賀役所に呼び出されて過料銭の支払いや「御叱」といった沙汰が下される、というものである。

表2　沖番船出役の取締状況

年月日	天候	場所	対象	経過	結果
万延元年閏３月18日	晴天	地方	上総国桜井平吉生魚船	・追跡して捕らえたところ便船人１名あり。 ・番所にて改め、役所へ訴える。	呼出のうえ過料銭５貫文差出しを命じる（同年閏３月22日）。
万延元年閏３月19日	晴天	地方	波左間清五郎生魚船	・木札・手形不所持にて沖直通につき召し捕らえる。 ・番所へ訴えたところ、調査のうえ「留船」を命じる。	過料銭３貫文および木札願替を命じる。
万延元年閏３月22日	曇天	地方	安房国前原幸吉生魚船	・追跡したところ逃亡し大室へ着船。 ・番所からも船を派遣して「両方」から追い込む。 ・便船人３名を上陸させたため番所前まで誘導して「留船」を命じる。	役所へ呼出のうえ「御叱」。
万延元年４月18日	雨天	向地	押送漁船体の船	・沖直通のところを発見して追跡する。	見失う。
万延元年４月28日	雨天	地方	生魚船	・五つ時、沖直通のところを発見して追跡する。	見失う。
万延元年10月５日	晴天	地方	臼井正蔵問船伊勢国阿曽浦新兵衛船	・乗船の伊勢国阿曽浦新兵衛船沖船頭四郎助水主９人のうち岩蔵他１名の計２名の便船人者を隠し置く。 ・番所へ上申のところ、「留船」を命じる。	船頭・船宿・組合・年寄を役所へ召出し口書にて過料銭11貫文を命じる（同年10月８日）。
万延元年	不詳	向地	房州館山新井浦庄太郎生魚船 同国同所太夫崎佐五平生魚船	・江戸行きのため沖直通につき向地出役が追跡する。 ・洲之崎付近にて追い付く。 ・番所改めのうえ「留船」を命じる。	過料銭合わせて15貫文を命じる（同　年10月８日）。

註）・安政７年「諸御用日記」（『浦賀書類（上）』・『浦賀書類（下）・他二編』所収）より作成。

表３－１　沖番船出役の構成

№.	人　名	万延1.閏3.	万延1.閏3～12.	万延2.2.	文久1.6.	分類
1	細渕新之丞	与力	●	与力		継続
2	日高景太夫	与力	●	与力		継続
3	三宅秀之丞	与力	●	与力		継続
4	中村冬太郎	与力	●	与力		継続
5	元木早四郎			与力		新規
6	柴田伸助			同心組頭		新規
7	斎藤太郎助			同心組頭		新規
8	臼井進平			同心組頭		新規
9	土屋栄五郎			同心組頭見習席		新規
10	浅野源四郎	同心	●			減員
11	柴田真一郎	同心	●	同心		継続
12	岩田平作	同心	●			減員
13	春山鉱平	同心	●	同心		継続
14	込山信五郎	同心	●	同心		継続
15	中田納助	同心	●	同心		継続
16	服部玄吾	同心	●	同心		継続
17	伊藤佐吉	同心	●	同心		継続
18	河野駒之助		●	同心		継続
19	中村時太郎			同心		新規
20	増田篠三郎			同心		新規
21	吉田昌平			同心		新規
22	山本金次郎			同心		新規
23	小原又吉			同心		新規
24	浅野浜太郎			同心		新規
25	角谷福次郎※			足軽	足軽	新規
26	石井徳蔵※			足軽	足軽	新規
27	山田又左衛門＊			足軽	御雇足軽	新規
28	東野豊平＊			足軽		新規
29	高橋友太郎※			足軽	御雇足軽	新規
30	笹原猶(直)次郎※			足軽	足軽	新規
31	飯田忠兵衛			足軽	御雇足軽	新規
32	中村嘉兵衛			足軽	足軽	新規
33	辻与右衛門	西浦賀問屋		西浦賀問屋	御雇足軽	継続
34	長嶋半左衛門	西浦賀問屋		西浦賀問屋	御雇足軽	継続
35	西郷利右衛門	西浦賀問屋				減員
36	林太兵衛	西浦賀問屋				減員
37	加藤勇助	西浦賀問屋		西浦賀問屋	御雇足軽	継続
38	丸山茂兵衛	西浦賀問屋		西浦賀問屋	御雇足軽	継続
39	中西為蔵	西浦賀問屋		西浦賀問屋	御雇足軽	継続
40	倉田大之助			西浦賀問屋	御雇足軽	新規
41	吉崎佐十郎	東浦賀問屋		東浦賀問屋	御雇足軽	継続
42	小川新右衛門	東浦賀問屋		東浦賀問屋	御雇足軽	継続
43	小川藤左衛門	東浦賀問屋				減員

44	松江静太郎	東浦賀問屋				減員
45	喜多五左衛門	東浦賀問屋		東浦賀問屋	御雇足軽	継続
46	石井曽右衛門	東浦賀問屋		東浦賀問屋	御雇足軽	継続
47	松下吉兵衛			東浦賀問屋	御雇足軽	新規
48	森井四郎兵衛			東浦賀問屋	御雇足軽	新規
49	植松藤次郎＊	下田問屋	●	下田問屋／足軽	御雇足軽	継続
50	羽根与二右衛門＊	下田問屋	●			減員
51	松本安右衛門	下田問屋	●	下田問屋	御雇足軽	継続
52	田畑彦左衛門＊	下田問屋	●			減員
53	藤田孫左衛門	下田問屋	●		足軽	継続
54	山本与一右衛門	下田問屋	●	下田問屋	御雇足軽	継続
55	篠原喜右衛門＊	下田問屋	●	足軽	足軽	継続
56	内田市三郎＊	下田問屋	●	下田問屋	御雇足軽	継続
57	長野又兵衛＊	下田問屋	●			減員
58	田中政平	下田問屋	●	下田問屋		継続
59	坂野十(重)左衛門＊	下田問屋	●			減員
60	大川嘉右衛門		●			減員
61	鈴木助次右衛門		●			減員
62	長野又右衛門		●			減員
63	長野又蔵		●			減員
64	羽根半兵衛		●			減員
65	松下重蔵		●	足軽	足軽	継続
66	松本作兵衛＊		●			減員
67	松本紋右衛門		●		御雇足軽	継続
68	速水文左衛門			下田問屋	御雇足軽	新規
69	竹村徳右衛門			下田問屋	御雇足軽	新規
70	肥田喜左衛門＊			下田問屋	御雇足軽	新規
71	長野庄右衛門			下田問屋	御雇足軽	新規
72	田中仁左衛門				御雇足軽	新規
73	植松元次郎				足軽	新規
74	中村吉三郎				足軽	新規
75	篠田竹次郎				足軽	新規
76	岩田幸右衛門				足軽	新規
出典		①	②	③	④	

註）・出典は①＝『新横須賀市史』資料編近世Ⅱ資料№29、②＝安政７年「諸御用日記」（『浦賀書類（上）』・『浦賀書類（下）・他二編』所収）、③＝『新横須賀市史』資料編近世Ⅱ資料№32、④＝『新横須賀市史』資料編近世Ⅱ資料№35。

・沖番船出役に編成された人物の各時期における肩書をまとめた。

・安政４年７月の取調べにおいて問屋兼帯足軽であった者は＊、問屋子弟の足軽であった者は※で示した。

・●は「諸御用日記」で実際に勤務したことが確認できる者を示す。

・分類の「新規」は万延２年２月の再編後に任命された者、「減員」は再編後に勤務を確認できない者、「継続」は再編前後で勤務を確認できる者を示す。

表3－2　沖番船出役の増減

任命時期	万延元年 閏3月	万延元年 閏3月～12月	万延2年 2月	文久元年 6月	新規	減員	継続
与力	4	4	5	—	1	0	4
同心	8	9	17	—	10	2	7
足軽（A）	—	—	11	—	8	0	3
西浦賀問屋	7	—	6	—	1	2	5
東浦賀問屋	6	—	6	—	2	2	4
下田問屋	11	19	9	—	4	10	5
足軽（B）	—	—	—	11	5	0	0
御雇足軽	—	—	—	25	1	0	1
合　計	36	32	53	36	32	16	28

註）・表3－1よりデータを抽出して作成。
・表中の数値は人数を示す。
・足軽は万延2年2月時と文久元年6月時では構成が異なるため、前者を足軽（A)、後者を足軽（B）とした。
・原則として新規と継続の人数を足した数値が万延2年2月の再編時の人数になる。ただし、足軽（B）と御雇足軽については、三方問屋と重複する部分があるため、文久元年6月段階でのみ確認できる足軽5名、御雇足軽2名のデータを記載した。
・万延2年2月時の総人数が1名不足しているのは植松藤次郎（No. 49）が下田問屋と足軽（A)、それぞれの立場で沖番船出役を務めていることによる。継続の総人数が1名不足しているのも同様の理由による。

沖番船出役は万延二年（一八六一）正月二日に一時的に「引払」となるが、二月八日に規模を拡張して再開されている[29]。この再編強化に際して出役を命じられたのは、与力五名・同心組頭三名・同見習席一名・同心一三名・足軽一一名・西浦賀問屋六名・東浦賀問屋六名・下田問屋九名、このうち足軽と下田問屋を兼帯している者が一名いるので合計は五三名となる。番船は番所船五艘・漁船五艘が動員され、それぞれ富津沖へ二艘、鴨居沖へ一艘、竹ケ岡沖へ一艘、千代ケ崎沖へ一艘の割合で派遣されることとなった[30]。

表3は「重立取計」が任命された万延元年閏三月、「諸御用日記」で確認できる万延元年閏三月以降、再編された同二年二月、足軽に拝借金が下付された文久元年（一八六一）六月といった各時期における沖番船出役の構成をまとめたものである。これによると、文久元年六月まで計七六名が沖番船出役を務めていたことになる。とりわけ注目したいのは万延二年二月の再編後に足軽（A）が沖番船出役を

務めていることである。

浦賀奉行所付足軽の嚆矢は不明だが、弘化二年（一八四五）二月には台場警衛のために三方問屋の子弟から一二名が任命されていることを確認できる[31]。彼らは与力・同心の指揮下に組み込まれ、勤務中は帯刀の特権を有し、砲術稽古などにも参加している[32]。つまり、海防を目的として、武士身分以外の者を刀・銃砲で武装させ、新たな軍事力を創出する必要性から足軽が編成されたわけである。安政四年（一八五七）七月時に行われた三方問屋・足軽の人数取調書によると[33]、子弟以外にも問屋自身が足軽を兼帯していたこと、西浦賀問屋・東浦賀問屋には足軽兼帯の者がいなかったことを確認できる。すなわち、下田問屋六三名中二五名が足軽を兼帯していたこと、西浦賀問屋・東浦賀問屋には足軽兼帯の者がいなかったことを確認できるのである。

なお、文久元年六月に浦賀奉行所から拝借金を下付された沖番船出役の足軽（B）は一一名、他にも「御雇足軽」なる者が二五名確認できる[34]。このうち足軽五名・御雇足軽二名は万延二年二月に任命された五三名以外の者ということになる。また、「御雇足軽」は下田問屋をはじめ西浦賀問屋・東浦賀問屋を兼帯している者も含まれている。つまり、万延二年二月の再編以降、文久元年六月までの間に御雇も含め足軽がさらに七名増員されていたことになる。

ただし、慶応元年（一八六五）四月に土方勝敬の浦賀奉行新任に際して提出された下田問屋の由緒書には「万延元申年閏三月十四日浦賀表臨時海上為御取締沖番船并海岸見廻り、右足軽共出張被仰付、猶又浦賀詰問屋共同様被仰付帯刀仕昼夜沖合江出張、改方又は追船等相勤候ニ付、兵粮并雑用被下置[35]」とある。ここで重要なのは、まず万延二年二月の再編前から沖番船出役に足軽が加わっていたと記されていることである。再編前に沖番船出役を務めていた下田問屋一九名のうち安政四年七月の取調時に足軽を兼帯していたことを確認できる者は九名である。再編前に何人の下田問屋が足軽として沖番船出役を務めていたのかは判然としないが、少なくとも足軽経験者は多く存在しており、再編後は明確に足軽が増員されているのである。また、由緒書には足軽以外に「浦賀詰問屋」が沖番船出役に編成され帯刀していたと記されている。つまり、足軽に編成されていなくとも刀で武装することが可能であったことになる。それでは、浦賀奉行所が沖番船出役に際して下田問屋を足軽に編成した理由は何だったのだろうか。その手がかりになるのが先述の史料2で浦賀奉行坂井政輝が「組之者」へ「小筒」を用意させると提案していたことである。坂井の提案は認められているわけであるから、沖番船出役を務めた「組之者」（浦賀奉行所属僚）は銃砲で武装していたと考えられる。問題は「組之者」の範疇に足軽が入るかどうかだが、与力・同心の指揮下に組み込まれ、銃砲の扱いにも習熟していたことを考慮すれば、足軽も銃砲で武装していたと考えるのが妥当であると思われる。仮にそうだとするならば、万延二年の沖番船出役再編における足軽の増員は銃砲による武装強化を伴うものであったことになる。すなわち、下田問屋を足軽として編成することで銃砲の武装に伴う身分編成上の問題を解消しようとする意図があったと推察される。いずれにせよ、浦賀奉行所の浪士取締政策が三方問屋への依存度を高めつつ展開していったことは確かであろう。

　そして、このように沖番船出役が再編強化された背景には、幕府の関東取締における新たな政策展開があったと考えられる。万延二年二月一日、老中から寺社奉行・勘定奉行・町奉行に対して関八州における浪人・無宿取締の通達がなされ、手に余る場合の「打捨」や銃砲の使用が公認されることとなった(36)。また、沖番船出役が再開された同月八日には、老中から外国奉行・軍艦奉行・神奈川奉行・浦賀奉行に対して「水戸殿御領内ニ相集候浪人共、不法乱妨相募難被捨置候間、水戸殿ゟ厳重御召捕有之候積被仰立候間、其通御取計候様相達候間、可被得其意候」という通達があり(37)、江戸湾の浪士取締体制も一層の強化が促されている。

　同月中には、浦賀奉行所が取締りのため東西浦賀村地内の五か所に「人改仮番所」を設置するようにと申渡している(38)。東西浦賀村は外国人遊歩区域外であったが、ここでは村内の各町の町頭と「其町々ニ而重立候もの」が交代で「人改仮番所」に詰めて怪しい者が来たら至急注進して「猥ニ旅人通行為致申間敷候」という体制の構築が図られ、「市中止宿之旅人は不及申、縦令縁者たり共他所之者止宿為致候ハヽ、国所渡世向等書記し役人共江差出し、其筋江逐一可申立候」、あるいは「旅人宿并諸廻船小宿共止宿は不及申、便船人等之儀も尚又改厳敷可致事」として旅人や便船人の取締強化が命じられている。

また、同月、武州と相州の沿岸部に預所を有していた熊本藩は、預所の武州久良岐郡柴村から相州三浦郡鴨居村までの「内海海岸筋」を厳重に取り締まるようにと幕府から命じられている。ここで熊本藩は、「異船防禦之訳」と異なり「浪人躰之者押捕候名儀」で藩兵を出兵させることは「受所外之儀」であり、「気配」にも関わるとしつつも、「乍去村方之者共捕押等何分手ニ余り乱妨狼藉相働候段致注進候ハヽ、品ニ寄人数差出捕押せ、又手ニ余り候節ハ討捨候様可仕」と村方で対応できない場合には出兵して「討捨」てるとしている。(39) こうして柴村から鴨居村までの沿岸村々は「番所ヲ取補記幕ヲ張、海面江者長鳶棒ヲ相備、夜分者高張ヲ燈、壱村限り受持之方角ヲ切、昼夜無欠断相守可申」とされ、海岸筋から上陸する不審者を取り押さえるという海岸筋取締が広い範囲で整備されていったのである。(40)

このように関東取締の強化と歩調を合わせるかたちで、江戸湾の浪士取締も強化が促され、浦賀においては海路を沖番船出役、陸路を人改仮番所にて取り締まるという体制が敷かれたのである。

三　沖番船出役と番船・水主の動員

ここでは番船・水主の動員をめぐる地域社会の歎願運動の過程を考察して、浦賀奉行所が浪士取締の諸政策を遂行し得た基盤について検討していきたい。

沖番船出役に伴う諸費用の増大については、万延元年（一八六〇）一〇月段階ですでに問題化していたことを確認できる。(41) しかし、負担の問題がより一層明確化、深刻化していくのは万延二年（一八六一）二月の沖番船出役の再編

表4　沖番船出役における1日当たりの番船・水主動員数

期間	区分	番船	水主	番船・水主の負担地域
万延元年閏3月14日～万延2年正月2日	Ⅰ	押送船1艘	5人	西浦賀村 東浦賀村
	Ⅱ	雇船1艘	2人	三方問屋
	Ⅲ	押送船1艘	4人	久里浜村 久比里
	Ⅳ	漁船1艘	4人	
	Ⅴ	御泊船大船2艘	—	西浦賀村 東浦賀村
万延2年2月8日～文久2年8月29日	Ⅵ	押送船3艘	15人	西浦賀村 東浦賀村
	Ⅶ	御泊船	—	
	Ⅷ	押送船1艘	—	久里浜村 久比里
	Ⅸ	漁船1艘	—	
文久元年7月18日～文久2年8月29日	Ⅹ	押送船2艘	10人	水主浦32か村

註）・『新横須賀市史』資料編近世Ⅱ資料№33・34・39より作成。
　・Ⅵのうち1艘とⅧは文久元年7月17日までの動員となる。

強化以降である。

沖番船出役に伴う諸負担については、各時期における一日当たりの番船・水主負担の変遷を表4、各村々における地域の負担状況を表5に示した。これらの表を参照しつつ、以下論を進めていきたい。

万延二年二月、浦賀奉行預所の東西浦賀村・久里浜村・西浦賀分郷久比里（以下、久比里）の名主・年寄らは沖番船出役が難渋であるとして関係費用の負担方法に関する願書を浦賀奉行所に提出している[42]。この願書からは、沖番船出役に対する地域側の認識を窺い知ることができるので、内容を詳しく検討していく。冒頭では負担の経過が述べられており、万延元年閏三月中に東西浦賀村へ押送船一艘（Ⅰ）、三方問屋へ雇船一艘（Ⅱ）、久里浜村・久比里へ押送船一艘（Ⅲ）・漁船一艘（Ⅳ）の計四艘（表1のA～Dに該当）、ほかに「御泊船」として大船二艘（Ⅴ）を差し出していたとある。当初は、沖番船出役に使用する番船のうち、半数は浦賀番所付の船とされていたが、実質的には地域の側で全てを賄っていたことになる。また、万延二

表5　沖番船出役における村々の負担状況

村名	地域編成	領主	海付	水主役村	番船	船頭・水主	賃金	海岸筋取締
西浦賀村	浦賀奉行預所	浦賀奉行	○	○	○	●	○	
分郷久比里	浦賀奉行預所	浦賀奉行	○	○	○	●	○	
東浦賀村	浦賀奉行預所	浦賀奉行	○	○	○	●	○	
内川新田村	浦賀奉行預所	浦賀奉行	○	○			○	
久里浜村	浦賀奉行預所	浦賀奉行	○	○	○	●	○	
久村	浦賀奉行預所	浦賀奉行		○			○	
佐原村	浦賀奉行預所	浦賀奉行		○			○	
岩戸村	浦賀奉行役知	浦賀奉行					○	
衣笠村	浦賀奉行役知	浦賀奉行					○	
小矢部村	浦賀奉行役知	浦賀奉行					○	
上平作村	浦賀奉行役知	浦賀奉行					○	
武村	浦賀奉行役知	浦賀奉行					○	
須軽谷村	浦賀奉行役知	浦賀奉行					○	
高円坊村	浦賀奉行役知	浦賀奉行					○	
竹之下村	浦賀奉行役知	浦賀奉行					○	
台村	浦賀奉行役知	浦賀奉行					○	
三崎町	浦賀奉行預所	浦賀奉行	○	○		●	○	
分郷三崎町	役水主浦	熊本藩	○	○	○	○		○
鴨居村	役水主浦	熊本藩	○	○	○	○		○
走水村	役水主浦	熊本藩	○	○	○	○		○
大津村	役水主浦	熊本藩	○	○	○	○		○
野比村	役水主浦	熊本藩	○	○	○	●		
長沢村	役水主浦	熊本藩	○	○	○	●		
津久井村	助役水主	熊本藩	○		○	○		
上宮田村	助役水主	熊本藩	○		○	○		
菊名村	助役水主	熊本藩	○		○	○		
金田村	助役水主	熊本藩	○		○	○		
松輪村	助役水主	熊本藩	○		○	○		
毘沙門村	助役水主	熊本藩	○		○	○		
宮川村	助役水主	熊本藩	○		○	○		
向ケ崎村	助役水主	熊本藩	○		○	○		
二町谷村	助役水主	熊本藩	○		○	○		
諸磯村	助役水主	熊本藩	○		○	○		
小網代村	助役水主	熊本藩	○		○	○		
三戸村	助役水主	熊本藩	○		○	○		
下宮田村	助役水主	熊本藩	○		○	○		
和田村	助役水主	熊本藩	○		○	○		
長井村	助役水主	熊本藩	○		○	○		
佐嶋村	助役水主	熊本藩	○		○	○		
芦名村	助役水主	熊本藩	□		○	○		
秋谷村	助役水主	熊本藩	○		○	○		
下山口村	助役水主	熊本藩	○		○	○		
一色村	助役水主	熊本藩	○		○	○		
三ケ浦	助役水主	熊本藩	□		○	○		
小坪村	助役水主	熊本藩	○		○	○		
公郷村	加助役水主浦	熊本藩	□		○	○		○
横須賀村	加助役水主浦	熊本藩	○		○	○		○
逸見村	加助役水主浦	熊本藩	○		○	○		○
長浦村	加助役水主浦	熊本藩	○		○	○		○
出　典	①	①	②	③	①	④	⑤	⑥

註）・出典は①＝『新横須賀市史』資料編近世Ⅱ資料№33、②＝『新編相模国風土記』第５巻（雄山閣、1998）、③＝『新横須賀市史』資料編近世Ⅰ（横須賀市発行、2007）資料№155、④＝『新横須賀市史』資料編近世Ⅱ資料№44、⑤＝『新横須賀市史』資料編近世Ⅱ資料№34、⑥＝『藤沢市史』第２巻（藤沢市発行、1973）440頁および『逗子市史』資料編Ⅱ近世Ⅱ（逗子市発行、1988）440号。

・「海付」の□は出典②では確認できないが、実際には海付であった村を示す。

・「船頭・水主」の●は正人動員を確認できる村々を示す。

年二月八日の沖番船出役の再編強化に際しては、東西浦賀村から押送船三艘（Ⅵ）と「御泊船」（Ⅶ）、久里浜村・久比里から以前同様二艘（Ⅷ・Ⅸ）を差し出したとある。沖番船出役は「臨時御用筋」であり、浦賀奉行所役人も出役しているので「難渋」を申し上げるのは恐れ入るとしながらも、村々においては漁船や押送船も多くはなく、交替で「御役」を勤めても直ぐに順番が回ってくるとされている。そして、「素より小船持之儀ハ其船運送之助力を以暮方仕候者而已多く、御役中ハ食事頂戴仕候得共、親妻子養ひ方ニも差支難渋之次第、既ニ昨年中願出候者も有之候へ共、臨時格別之御用之儀故理解申聞置為相勤候処、此度ハ以前より船数も多く殊ニ東西之分ハ乗組水主共御役ニ罷出居一同難渋之次第不忍見奉申上候」と述べられている。沖番船出役によって「小船持」の生活が圧迫され、そのことが万延元年中には問題化していたが、「臨時格別之御用」として「理解」を促して勤務に従事させていたことがわかる。

また、再編強化による番船数の増加、および水主不足から東西浦賀村の住民が「難渋」していたこと、それが願書提出の動機とされている。続けて東西浦賀村の船は大形で艪も三挺立であるため機動性に欠け、風向きによっては役に立たないので、小形の押送船で艪数の多い船と水主を雇い上げて乗り組ませれば役に立つが、このような船賃銀や水主雇賃を差し出すこととなると船持だけでは費用を賄えないという。さらに言うには、万延元年閏三月一四日から万延二年正月二日までの「御役船大船弐艘、押送船・漁船共四艘乗組水主賃銀其外船手入用等」を見積もったところ金高七〇三両一分余となり、これも東西浦賀村・久里浜村・久比里だけでは割り当てることができないので、「非常御用中役船・水主之儀」は賃銭を三浦郡中割にしたいと願い出ているのである。また、三浦郡中割が困難な場合は東西浦賀村・久里浜村・久比里以外の浦賀奉行預所・役知村々をはじめ、熊本藩預所となっている三浦郡の役水主浦六か村・助役水主浦二二か村・加助水主浦四か村で割り合うようにしたいとも提案している。要するに、沖番船出役に伴う船賃や水主雇賃を負担する地域の広域化が問題になっているわけである。

ここで着目したい一点目は、東西浦賀村・久里浜村が浦賀奉行所の「船役」・「水主役」を勤めてきたという歴史的経緯である。東西浦賀村・久里浜村は享保六年（一七二一）の下田から浦賀への番所移転に際し、走水・内川新田・鴨居・久村・佐原・長沢・野比・大津・三崎の九か村とともに「浦賀関所自然御用之節相触、船役可被申付候事」と、浦賀番所の「船役」を勤めることになった。(43)また、享保一三年（一七二八）・安永五年（一七七六）の日光社参における三浦郡の社参人馬役免除に至る過程を考察した馬場弘臣氏の研究によると、これら一一か村（水主役の単位としては西浦賀村と東浦賀村は一か村）は「浦賀附役水主御用之時差出候組合之村」とも認識されるような水主役村組合として編成されており、水主役の負担が諸役免除の有効な論拠になっていたことを明らかにしている。(44)なお、久比里は文化八年（一八一一）に西浦賀村の分郷になっている。(45)

ここで検討した願書において、三浦郡中割が困難な場合の負担地域として記載されている村々を表5の「地域編成」「領主」からみると、鴨居村・走水村・大津村・野比村・長沢村・分郷三崎町は役水主浦六か村（熊本藩預所）、西浦賀分郷・内川新田村・久村・佐原村・久里浜村は浦賀奉行預所として編成されている。東西浦賀村と三崎町は浦賀奉行預所であったが、願書には負担地域としての記載はない。また、役水主浦以外にも助役水主浦・加助役水主浦などとして三浦郡沿岸の村々が編成されていたことを確認できる。こうしたことから、沖番船出役に伴う番船・水主の動員は、享保期以来の水主役村組合一一か村（表5の「水主役村」を参照）とは異なる独自の地域編成を基盤として遂行されていたと考えられる。なお、当初から東西浦賀村・久里浜村・久比里が沖番船出役に伴う番船・水主を負担した背景には、①水主役村組合を構成してきたという歴史的経緯、②浦賀奉行預所であり海付であったこと、③実質的に番船・水主を負担するだけの基盤が整っていたことなどを挙げることができよう。

二点目は、願書の但書きの内容についてである。そこには「但、浦賀表之儀ハ近来御公儀様御船追々御造成、御通舟之度毎引船其外役船被仰付、当湊ニおゐて御作事等之節も船役被仰付候、然ル処今般非常御用之儀も浦賀表而已ニ而三浦郡村々御用之場所も無御座様相見申候間、三浦郡中割合被仰付被下置候ハヽ、難有仕合奉存候」と記述されている。内容を補足すると、幕府艦船の修復場が浦賀に造成され、そこでの修復作業のために「船役」が命じられるようになったこと、沖番船出役も同様に浦賀以外の「御用之場所」がないことを論拠として三浦郡中割が主張されているのである[46]。ただし、久里浜村や久比里も沖番船出役に伴う役を負担しており、「是又雇上ケ不申候而ハ相勤兼可申奉存候」と、やはり船賃や水主雇賃を支払うことでの沖番船出役負担の必要性が強調されている。浦賀は江戸湾海上交通の要衝であり、幕政上の重要拠点として位置付けられていた。そのため幕末期においては、海防・艦船修復・浪士取締など、政治状況の多様化に応じて地域社会への負担の在り方も多様化していた。その時々の状況に応じて負担の仕組みを構築することは、浦賀奉行所の地方支配、東西浦賀村の地域運営にとって重要な課題であり続けたといえよう。

次に、久里浜村と久比里の主張についても検討したい。久里浜村名主・久比里年寄は東西浦賀村とともに歎願活動を展開する一方、文久元年五月、浦賀奉行所（「地方御役所」）に対して水主雇賃の支払い方に関する願書を別途提出している[47]。ここでは万延元年（一八六〇）閏三月および万延二年二月八日に「海路御取締」を命じられ、押送船一艘（Ⅲ・Ⅷ）・「大漁船」一艘（Ⅳ・Ⅸ）を動員し、船主一名ずつを乗船させていたことが述べられ、次いで水主雇賃支払いの状況が説明されている。すなわち、万延元年中は番船二艘（Ⅲ・Ⅳ）に水主四人ずつを乗り組ませていたが、文久元年（万延二年）になると水主不足のため東西浦賀村に代わって「水主之者御役」を仰せ付けられ、取り敢えず水主を雇い上げることで対応したとあり、東西浦賀村の水主役が久里浜村・久比里へ転嫁、雇賃化していった経緯が確認されている。しかし、「近来不漁勝之貧村故、雇上ケ賃銭払方差支」という状況で、「其都度〳〵相渡不申候而者幕方難相成候ニ付」という「其日暮之者」の事情も考慮して雇賃を立て替えてきたが、「昨年来多分之出銭」となったため東西浦賀村と相談のうえ連印して願書を提出したとある。これは先述した万延二年二月付願書のことだと考えられるが、「未御沙汰無御座内又々奉申上候ハ深く奉恐入候共、必至与難渋至候間奉願上候」とあることから、この段階になっても先の願書に対する沙汰が下っていなかったことがわかる。また、三艘張という久比里独自の漁の方法があり、これは三艘が組み合わないと漁として成り立たないものだが、それでも一艘（Ⅳ・Ⅸ）を差し出していると述べ、「右賃銭割合方御聞済被成下置候得ハ、外村ニ而雇上ケ候而なり共無御差支相勤可申候」と願い出ているのである。この願書の宛所は「浦賀御奉行所」であるが、実際には「地方御役所」に提出されている。地方役所は預所・役知の地方支配を管轄する浦賀奉行所の一部局であり、ここで沖番船出役に伴う負担の問題が扱われているということは、浦賀奉行所にとって幕府の浪士取締への対応が、すなわち地方支配全般に関わる問題でもあったことを示していよう。それは地方掛の浦賀奉行所役人飯塚久米・中村重太夫らが立ち合って「右一件ハ御上ニおゐても御心配被遊候間、何れ御沙汰可有之、夫迄ハ御支配所内村々江助合相頼可申」と通達していることからも窺い知ることができるだろう(48)。

これを受けて浦賀奉行預所・役知の村々が相談した結果、浦賀奉行預所・役知全体で久里浜村・久比里の船賃・水主雇賃を立て替えることになっている(49)（表5の「賃金」を参照）。こうして沖番船出役に伴う番船・水主負担の問題は、東西浦賀村・久里浜村・久比里だけに止まらず、浦賀奉行所支配地全体で共有化されることになったのである。

文久元年六月には東西浦賀村の「沖番船御用向取扱」の三方問屋・同年寄らが「船賃并水主雇賃・船中入用品々代金等も立替相払置候処是又御下ケ無之」として拝借金を下付してほしいと「沖番船御出役衆中」に願い出ている(50)。これを受けて同年六月二日には浦賀奉行所から沖番船出役ならび久里浜出張の足軽に金三両ずつの拝借金、「御船乗組船頭水主」らに玄米一俵（三斗五升入）ずつが下付されている(51)。

浦賀奉行所がこの段階で米金を下付した背景には、地域社会との協同関係を維持して浪士取締を強化しなければならない緊迫した政治状況があったと思われる。文久元年閏五月二八日に水戸浪士ら一四名がイギリス公使館であった東禅寺を襲撃し、公使館員二名に傷害を負わせるという第一次東禅寺事件が発生していたのである。水戸藩主徳川慶篤は当時の水戸領内の不穏な情勢を報告した書付を老中に提出しているが、この写が老中を経由して浦賀奉行にも伝えられている[52]。そこでは老中安藤信睦から「何方ゟ御府内江立入候哉難計ニ付、浦賀通船改方手抜無之様可被取計事」と通達されており、江戸防衛の前提として浦賀の「通船改方」が位置付けられていたことがわかる。だからこそ、浦賀奉行所は、地域社会の主張に一定の理解を示して、沖番船出役を維持していかなければならなかったと考えられる。

浦賀奉行所側は米金を下付すると、早速新たな取締対策に乗り出すこととなる。同年六月中に沖番船出役の管轄海域を広げたのである。すなわち、竹ケ岡沖の範囲を小久保村まで、千代ヶ崎沖の範囲を野比村から観音崎辺までに拡大し、「走水ハ船改切手手渡し候場所ニ付、是迄之通差置改方并見張等別而厳重ニ相心得」と走水沖の取締に重点を置いたのである[53]。

さらに文久元年七月一五日、浦賀奉行所側は先述した東西浦賀村・久里浜村・久比里の万延二年二月付願書に基づき、役水主浦六か村、助役水主浦二二か村、加助水主浦四か村（以上、水主浦三二か村）の「村々惣代名主」を呼び出し、「御雇番船」として押送船二艘（X）の動員を命じたところ、水主浦の村々が相談して「押送船弐艘七月十八日ゟ差出、富津沖・鴨居沖両所江壱艘宛罷出相勤申候」ということになった[54]。これによって東西浦賀村と久里浜村・久比里の押送船合わせて二艘分が軽減されたことになる。

しかしながら、東西浦賀村は沖番船出役に関わる「船中入用」などを立て替えており、その負担は万延元年閏三月一四日から文久元年八月二九日の間で金一五四両三朱余に及んでいる[55]。文久元年一〇月になって拝借金一〇〇両が浦賀奉行所から下付されているものの[56]、それでも東西浦賀村が負担した金額の一部に過ぎない。

久比里については、文久元年一二月中に万延元年分の賃金が浦賀奉行所から下付されているが、文久二年（一八六二）六月五日には年寄が「外村」へ「代舟」を申し付けてほしいと浦賀奉行所に歎願している[57]。久里浜村は同年二月に番船を免除されおり、久比里が単独で負担するようになっていたのである。結局、この問題は久比里と久里浜村が隔月で番船を動員することで決着している。

そして、文久三年（一八六三）正月二七日には、「浦賀・三崎・野比・長沢・久り浜村船頭・水主」に対して金九五両三分余の手当が下付されており[58]、これらの地域から実質的に船頭・水主が動員されていたことがわかる。

おわりに

以上、万延・文久期における相州浦賀の沖番船出役の問題を取り上げて、江戸湾の浪士取締体制と地域社会の対応について考察した。

江戸湾の浪士取締体制が構築される契機となったのは安政七（万延元）年三月の桜田門外の変であった。幕府は水戸浪士の江戸・横浜襲撃を警戒して、街道・河川による水戸からの南下経路と房総半島廻りの海路を取り締まる体制を敷いた。外国人居留地のあった横浜近海の取締りには軍艦操練所の洋式艦船朝陽丸・鵬翔丸が配備され、浦賀では沖番船出役や便船人取締が命じられた。江戸湾の浪士取締体制は横浜・浦賀、それぞれの海域における取締りが連動することによって成り立つ体制であったと考えられる。

浦賀の三方問屋のうち下田問屋が作成した「諸御用日記」をもとに沖番船出役の取締り状況について考察したところ、与力・同心・三方問屋らが一組みになって恒常的に観音崎沖・富津沖へ出張していたことがわかった。水戸浪士を取り締まったという事実は確認できなかったが、無許可で沖を直通する生魚船や便船人の取締りに関しては一定の成果を上げていたことが明らかになった。

沖番船出役は万延二（文久元）年正月二日に一時的に「引払」となったが、二月八日には再開、再編強化されている。ここで重要なのは、沖番船出役が再編強化されて以降は、三方問屋から動員される足軽（御雇を含む）への依存度を高めつつ浪士取締が遂行されていったということである。万延二年二月には、浪人・無宿人の捕縛に際して銃砲の使用や殺害権が認められるなど、在地の裁量に依存するかたちで関東取締強化が図られていくが、浦賀における浪士取締の再編強化も、こうした幕府の関東取締強化策の一環として位置付けることができると考えられる。そして注目したいのは、幕府の関東取締強化策の基盤となった関東取締出役―組合村制とは異なる原理で浦賀の沖番船出役が編成され、江戸湾の浪士取締体制において重要な機能を果たしていたということである。

関東取締出役―組合村制と原理を異にするということは、必然的に地域社会における問題の表出の仕方も固有の形態をとるということになる。当該期の浦賀周辺地域では浪士取締の問題は第一義的に沖番船出役として立ち現れ、さらに番船・水主の動員をめぐる問題へと展開していった。民意の吸収、地域との合意形成が幕府の政策遂行過程における重要な前提となることはすでに指摘されているところであるが[59]、江戸湾の浪士取締をめぐっても浦賀奉行所と地域社会との間で度重なる意見調整が行われた。これは浦賀奉行所が地域社会との均衡した協同関係に基づいて沖番船出役・便船人取締を遂行していたことを示していると考えられるが、「地域社会の要望にもとづき、地域社会と一体となった治安・犯罪対策」[60]と平川氏が捉えるような関東取締出役―組合村制の特質と引き比べた場合、浦賀の浪士取締がどこまで地域社会の要望に基づく政策であったといえるのかについては検討の余地があるだろう。

最後に江戸湾における浪士取締体制の解体過程について触れておかなければならないだろう。沖番船出役による浪士取締が差し止めになったのは文久二年（一八六二）閏八月のことである。ただし、浦賀奉行の通達には「尤御取締筋之儀ハ厳重可相心得旨被仰渡候ニ付、以来常々相互ニ厚申合置、万一漁業先等ニおゐて怪敷風体之者沖合乗通候を見掛候歟、又ハ銘々村方海岸上下之諸廻船便舟人等猥ニ為致上陸候者有之候ハヽ、其所江留置、其外不寄何事怪敷風聞等及互（聞カ）候ハヽ、其段早速浦賀御役所江可訴出候」[61]とあり、取締自体の重要性が等閑視されたというわけではない。

また、同月には沖番船出役だけでなく、通行人取締のため東西浦賀村に設置されていた人改仮番所も廃止され[62]、さらに九月一日には「前書御取締向御差止相成候上は、地船下り改便船人吟味之上通船為致候廉、其外とも御番所取扱向総而前々仕来之通取計候間、其旨可相［心脱カ］得事」（［　］内は筆者）と、便船人取締も以前の仕来りに復旧することが通達されている[63]。

文久三年（一八六三）三月には横浜沖で浪士取締に当たっていた幕府洋式艦船も撤退しており、この段階で江戸湾の浪士取締体制は解体されたといえる。同月付の軍艦奉行の上申書[64]によると「右神奈川奉行支配向之義御人少に付御警衛船え為乗組候義出来兼候間、此程申上之上、右支配向為引払候趣同奉行申聞候に付、勘弁仕候処」とあり、神奈川奉行所役人の不足によって警衛の維持が困難になっていた状況が看取できる。また、上申書では、「右御警衛船之義は外夷守防之ため被差遣候訳に無之、先年来浪士共党を結ひ横浜表外国人居留地え海路より忍入乱妨刺殺等御懸念被遊」と「御警衛船」（洋式艦船）派遣の目的が対外的なものでなく、あくまで浪士取締にあったとされ、「前書之通神奈川奉行支配向之者改方差止引払候上は御警衛改方も難出来、御船差廻しの詮無之訳に付神奈川奉行え打合之上御船并乗組支配向之者講武所修行人共一同為引払申候」と幕府洋式艦船と乗員の講武所関係者を撤退させた旨が報告されている。

このように江戸湾の浪士取締体制は文久二年から同三年にかけて段階的に解除されていったが、その政策意図は必ずしも明確ではない。軍艦奉行の上申書には神奈川奉行所役人の不足が挙げられているものの、それだけが要因の全てとは考えられないし、そもそも浦賀の取締体制の差し止めとは無関係であろう。浦賀に限ってみれば、幕府艦船の寄港地化に伴う地域負担の増大といった要因も考えられる。また、横浜の場合、イギリス・フランス両国軍の居留地駐屯が大きな影響を及ぼしたことは想像に難くない。これによってイギリス・フランスは幕府の浪士取締体制に依存せず、自前の軍事力で居留地警衛を行うことが可能になったと考えられるからである。

いずれにせよ、文久期における江戸湾の浪士取締体制解体の要因、その後の展開については本稿で明らかにすることはできなかった。今後の課題としたい。

〈注〉

(1) 森安彦「文政改革と関東農村―幕末期の対外危機と組合村の武装編成―」(村上直編『論集関東近世史の研究』、名著出版、一九八四年)。
(2) 佐藤隆一「幕末の関東取締について」(『三浦古文化』五四号、一九九四年)。
(3) 小松修「幕末期多摩川流域の取締について」(『郷土神奈川』一七号、一九八五年)、同「幕末期横浜周辺の取締りについて」(村上直編『論集関東近世史の研究』、名著出版、一九八四年)、同「幕末横浜在留外国人遊歩地と見張番屋」(『史叢』三一号、一九八三年)。
(4) 横山伊徳「横浜十里四方遊歩問題と改革組合村」(『日本近世史論叢』下巻、吉川弘文館、一九八四年)。
(5) 岩橋清美「横浜遊歩地域における見張番屋と組合村」(『法政史論』一七号、一九九〇年)。
(6) 牛米努「幕末の関東取締出役」(関東取締出役研究会編『関東取締出役』、岩田書院、二〇〇五年)。
(7) 西川武臣「幕末から明治初年の横浜の治安と警備―関門の設置と機能をめぐって―」(横浜開港資料館・横浜近世史研究会編『幕末維新期の治安と情報』、大河書房、二〇〇三年)、同「神奈川奉行所の軍制改革―集められた農民兵たち―」(横浜対外関係史研究会・横浜開港資料館編『横浜英仏駐屯軍と外国人居留地』、東京堂出版、一九九九年)。
(8) 『寒川町史』3、資料編、近世(3)(寒川町発行、一九九五年)、資料№一八三・№一八四、三八七・三八八頁。
(9) 井上光貞・永原慶二・児玉幸多・大久保利謙編『日本歴史大系普及版12開国と幕末政治』(山川出版社、一九九六年)、一〇五頁収録の「表2 幕末期の攘夷事件一覧」を参照のこと。
(10) 前掲『関東取締出役』、五頁。

(11)井伊正弘編『井伊家史料　幕末風聞探索書』復刻版、下、万延・文久編（雄山閣、一九九九年）三三七・三三八頁。
(12)平川新「『郡中』公共圏の形成―郡中議定と権力―」（『日本史研究』五一一号、二〇〇五年）。
(13)坂本達彦「幕末期における関東取締出役・惣代層の動向」（『日本歴史』六七五号、二〇〇四年）。
(14)『新横須賀市史』資料編、近世Ⅱ（横須賀市発行、二〇〇五年）、資料No.二八、九八頁。
(15)中川番所における取締りについては、小泉雅弘「幕末維新期における中川番所の機能と「国産改所」計画」（江戸東京近郊地域史研究会編『地域史・江戸東京』、岩田書院、二〇〇八年）を参照のこと。
(16)前掲『新横須賀市史』資料編、近世Ⅱ、資料No.二八、九八・九九頁。
(17)同右、資料No.二八、九九頁。
(18)『茅ケ崎市史史料集第二集　藤間柳庵「年中公触録」』（茅ヶ崎市発行、一九九九年）、一〇七頁。
(19)『内閣文庫所蔵史料叢刊第三六巻安政雑記』（汲古書院、一九八三年）、四三一頁。
(20)勝海舟が明治二二年に編纂した『海軍歴史』所収の「船譜」によると、朝陽丸はオランダ製の蒸気船で大砲一二門を搭載可能、鵬翔丸はイギリス製の木造バーク、受取はいずれも安政五年とある（勝海舟『海軍歴史』、原書房、一九六七年、四四三頁）。
(21)前掲『新横須賀市史』資料編、近世Ⅱ、資料No.三〇、一〇一頁。
(22)横須賀史学研究会編『相州三浦郡東浦賀村（石井三郎兵衛家）文書』第一巻（横須賀市立図書館、一九八五年）、三六・三七頁。
(23)横須賀史学研究会編『新訂臼井家文書』第四巻（横須賀史学研究会、一九九九年）、二二一頁。
(24)浦賀の住民構成については、吉田ゆり子「浦賀の町と遊女」（伊藤毅・吉田伸之編『水辺と都市』、山川出版社、二〇〇五年）を参照のこと。
(25)前掲『新横須賀市史』資料編、近世Ⅱ、資料No.三〇、九九・一〇〇頁。
(26)同右、資料No.三〇、一〇〇頁。

(27)「諸御用日記」は近世浦賀問屋関係史料をまとめた「浦賀書類」(九州大学所蔵)に収載されたもので、嘉永三年、安政四・五・七年、慶応四年分が残っている。「浦賀書類」は一～九および乾・坤の一一部に分類されているが、これらは横須賀史学研究会によって全てが翻刻されている。本稿では「浦賀書類」八の安政七年「諸御用日記」(横須賀史学研究会編『浦賀書類(上)』・『浦賀書類(下)・他二編』、横須賀市立中央図書館、一九九三年・一九九四年)に依拠してデータを抽出した。

(28)前掲『浦賀書類(下)・他二編』、二二五頁。

(29)前掲『新横須賀市史』資料編、近世Ⅱ、資料№三二一、一〇三・一〇四頁。

(30)同右、資料№三二一、一〇三・一〇四頁。

(31)同右、資料№三四九、六四六・六四七頁。

(32)横須賀史学研究会編『浦賀奉行所関係史料第二集　中村家文書・浦賀詰下田問屋旧記控・他』(横須賀市図書館、一九六九年)、七三頁。

(33)前掲『新横須賀市史』資料編、近世Ⅱ、資料№三五三、六六〇～六六二頁。

(34)前掲『新横須賀市史』資料編、近世Ⅱ、資料№三五、一〇九～一一二頁。

(35)横須賀史学研究会編『浦賀奉行所関係史料第三集　大炮鋳立場御用留・浦賀真秘録・松山源五郎文書・他』(横須賀市図書館、一九七〇年)、二〇〇頁。

(36)石井良助・服藤弘司編『幕末御触書集成』第五巻(岩波書店、一九九四年)、五〇二七号、五三八・五三九頁。

(37)慶應義塾図書館編『木村摂津守喜毅日記』(塙書房、一九七七年)、二七頁。

(38)横須賀史学研究会編『相州三浦郡東浦賀村(石井三郎兵衛家)文書』第二巻(横須賀市立図書館、一九八六年)、二九七頁。

(39)『逗子市史』資料編Ⅱ、近世Ⅱ(逗子市発行、一九八八年)、資料№四四〇、五七二頁。

(40)『藤沢市史』第二巻(藤沢市役所発行、一九七三年)、四四〇頁。

(41) 前掲『新横須賀市史』資料編、近世Ⅱ、資料No.三一、一〇一・一〇二頁。三方問屋らは沖番船出役の日数増加による費用の増大を理由に無利息五か年賦という条件で金二〇〇両の拝借を要求する願書を万延元年一〇月付で浦賀奉行所の「沖番船出役衆中」に提出している。
(42) 前掲『新横須賀市史』資料編、近世Ⅱ、資料No.三三、一〇四〜一〇八頁。
(43) 同右、資料No.四〇九、八一一・八一二頁。
(44) 馬場弘臣「相州三浦郡の継立人馬役・水主役と日光社参人馬役」(『市史研究横須賀』七号、二〇〇八年)。史料は『新横須賀市史』資料編、近世Ⅰ(横須賀市発行、二〇〇七年)、資料No.一五五、五〇五頁を参照のこと。
(45) 前掲『新横須賀市史』資料編、近世Ⅱ、資料No.三六七、七六四〜七六六頁。
(46) 浦賀における幕府艦船の修復作業については、拙稿「幕末期における幕府艦船運用と寄港地整備―相州浦賀湊を事例に―」(『地方史研究』三三二号、二〇〇八年)を参照のこと。
(47) 前掲『新横須賀市史』資料編、近世Ⅱ、資料No.三四、一〇八・一〇九頁。
(48) 同右、資料No.三四、一〇九頁。
(49) 同右。
(50) 同右、資料No.三六、一一二・一一三頁。
(51) 同右、資料No.三四、一一〇〜一一二頁。
(52) 同右、資料No.三七、一一三頁。
(53) 同右、資料No.三八、一一三・一一四頁。
(54) 同右、資料No.三九、一一四頁。
(55) 同右、資料No.四〇、一一六頁。
(56) 同右。
(57) 同右、資料No.四一、一一七頁。

(58)同右、資料No.四三、一一九頁。
(59)藤田覚「幕府行政論」(歴史学研究会・日本史研究会編『講座日本歴史6　近世社会論』、東京大学出版会、二〇〇五年)。
(60)前注12参照。
(61)前掲『新横須賀市史』資料編、近世Ⅱ、資料No.三四、一一八頁。
(62)前掲『相州三浦郡東浦賀村(石井三郎兵衛家)文書』第二巻、四七頁。
(63)同右、四九頁。
(64)文久三年「神奈川港御警衛之義に付申上候書付」(勝海舟『海軍歴史』、原書房、一九六七年)、五一〇頁。

第二次幕領期における蝦夷地の警衛体制

鈴木崇資

はじめに

近世の蝦夷地は幕府より松前氏に委任統治されていた。一八世紀末になると、ロシアなどの欧米諸国の接近や、蝦夷地の開発政策の関係から、幕府に直轄統治された（第一次幕領期）。一九世紀には、日米和親条約によって箱館の開港が決定されると、六月朔日に箱館奉行が任命され[1]、安政元年六月二一六日には松前伊豆守に対して、箱館とその五六里四方の場所の上知が言い渡され、松前復領期は終わり、第二次幕領期に入ることになる[2]。

第二次幕領期の蝦夷地政策についての研究は、麓慎一氏[3]の研究や金森正也氏の研究などが挙げられる。麓氏は守屋嘉美氏の研究[4]などを受けて、安政六年（一八五九）からの蝦夷地政策を、第二次幕領期におけるロシア人の南下、樺太・蝦夷地政策が樺太仮規則と諸藩[5]による北蝦夷地警衛の行き詰まりから、箱館奉行と老中の間で幕府の樺太蝦夷地直轄路線に移り変わっていったとする。同氏は幕府の蝦夷地政策と諸藩との関わりを主に仙台・秋田・会津・庄内藩と北蝦夷地政策の転換から論じている。

金森正也氏は、安政六年以降領地を与えられた東北諸藩にとって蝦夷地支配は「強制された蝦夷地支配である」といった従来の研究成果に対して、幕府政策の「被害者」とするばかりではみることができない問題があるとしている。そんな中で蝦夷地において確立した領主的土地所有の実態を含め大名が、幕府の蝦夷地政策との関わりの中でどう対応したのかを、秋田藩を事例に挙げて明らかにしている。

しかし、こうした従来の研究では、「東北諸藩」と言いつつも、仙台・秋田・会津・省内のみがクローズアップされ、南部・津軽・松前藩の第二次幕領期における役割と幕府の政策の転換との関係は明らかにされていない。本論文では、第二次幕領期における、箱館奉行と箱館周囲を警衛・直轄支配していた南部藩との関係を考察するものである。

一　第二次幕領期の蝦夷地警衛製

1　箱館開港当初の蝦夷地警衛政策と諸藩

日米和親条約によって箱館の開港が決定されると、六月朔日に箱館奉行が任命され[6]、安政元年六月二六日には松前伊豆守に対して、箱館とその五六里四方の場所の上知が言い渡され、松前復領期は終わり、第二次幕領期に入ることになる[7]。翌閏七月一五日に老中から箱館奉行へ渡された下知状には、「萬一異国船不慮に令着岸、及不義働、人数於可入は、津軽越中守南部美濃守松前伊豆守江申遣し、人数為差出、箱館勤番之人数等差加取計之、早々可及注進事」とある[8]。

蝦夷地の見分を命じられた村垣範正と堀利熙による安政元年九月の報告書、松前藩による警衛の不備や、アイヌに対する扱い（虐待など）が述べられ、幕府による直轄支配が必要であるとしている。また、警衛については旗本御家人の次男三男を選び移住させ、屯田農兵の制度を設けることを進言している。藩による開発・警衛については、山丹満州などと隣接していること、開墾が進めばそれだけ後々幕領に戻しがたいことなどの理由により難色を示している(9)。安政元年三月一九日、露西亜應接掛の筒井正憲と川路聖謨が老中阿部正弘へ出した伺書の中で、堀織部正と村垣範正の調査をふまえて蝦夷地の一円上知を献策している。その中では北蝦夷地、唐太、エトロフ、クナシリと同様に箱館湊を挙げ、その重要性を示している(10)。この堀と村垣の考えに対して竹内保徳は以下のような見解を述べている。

〔史料二〕

東蝦夷地之儀ニ付申上候書付　竹内下野守

東蝦夷地之儀、箱館表江着之上、堀織部正江篤と承り候處、松前家之處置町人共江打任せ有之、蝦夷人撫育不行届、萬一異国人仁意施し候儀等も有之候ハ丶、早速靡き可申哉之由、且六ヶ場所と唱候處は勿論、箱館は東蝦夷地之湊ニ御座候間、旁上知被　仰付候方と奉存候、蝦夷地一円と申論も御座候へ共、一時ニ一円ニ而は、何分手も届兼、御料ニ相成流弊一洗も不相成候而は、不都合は勿論御不仁ニも相当り可申哉、先東地計上知被　仰付候と奉存候、依之私見込之趣申上候、以上(11)

史料一は村垣と堀の報告書を受けた上での竹内保徳の見解である。これによれば蝦夷地の一円上知はまだ早すぎるとして東蝦夷地のみの上知を主張した上で箱館に関しては、「箱館は東蝦夷地之湊ニ御座候間、旁上知被　仰付候方と奉存候」とその重要性を述べて上知の必要性を述べている。

〔史料二〕

箱館御備向之儀ニ付相伺候書付

竹内下野守

箱館表之儀は、御備向殊ニ肝要之筋ニ付、臺場其外備向之次第、松前伊豆守家来呼出相尋候處、臺場都合六ヶ所有之、夫々番士相詰備筒有之、尤異船渡来之節は、松前江申遣、同所より人数繰出候旨申聞候得共、場所之模様紙上絵図面ニ而は碇と見居も付兼候間地理見分仕、同役談判之上、御警衛取調申上候様可仕奉存候、依之先臺場御固等之儀は、当分之内是迄之通勤番相心得候様、伊豆守江被仰達、尤非常之節は、箱館奉行御断次第、人数差出候様、南部津軽之両家江被仰達候様仕度奉存候、此段奉伺候、以上

寅閏七月(12)

史料二は、箱館奉行竹内保徳から老中へ出された伺書である。これによれば松前復領期の警衛の体制は台場が六ヶ所あり、外国船が来航してきた場合には松前表から兵を派遣していたのである。また、竹内保徳はこの体制をとりあえず継承して行うことを松前藩に命じ、非常の際には南部藩と津軽藩へ派兵を命ずる体制をとることを述べている。

〔史料三〕

向々江渡候書付

津軽越中守江

津軽越中守

箱館表御固之儀、是迄之通松前伊豆守相心得候筈ニ候得共非常之節は、箱館奉行より相達次第人数差出候様可被致

候、尤南部美濃守江も同様申達候間、得其意可被申合候

南部美濃守江

同文言、尤津軽越中守江も

南部美濃守

松前伊豆守江

箱館表御固之儀、是迄之通相心得候様可被致候、尤非常之節は、箱館奉行より申達次第、増人数差出可被申候、且又津軽越中守南部美濃守江も非常之節ハ、箱館奉行より申越次第、人数出之儀申達候間、可被得其意候(13)

松前伊豆守

史料三は安政元年八月に津軽南部松前に渡された書付である。これによれば、箱館の警衛はそれまで松前藩によって行われてきたが、以後非常の際には津軽・南部藩ともに箱館奉行の連絡があり次第派兵することが定められている。この時点ではまだ箱館の警衛の主体が松前藩ではあるが、第一次幕領期と同様に非常事態に備えて津軽南部藩の派兵が求められていることがわかる。

安政元年一一月には秋田藩主佐竹義睦より老中へ願い書が出され、第一次幕領期に秋田藩は南部・津軽藩に次ぐ「臨時人数手当」であった例を挙げて、この第二次幕領期の警衛も同様にするように願い出された(14)。この秋田藩の願い書は箱館奉行と蝦夷地懸御目付の評議をもって返上された。その史料が以下になる。

〔史料四〕

書面之趣熟覧勘弁仕候處、佐竹右京太夫領土土崎能代之両湊より松前江差迄ハ海路百里以内ニて、殊ニ汐路ニ相随

ひ船を駛候義ニ付、至て便利も宜敷趣ニ有之候間、西蝦夷地へ應接等被仰付候ニハ尤可然哉候得共、此程織部正村垣與三郎より、蝦夷惣躰之見込申上置候趣ニも有之候間、右等之御模様御治定ニも罷成候上ハ、臨時人数出張ハ勿論、時宜ニより西蝦夷地之内へ勤番被仰付候方ニも可有之哉ニ付、御廟模相定候迄、差向聢と御差図無之方哉と奉存候、左候ハヽ、書面内意之趣追て御沙汰之次第も可有之候間、警衛人数一際厳重手配可致旨、被仰達可然哉ニ奉存候、私共評議仕、此段申上候

十二月

堀織部正
岩瀬修理(15)

すなわち、佐竹右京太夫が西蝦夷地へ應援などが命じられた理由は、秋田藩領の土崎と能代の湊から松前や江差までの海路が便利であることであるとしている。南部藩や津軽藩のように書付を以て臨時人数手当を命じられたわけではなく、「差向聢と御差図無之」という状況ではあるが、秋田藩は南部・津軽藩に次ぐ応援を求められる立場であることが示されたということもできる。

〔史料五〕

箱館表御臺場其外見込之趣大意取調奉伺候書付

竹内下野守
堀　織部正

箱館表今般南蛮船繫泊并遊歩等御差許ニ相成候段、実ニ無拠御時世不得止事御義ニ付、此上自恣之所業相募不申候

様、相制候義ハ勿論ニ御座候得共只々辞令言語之際を相恃ミ、一時御躰裁を取繕候迄ニ而は、強而夷情を挫き候義も難相成候間、不言之内ニ畏懼敬崇仕候御所置肝要之御義ニ有之、右等深き御遠慮被為厭御義ニ付、格別御規模相顯れ候様仕度、得と港内之地勢研究仕候處、先日中より追々申上候通、湾曲凡六里餘有之、悉平沙之地ニ付、船中より一望仕候得は、市廛村落見透しニ相成、進退動止分明ニ相知れ、其上上陸遊歩等仕候得は、猶更虚実をも了察可仕候間、御豫備筋は幾重にも厳重相整候様御措置無之候而は、夷人共軽慢ニ相募り、不図争論をも相開可申歟、尤如何様御世話被為在候共、数里之海岸ニ付、一時ニ行届候義は難相成候間、要衝之地勢相撰、前後急應相届、可成丈御経費も相省、御取締筋相整候様仕度、是迄有来砲臺等、地勢は可成宜敷有之候へ共、備筒も一向用立兼、既ニ異人共上陸之節は、筒類上覆仕取隠候程之義ニ而、臺場之詮更ニ無之、土塁等も手薄ニ付、何れにも御模様替有之、其外新規御取建ニ不相成候而は、一日も御捨置難相成ヶ所、大凡見込之所、左ニ申上候

（朱書）

「長崎浦賀下田箱館之諸港、当時同様之御要害ニ相成候處、崎陽之義は、数百年来追々御備向も行届、殊ニ御固之外、諸藩應援自在ニ出来候ニ付、当時比例難仕、浦賀表は、江戸海口ニ付、是又見合難相成、左候ハヽ、萬端下田港御備向ニ見合相当ニも可有之哉と奉存候得共、猶又再三熟慮仕候處、同所之義は、狭隘之海門ニ而、要害も宜、其上海陸声援等も自在ニ有之候得共、当所之義は、数十里掛払、尻打より塩首迄平濱凡二十里程更ニ物陰も無之、向地南部津軽迚も、居城まて数十里懸隔り、殊ニ海路険悪ニ而、平日渡海迚も、風順無之候得は、一旬半月之阻滞は儘有之、夷人共萬一害心相含、向地通航を支候歟、又は風潮を考取懸り候ハヽ、一時ニ相敗れ、市中其外紛虀灰燼と相成候とも、内地ニ而は更ニ相弁候ものも無之假令通達及候共、時機ニ相後れ、事果候上ならてハ、人数到着ニも相成兼可申、且又松前伊豆守人数隣境ニ罷在候得共、是以山越四日路も有之、其上此地ニ異変出来候節は、城下廻り場廣之警衛ニ而引分候得は、何程之人数も繰出し兼、所謂有名無実ニ落入可申哉、其外蝦夷地一円空

曠之境と相成居候得は、外夷とも足溜り之弁利にも罷成、此方おいてハ、更ニ依頼と可致者無之候間、右夷地急應をも兼而手配いたし置不申候而は難相成本文蝦夷地之義ハ、別段申上候ニ付、相省き申候、候得共、先差当り内地より援兵等渡海仕候迄持こらへ候程之御施設有之度、左候ハヽ、下田表ニ引競候得は、場所手廣之上、前文不便利之地取、自然異同も可有之哉ニ奉存候、

（中略）

御固勤番之儀、前文之中上候通場廣之地ニ付、假令松前伊豆守一家之人数を一纏ニ驅集候共、行届可申筈無之、其上臺場御模様にも相成候上は、多人数相詰不申候而は、厳重御取建相成候詮も無之、右等御手薄に有之候へは、夷人共軽侮之情意相募り、御取扱向も行届兼、御不体裁之儀出来可申哉、就而は、津軽南部両家より、勤番人数為相詰候方にも可有之哉ニ候得共、是以領内数十里之海岸にて、中々自国之備も相整兼候間、此上出張等為致候ハヽ、猶更手薄に罷成可申哉ニ付、右両家之義ハ、大艦製造為致、風潮之順逆ニ不拘、速ニ急應仕候様、海軍調練励精為致度、左候ハヽ、往々御実備ニも相協、夷人共海峡通航いたし候も相懼れ、御国威をも相示し候次第ニ罷成可申、本文申上候通、両家江勤番不被仰付候ハヽ、其趣聢と御内意被仰達候様仕度奉存候、就而は、奥羽両州之内、格別海防之憂無之大藩之向江被　仰付、箱館亀田之中間千代ヶ臺と申邊江、本陣屋為取建、箱館山間平坦之地江出張陣屋補理、同所御臺場不残沖之口御番所ハ奉行所付ニ付相除ク、警衛為致、但、臺場々々江は、平日物見所取建置、時宜次第陣屋より人数相詰候積、其外大森濱より塩首岬迄持場ニいたし、平原曠野蕿蕪之地は馬草場に賜り、追々足軽雑人相移開墾為仕、土著之ものニ致し候ハヽ、後々は差而入費も不相懸、御備向も相整可申、蕪之地御割渡相成、追々村落出来候上は、自然土地之潤ニも罷成、且是迄一円草原ニ付、野火入等有之、立木生立不申、洋上より見透候處、右憂も薄らき、立木茂合、海岸御要害之御一筋にも相成可申哉ニ奉存候、松前家之義、有川村ニ陣屋取建、矢不来砲臺相渡、木古内領分境より亀田邊奉行持場最寄迄、警衛被　仰付候ハヽ、可也行届可申哉と奉存候、

松前家之領分程近ニ付、馬草場被下候ニ不及候積り
（後略）(16)

史料五は、竹内保徳と堀利熙が連名で老中阿部伊勢守へあてた伺い書である。これによれば箱館の当時の様子が詳細に表されている。「不言之内ニ畏懼敬崇仕候御所置」のために上知し、さらには「夷人共軽慢ニ相募り不図争論をも相開可申歟」を懸念しているが、「一時ニ行届候義は難相成候間、要衝之地勢相撰、前後急應相届、可成丈御経費も相省、御取締筋相整候様仕度」と、即座に警衛の体制が整わないことを理解しており、応援をもって警衛にあて、経費を省くことを述べている。また、長崎浦賀下田などの他の開港地と比較して箱館は、南部津軽藩の城まで数十里あり、また海路は険悪で、万が一外国人が害を加えようと考えて通航を遮ることがあれば敗れてしまう。松前藩の派兵にしても箱館までは山を越えて四日ばかりかかるため、「有名無実」であるとしている。そのため「急應をも兼而手配いたし置」くことや、「内地より援兵等渡海仕候」ことを対応策として述べている。さらには、ここで述べた段階では「差当り」内地からの援兵と持ちこたえられるだけの施設の準備を献策しているのであるが、箱館の警衛に関しては、応援や内地からの派兵が求められているのである。ちなみに、この施設とは箱館奉行所の移転と五稜郭の建設、弁天台場に代表される台場建設などに代表される。

さらに、「松前伊豆守一家之人数を一纏ニ驅集候共、行届可申筈無之」と、松前藩のみの兵では警衛が行届かないことを指摘している。南部・津軽両藩に出張をさせることを案の一つとして挙げてはいるが、自国の領分の警衛が手薄になるという理由から出張をさせることに否定的だが、両藩には大艦を建造させて応援をさせることを献策している。またこの後には「箱館山江異人共上陸候へは、同所市廛は勿論御役所并陣屋等迄、盡く眼下ニ被見透候地勢故、山上江烽火臺并遠見番所取建置、御備場江は夷人共不近寄様申諭候法度書相渡し候積り、外洋江夷艦相見候ハ、、早

速烽火を揚て注進為致、且南部佐竹江も為取建火光煙気を見受候ハヽ、相應候様いたし、…」とあるように南部藩は南部領からの応援が求められていることがわかる。ここで注目したいことは、上で述べたようにあくまで応援としての位置づけであり、竹内と堀が南部・津軽藩に求めていることは箱館の警衛より自国の警衛である。史料四で述べた秋田藩と同様の論理であくまで両藩を応援として位置づけているということである。

また、堀利熙と村垣範正は別の上申書で、旗本と御家人の次男三男厄介に蝦夷地の開発や警衛を行わせるべきとそれまでと同様の意見を述べているが、同時に藩による警衛も一時的な処置として進言している。すなわち西蝦夷地（松前と江差も含む）を秋田藩に任せ、援兵として津軽藩をつける。東蝦夷地（箱館を含む）には仙台藩に警衛を任せ、援兵として南部藩を任せるという案を出す。また、「本文在住之もの并農兵等出来、蝦夷地惣躰充実仕候上は、勤番之大名人数為引揚候見込ニ御座候」と在住の者が増えてくれば藩の兵は引揚されるべきであるとしている。(17)また、海岸里数は数百里に及ぶ広大な土地であるために、警衛の体制や農兵の準備がすぐには行届かないとしている。当初は第一次幕領期と同様に東蝦夷地のみを上知し、その後西蝦夷地も上知する案は、北蝦夷地へのロシアの外圧の切迫、開拓の必要性、西蝦夷地の上知に伴う松前藩や請負商人の混乱などが懸念されるために却下し、蝦夷地一円の上知を献策している。(18)

安政元年六月二六日箱館とその周辺地域の上知、箱館奉行の設置から、安政二年（一八五五）二月二一日の東西蝦夷地上知までの幕府の蝦夷地警衛政策の特徴としては、文化四年（一八〇七）以来の蝦夷地の上知は、ロシアとの国境問題や開港地である箱館が直接的な経緯となったものである。第一期のみをみると、その政策は、一時的な処置としての側面が強い。長い目でみれば開発・警衛は共に幕府の手で行われることが最善であるという意見は幕閣の間でも共通していた。ところが、予断を許さない現状があり、すぐさま警衛の手だてをとらねばならず、最終的には藩による警衛という案がとられた。仙台・秋田・津軽・南部がこれにあたるとされたが、これらの藩もそれぞれ求められているものが様々であり、特に仙台と秋田藩に関してはそれぞれ東西蝦夷地を、津軽・南部藩は内地からの援兵という警衛体制を箱館奉行は構想していた。

2　安政二年以降の蝦夷地警衛政策と諸藩

安政二年二月から、安政二年二月以降の蝦夷地警衛体制についてみていく。安政元年六月に箱館とその周辺地域の上知、箱館奉行の設置が行われたが、安政二年三月には、東西蝦夷地も上知されることになる。

〔史料六〕

箱館奉行江

松平陸奥守

此度東西蝦夷地西在乙部村東在木古内村迄嶋々共一円上知被　仰出、向後箱館奉行御預所ニ被仰付候ニ付、其方儀、蝦夷地之警固被　仰付候、佐竹右京太夫も被　仰付候間、諸事可被申合候、且又津軽越中守南部美濃守儀は、兼而被　仰付置候條、是又可被申合候、尤箱館表松前地御警衛向をも可被相心得候、委細之儀は、箱館奉行可被談候

佐竹右京太夫

同文言、松平陸奥守も被　仰付候間、

松平陸奥守

蝦夷地江勤番人数差置候様可被仰致候、人数高場所等委細之儀は、箱館奉行可被談候

同文言

佐竹右京太夫

此度東西蝦夷地西在乙部村東在木古内村迄、島々共一円上知被　仰出、向後箱館奉行御預所ニ被　仰付候ニ付、勤番人数蝦夷地江差渡置候様可被致候、南部美濃守江も相達候條、可被得其意候、且又松平陸奥守佐竹右京太夫義も、今度蝦夷地之警衛被　仰付、箱館表松前地御警衛向をも相心得、勤番人数差渡候様相達候間、諸事可被申合候、尤人数高場所等委細之儀ハ、箱館奉行可被談候

津軽越中守

同文言

南部美濃守

津軽越中守江も相達候條

松前伊豆守

松平陸奥守佐竹右京太夫儀、今度蝦夷地之警固被　仰付、箱館表松前地御警衛向をも相心得候様相達候間、可被得其意候

右之通相達候間、被得其意、警固被　仰付候面々、勤番人数高場所割等早々取調可被相伺候(19)

この史料は、安政二年三月廿七日に阿部正弘が警衛にあたる諸藩へ渡した達し書である。「此度東西蝦夷地西在乙部村東在木古内村迄、嶋々一円上知被　仰出、向後箱館奉行御預所ニ被　仰付候ニ付、其方儀、蝦夷地之警固被　仰

付候、佐竹右京太夫も被　仰付候間、諸事可被申合候、且又津軽越中守南部美濃守儀は、兼而被仰付置候條、是又可被申合候、尤箱館表松前地御警衛向をも可被相心得候、委細之儀は、箱館奉行可被談候、」と仙台藩と秋田藩へ達し書が渡された。また南部・津軽藩へもほぼ同様の内容の達し書が渡され、ここに仙台・秋田・津軽・南部・松前藩による蝦夷地の警衛体制が確立する。ここで注目すべきは、東西蝦夷地上知後の蝦夷地警衛体制の特徴として、松前藩以外の仙台・秋田・津軽・南部の四藩が蝦夷地に兵を派遣して警衛を行う体制が確立し、「蝦夷地」と「箱館表松前地」を四藩が警衛の範囲とすることであった。

〔史料七〕

箱館蝦夷地場所割之儀ニ付奉伺候書付

堀織部正

箱館表松前地并蝦夷地御警衛之儀、松平陸奥守初江被　仰付候ニ付、勤番人数高場所割等早々取調可奉伺旨、御書付を以被　仰渡、奉得其意勘弁仕候趣左ニ申上候

松平陸奥守

右東蝦夷地シラヲイよりシレトコ迄惣躰、エトロフ、クナシリ島々共一円持場之積り

元陣屋

ユウフツ

出張陣屋

ネモロ　アツケシ　エトロフ　クナシリ

本文出張場所之儀、先般見込申上候書面之内御固之向ニ而為心得候積申上候得共、可成丈諸家疲弊不致様仕度、就而はアツケシ湊江は、今般被仰渡候在住人数之内引分勤番為致候様可仕哉ニ奉存候
右之外出張場所、其家之見込相尋取極候様可仕候、且箱館松前御警衛等は、国許江相備置候人数を以、援兵為心得候積可申達哉ニ奉存候

佐竹右京太夫

右西蝦夷地ヲカムイ岬より北海岸通りシレトコ迄惣躰、并北蝦夷地其外島々共一円持場之積り
元陣屋
マシケ
出張陣屋
イシカリ　ソウヤ
本文イシカリ之儀、アツケシ同様御固之向ニ而相心得候積申上候得共、是又在住人数引分勤番為致候様可仕候
夏分人数出張、北蝦夷地應援為心得候積り
北蝦夷地
但、同島江は、三月より八月迄相詰、冬分マシケ本陣屋江為引揚候積り
右之外出張場所等は、其家見込相糺し取極候積、且松前箱館等は、仙台家同様国許江用意仕置候人数を以、援兵為心得候積可申達哉ニ奉存候

津軽越中守

右箱館表御警衛、并江差在乙部村より西蝦夷地ヲカムイ岬迄持場之積
但、箱館表之儀は、異国人共入港仕候義ニ付、追年船数も相増し可申、其都度々御固等も為致候間、場所手廣ニ而は行届兼可申候ニ付、津軽南部松前等之三家持場分ニ而御臺場其外割渡、同所御警衛向手厚ニ手配為致候積り
元陣屋
　千代ヶ臺
出張陣屋
　西蝦夷地
　　スツ、
右之外同家見込をも承り候上、出張場所取極候積り、其外西蝦夷地惣躰之援兵為心得候様可申達奉存候

南部美濃守

箱館表御警衛専用ニ為心得、同所より東蝦夷地ホロヘツ迄海岸惣躰持場之積
元陣屋
　箱館地名水元より野地頭迄之曠野相渡候積
出張陣屋
　東蝦夷地
　　エトモ
右之外同家見込承り候上、出張場所治定仕候積、且東蝦夷地惣躰援兵相心得候様可申達奉存候

松平伊豆守

右は先般奉伺候通、箱館御警衛場所之内、割渡、有川村邊ニ而地所相渡、元陣屋為取建、同所より木古内迄持場之積可申達奉存候

一　四家出張勤番人数等之儀は、其家々見込等相尋候上、篤と勘弁仕、可相成無用を省き、永続為致候様、仕度、尤申立候趣不相当之筋も有之候へは、申談御実備相立候様、精々差図可仕候、就而は、差向前文之趣申達、且津軽南部両家之儀は、箱館御警衛向為相心得候積ニ付、急速手繰次第先一手宛も人数渡海為致、追々持場内出張陣屋等出来次第、跡人数渡海可致旨申達、仙台秋田両家之儀は、差向持場内見分之者差遣し、陣屋等早々補理、当秋迄ニ勤番人数出張相成候様手繰可致旨申達、且武器員数人数高等之儀も取調可申立旨、相達可申哉ニ奉存候

一　先般見込申上候書面之内、津軽南部両家之儀は、水軍調練等平常厚訓練為致候へは、箱館松前等は纔一海峡を隔候のミ之儀ニ付、自然箱館地御厳備之端とも相成、其上東西蝦夷地惣躰之應援等為心得候得は、往々御実備可相整哉之趣申上置候處、平常勤番人数等差出候上は、領分海岸等も手廣之儀ニ付、後詰之人数手薄にも可相成哉、何共御不安心ニ奉存候間、萬一之儀も有之、追々四家人数等繰出候上は、奥羽諸大名江私共より加勢之儀相達、南部津軽海岸江人数出張為致、時宜ニ寄渡海可仕旨申達候儀も可有之、右様之場合ニ至り、俄ニ申上候而は、時機ニ後れ可申候間、私共心含迄ニ前以奉伺置候、尤家々心得之為御達等之儀、当分先御沙汰無之方と奉存候

前文之廉々可然も被思召候ハヽ、陸奥守初江申達候様可仕候、依之此段奉伺候、以上(20)

この史料は四月に堀利熙が阿部正弘へ出した伺い書で、警衛の場所割りである。元陣屋や出張陣屋などについて書かれているが、ここで注目したいことは、箱館の警衛への諸藩の関わり方がそれぞれ異なってくるということである。新たに警衛を命じられた仙台・秋田藩は東西蝦夷地や北蝦夷地の警衛を任されるが、箱館の警衛に関しては「国許江相備置候人数を以援兵為心得候積」であった。津軽・南部・松前藩に関しては「箱館表之儀は、異国人共入港仕候義ニ付、追年船数も相増し可申、其都度々御固等も為致候間、場所手廣ニ而は行届兼可申候ニ付、津軽南部松前等之三家持場分ニ而御臺場其外割渡、同所御警衛向手厚ニ手配為致候積り、」と、箱館の開港地としての重要性とその警衛の困難さを述べた上で、三藩で分担して警衛を行うことが記されている。また、南部藩に対してのみ、「箱館表御警衛専用ニ為心得」と指示を与えていること特徴として挙げられる。

さらに堀は、「先般見込申上候書面之内、津軽南部両家之儀は、水軍調練等平常厚訓練為致候へは、箱館松前等は纔一海峡を隔候のミ之儀ニ付、自然箱館地御厳備之端とも相成、其上東西蝦夷地惣躰之應援等為心得候得は、往々御実備可相整哉之趣申上候處、平常勤番人数等差上候は、領分海岸等も手廣之儀ニ付、後詰之人数手薄にも可相成哉、何共御不安心ニ奉存候間、萬一之儀も有之、追々四家人数等繰出候上は、奥羽諸大名江私共より加勢之儀相達、南部津軽海岸江人数出張為致、時宜ニ寄渡海可仕旨申達候儀に可有之、右様之場合ニ至り俄ニ申上候而は、時機ニ後れ可申候間、私共心含迄ニ前以奉伺置候、尤家々心得之為御達等之儀、当分先御沙汰無之方と奉存候、」と安政元年一二月の阿部正弘に出した伺い書の内容を挙げ、津軽・南部藩による水軍調練（大艦の製造など）を行い、津軽・南部藩の内地の領分からの兵の派遣を献策した。しかし、四藩に兵の蝦夷地への派遣を命じた以上は、他の奥羽諸大名を南部津軽領分の海岸の応援にあてることを進言している。

〔史料八〕

印　新藤鉊蔵
力石勝之助　印
安間純之進　印
富田類右衛門　印

竹内下野守

五ヶ所臺場請取相済候儀申上候書付

津軽越中守持場
汐首　　臺場壱ヶ所
但建物共
南部美濃守持場
立待
弁天岬　臺場四ヶ所
山背泊　但同断
押付
右者当月朔日同三日、支配調役安間純之進同並富田類右衛門差遣、松前伊豆守家来より請取、即日右両家家来江夫々引渡相済申候、依之此段御届申上候、以上
卯六月(21)

津軽藩と南部藩へ任される台場の割付である。松前津軽南部に任された箱館警衛であるが、台場の割付に関して言

えば、南部藩は箱館「専用」であり、津軽藩は警衛範囲が千代台と恵山岬の間にある汐首の台場が割り付られた。また、竹内、堀ら箱館奉行から老中への箱館の台場建設に関する伺い書の中で「箱館之義は、南部美濃守持場重ニ付、同人家来見込相尋候處別紙之通申上、…」とあり、箱館の警衛が南部藩によるものであり、台場の警衛を行う同藩の意見を箱館奉行が参考にしていることがわかる。(22)

〔史料九〕

内願之趣は、難被及御沙汰候、追而地所御渡候場所も可有之候、差向候處、人数差渡、ユウブツ、アツケシ、ネモロ、エトロフ、クナシリ右五ヶ所江警衛相立て、其餘之場所は、箱館奉行臨機之差図次第、右人数之内より出張候様可被致候、東地一円持場名目之儀、并箱館表援兵之儀は、御用捨被成下候事(23)

史料九は安政三年（一八五六）二月一一日に老中阿部正弘から仙台藩主伊達慶邦へ出された達し書であり、同じ日に同様の内容の達し書が秋田藩主佐竹義睦へ出されている。ここでは五ヶ所の警衛地の割り当て（秋田藩はマシケ、ソウヤに北蝦夷地のシラヌシ、クシュンコタン）が示され、非常時にはこの警衛地から箱館奉行の指示に従い派兵することが記されている。また、東地一円という名目の警衛、箱館表への援兵という体制も免除されている。

〔史料一〇〕

東西地諸産物取締方并御警衛向之義ニ付再應奉願候書付

印　竹内下野守
印　堀　織部正
印　村垣淡路守

箱館表之儀、毎々申上候通り、本蝦夷地は勿論、異域江相接候絶島迄、廣大之場所惣括仕、御国之諸藩指揮いたし、殊ニ外国船入港之地、旁以御台場并御役所塁壁に至迄、厳重相整不申候而は、地着之ものは勿論、数百里懸隔之地江排賦仕置候支配向并諸藩ニいたる迄、顧慮仕、勇進致し兼候義ニ有之、其上外夷等も、毎々御予備筋更ニ相整不申候段、不審仕候得共、開港以来時日相立不申内は強而之議論も無之候得共、昨夏入津致し候英船等、追々軽侮の所業超過仕候義も有之、最早御料相成、四ヵ年之歳月を経候事故、此末御際立候御手配も無之候得は、御国力之程をも見透し候可相成、其上下田表江亜国官吏住居御免罷成候は、箱館表江も、御條約之通、魯西亜等も可相願、既ニ此程亜国よりも、箱館表江官吏渡来仕候義ニ有之、英国より申立候通り、貿易等も、時運ニ随ひ、無余儀御許容ニ茂罷成候義ニ至り候得は、猶更御備向速成不仕候而は、何とも御不安心之御義と乍恐奉存候、一体蝦夷地上知之義は、格別之御英断を以被　仰出、莫大之替地をも被下置、全国家之御為、難被捨置廉明白に御示し罷成候程之儀ニ付、実々不容易御用途ニも有之候間、御備向等は、漸を以御成功罷成候様見込申上候處、伺之通年割ニ而御下金被成下、御普請取掛候様、被　仰渡候得共、前文之通外国官吏常住仕、貿易等御免許罷成候上は、一時無事之姿ニ候得共、其実却而御安心難相成、約ル處兵備厳整不仕候而は、彼我公平ニ互市等も難相成整候間、当節之場合ニ而は、漸々之御成功を相俟候義は難叶、…
巳四月(24)

史料一〇は安政四年（一八五七）四月の竹内保徳と堀利熙による願い書である。箱館を「本蝦夷地は勿論、異域江相接候絶島迄、廣大之場所惣括仕、御国之諸藩指揮いた」す場所であるとしている。その上で、条約を結んだ諸外国の船も来航してくるため、貿易なども時運に随って行われるようになれば、箱館の警衛は「無余儀御許容ニ茂罷成候義ニ至り候得は、猶更御備向速成不仕候而は、何とも御不安心之御義と乍恐奉存候」であるとしている。

箱館奉行堀利熙から老中へ宛てられた願い書には、台場建築の困難さを述べた上で、入港してくる外国船とのもめ事を避けるため、市中の民衆の信頼を保つため、あるいはアイヌへの撫育が行き届くためにも台場や箱館奉行所の建築は早くに取り掛かるべきであるとしている。またここでも箱館を長崎や下田と比べて「長崎下田等萬一侵略ニ近き挙動御座候共、後日之御手当方、幾重にも御計策も可被為在、箱館地之儀は、一旦割拠被致、彼より営塁大砲等取設ヶ候上は、近寄難き敵巣と可相成、此等之利害、於外国人、飽まて承知罷在候事ニ奉存候事」と箱館の警衛の薄弱さ、かつ外国人にもそのような認識が十分にあることを述べている[25]。

安政二年以降の蝦夷地警衛は、それまでの松前藩を主にして津軽・南部を臨時の派兵とする体制から、津軽・南部に仙台・秋田を加えた四藩が警衛を行う体制が確立した。警衛の範囲については、仙台・秋田藩はそれぞれ、東西蝦夷地と離島の警衛を命じられ、その広さも前者の比ではなかった。一方で津軽・南部は「箱館表松前地」の警衛に常時あたり、箱館に元陣屋を構え、出張陣屋についてもそれほど遠い地域には配置されなかった。特に南部藩は、「専用」に申し付けられたという点では、箱館の警衛の面では、他の藩より比重が大きかったといえよう。

3　諸藩による分割支配警衛体制から幕府の直轄支配へ

安政六年になると新たに会津・庄内藩が内海警衛を免じられ、蝦夷地警衛に加わることになった。それまでの五藩にこの二藩を加えた諸藩は蝦夷地の警衛を命じられると同時に、分割した土地を領分として支配することも命じられた。序章で述べたように、この安政六年度の分割支配警衛について概観を述べたい。

麓氏は、安政六年の幕令が、仙台・会津・秋田・庄内の四藩と津軽・南部藩の二藩では異なることに注目している。幕令の中で、領分について前者は「守備開墾等格別行届候様可被取計候」とし、後者は「陣屋有之場所ニ而、相應之地所被下候」とされていたのである。前者はそれまで仙台・秋田が警備していた土地を「不毛之地」として開発することが求められ、後者は「持場」内の漁場を与えたにすぎないとしている(26)。

北蝦夷地（サハリン）は安政元年から、秋田藩が半年間警衛することになっていたが、万延元年（一八六〇）に仙台、会津、庄内、秋田の四藩が毎年二藩ずつ隔年で行うことになった。文久二年（一八六二）閏八月に会津藩主松平容保が京都守護職を命じられると、残りの三藩で警衛を行うことになっていた。一方北蝦夷地は日露間でその領有や境界をめぐってもめ、ヨーロッパへ派遣された竹内保徳らがロシアで談判した結果、実情によって境界を定めることとなり、結局既成事実を作る競争のようになっていった。そこで北蝦夷地の警衛は以前より重要な意味合いを持ってきていたのであった(27)。

こうした背景を受けて安政六年の分割支配警衛体制へと移行していくのだが、麓氏が主張するこの体制下の諸藩の位置づけはそれまでの津軽・南部藩の箱館警衛の意義を覆すものではない。安政二年以降は、津軽・南部藩が松前箱館警衛をし、仙台・秋田藩が東西蝦夷地と離島の警衛を主にしていた体制をとっていた。安政六年になると、仙台・秋田藩に会津・庄内藩を加えた体制をとり警衛を続けたと解釈すべきであろう。

北蝦夷地は安政六年七月から日露間行われた交渉において話し合われた結果、実情によって境界を定めることとなり、両国雑居となった。北蝦夷地は安政元年から、秋田藩が半年間警衛することになっていたが、万延元年に仙台、会津、秋田・庄内の四藩が毎年二藩ずつ隔年で行うことになった(28)。両国雑居になった北蝦夷地の警衛の強化のため、四藩に北蝦夷地への渡海、越年を命じた。ところが文久二年閏八月に会津藩主松平容保が京都守護職を命じられると、残りの三藩で警衛を行うことになった。しかし、残る三藩から「壱家相減居且　其家之領分海岸守衛等有之殊内地御多事之折柄夫々臨時御用をも被仰付置候事故其上人数備増越年等之儀御達相成候与も事実行届申間敷(29)」と北蝦夷地警衛の困難さが訴えられた箱館奉行は打開策を模索し、小出秀実は漁業稼ぎの者を一年限り取立てるなどの案を示す。新藤鉊蔵は北蝦夷地で開発を行っていた大野藩に開発していた当時の経験などをいかして警衛を命じようと提案するなどした(30)。一方で箱館奉行杉浦誠は慶應二年（一八六六）五月一四日に老中水野忠精、松平康直にあてた建白書では諸藩の領分の上知を建白している。また、諸藩の上知に際して歩兵二大隊を派遣するよう述べている(31)。

ロシアとの間に樺太仮規則書が交わされると、北蝦夷地も蝦夷地も「安心」であるとし、各地に分配した兵を引き揚げさせようとする小栗忠順らに対し、杉浦誠勝は慶應三年（一八六七）七月に北蝦夷地の警衛の重要性を説いた(32)。結果的にこの杉浦の意見が容れられることとなり、慶応三年一〇月には、歩兵差図役頭取並方白野耕作に蝦夷地在住が命じられることになる(33)。ところが、白野耕作の見込みによれば、今回の歩兵の派遣は「急々彼地江出立為仕度」ことであり、かつ「内地之御振合与も違」うことなどから織田信重と新藤鉊蔵が箱館表へ差し向かわせる者を選ぶことになった。また、当初五百二五人を予定していた蝦夷地在住歩兵は、病気などの理由で四〇人が暇願いを出し、四百八五人になったが。在住を命じられる歩兵は家族などを連れて派遣されるため、数回に分けて派遣される手筈となり、急ぎ三百人が出立することになった(34)。以下杉浦誠の日記にその顛末をみていきたい。

十月二五日、箱館奉行織田信重によって率いられた歩兵隊三百人は、順動丸に乗って出立する予定であった。ところが、にわかに順動丸は別の件で使われることになり、歩兵は陸路をとって蝦夷地をめざすことになった。一二月二四日に白野に代わって歩兵を指揮することになった藤嶋孝一郎が率いる歩兵八〇人の内四〇人が到着したことが記されている（残りの二百二〇人については不明）。箱館についた歩兵は訓練などをこなし、藤嶋も警衛について杉浦と話し合ったり、建白書を提出するなどの動きをみせていたが、政権交代によって蝦夷地に新政府からの鎮撫使がやって来る情報が箱館にもたらされるようになると、閏四月ころから「昨今之場合ニ而は尤不都合之義、且自分覚悟之處委敷及陳述」と藤嶋も状況の悪化を察知し、杉浦と「極密会行之内話」をし、横関新八郎が江戸へ出府するのに合わせて「脱走」を図ろうとしていたようである。横関も「一旦は帰府致し度」ようでありこれを了承した。同二七日新政府の総督が箱館に到着し、五稜郭やその他もろもろの引継ぎが行われ、歩兵も引き継がれた。うち五四人はそのまま引き継がれ、病気につき快方するまでは箱館に残る三人を除いた十九人は藤嶋と共に五月七日回天丸で江戸へ帰ることになった。(35)

安政元年の蝦夷地の上知から始まる蝦夷地の警衛政策は、外交上の問題を直接的な契機として始まった。開港地として決まった箱館の警衛は当初それまで同様松前藩に任されることになったが、津軽・南部藩などは内地からの援兵としての役割を担わされることになった。安政二年になると蝦夷地が一円上知され、仙台・秋田・津軽・南部の諸藩は蝦夷地への派兵が命じられ、仙台・秋田藩は東西蝦夷地の警衛、津軽・南部藩は箱館近辺の警衛を主に行う体制になった。北蝦夷地警衛を大きな目的とした安政六年の分割分領体制では、仙台・秋田藩に会津・庄内藩を加えた四藩で北蝦夷地の警衛が新たに任され、津軽・南部藩は警衛地の周辺の漁場を与えられたに過ぎなかった。ところが、北蝦夷地が両国雑居となり、会津・秋田が警衛を免除されると幕府は歩兵二大隊を蝦夷地へ派遣する構想をたてた。結局、津軽・南部藩は箱館の警衛を慶応四年（一八六八）八月に撤退するまで行った。

二　漂流船対応からみる箱館奉行と諸藩の役割

本節では、南部藩の警衛区域である東蝦夷地における箱館奉行と南部藩の関係を漂流民の対応という面からみていく。

日米和親条約は安政元年（一八五四）三月三日に締結された。その第三条と第四条は漂流民の取り扱いについて記されており、第三条は「合衆国の船日本渡濱漂着之時扶助いたし、其漂民を下田又ハ箱館に護送し、本国の者受取可申、所持の品物も同様に可致候、尤漂民諸雑費は、両国互に同様之事故、不及償候事」、第四条は「漂着或は人民取扱之儀ハ、他国同様緩優に有之、閉籠メ候儀致間敷、乍併正直の法度には服従いたし候事」と明記された(36)。また、交渉の中で老中阿部正弘は安政元年三月にアメリカ・ロシア応接掛や海防掛などに右のような達し書を渡した。

安政三年（一八五六）三月一七日

〔史料一一〕

漂流之異国人共御憐恤筋之儀ニ付而は、天保十三年、被　仰出候趣も有之候処、此度魯西亜亜墨利加両国之者江及應接候廉も有之、且は亜墨利加より御国地江漂流之者有之節、是迄之如く囚人同様厳重之御取扱無之、厚く御憐恤を被加、疲労をも養ひ候様ニ被下度との儀をも申立、其段は御聞届被成遣候趣申諭及退帆候、就而は、右両国之者共にも不限、其外之異人共難船漂流と申唱、追々渡来致し、又は全く食料薪水等、是迄之姿ニは難相成、然ル上は、長崎は勿論何方ニ而も、卒示之儀無之、都而同様之取扱ニ致し置不申候而は、不都合之筋ニ候間、御所置之程合得と勘弁致し、此度及應接置候廉并御聞届ニ相成候趣等江齟齬不致様、向々江之御触書案早々取調可被差出候事(37)

つまり、アメリカ側から日本への漂流民に対して、「厚く御憐恤を被加、疲労をも養ひ候様」求められ、「長崎は勿論何方ニ而も、卒示之儀無之」取り計らうよう指示を出すのである。幕府も漂民に対しては保護し、開港地へ送り届けることが義務付けられたのである。

さて、日米和親条約によって箱館が開港され、安政元年六月箱館奉行が設置、翌安政二年（一八五五）二月蝦夷地が上知される。東西蝦夷地は安政三年（一八五六）五月から引継ぎ業務が始まるが、各場所への外国船への来航への対応については同年正月から何度か箱館奉行支配役人から伺い書が出されていた(38)。これに対して箱館奉行も蝦夷地の各場所へ来航してきた外国船の対応を支配役人などへ指示する。以下の史料は箱館奉行の指示である。

〔史料一二〕
（前略）
一　異国船持場内江碇泊致候節者下役同心之内を以別紙書付相渡可申候事
一　事実難破船又者食料尽候様子ニ候ハ、有合之魚類野菜を差遣し其余相届候ハ、箱館可相越旨差示可申事
一　上陸之儀者可成丈差止強而上陸候ハ、同心共取締相心得土人江不近付様致若土人小屋近辺江参り候共強立不申様兼而申合可被置候
一　諸事箱館江不相越候得共難愁且条約之趣も候間此地早々出帆可致旨何ヶ度も可申諭候事
　　異船碇泊之節可相渡書付
一　本船何れ之国船号并将官之姓名可申聞
一　所用何れは箱館江相越可申立此地ニ而ハ取扱難相成候事
右和文漢文蘭之書付相渡若薪水食料等相届候ハ、在合之品差送り代り品を相断候積其余時宜ニ應し取斗其段可被申聞候事
　　私ニ誌　右此三文之書者別ニ本紙奉書半枚ニ而記有之御役所江為秘蔵仕廻置候事
（後略）(39)

この史料は箱館奉行支配の調役などから出された伺い書に対する指示である。これによれば外国船が各場所に停泊した際の対処として、まず実際に破船であり食料などが無い場合にはあり合わせの魚や野菜を給すること。上陸をさせず、特にアイヌに近づけさせないこと。条約に基づき、所用があれば箱館で取り扱うため早々に立ち去らせることを明記している。また、碇泊した船に対しても船名や将官の姓名を問いただし、碇泊中は日記を記すことが求められ

ている。また、不慮の事故による難破・漂流船についても同年六月に指示が出されている。

〔史料一三〕

辰六月二日御渡即日東地江申達西地江ハ翌三日相達之

印　河津三郎太郎

印　織部正　印　力石勝之助

組頭江

東西何れ之場処ニ而も異国人漂着致し候節一ト通相尋疑敷儀も無之候ハヽ、其場所江差留置不取締無之様心得便船次第同心足軽等上乗ニ而箱館表江護送可有之候

但全く之漂流ニも無之疑敷儀も有之候ハヽ、其所江留置可被相伺候且漂着場処ニより海岸浅沙之地又者御取締不宜場所等ハ最寄都合見斗相移し候様可被相心得候

一　多人数漂着致し候ハヽ、早ニより御固四家江申達附添為致候様可被取斗候

右之通東西共不洩致様可被取斗候

別紙御書付御文段之内多人数云々

右者拾人以上与心得尤拾人以下ニ而も士官并鉄砲技授有之者歟又者手に餘り候者等乗組居候ハヽ、附添申達拾人以上ニ而も全ク水主等ニ而此方申渡相守心遣も無之候ハヽ、御固家来附添ニ不及候儀与可被相心得候

印　河津三郎太郎(40)

印　力石勝之助

この史料は東西蝦夷地の各場所の箱館奉行支配役人へ出された達し書であるが、外国人が各場所に漂流してきた場合の対処を指示している。これによれば、外国人が漂流してきた際には、まず問いただして疑わしきことがなければ基本的には同心や足軽などを添えて箱館まで護送することが記されている。ただし、「多人数」の場合には「四家」（「四家」とは仙台・秋田・南部・津軽を指すと思われる）の付き添いをさせることになっていた。ここでいう「多人数」とは、一〇人以上を指す。もし一〇人以下でも、士官や鉄砲の技能を持っていたり手に余るようであれば「四家」に付き添わせるし、一〇人以上でも全員が水主で心配無用である場合には付き添いは不要としている。ここでは各場所における警衛を命じられた藩の、漂流民対応の中での役割が示されている。「士官并鉄砲技授有之者歟又者手に餘り候者等乗組居候ハヽ」とあるように、万一漂流した外国人が害を及ぼすようであればその抑止力として考えられていたことが分かる。こうした対応策がとられるようになる前後にも、漂流事件は起きていた。表1は箱館奉行設置以降、箱館奉行が処理した外国船による主な難破・漂流事件をまとめたものである。実際に漂流した例をみていきたい。

〔史料一四〕

松前伊豆守家来より引渡候漂着之異人之儀ニ付申上候書付

堀　織部正

松前伊豆守領分西地江差表海岸江去ル十八日、異人六人端船ニ乗組、疲労之躰ニ而上陸いたし候ニ付、同所詰合之伊豆守家来相糺候處、アメリカ人ニ而、元船覆り、乗組之内六人存命、箱館江罷越度旨申立候由ニ而、伊豆守家来取計方相伺候間、添船いたし、当所江差越可申旨及差図候處、昨廿一日、伊豆守手船江乗せ、当港着船いたし候ニ付、御役所江呼出し、一通り承り糺し候處、アメリカ鯨漁ニ而、同国ニウベツトフオル出帆、サカリン沖合・候通

表1　箱館周辺の漂流事例一覧

	発生（発見）日時	内容	出典	巻／番号・頁
①	安政三年五月廿二日頃	アメリカ人が江差海岸に漂着	幕末外国関係文書	14／73
②	安政三年六月十二日	イギリス人クナシリ島に漂着	幕末外国関係文書	14／99
③	安政六年六月二日	箱館在留アメリカ官吏が松前表へ漂流	幕末外国関係文書	23／210
④	安政六未年八月七日	アメリカ船ペスヒリーン号がヲクシリ島で破船	続通信全覧	30／339
⑤	萬延元年十二月朔日	アメリカ船タイノス号が箱館泉澤村沖合で難破	続通信全覧	30／364
⑥	文久二年二月廿八日	アメリカ船ゼルメン号が南部領下風呂村沖合で難破	続通信全覧	30／383
⑦	文久二年四月十四日	箱館亀田村海岸にロシア人の舟と死体が流れ着く	続通信全覧	30／663
⑧	文久二年四月十六日	箱館港内でアメリカ船転覆	続通信全覧	30／393
⑨	文久三年六月五日	イタリア船バルラコータ朝鮮海岸で難破	続通信全覧	30／419
⑩	文久三年十月六日	ロシア船ペルアヤ号南部海岸で破船	続通信全覧	30／487
⑪	文久三年十一月廿二日	イギリス船イジリヤ号が松前沖合で破船	続通信全覧	30／510, 529
⑫	元治元年八月十五日	箱館尻岸内村へイタリア人水夫の死体が流れ着く	続通信全覧	30／665
⑬	元治元年九月十九日	イギリス船ボニトー号が箱館泉澤村海上で破船	続通信全覧	30／480
⑭	元治元年十月廿五日	イギリス船アスモール号が南部領海で破船	続通信全覧	30／574
⑮	慶應三年七月二十一日	イギリス船シンガポール号津軽領海で破船	続通信全覧	30／627

り候節、霧深ニ而暗礁江乗掛、覆溺いたし、乗組、廿八人之内六人端船ニ而助命いたし、当處江志し罷越候儀ニ而、其餘は生死之程難計、且六人之もの共は、便船次第帰国相願候旨申立、端船一艘鉄砲二挺之外雑物無之、疑ヶ敷儀も無之候間、当所明き家江差置、番人附置、逗留中御国法相守、神妙ニ仕候旨申渡候、追而便船有之次第帰国可為致と奉存候、依之此段申上候、以上

辰五月(41)

〔史料一五〕

漂流亜米利加人共英国船江引渡之儀申上候書付

堀　織部正

先達而御届申上候漂流アメリカ水夫共儀、今般入港之英国ハルラコータ船江乗組帰国致度旨願出、尤其以前当人共より、右船江便船頼入候由ニ而、船将上陸之節、水夫共頼ニ付召連、香港上海之内アメリカ商館江引渡候旨申立候ニ付、願之通昨十六日、引渡遣し申候、依之此段御届申上候、以上

六月十七日

(後略)(42)

史料一四は、上でみたような漂流船の対応の指示が出される少し前の事例であるが、蝦夷地へ漂流した外国人への対応がわかる事例として挙げる。これによれば、安政三年五月一八日江差の海岸にアメリカ人六人が端船で漂着する。漂着したアメリカ人は松前藩の家臣に問いただされ、箱館奉行の指示を受けた松前藩によって箱館まで護送される。箱館に送られた漂流民は奉行所で取り調べを受け、空き家に置かれ、箱館奉行の監視・保護下におかれた。続く

史料一五はこのアメリカ人水夫たちが願い出て、香港上海内のアメリカ商館までのイギリス商船に送ってもらうことになったことを示している。

〔史料一六〕

英国商船南部美濃守領分於大潤村難破仕候趣申上候書付

小出左衛門尉

南部美濃守領分大澗村邊於て英吉利商船及破船候段同船乗組之水夫バッテーラに而罷越申聞候に付救助受度旨十月廿五日夜英岡士勤方インスリー運上所へ罷出申立候に付翌廿六日早朝支配向役々并立会御目付方通弁等出役為仕候処折悪敷烈風高波に而所々落船漸々同廿九日難船場へ着夫々見分相糺候処美濃守領分大澗村附孤島に而字弁天島と唱へ候海岸暗礁へ乗掛け及破船候儀に有之右始末船長其外乗組一同へ相尋候処英国商船アスモル船号乗組拾四人に而十月十四日横濱より箱館へ向け出帆致し同廿四日夜南部領大澗村沖合迄・来候処俄に大風高波相成殊に暗夜に而方角を失ひ闇礁へ乗掛け及破船尤乗組一同怪我等無之地方へ上陸致し候処一孤島に而人家も無之に付其夜は野宿いたし翌朝右始末注進として水夫五人バッテーラに而当港在留同国岡士方へ出船為致其後衣類其外陸上手配中役人体之もの地方より相越言語は不通候へ共同島に有之候漁小屋へ案内致し呉候に付罷越休息罷在食料薪水等之救助受け一同相凌罷在候処猶又大時化に相成右船檣は悉く折れ無間も微塵に砕け皆無破船に相成候儀之旨申立美濃守家来村役人等相糺候処十月廿五日朝弁天島に異船掛り居候に付篤と見受候処難船之体に付直に右島へ罷越言語は不通候へとも夫々手当いたし食料薪水等差送り救助罷在候儀之旨申立候儀に而聊不取締之儀等無之出役為致候者場所着之上船長水夫共一同大澗村地内寺院へ罷連止宿為致置取上品等は箱館へ積取度旨申立候に付夫々手配いたし海底に沈没致し候碇鎖其外は急速引揚方難出来殊更同所之儀は風波烈敷冬分海中之働は迚も難叶何れにも来春二三月頃に至り

不申候而は難引揚旨所役人申聞候に付其段船長へ相断沈没之侭所役人へ預け置当月六日前書出役之者外国人不残召連れ場所引払帰着仕前書之始末申聞候且又前書破船に付而は英亜岡士并英館に罷在候コンスチーブル役名トムソン人名右三人救助として罷越度旨遮而申立候処十里外之地には候へ共平常とも違ひ天災非常火急之場合強而差留候而も迚も承伏仕間敷候に付承届為取締猶又支配向差添差遣し候処出張中聊不取締之儀等無之前書難船乗組之者共一同出役之者附添帰着仕候儀に御座候然る処英岡士勤方インスリー儀面会いたし度旨申立候に付同七日面会仕候処今般同国商船難船に付而は出役之者に厚く世話相成救助筋行届一同無難帰着仕忝段礼謝申述且碇鎖其外海底に沈没いたし有之候処何れも来春海面穏之時節無之候而は引揚けかね候儀に有之就而は右品々沈没之侭於当地各国居留人へ羅売致し度旨申立候に付右は追而凪合次第引揚方申付当地へ差廻し候様取計可遣間羅売いたし候共彼地へ外国商人等差遣し候儀は難相成段申遣置候間時節見計当地へ差廻し引渡候積御座候此後別條無之候へは其節は別段御届不申上心得に御座候依之此段申上候以上

十一月(43)

史料一六は、元治元年(一八六四)一一月二四日に南部藩領大澗村沖合で暗礁に乗り上げ破船したイギリス商船アスモル号について事例で**表1**の⑭にあたる。これによれば、破船したアスモル号の乗組員は弁天島に上陸したが、孤島であったために人家も無く野宿し、翌朝バッテーラに水夫五人を乗せて箱館在留イギリス岡士に報告した。南部藩は同じく二五日朝に弁天島に外国船がいるのを発見し、そこで言葉は通じなかったが漁小屋へ案内し、手当をしたり、薪水食料を給した。以上のことをイギリス岡士とともに派遣された箱館奉行支配役人が漂流外国人と南部藩家臣から取調べている。のちの一二月六日に箱館奉行役人と外国人を連れて箱館へ帰着した。ここでも箱館奉行支配役人と共に外国人領事などが派遣されているが、このことについて「十里外之地には候へ共平常とも違ひ天災非常火急之場合強而差留候而も迚も承伏仕間敷候に付承届為取締猶又支配向差添差遣し候処出張中聊不取締之儀等無之前書難船乗組之者共一同出役之者附添帰着仕候儀に御座候」と、遊歩地域を越える土地への外国人の派遣を「天災非常火急之場合」として例外的措置をとっていることがわかる。(44)

表1を見ると、蝦夷地へ流れ着いたものも多いが、内地の事例も散見する。以下、内地に流れ着いた場合の対応についていく。

前述したように日米和親条約で漂流民は下田か箱館に護送されることになっていたが、漂流民をどの港へ護送すればよいのかは大名たちもわからなかったようであり、庄内藩は以下のように伺いをたてた。

〔史料一七〕

酒井左衛門尉家来勝手迄内意申聞候書付

紀伊守

左衛門尉領分海岸へ、若異国船漂着、船痛帰帆相成兼候躰ニ候ハヽ、此方より船仕立、手近之義御座候間、箱館奉行様へ御引渡申候心得ニ御座候、右様之節、在所表より御当地へ申越伺、御差図済之上、取計候義ニてハ、往返日数相懸り候間、前文之通取計、御届申上候て不苦義ニ御座候哉、兼て心得居度、此度各様迄御内意相伺候様、左衛門尉申付越候、以上

八月廿七日

酒井左衛門尉内
黒川一郎

書面之趣一覧勘弁仕候處、申立之趣、都て不相当之義も相聞不申、既ニ魯西亜使節下田ニ於て難船、去卯正月中、帰国一條見込御尋有之、織部正申上候書面之内、漂流異船、最寄分を以、四国九州並中国筋等へ漂着之分ハ長崎、紀州より常州迄東海岸之分ハ下田、奥羽より加賀能登邊迄ハ箱館ニて取扱候御治定相成可然旨申上候義ニも有之、左衛門尉領分江漂流異人有之候節ハ、箱館ニて取扱相当之義と奉存候間、書面伺之通可相心得旨、被仰達可然奉存候、依之此段申上候

月

竹内下野守
堀　織部正
村垣淡路守(45)

史料一七は、安政三年八月廿七日に、領分海岸への外国船漂着に際し、どのように対処すべきかを老中内藤信親に尋ねたものである。これによれば、庄内藩は前もって外国船の漂着の対処法を確認していることが分かる。また、庄内藩領から御当地（江戸）まで伺いをたてれば数日かかってしまうので、「手近」である箱館奉行へ引き渡すことにしたいと伺っている。これに対して箱館奉行の評議では、堀利熙の意見をうけて(46)、四国九州中国筋は長崎に、紀州から常州までの東海岸は下田に、奥羽から能登辺りまでを箱館奉行の管轄とするように述べていることがわかる。以降のこの管轄に関する動向は明らかではないが、内地における漂流の事例の中で、箱館奉行が処理した事例を見て、また内地での藩の対処の様子も合わせてみていく。

〔史料一八〕

壬戌三月六日

美濃守領分田名部通下風呂村日和崎と申所より三拾間程沖合へ三本檣異国船壱艘去月廿八日夜中乗込難船ニ相成翌廿九日暁ニ至異人四拾壱人程端船を以上陸いたし候旨同所村役より大畑陣屋詰へ申出候ニ付即刻見届之ものを遣候處日和崎より壱町程西之方岸より三拾間斗沖合暗礁へ乗上ヶ船下タ通り相損し候哉少しく水入候様ニ相見進退難相成由にて異人とも端舟へ乗り移り上陸いたし其砌別紙横文字書付壱枚村役へ相渡候得共一□相解不申全難船と見受候間不取敢濱辺へ仮小屋掛けいたし異人とも差置申候尤異船ハ何国に候哉□詰之内アメリカと申事聞へ申候然ハ亜国漁船にも可有御座ミケエール拾挺程相見候得とも附属之品見へ不申其外武器類相見へ不申重ニ漁具食物等之品見受申候乗組人数ハ四十壱人ニ相違無之御座候強時化にて大波打重り追て船底も損し水船ニ相成候様見請候處去ル朔日異人共へ八人程端船を以元船へ乗込檣三本とも切捨元船より諸道具等不残取賦候由且最初上陸之節差置候濱辺之仮小屋にてハ難□様子ニ相見候ニ付出役之方取斗其辺船作事小屋弐軒へ引移り可申旨□□仰渡候處諸道具類取賦去る二日引移候間夫々手当為致候上締方申付置候尤出役之方物□□を以様子柄相尋候得共一図相通不申箱館へ飛脚を以右之次第柄申越候間返事有之迄ハ逗留致居可申旨□□候致候所相分り候体にて箱館商館へ之封書ニも可有之哉取調差出候趣ニ付此度送来候且上陸致居候得とも乱妨ヶ間敷儀ハ勿論遊歩等もいたし不申外□条之儀も無御座候得とも不取敢大畑陣屋詰合之内より為警衛人数出張為致置候旨同所詰より此度申来候如何様とも双方にて言語相通し不申候へハ斗ひ方も出来兼如何可仕哉依之異人ともより差出し候封書相渡此段奉伺候以上

三月六日　　南部美濃守内(47)

菅　佐伯

史料一八は表1の⑥の事例である。これによれば、アメリカの漁船ゼルメン号は南部藩領田名部通下風呂村沖合で文久二年（一八六二）二月二八日に難破し、翌二九日に上陸した。下風呂村の村役人は大畑陣屋に申し出て、大畑陣屋からは「見届けのもの」が派遣される。南部藩は浜辺に仮小屋を建て、船籍を聞くなどしている。またミニエール（ミニエー銃か）などを所持しているが、附属品やその他の武器も無く、上陸の際乱暴行為や遊歩もしていないとしつつも、警衛のための兵を大畑陣屋から派遣している。また、差し出された書面と合わせて箱館奉行に連絡を入れ、返事があるまで逗留させるとしているが、「如何様とも双方にて言語相通し不申候へハ斗ひ方も出来兼如何可仕哉」と言葉が通じないことに困惑している様子がわかる。

〔史料一九〕

南部美濃守領分下風呂村日和崎於て亜国鯨漁船及難破候儀ニ付申上候書付

勝田伊賀守
山口勘兵衛

南部美濃守領分田名部通下風呂村日和崎沖合にて去月廿八日夜三本檣異国船壱艘暗礁へ乗掛難破およひ翌廿九日暁異国人四拾壱人端舟にて漕寄上陸いたし候に付大畑陣屋より見届之もの差遣し候処全難破船ニ相違無之相見へ候に付不取敢濱辺江仮小屋取建異人とも差置尤通弁難出来何国に候哉聢とハ難相分候得とも言語之内アメリカと申儀相聞へ候間多分同国漁船にも可有之哉且乱妨ヶ間敷儀ハ勿論遊歩等も不仕候得とも大畑陣屋より警衛人数出張為致置候旨にて右異国人差出候由之横文字書付壱枚封書壱通相添当月六日美濃守家来届書差出候に付和解為致候処右書付にハ合衆国鯨漁船ゼルメンと有之封書上書ハ箱館在留同国官吏宛に付即刻相達候処前文難船之始末申越候儀に付早速為救助御船相廻呉候様申立候間御頼船之内可差遣處前書日和崎辺ハ暗礁多く大船繫泊難相成場所殊に出船差□手

配も間に合兼候に付其段官吏へ申談兼而御用状押送御用相勤罷在候酒井鐘次郎領分房州勝山新兵衛所持押送船へ箱館奉行支配定役一人同組同心壱人通弁御用出役壱人為立会御小人目付壱人為乗組并官吏儀も同然いたし相越度旨申立候に付為乗組差遣候処同九日夜右難破船乗組人之内三拾人彼方端舟にて箱館表到着翌十日残拾壱人并官吏同心通弁人とも前書押送船にて一ト先帰着仕候ニ付難破船乗組人共ハ夫々明屋等へ差置食料其外給し置申候尤破船諸具等ハ未た彼地ニ有之儀に付定役御小人目付ハ同所へ相残り罷在候右取斗方之儀ハ官吏へも談判之上夫々取扱追て申上候様可仕候依之此段御届申上候以上

三月十二日(48)

史料一九は箱館奉行勝田充と山口勘兵衛（支配役人か）による書付であり、以後の展開を知ることができる。これによれば、漂流民が差し出した書面は箱館在住のアメリカ官吏へ渡された。これを見たアメリカ官吏は救助船を出すよう箱館奉行に要請するが、漂流した日和崎は暗礁が多く、大船が繋泊できない。そこで用状を輸送していた押送船に箱館奉行支配の定役一人、同心一人、通弁一人、小人目付一人にアメリカ官吏を含めて乗せて派遣した。九日には端船で漂流民三〇人が箱館に到着しており、残りの一一人は官吏と通弁と共に翌一〇日に箱館へ向かわせた。箱館に着いた漂流民は史料一七の事例と同様に空き家に置かれ、食料などが給された。

〔史料二〇〕

甲子十一月

今般英国商船アスモル南部領大澗村之内鳥居崎沖合弁天島於而破船に付英亜両国岡士罷越候に付私共差添救助

筋之者勿論苦情等無之様精々申合取計候処不都合之儀御座候間則左に申上候

一　アスモル船水夫共疲労致し候間為薬用生牛壱頭懇望致し度旨英岡士より申出候間其段領主家来へ相達候処牛馬取締之もの盛岡表に罷在私共取扱之品にも無之殊に農業之砌相用候ため養ひ置候処御買上相成候而は持主悲嘆も不少第一国禁之儀に而其法則を侵し候儀難相成候間異人共へ何とか教諭方相頼度旨中島富右衛門外四人之者申聞候間国禁者領主限り之法則に有之候処右を辞柄に致し條約違背は難相成仮令重官之ものより申諭し候とも彼等承服は無之弥以不相渡候節は自侭に剛奪致し可申左候而は出役之詮も無之何等之争論出来之程も難計候間速に相渡し候方可然旨種々談判を尽し候処主人掟則を破り候儀に而私共一同難渋全極に候へ共差掛り不得止事場合に付政府より之達書有之候ハヽ何様にも取計相渡可申旨代官高野恵吉申聞候差掛り候儀に付私共より達書差遣し逐に牛壱頭異人共へ相渡候へ共以後牛之儀に付談判に時日を移し候様に而は一層之苦情引出し出役之もの苦心切迫不少候間牛懇望之節は速に相渡候様兼而御達御座候様仕度奉存候

一　此度自国商船難破之処領主より懇切之取扱を請候間謝礼申述度六時代官止宿所へ差出呉候様英岡士より申出候間領主家来へ相達候処右は先例も無之儀に付盛岡表へ問合之上可及挨拶申聞候間種々談判中右期刻も相成無余儀不快之趣を以断申入候処不快に候者、当方より代官旅宿へ相越へき旨申聞候間何れ明日快方にも相成可申由を以差留候処其後岡士よりも何共不申出候間其侭に致し置候へ共立廣作迄申聞候は代官之もの止宿所へ罷出尋問被致候而可然処其儀無之は政府役人之處置不宜故之儀と存候旨申出候旨申出候右は私共可成丈ヶ葛藤を生し不申様心配之処より前文之通日夜談判致し候へとも家来之者何分了解無之甚た困苦仕候間以来右様之節罷出候様仕度奉存候

一　大間村引払に付而は岡士乗船諸荷物運送等に付艀船八艘程も差出置可申旨前以宿役人共へ急度申付置候処纔三艘差出し荷物運送にも引足り不申差支候間夫々差図は仕候へ共都而捗取不申候間自然異人共は出役之者不行届

之様存候而は諸事引合向不都合之儀も御座候間以来家来之もの出張諸事差図致し候様御達御座候様仕度奉存候
右之件々何とか御取極無御座候而は異人共聊之差支より不快を生し候而は余事にも差響き苦情而已出来取扱方不都合而已ならす帰函之上御應接向御面倒之儀も可有御座と深心配仕候間海岸領分有之候向々へ御達御座候様仕度奉存候依之此段申上候以上

子十一月

宮塚三平
秋山盛之進
神山忠三郎(49)

前書之通申上候間奥書を以此段申上候以上

史料二〇は、イギリス岡士より破船したアスモル号乗組員のために薬用として牛を一頭所望されたことに端を発する史料である。こうしたイギリス岡士の要求に対して南部藩側は、牛馬取締の者が盛岡にいることや農業に用いるため持主が難渋すること、そして「国禁」であることを理由に断るよう箱館奉行支配役人に頼んでいる。これに対して箱館奉行支配役人は、「国禁」とは領主（南部藩）にのみ通用する論理であり、そうした論理でこの要求を拒むことは「條約違背」になるとしている。もしさらに拒み続けるならば、漂流民が強奪に及びかねないので早く渡すべきであると説得している。これに対し南部藩家臣はやむを得ない事情ではあるが、南部藩の掟則を破ることになるので「政府」（幕府か）からの達し書をもらうよう求めている。それを受けて箱館奉行支配役人は達し書を書き、漂流民に牛一頭が渡されることになるのである。

ここでは、南部藩領の中で南部藩と幕府側の意向が食い違っていることが分かる。南部藩領内で牛を外国人に渡すという行為が法に抵触するが、それを上回る論理が「條約」を結んだ「政府」には存在するという点をみることができる。

〔史料二一〕

外国船難破有之候節生牛渡方之儀佐竹右京太夫家来外両家へ御達之儀申上候書付

小出左衛門尉

外国船難破有之候節御預り所之内并松前伊豆守領分は勿論内地に而も佐竹右京太夫南部美濃守津軽越中守領分海岸等に而難破船有之注進申越次第救助として支配向差遣し夫々手当致し候儀に御座候然る処去月中申上置候通当十月中南部美濃守領分大澗村浦地内字弁天島おゐて英国商船アスモル船名難破および候節乗組人共養生之為め相用度候間生牛壱頭買受度旨場所出張罷在候同国岡士出役之ものへ申聞候に付其段場所詰合美濃守家来へ申談候処右生牛売渡候儀は国禁に而取計兼候間城下に罷在候重役之ものへ問合候上ならては挨拶難及旨申聞左候而は日数も相掛り迚も外国人承伏致間敷候間再應掛合候へ共不売渡候に付無拠其段岡士へ申入候処数日疲労致し候船中之ものへ養生之為め相用候儀に而人命にも拘り候儀に有之候間何れにも急速渡し呉候様達而申聞事情無余儀相聞候に付猶種々談判を盡し漸々政府に而御買上之積取計相渡候儀之旨右出役之もの罷帰り申聞候一体生牛之儀は外国人食料第一之品に而殊更難破等に而疲労いたし候ものは為養生相用不申候而は不叶事之由毎々申立候趣も有之既に去る亥年中露西亜軍艦ヘルワヤ船名同家領分牛瀧村おゐて難破いたし候節も達而懇望致し候に付出役之ものより場所詰合罷在候家来へ掛合候処種々迷惑之儀申立何分相渡不申其後当地在留露西亜岡士儀右生牛不相渡段種々苦情申立候儀に有之付而は以後難破船場所ニおゐて生牛懇請致し候節如是迄売渡し方相拒萬一多人数之外国人共野飼之牧牛強奪致し候様之儀有之候而は如何様混雑を生し可申も難測左候迚外品と違用意持越候儀は難相成いつれにも人数に應し一時食用丈

けは於臺場所売渡不申候而は所詮承伏仕間敷且は難破船御救助之廉も難相立筋に陥入其度々談判取纏れ候次第に至可申哉と奉存候間以後出役之ものより所役人へ申達候は、相当之代金を以売渡候様兼而前文諸家へ御達に相成其段私共へも為心得被仰渡御座候様仕度奉存候依之此段申上候以上

子十二月

右丑正月十二日因幡守殿へ佐久間三蔵を以上る
同閏五月二日和泉守殿山下金助を以承付御下ヶ(50)

史料二一はこのイギリス商船アスモル号乗組員による牛を要求する件について箱館奉行の書付である。これによれば、今回のアスモル号の事例と、牛瀧村（南部藩領田名部通。佐井に近い）でも難破船の乗組員が牛を求めたことをうけて、もしこうした要求を拒めば、牛を強奪する事態になりかねず、外国人にとって牛が「食料第一之品」であるので難破船救助の趣意にも沿わないとしている。以後は、出役の箱館奉行役人が難破船の在る所の役人から相当の代金を以て牛を買い上げ、外国人へ渡すこととしている。

さらにこの史料ではこうした箱館奉行支配役人の出役について「外国船難破有之候節御預り所之内并松前伊豆守領分は勿論内地に而も佐竹右京太夫南部美濃守津軽越中守領分海岸等に而難破船有之注進申越次第救助として支配向差遣し夫々手当致し候儀に御座候」と述べている。史料一七でも述べたように箱館奉行の難破船に関する管轄は奥羽から能登のあたりにまで及んでいたが、難破船の救助取調の際には松前藩領と、内地の秋田・南部・津軽藩の領分まで支配役人を派遣する体制をとっていたことが分かるのである。

安政元年に締結された日米和親条約によって幕府は、条約を結んだ相手国の漂着船やその乗組員に対して保護・開港地への移送が義務付けられた。諸藩も各々で対応するのではなく、箱館奉行の指示を受け、漂流民の保護や非常時

の警衛を担った。また、箱館奉行が漂流船の対応を行う地域は蝦夷地に限らず、奥羽から能登あたりまでを管轄し、漂着船の様子や漂流民の様子を調べるために箱館奉行の役人を派遣するなど、箱館周辺のみならず、蝦夷地、奥羽から能登までと、広範にわたる管理体制をとっていたのである。

三　東蝦夷地と内地における南部藩の警衛編成

本節では、東蝦夷地の南部藩の警衛区域が編成していく過程をみることによって東蝦夷地における南部藩警衛の意味を考察する。

安政二年から箱館市中の警衛を命じられた南部藩は、東蝦夷地にもエサン岬からエトモまでの警衛を命じられ、砂原とヲシヤマンへ、に屯所を、ペケレウタに陣屋を築くことを命じられた。蝦夷地の警衛体制の中で箱館奉行と藩の関係を示す事例として以下のものがある。

〔史料一二〕

為蝦夷地御警衛、領分大畑江年々出張為致置候人数之儀は、文政五年七月箱館勤番人数為御引揚被成候ニ付、領分手寄之場所江出張為致置、万一非常之節は、早々渡海手ニ合候様可申付旨、御達有之候以来、年々大畑江為詰置候、然所此度於箱館役方之者共、一應伺済ニは御座候得共、先般箱館并蝦夷地之内、持場ニ被仰出候付、自分大畑詰之人数を以、両場所勤番為致候儀ニ御座候故、別帳并別紙を以御届仕候大畑詰組立人数弐百人之儀は、以来為後詰城下表江相備置、異変次第早速出張為致候手当ニ仕差置申度旨、国許より旅中申越候、此段奉伺候以上

十一月十一日

南部美濃守(51)

史料二二は安政二年一一月に南部藩主南部利剛が老中へ出した伺い書である。安政二年に命じられた蝦夷地・箱館警衛に文政度から出張らせていた大畑詰の兵を以てあてることを伺っている。これに対して箱館奉行は以下のような見解を述べる。

〔史料二三〕

書面之趣一覧勘弁仕候処、万石以上江御警衛被　仰付候へは、其家々之軍法も可有之事故、奉行所より巨細之儀及差図候而は、却而差支にも可相成儀ニ付、大要之廉々は、兼而伺済之趣ニ基き、差図いたし置、其余は申立通り承り置候事ニ御座候、尤箱館奉行所外構初御臺場御普請等、未た御手始も無之折柄、場所詰之人数等可成丈ヶ御手厚ニ備置申度儀ニは御座候得共、一體大畑詰人数之儀は、文政度御戻地以来為相詰候趣、今度御警衛被仰付、箱館を始蝦夷地江も夫々人数差渡候上は、其家之見込も可有之、且は日用諸雑費其外、後日永続之見積りも可有之候得は、申立之通り御聞済被置候方哉と奉存候、依之此段申上候、以上

新藤鉊蔵
鈴木尚太郎
堀　織部正(52)

つまり、警衛を命じられた藩（この場合は南部藩）には、それぞれの軍法があり、箱館奉行からあれこれと細かな指示を出してしまうと支障をきたしてしまう。大まかな支持は以前からの趣意に基づき、その他のことは申し立てられたとおりにすることを述べている。ここでは、警衛を命じられた藩と、その軍制自体には細かな支持を与えられない箱館奉行という関係をみてとることができる。

警衛を命じられた藩は、見分役を派遣して、警衛地の下見をし、その結果を箱館奉行に報告することが義務付けられていた。南部藩も上山半右衛門と新渡戸十次郎を派遣した。(53)

〔史料二四〕

南部美濃守東地持場境ホロヘツ迄之御伺済其旨御達相成居候ニ付境杭為建候積ニ而実地見分仕候所同家之儀者エサン岬よりエトモ岬迄一湾中之警衛ニ而可然見込之所ホロヘツ持場ニ相成候得者遠見等も不都合ニ相成殊ニ松平陸奥守シラヲイ江元陣屋場所替相成候ニ付隣場之儀ニ有之エトモ岬迄聊之障屏も無之遠見其外相心得相当之姿ニ相見江其上同家之儀者持場名目御用捨相成候儀ニ付全く陣屋地所之所外者臨時出張之儀故旁以エトモ崎を限り美濃守持場与相成候得者境界聢与相立候ニ付ホロヘツ、エトモ界ワシヘツ江境杭為建候様御達相成可然哉ニ奉存依之申上振并御達案相添此段相伺申候

印　河津三郎太郎(54)

史料二四は、安政三年五月七日に江戸表へ送られた箱館奉行支配組頭河津三郎太郎の伺い書である。これによれば、警衛を命じられた南部藩が境杭を建てるために実地見分したところ、南部藩の警衛区分はエサン岬からエトモ岬までの一つの入り江であり、ホロヘツでは遠見などもし難い。また、仙台藩のシラオイの元陣屋と隣接しているためエトモ岬までは隔たりがなく遠見が可能である。さらに南部藩は持場の名目が免除されており、陣屋の他は臨時の出張のみである。どちらにしてもエトモ岬のみ南部藩の持場とするべきであるとしている。

南部藩が安政二年からの蝦夷地の警衛体制では持場の警衛が「用捨」されている代わりに、仙台藩や秋田藩と違って東蝦夷地の「臨時出張」を求められていたことがわかる。

〔史料二五〕

伺

東蝦夷地持場之内ヲシヤマンへ之儀者エトモ砂原之中央ニ而非常異変之砌者陸路之合図詰開之手合等都而救應之ため屯所ニ取建置エトモ詰人数之内より二十人程出張為仕候儀一昨年伺済ニ付当節勤番申付置候然處同所之儀者素濱遠浅荒浪ニ而船掛り難渋之趣故粮米諸品運送之節東風者順風ニ御座候得共同所者請風ニ而時化強く船繋相成兼落□江相廻滞船罷有風筋為替候を能々見切候上乗寄候而二里程沖合江碇泊仕夫より□船ニ而荷揚往返之節も岸浪高く毎々不一通難渋仕候右様之場所柄故異船も容易ニ者近寄申間敷哉ニ被考候得共万一・込候而茂エトモ砂原より海面見張居殊ニ砂原之方里数も近く難所無之平地続ニ而進退宜御座候就而者前文之通異変之節陸路救應之ため出張罷有候事ニ而平常者シツカリよりユウラツフ迄見廻而已之儀ニ御座候間以来ヲシヤマンへ詰人数砂原出張所江引揚一所ニ備置兼而伺済之通折々為見廻非常異変之儀者勿論臨時御用之節ニ早速出張御警衛仕候心得ニ御座候依之右之趣相伺候様国許より申付越候此段奉伺候已上

十二月十六日

御名内

上山半右衛門(55)

史料二五は、安政四年（一八五七）一二月に南部藩留守居上山半右衛門から箱館奉行へ出された伺い書である。これによればヲシヤマンへはエトモと砂原の中央に位置しており（地図参照）、援兵のためにエトモから二〇人ほど出張らせていた。しかし、ヲシヤマンへは遠浅であり波も高く、外国船も碇泊しづらい。もし外国船がやってきても、エトモや砂原から洋上の様子を見通すことができ、特に砂原は距離も近く平地続きであるために救援しやすい。その

ため、シッカリ（シツナイか）からユウラッフまでを見廻ることにしてヲシヤマンへ詰の兵を砂原に引き揚げることを述べている。こうした南部藩の伺いに対し、箱館奉行支配組頭井上茂輔は承諾し、南部藩はヲシヤマンへから兵を砂原へ引き揚げることになる。しかし、ヲシヤマンへを引き揚げる際に南部藩と箱館奉行の考えに齟齬が見られた。

〔史料二六〕

先般伺済之通ヲシヤマンへへ詰人数砂原出張所江引揚一所ニ備置候間ヲシヤマンへ屯処明居小屋之分不残取毀申候此段御聞置被成下度奉存候以上

六月十四日　御名内

右御届書モロラン詰調役石場斉宮江指出候処箱館表御役所御伺済故御届済ニも可有之哉与

申事御座候故定而取斗済之上申越候事与存候得共右訳柄別段不申越候旨申向候所此元限御聞置難申且其所江附候居小屋不残取毀ニ而者御都合之儀有之候而も不宜旨心付申事故右之段箱館詰小野寺傳八江申遣候内同所御役所よりも左之通達ニ相成候御用状并書取写

然者六月廿八日御役所より呼出ニ付松岡孫治差出候處ヲシヤマンへ詰御人数砂原江引揚之儀者伺済候得共右屯所取毀之儀者当御役所江無伺エトモ詰御人数之内より石場斉宮江聞届出被指出候由同人限難聞届書面預置候旨申来候如何之訳ニ而無伺取毀候哉之旨調役並海老原武治談合之趣申出候ニ付段々之訳柄一應演説を以為相答候所奉行江も申聞候間書面を以申出候様談合ニ付別紙之通取調同廿九日前同人江山本直右衛門を以指出候所組頭預置候旨挨拶有之段申出候然所ヲシヤマンへ屯所表御門之外不残取毀砂原江運送相済候由七月十二日付を以砂原詰奥並衛より申来候ニ付同十九日右之段御役所江相届候為御心得右申入候以上

七月廿二日　小野寺傳八　印(56)

史料二六では、ヲシヤマンへ詰の南部藩兵が砂原出張所へ引き揚げる際にヲシヤマンへの屯所を取り壊したことについて述べられている。石場斉宮（箱館奉行支配調役並）へ差し出された書付に対して石場は、「御役所御伺済故御届済ニも可有之哉」と箱館奉行の了解を得ているかを尋ねたのに対し、南部藩側は、「定而取斗済之上申越候事」と取り壊してから報告するとしていたが、石場は「此元限御聞置難申」と自分だけでは対処しきれずかつ、「御都合之儀有之候而も不宜」と難色を示し、箱館奉行へ報告する。して箱館奉行へ南部藩の方から伺いをたてることにさせた。六月二八日に呼び出され、説明を求められた南部藩の箱館留守居である小野寺傳八は、以下のように説明をする。

〔史料二七〕

東地持場内ヲシヤマンヘ屯所詰人数砂原出張所江引揚之儀先達而伺済ニ付不残同所江引揚勤番罷在候随而屯所明小屋取毀罷在候処当御役所江相伺不申取毀候段如何之訳柄ニ候哉御尋之趣承知奉畏候右者素より人数出張ニ付取建候居小屋ニ御座候得者人数引揚候上者平常不用之明小屋其侭指置候而者不都合之儀も有之候間疾速砂原出張所江引賦足継普請仕右人数差置且臨時出張之節居小屋木組等之儀者別段手当仕置候積ニ而取毀申候尤伺済之上人数引揚候儀ニ付居小屋引払之趣者相伺不申心得罷在候併ヲシヤマンヘ之儀者モロラン詰合石場斉宮様御持場之事故為念エトモ詰役之者より御聞置迄ニ申上候由申来候勿論不残取払砂原江引賦り候ハヽ其節御届仕候心得罷有候内今般御尋ニ付此段申上候已上

六月廿九日

御名内

小野寺傳八(57)

すなわち、この取り壊しはヲシヤマンへから南部藩兵を残らず引揚させた平常時に不要な空き小屋をそのままにしておくと何かと不都合であるためであり、さらに臨時の出張の際に小屋を建てるときは別に取り計らうと説明している。ヲシヤマンへからモロランは石場斉宮の持場であるため石場に伺いをたてたとしている。

ここではヲシヤマンへの小屋を取り壊すことに関して報告をヲシヤマンへからモロランまでを持場とする石場斉宮で留めた南部藩に対して、箱館奉行側は奉行まで届けることを望んでおり、警衛や場所の管理面での両者の食い違いをみてとることができる。

さらに安政六年（一八五九）には、南部藩の東蝦夷地警衛体制は変化した。

〔史料二八〕

○箱館御役所江御届書

箱館表并蝦夷地持場之内エトモ出張勤番人数安政二年書上置候所猶便利策考之次第有之是迄之組立取捨増減之上仕組直以来年々出張為致候旨江戸表ニ於て御届済候段国許より申越依之別帳并御届書写共相添此段申上候

二月

右之通御届書差出候様詰合小野寺傳八江御用状ヲ以被仰遣之

但シ御組立帳并江戸表ニ於て之御届書者畧之(58)

史料二八は、安政六年二月に国許からの報告を受けて小野寺傳八から箱館奉行へ出された届け書である。安政二年度以来の箱館とエトモも兵の編成を改めることが記されている。

〔史料二九〕

別紙お江戸表御指出御届書之写

安政元年東蝦夷地御警衛被　仰付年々人数五百人ツヽ出張為仕罷有候同所之義者元来広大之場所柄ニも御座候得者万一異変之節五百人ニ而防禦行届候儀ニ者至兼可申就而者兼而御届申上置候援勢之外ニも時宜ニ寄国内之人数尽候而も御国辱不相成様御警衛可仕儀ニ御座候随而彼地之義者領分海岸より海程僅相隔候場所故援勢手当行届居候得者何時も應異変渡海宜場所御座候間彼地江五百人出張為仕置候人数已来軍卒誠精相撰弐百五十人渡海申付領分海岸之内渡海便利之場所江百人相増三百五十人差出置何連之地江も案内次第迅速渡海為致候様仕度

異変之節人数多寡ニ不拘援兵無御座候而者難相成義与奉存候間年々弐百五十人出張申付置候様仕度尤城下表より数十里相隔居候場所故援兵手ニ合兼候儀も可有之与奉存候ニ付此度熟考之上簡便実用之軍制相立永く御警衛手厚相勤申度依之当年より右之通出張申付候人数組立之儀者取調之上追而別帳差出可申此段御届仕候以上

二月八日

御名(59)

史料二九は、江戸表へ出された届け書である。これによれば、それまで(安政六年二月まで)南部藩は、東蝦夷地に五百人を派遣していたが、蝦夷地は広大であるために、もし、異変が起こったときは五百人では防ぎきれないと指摘している。その上で、南部藩の領分は蝦夷地からわずかに離れているだけなので、それまでの五百人のうち二百五〇人を選び渡海させ、残りの二百五〇人に百人を増やして三百五〇人を南部藩領海岸の渡海の便利な場所に配置し、異変があればすぐさま援兵のため渡海させるようにする、と南部藩から進言している。こうした南部藩の進言に対して翌三月、外国奉行と箱館奉行は次のような書付を老中へ提出した。

〔史料三〇〕

東蝦夷地御警衛人数組立之儀ニ付南部美濃守申上候書面一覧仕申上候書付

外国奉行
箱館奉行

東蝦夷地御警衛出張援兵人数等之儀ニ付、南部美濃守御届申上候書面、御下ヶニ付、一覧仕候處、去ル卯年中、初而人数差渡候節、陣屋園并人数配等之儀は勿論、都而進退駆引應援等之弁利は其家法ニ御任セ、申立通御聞置相成候儀ニ付、今般之儀も、彼家熟考之上、簡便実用之軍制相立、永く御警衛手厚相勤度段、申上候儀ニ付、御聞置相成可然儀ニ付奉存候間、別紙御下ヶ書面之通り返上仕、此段申上候

未三月

印　酒井隠岐守
印　水野筑後守(60)

史料三〇によれば、安政二年に藩兵の渡海や陣屋囲や藩兵や應援については藩ごとの家法（軍制）に任せるとしている。これは史料二三の事例を指していると考えられる。

〔史料三一〕

○一　御役所江左之通

箱館表エトモ出張人数先達而御届仕候通仕組直別帳組立之通手分仕候尤渡海口被備置候人数之儀者此節城下表差立北郡田名部通大畑江出張為致置申候依之別帳相添此段御届仕候

右之通お江戸表六月御用番間部下総守様江御名より御届仕候付此段申上候以上

九月二日

御名内
福田三治

東蝦夷地持場之内砂原詰勤番人数兼而書上置候處同所之儀者箱館元陣屋手寄ニも有之候得者同所勤番人数仕組

之内江打会臨時見斗手分之配方便利御座候間別帳之通此度仕組直に勤番人数相加平常者見守番人之者并士卒少ニ指遣置申候此段御聞置可被下候
右之通於江戸表六月御用番間部下総守様江御名より御聞置申上候此段申上候以上
九月二日
御名内
福田三治(61)

史料三一は安政六年九月二日に南部藩家臣福田三治から箱館奉行所へ出された史料であるが、箱館とエトモへの出張人数を組立直したものを記している。なお、この史料では砂原詰の藩兵について「箱館元陣屋手寄ニも有之候得者同所勤番人数仕組之内江打会臨時見斗手分之配方便利御座候間」と箱館に近いことを利点として挙げ、臨時の際に軍を派遣しやすいとしている。

〔史料三二〕
四月十二日御留抜書
一　御役所江御聞置書左之通
先達而御届申上候通御警衛人数組立直ニ付砂原出張所詰人数之儀者引揚元陣屋詰より見守之者而已勤番為仕置候然所去未八月同十一月大雨之節浦山より流出候砂石陣屋構外堀并通用門より構内江も押入且鋪地境小土手等茂押壊申候随而大雨之節□右様砂石流込候次第ニ而者見守之者も難安曽（マヽ）而後年之安心ニも至り不申候間此度陣屋取払折々見廻之者差出目然異変之儀出来人数繰出候節者應機変弁利之地江屯仕候警衛相勤候様仕

候此段御聞置被下度奉存候以上

四月十二日

御名内

福田三治

右書面三治持参御用頼定役元〆松岡徳次郎を以指出之

但本文御聞置者箱館御役所江指出候様御達之趣同役共より申来且下案共被遣候故右等之義者演説を以前同人江厚く談合置候事(62)

史料三二は万延元年（一八六〇）四月に南部藩から箱館奉行へ出されたものであり、安政六年八月と一一月の大雨で山から砂原陣屋の内外に流れ込み、箱館の元陣屋からの「見守之者」も危険であるため、陣屋を取り払い、「見廻之者差出」し異変があれば、機変に応じ易い場所に藩兵を集めさせる体制にすることを求めている。

安政二年に蝦夷地警衛を命じられた南部藩は、エサン岬からホロヘツまでの警衛を命じられたが、安政四年から次々と出張地域から箱館へ引き揚げた。また、警衛人数を百人増やし、箱館と内地沿岸に備えさせた。これは、「エサン岬よりエトモ岬迄一湾」にあり、南部藩の警衛担当区域が、「エトモ砂原より海面見張居」ることができ、また安政六年に引き揚げた砂原も「箱館元陣屋手寄ニも有之候得者同所勤番人数仕組之内江打会臨時見斗手分之配方便利」な立地条件であるためである。こうして結果的には箱館とエトモを拠点に東蝦夷地を警衛し、内地に援兵を備えさせる体制をとった。この東蝦夷地の警衛体制の変化は、南部藩の警衛が箱館を中心としてまとまりはじめたということができる。

第一章でみたように安政六年九月から幕府は諸藩に蝦夷地の分割支配警衛を命じた。箱館表の出岬の警衛を主とし、安政二年からは恵山岬から幌別まで海岸一帯の地を持場とし、東蝦夷地全体の応援を兼ねる、とする警衛体制は変わらなかったが、南部藩にも「陣屋有之場所ニ而、相應之地所被下候」が与えられた。ところが、翌万延元年に南部藩の領地が一部変更して与えられた。本節では安政六年の領分割合決定から南部藩の領分割り替えにおける箱館奉行、幕府らのやりとりをみていくことで、安政六年九月以降の南部藩の蝦夷地における警衛体制と幕府の姿勢をみていきたい。

〔史料三三〕

（前略）

南部美濃守江

南部美濃守

東蝦夷地之内為陣屋附エトモ領ホロベツ領并ヲシヤマンベよりユウラツブ境迄之地所被下候且モロラン領よりヲシヤマンベ境迄ユウラツフ境よりヤムクシナイ境迄之御警衛向被　仰付候委細之儀者御勘定奉行箱館奉行可被談候[63]

（後略）

この史料は安政六年一一月二六日に老中脇坂安宅から仙台・会津・秋田・庄内・南部・津軽藩の家来へ渡された史料である。藩ごとの領分と警衛地が記されている。南部藩は藩主南部利剛あてに達しを渡され、エトモ領、ホロベツ領、ヲシヤマンベからユウラツブ境までの土地を領分として下され、モロラン領からヲシヤマンベ境までと、ユウラツフ境からヤムクシナイ境までを警衛するように命じられたものである（地図を参照）。このように一度決定された分領警衛であったが、箱館奉行がそれぞれの諸藩へ引き渡す段階になってさまざまな変更を余儀なくされた。

南部美濃守

蝦夷地之内為陣屋附被下候ヲシヤマンへよりユウラツブ境迄地所御用ニ付上知被　仰付右為代アブタ領之内レブンゲよりヲシヤマンベ境迄被下候尤右上知之場所御警衛被　仰付候委細之儀者御勘定奉行箱館奉行可被談候

〔史料三四〕

先般蝦夷地場所場所南部美濃守江被下地之内ヲシヤムへよりユウラツフ境迄之地所被下候処右ヲシヤムへ者農事之切者御雇差置多人数之農夫繰込移住為仕追々開墾も仕随而御入用茂多分相掛品々丹精仕候処今更私領渡相成候而者跡々開墾之儀者勿論漸く拓集いたし候農家扶助永続之程も難斗其上ヲシヤムベ者西地江之要路咽喉ニも有之候間旁以同所者御料ニ御残し被置候方後々御都合も可宜候間（之旨）箱館在勤之同役共より申越候ニ付猶勘弁仕候処右件ニ実以相違も無之於私共も同意御座候間ヲシヤムへよりユウラツフ者　御料ニ御残候被置アブタ領之内レブンゲよりヲシヤムベ境迄を被下候様仕度幸いまた地所引渡以前之儀ニも御座候間前件之次第猶御再考割替被　仰付候様仕度奉存候尤右之趣御勘定奉行江も相談仕候処無余儀次第ニ者候得共一旦被下候場所間もなく御引替之御沙汰有之候者御体裁如何可有之候哉殊ニ此程松平陸奥守より被下候場所所々江引分れ居警衛立方差支候与之趣を以引替儀相願候得共難相替旨御差図も有之候儀ニ付旁此節引替等之御沙汰無之方ニ者有之間敷哉尤美濃守被下地之内金山取開之見込も有之私領渡相成候而者差支之儀も候ハヽ場所引渡以前之儀ニも候間右山方のみ御料残之儀相伺候方ニも可有之哉之旨申聞候差併前文陸奥守儀者自己勝手ニ付場所相願候儀ニ而御聞届有之候而者自余之□ニも相成候ニ付難被及御沙汰者勿論之御事ニ有之最前織部正村垣淡路守取調方不行届之段者恐入候得共今般再考仕申上候次第者私共実

地歴践之上後年御不都合之次第得者勘考仕候得者いつ連ニも右場所者御料江御残し無之候而者多分之御不都合ニ相成候儀且美濃守方ニ取候而も新規移住之農夫扶助等数多之手数相省ヶ其実都合相成候場合も有之候ニ付遮而申上候儀ニ而願ニより割替被　仰付候与ハ素より□違ひ候間右之趣□く御勘考有之候様仕度依之別紙絵図面江置紙仕無段御内意奉伺候以上

申三月

堀　織部正
竹内下野守(64)

この史料は、万延元年に箱館奉行堀利熙、竹内保徳から勘定奉行へあてた伺い書である。堀らは、「ヲシヤムへ者農事之切者御雇差置多人数之農夫繰込移住為仕追々開墾も仕随而御入用茂多分相掛品々丹精仕候處今更私領渡相成候而者跡々開墾之儀者勿論漸く拓集いたし候農家扶助永続之程も難斗其上ヲシヤムべ者西地江之要路咽喉ニも有之」と、一度は南部藩の領分として決められたヲシヤマンへからユウラツフ境までの土地は、幕府によって農事の巧みな者を移住させ開墾をさせており、私領に渡してしまっては、開墾も農家の扶助も困難なものとなるということと、ヲシヤマンへが西地への要路であることを理由に直轄地として残しておくことを進言されている。また、南部藩へ与える土地にある開発の見込みのある金山のみを直轄地として残す意見などもあること、南部藩にその土地を与えてしまえば後年不都合になることなども述べている。ここで箱館奉行である堀利熙と竹内保徳が南部藩の領地替えを主張する理由は①ヲシヤムへは開墾が進んでいるので私領にしてしまうと開墾や扶助が困難になること、②ヲシヤムへが西の地への要地であること、③南部藩の手間が省けるということ、である。

〔史料三五〕

御勘定所評議

（中略）

猶御沙汰之趣も有之候間右御引替可相成地所之模様箱館奉行江承合候処海岸里数地味善悪等者都而是迄之場所与畧同等ニ候得共最前被下候地所之内ニ者最早農事切者之御雇差置農夫等移住為致追々開墾御入用も多分相掛品々丹精いたし候処美濃守江被下候而者新規移住之農民扶助等数多之手数莫旁之入用も相懸り難渋可致旁以御引替相成候方両全ニも可有候尤運上金過不足等之儀ハ得与取調之上ニ無之而者難相分旨申聞候間勘弁仕候処不毛之土地開墾いたし候ニ付而者厚き手当等無之而者難相叶且美濃守被下地運上金等之儀茂最前箱館奉行取調之趣ニ而者年分纔計り之収納与相聞江右之内より農民手当筋等差出候様ニ而者迚茂行届申間敷哉折角開墾之場所中途ニ而相廢し候様ニ而者元来之御趣意も貫き不申左候迚年々農民手当等為差出候而者却而難渋も可仕候間箱館奉行申上候通引替之儀被　仰出追而取調之上ニ而万一先般被下候場所より此度被下候場所之方運上収納等少ナキ儀等も有之候ハヽ其節之模様次第猶増地等被下候方哉与奉存御座候ハヽ箱館奉行申上候通アフタ領之内レフンケよりヲシヤマンへ境迄之場所先達而之被下地者御引替被下候旨美濃守江被仰渡其段御勘定奉行箱館奉行江被仰渡可然奉存候依之御下ヶ之書類返上仕
此段申上候以上

申閏三月　　御勘定奉行(65)
　　　　　　同　吟味役

史料三五は、箱館奉行堀利熙と竹内保徳の意見に対する勘定奉行の評議である。箱館奉行の報告を受けて、南部藩が下される土地の運上金などの収入が少なく、農民の扶助などの支出を比較した上で、南部藩にとって重い負担となること、それまで開拓してきた事業が中途半端になってしまうことを危惧している。また、「先般被下候場所より此度被下候場所之方運上収納等少ナキ儀等も有之候ハ、其節之模様次第猶増地等被下候方哉与奉存御座候」と、もし前に下される予定だった土地より少ない収入であれば増地される見込みもあり、南部藩の収入、負担も考慮されていたと考えられる。

〔史料三六〕

南部美濃守

蝦夷地之内為陣屋附被下候ヲシヤマンベよりユウラツブ境迄之地所御用ニ付上知被　仰付右為代アブタ領之内レブンケよりヲシヤマンベ境迄被下之尤右上知之場所御警衛被　仰付候委細之儀者御勘定奉行箱館奉行可被談候(66)

史料三六によれば、結局万延元年閏三月二八日には箱館奉行と勘定奉行の主張が通る形となってヲシヤマンベからユウラツブ境までは上知され、代わりにアブタ領のうちレブンケからヲシヤマンベ境までが下されることになるのである。

〔史料三七〕

南部美濃守為陣屋附ヤマコシナイ領之内ヲシヤマンへ被下候處御用ニ付上知為替地アフタ領之内レフンケ被下候間被仰渡候ニ付兼而鈴木尚太郎其外場所詰役之下調仕置候間猶又実地取調候處レフンケアフタ一領中之事故是迄聢与堺筋取極無之候ニ付山脈水路考究致し海岸之方ヲシヤマンへ堺よりヲフケシ川迄五里七丁餘（道程四丁餘）レフン

ケニ属シ同川より山奥等も地勢ニ随且西地新道ニ懸り候地所者御料ニ相属別紙分界色分之通り取極尤山川漁猟伐木人馬継立者都而是迄之通り居置候積りを以アフタレフンケ両所蝦夷土人共故障有無相糺候處都而入替相成候上者差支無之旨申出候ニ付請證文取置且人別之儀者其場所住居之分其侭引分惣人別五百九拾八人之内四百四拾三人者御料ニ残百五拾五人者私領ニ引渡運上金等者エトモ　モロラン分堺同様公私土人之数に應し運上金七拾五両別段上納金拾四両三分永五拾文之内運上金五拾五両弐分別段上納金拾三両与永五拾文者御料残り運上金拾九両弐分別段上納金三両三分者美濃守収納之積取極絵図面其外諸書物等一昨十五日於レフンケニ場所詰調役并海老原武治其外役々立合美濃守家来江仮ニ引渡分界之地所仮ニ傍示杭為相建申候依之分界色分絵図相添此段申上候以上

申十月十七日　河津三郎太郎(67)

この史料は南部藩領分割り替えを受けて取り調べを行った箱館奉行箱館奉行調役鈴木尚太郎の報告である。実地見分したところ、レフンケとアフタは一領中であったので、海岸側のヲシヤマンへの境からヲフケシ川（小鉾岸川）まで五里七丁（道程としては六里四丁あまり）あり、西地の新道にかかる場所は幕領に属することに決めた。また、人別は既存の住居のまま、五九八人中四四三人は幕領、一五五人は南部領とした。運上金はエトモとモロランの境界を定めたようにアイヌの数に応じて運上金七五両上納金一四両三分永五〇文のうち幕領が運上金五五両二分上納金一一両永五〇文、南部藩が運上金一九両二分上納金三両三分とした。この報告をうけての箱館奉行津田近江守の伺書が次の史料になる。

〔史料三八〕

大目付
御目付　評議
箱館奉行より南部美濃守引替被下地レフンケ分界之儀奉伺候書付被成下一覧勘弁仕候処最前美濃守為陣屋附ヤマコシナイ領之内ヲシヤマンへ被下候所御用付上知為替地アフタ領之内レフンケ被下候旨被仰渡候儀之處アフタ領右往来ニ差狭り居候ニ付是亦御料江相残し引渡候方可然旨奉行内意申遣候ニ付其通取調傍示杭打建美濃守家来江仮引渡いたし候趣然ル處書面中アフタレフンケ両所蝦夷出入共故障有無相糺候趣之申立有之候得共両所とも道筋切開有之候上者固より出入差障り可有筈ニ無御座然を都而入会相成候上者差支無之旨申出候由右者土人申出候歟又者私領役人申出候歟難相分候得共右ニ而者是迄御料之節者差支有之今般私領入会相成初而差支無之与申文意ニ相聞猶又運上金等者エトモロラン分界同様公私出入之数ニ應し云々之廉難相分右公与申者上納金私与申者奉行役所金ニも候歟右を其侭私領渡ニいたし候ニ付上納金之外者領分手限遣払候儀ニ付私与申候歟併彼表之御収納者彼地開拓之方御遣払相成候趣ニ承知仕居候得者御料所之節辺別ニ公私之立方者無之筈且アフタ領往来ニ差狭居候云々之廉是亦難解レフンケ者素アフタ領中ニ而是迄聢与分界者無之場所之趣書面中ニ相見然ル上者往来差狭与申様發暉与致候義者無之筈右廉々之書面絵図面中ニ而何分け解難仕候得共奉行申立之趣ニ而者不都合無之趣ニ候上者何共評議難申且乍去地所之儀者仮令寸地たり共私領渡しニ可相成場所ニ係り候分者伺を不経奉行等一己之意を以壇典奪取行候筋ニ無御座支配組頭共も其辺之儀者心得居へく筈ニ候處仮引渡与者差申既傍示杭迄打建相渡候上者右傍示杭内外者御料私領之差別を以諸般取扱候儀者相聞右様事柄を不弁自侭之取斗いたし候而者行々何様之間違を生候哉も難斗尤一且仮引渡いたし候上者今更御引戻相成候而者御躰ニも拘り候儀ニ付伺之通ニ而被差置候方哉与奉存候得共壇之取斗いたし候段向後之ため奉行并支配組頭共江相当之御沙汰有之可然義与奉存候御下之書面者外国奉行江相廻り私共同役一統評議仕無段申上候以上

申十二月　　外国掛
大目付
御目付(68)

史料三八は箱館奉行の伺い書を受けての外国掛大目付・目付の評議である。この史料をみると、先ほど挙げた史料における箱館奉行、調役がレフンケとアフタ間の境界を仮にでも決定していることに対して疑問を示していることがわかる。「蝦夷出入」が何を示すものかは定かではないが、元来アフタ領であったレフンケを南部領として与えることによって「出入差障り可有筈ニ無御座」とする箱館奉行に対し、「是迄御料之節者差支有之今般私領入会相成初而差支無之与申文意ニ相聞」とする大目付・目付との間に齟齬が生じている。また、「往来差狭与申様發暉与致候義者無之筈右廉々之書面絵図面中ニ而何分け解難仕候」とし、「アフタ領往来ニ差狭居候云々之廉是亦難解」としている。このような情報や認識の食い違いを受けて大目付・目付は「一旦仮引渡いたし候上者今更御引戻相成候而者御躰ニも拘り候儀ニ付伺之通ニ而被差置候方哉与奉存候」と体裁を気にしつつも「伺を不経奉行等一己之意を以壇典奪取行候筋ニ無御座支配組頭共も其辺之儀者心得居へく筈ニ候處」と、箱館奉行やその配下の行動に難色を示している。

〔史料三九〕
南部美濃守引替被下地アフタ領之内レフンケ引分方之儀ニ付箱館奉行相伺候書面并絵図面とも被成御下一覧勘弁仕候處右場所公私分界当否之儀絵図面ニ而者巨細論定仕兼候得共奉行支配向再應実地取調山脈地勢研究いたし境界取極候趣ニ付不都合之儀も有之間敷尤山川漁猟伐木人馬継立方共却而是迄之通据置候義ニ而アフタレフンケ両所蝦夷

人之出入共入念相成差支無之旨申立候上者元来一領中之義ニ付以後故障之筋も有之間敷其外人別者其場所住居之尽引分運上金等ハ人別ニ應し割合取調候由ニ却而取斗方不相当之筋も相見不申候間伺之通相心得引渡方取斗候様被仰渡可然哉奉存候依之御下之書類者御勘定奉行江相廻村垣淡路守津田近江守相除私共評議仕此段申上候以上

酉二月

新見豊前守
鳥居越前守
小栗豊後守
津田近江守
桑山左衛門尉
水野筑後守

史料三九は翌年の文久元年（一八六一）の外国奉行の評議である。これによれば、史料三八の大目付・目付の評議と同様に「右場所公私分界当否之儀絵図面ニ而者巨細論定仕兼候」と、アフタ領とレフンケの分界は絵図面では分りにくいと指摘しているが、「奉行支配向再應実地取調山脈地勢研究いたし境界取極候趣ニ付不都合之儀も有之間敷」とあるように、箱館奉行支配役人に再び調査をさせた上で問題ないことを確認している。

安政六年の分割支配警衛によって南部藩にも領分が与えられた。ところが、ヲシヤマンへは開発が進み、かつ要地であるため領分の割替えが検討された。箱館奉行は、「美濃守被下地運上金」は「年分纔計り」であるため、「農民手当筋等差出候様ニ而者迚茂行届申間敷哉」と、南部藩の領分の収入では開発が不可能であることを示唆している。(69) 言いかえれば、開発の必要のない地域を与えられたのである。この事例からもわかるように、蝦夷地を分割した領分が与えられた南部藩が幕府から求められたものは開発ではなく、開発された地域の維持であったのである。

蝦夷地の各場所に漂着した外国人は箱館奉行役人が付き添い箱館まで送り、取調を受けたあと、帰国させていた。また、内地へ漂流した場合も奥羽から能登辺りまでは箱館奉行の管轄とし、津軽・南部・秋田藩領に漂着した外国船は箱館奉行の役人が派遣され対処した。いずれの場合にも警衛にあたっていた藩兵は、万一の際の抑えとして動員された。

安政二年に蝦夷地警衛を命じられた南部藩は、ヲシヤマンへから砂原へ、砂原から箱館と引き揚げ、箱館とエトモを拠点に警衛し、内地に援兵を備えさせる体制をとった。安政六年の分割支配警衛によって南部藩にも領分が与えられたが、南部藩にはすでに開発された地域が与えられ、それまでと同様に、警衛を主にすることを求められたのである。

おわりに

安政元年の蝦夷地の上知から始まる蝦夷地の開発・警衛政策は、外交上の問題を直接的な契機として始まった。開港地として決まった箱館の警衛は当初それまで同様松前藩に任されることになったが、津軽・南部藩などは内地からの援兵としての役割を担わされることになった。安政二年になると蝦夷地が一円上知され、仙台・秋田・津軽・南部の諸藩は蝦夷地への派兵が命じられ、仙台・秋田藩は東西蝦夷地の警衛、津軽・南部藩は箱館近辺の警衛を主に行う体制になった。北蝦夷地警衛を大きな目的とした安政六年の分割分領体制では、仙台・秋田藩に会津・庄内藩を加えた四藩で北蝦夷地の警衛が新たに任され、津軽・南部藩は警衛地の周辺の漁場を与えられたに過ぎなかった。

しかし、南部藩に与えられた役割は、外交の窓口である箱館とその周辺地域の警衛であった。領分替えの際にも、仙台・秋田・会津・庄内の四藩が開発と警衛を幕府から期待されていた一方で、南部・津軽・松前藩は開発が進んでいる箱館周辺地域の警衛を任されたのである。南部藩の警衛体制は、徐々に箱館とエトモに集約されていった。箱館奉行は南部藩の軍制には口を出さず、安政六年からの分領でも開発の負担を負わせなかった。

箱館奉行は蝦夷地のみならず奥羽から能登までの外交問題を箱館で請け負っていた。広範な地域を管理する箱館奉行にとって、箱館とその周辺の警衛、外国人の保護・護送を請け負う南部藩の存在は、仙台ら四藩とは違った意味で、欠くことができないものであったのである。

追記

本論文は、平成十九年に東京学芸大学大学院教育学研究科の学位論文「蝦夷地第二次幕領期における警備体制―箱館と南部藩の関係から―」を修正したものである。

〈注〉

（1）東京大学史料編纂所編『大日本史料　幕末外国関係『幕外六巻―581号』（以下『幕外6―581』と表記する）。

（2）『幕外3―315』。

（3）麓慎一「慶應期における蝦夷地政策と樺太」地方史研究協議会編『北方史の新視座―対外政策と文化―』（雄山閣　一九九四年）。

（4）守屋嘉美「幕府の蝦夷地政策と箱館物産会所」石井孝編『幕末維新期の研究』（吉川弘文館　一九七八年）。

（5）先行研究などでは警衛にあたった藩を「東北諸藩」などと呼称する場合があるが、松前藩は大幅に領地が減らされつつも結果的に蝦夷地に領地を持っていた。また、越前大野藩などが北蝦夷地の開発にあたった例もあるので便宜上本論文では警衛にあたった藩をまとめて「諸藩」と称する。

(6)『幕外6―581』。
(7)『幕外3―315』。
(8)『幕外7―4』。
(9)『幕外7―247』。
(10)『幕外3―329』。
(11)『幕外7―249』。
(12)『幕外7―6』。
(13)『幕外7―160』。
(14)『幕外8―121』。
(15)『幕外8―121』。
(16)『幕外8―144』。
(17)『幕外8―225』。
(18)『幕外9―33』。
(19)『幕外10―77』。
(20)『幕外10―98』。
(21)『幕外12―55』。
(22)『幕外13―132』。
(23)『幕外7―308』。
(24)『幕外15―337』。

(25)『幕外14―95』。
(26)前掲麓論文「幕末における蝦夷地政策と樺太問題―一八五九（安政6）年の分割分領政策を中心に―」。
(27)前掲『新北海道史　第2巻　通説1』。
(28)前掲『新北海道史　第2巻　通説1』七八五頁。
(29)『箱館事務巻3―②39―45頁』。
(30)『箱館事務巻3―②22―30頁』。
(31)杉浦梅潭『杉浦梅潭　箱館奉行日記』（みずうみ書房　一九九一年）。
(32)前掲杉浦梅潭『杉浦梅潭　箱館奉行日記』。
(33)『箱館事務巻3―②72―73頁』。
(34)『箱館事務三巻―②102―103頁』。
(35)前掲杉浦梅潭『杉浦梅潭　箱館奉行日記』。
(36)『幕外5―243』。
(37)『幕外5―317』。
(38)北海道立文書館所蔵「蝦夷地取斗向諸書付　上の巻　安政三年　文別御用所」CA 00005/12132　16（安政三年正月）同「下の巻」CA 00006／1213333（安政三年三月）。
(39)北海道立文書館所蔵「蝦夷地取斗向諸書付　下の巻　安政三年　文別御用所」CA 00006/12133　33より。
(40)『松箱19巻14―15』。
(41)『幕外14―73』。
(42)『幕外14―104』。
(43)続通信全覧30巻575頁。
(44)日米和親条約によって箱館の遊歩区域は五里四方と定められていた。（『幕外5―243』より。

(45)『幕外14—281』。
(46)『幕外9—45』。
(47)『続通信全覧30巻383頁』。
(48)『続通信全覧30巻386頁』。
(49)『続通信全覧30巻577頁』。
(50)『続通信全覧30巻579頁』。
(51)『幕外13—66』。
(52)『幕外13—66』。
(53)『岩手県史　第五巻　近世篇2』（一九六三年）437頁。
(54)『松前箱館雑記19巻10—12』。
(55)『松前箱館雑記11巻46—47』。
(56)『松前箱館雑記11巻94—96』。
(57)『松前箱館雑記11巻96—97』。
(58)『松前箱館雑記11巻101頁』。
(59)『松前箱館雑記12巻32—33』。
(60)『幕外22—288』。
(61)『松前箱館雑記12巻85—86』。
(62)『松前箱館雑記15巻37—38』。
(63)『箱館事務巻3—①30—37頁』。
(64)『箱館事務巻3—①37—38頁』。
(65)『箱館事務巻3—①38—42頁』。

(66)『箱館事務巻3—①47—48頁』。

(67)『箱館事務巻3—②10—12頁』。

(68)『箱館事務巻3—②No.8より』。

(69)安政六年の分割支配警衛の割り当てが運上金を基にしているということは麓氏が指摘している。前掲麓論文「幕末における蝦夷地政策と樺太問題—一八五九(安政六)年の分割分領政策を中心に—」。

第三部　一九世紀の政権交代と国家

旗本家における巡邏創設の歴史的意義

野本禎司

はじめに

本章では、文久三年（一八六三）九月一八日、幕府が、大番、両番（書院番、小姓組番）の三番方、および新番、小普請組に対して命じた巡邏体制の創設過程と職務遂行の実態について、新番を中心に明らかにする。その際、以下の点に留意して検討する。

巡邏とは、一般に見回って警備にあたることであり、幕末期のそれは、武家方が巡回・警備することで担った都市の治安維持体制の一つであった。江戸において巡邏という形式で市中取締が行われたのは、文久三年九月一八日に命じられた旗本家によるものが最初である。それ以前の江戸の市中取締は、大名家による江戸城諸門の勤番体制、番方旗本家による江戸城門番、町奉行を中心とした三廻りや火付盗賊改、木戸番・自身番を中心とした町の治安維持体制によって担われていた(1)。幕末期における江戸市中の治安維持機能については、文久二年（一八六二）九月二二日の参勤交代制度の緩和によって低下していたことが指摘されており(2)、こうした状況で進められた旗本家による巡邏を検討することは、江戸市中総体の治安維持機能を再検討することにつながると考える。
ところで、旗本家は、江戸時代に成立した近世固有の権力組織体である。また近世国家・社会において、統一統治システムのもと幕府への「役」を果たした最小規模の「近世領主」であるという特徴をもつ。ゆえに筆者は、近世国家・社会における旗本家の存在形態を明らかにすることは、近世史研究にとって重要な研究課題のひとつであると考えている。旗本家の場合において「近世領主」である条件は、ⓐ幕府官僚制のもとで「役」を果たすという政治的関係のもと、ⓑ仁政的支配を理念とした知行民統治（「合意」にもとづく支配）ができる存在となる。(3)

旗本家の「近世領主」としての存立は、その領主機構（家臣団）が小規模であることから、幕府（公儀）との関係、および知行所（中間層）との関係に大きく規定される。先述のように旗本家は幕府官僚制にもとづいた「役」を果たしているが、幕末期以降、その「役」は増大し、旗本家はその対応を迫られる。例えば、ペリー来航時において「海防役」を臨時的に課せられた際、旗本家は幕府からの経済支援と知行所との「合意」にもとづく家政改革によって遂行し、安政期には「近世領主」としての機能を果たした。(4)

その後、幕府財政は悪化し、(5)軍役令に基づいた旗本家と知行所との関係は文久二年一二月の旗本兵賦令によって大きく変化した。(6)文久軍制改革の中心は旗本兵賦も充てられた三兵（歩・騎・砲）の創出など幕府直属軍の改革であり、これによって西洋式の軍隊創出が図られるとともに、旗本家当主に士官化の道が開かれた。(7)しかし、士官化の道が開かれたとはいえ、士官の職に相当する数は限られており、それ以外の多くの旗本家当主は、「虚位坐食して全く無用」な存在になってしまったのであろうか。(8)

近世国家体制の矛盾が表出するなかで、巡邏とは、旗本家にとっていかなる「役」であったのか。旗本家にとって巡邏体制が創設されたことの歴史的意義についても考察したい。

使用史料の中心は、稲生家文書中の「巡邏一件諸向覚」である。(9)稲生家は、一五〇〇石、両番筋の家柄で、当該期の当主稲生正興は、元治元年（一八六四）六月二二日に新番頭（四番組）に就任した。稲生家は巡邏開始後に新番頭に就任したわけであるが、この「巡邏一件諸向覚」には文久三年から新番による巡邏が中止されるまでの諸関係文書が留められている（その細目については本章末、付表参照）。

一　巡邏の任命と幕閣の意図

つぎに掲げる史料は、三番頭、外国奉行、小普請組支配、新番頭に宛てた口達之覚である。軍事担当である番方や無役の小普請組だけでなく、外国奉行にも言い渡されたのは、通商条約締結以降、外国人殺傷事件が頻発し、外国御用出役など外国人や公使館を警衛する組織が外国奉行支配下に設置されていたためと考えられる[10]。年代は未詳であるが、文久三年（一八六三）九月頃と推測される。

〔史料1〕

三番頭
外国奉行
小普請組支配
新番頭　　　　　　江口上ニ而達之覚

覚

当時不容意御時勢者中迄茂無之、外ハ横浜鎖港応接有之、内者諸浪人共立廻り居候事故、此上いつ何時如何様之変事相起り候茂難斗、就而ハ御府内口々御警衛場夫々諸大名其外江被仰付置候儀ニ而、尤場所々江人数者不為差出候へ共、万一事変之節者直様出張いたし候筈ニ有之、勿論平日人数不為差出訳者、諸大名・寄合之向ハ、諸御門番其外勤番等常々被仰付、入費筋茂多く候事故、疲弊を被為厭候御趣意ニ而感載之事ニ候、御旗本之面々迚茂、諸物価騰貴之折節、何連茂同様疲弊者致居候得共、是迄諸御固其外至難之場所者、諸家江而已被仰付、御旗本之面々江者更ニ被仰付無之、尤平日夫々御番等相勤居候儀ニ付、当然之筋ニ者候得とも、当節ニ至候而は内外如何様之事変出来茂難斗折柄、諸家江而已被仰付置候而者、御旗本之面々柔弱卑怯之姿ニ相成上ニ茂深く御残念ニ被思召候ニ付、今般巡邏被仰付候条、一同右之御趣意を厚ク相弁ひ、組支配江精々説諭可致、巡邏之上其功験之有無、勤惰之次第ニ寄り、夫々御賞誉茂可有之、廻り方之儀者別紙之通不取締無之様可心得旨口上ニ而達之事[11]

これによれば、旗本家に対して巡邏を命じた幕閣の意図は次のようである。横浜鎖港[12]、浪人取締りという内外の問題から生じる非常事態への対応として、諸大名・寄合家に「御府内口々御警衛場」への出動を命じているが、常時出動しているわけではない[13]。平時において諸大名・寄合家は諸門番や勤番を勤めており、また出費も多く「疲弊」しているので、「感戴」にて江戸の諸警衛場への常時の出動を免じている。これまで「諸御固其外至難之場所」の警衛は、諸大名・寄合家にのみ命じ、旗本家に命じたことはなかった。平時において旗本家は「御番等」を勤めているから、免じられてきたのは「当然之筋」であるが、いつ「内外如何様之事変」が起きるかわからない状況であり、かつ諸大名・寄合家へのみ警衛を命じていては「御旗本之面々柔弱卑怯之姿」となり「上ニ茂深く御残念」であるから、旗本家に巡邏が命じられた。

では、旗本家に命じられた巡邏とは、具体的にどのようなことを行う「役」であったのか。つぎに掲げる史料は、文久三年（一八六三）九月一八日、老中水野忠精、井上正直が、三番頭、新番頭に宛てた書付である。

〔史料2〕

文久三亥年巡邏之儀被仰出、左之御書付御渡ニ相成、九月十八日、和泉守殿、河内守殿御渡　（傍線、括弧内は筆者注、以下同じ）

三番頭
新番頭　江

覚

（A）

方今武事御引立ニ付、厚御世話モ有之候得とも、藝術琢磨致候而已ニ而、隊伍節制之法等粗略ニ而ハ、武之本意相立候儀ニ者無之、且風雨寒暑ニ四躰を固め、宿陣之法ニ馴れ、合隊束伍之節制ラを常々鍛錬致し、戦国之士風に帰し候様憤発興起致シ、現今之形勢何地を不論何時何様之事変湧出候モ難斗折柄、御旗本ニ列り候面々機ニ応シ部下之鎮静を可相心得者勿論之事ニ候、依而者先般御番方市中廻り之儀者一旦御差止ニ相成候得共、此度改而御番方一統江御郭内外巡邏之儀被仰付候条得其意、組一同江者各より厚説諭及ひ振武之御趣意貫候様可被致候、尤別紙之通、相心得委細之儀者、海陸御備向掛大目付江可被談候事

（B）

別紙（「御府内御警衛巡邏并屯所之配置」省略、表1参照）

右之通巡邏之場所ヲ分ち、最寄々々壱ヶ所ツ、屯集ニ相定候間、申合持場昼夜之別時刻之定なく見廻可致事

（C）

一巡邏当番之儀者、惣人数申合、壱昼夜ツ、交代可致候、尤従者ニ至迄銘々腰兵糧用意之事

一大勢一列、又者召連候家来、分限ニ応し、不益之雑兵等多分ニ召連候儀者相止メ可申事

一着服者心得次第たるへく候得共、目立候武器、又者虚飾ヶ間敷衣服等者可為無用候事

表1　旗本家の番組別巡邏範囲一覧

担当番衆	屯所	持場
大番	渋谷長谷寺	青山百人町より赤坂御門前通、夫より四ツ谷御門外、内藤新宿ヲ境、西之方一円
	山王	赤坂御門より外桜田御門通ヲ境南之方、夫より虎之御門、幸橋、山下御門内、日比谷御門外通り、外桜田一円
書院番	麻布天真寺	青山百人町より青山峯之助屋敷前通迄、夫より麻布龍土、芝飯倉四ツ辻より赤羽橋、新橋南一円
	両国橋向回向院	江戸橋川筋通ヲ境、夫より常盤橋御門外通り、神田橋御門外より筋違橋御門通、柳原土手境一円
	深川霊巌寺	本所小名川境より深川砂村一円
小姓組	芝金地院	赤羽根橋より芝四ツ辻、麻布龍土通り青山峯之助屋敷通り、夫より右江赤坂御門外溜池際虎御門、幸橋、夫より新橋川筋通り金杉橋迄、芝一円
	西本願寺	幸橋、新橋川筋を境、夫より山下御門、数寄屋橋、鍛冶橋、呉服橋御門外より江戸橋通り川境下町、築地一円
	麹町誓願寺、心法寺	田安御門より牛込御門通りを境、夫より番町一円、赤坂御門内松平出羽守屋敷より、永田町通り井伊掃部頭屋敷南より、外桜田御門迄、麹町辺一円
新番	清水屋敷	筋違御門より神田橋御門通りを境、夫より一橋御門前通り田安御門より牛込御門通りを境、夫より小石川御門内より、筋違橋迄一円
小普請組支配	市ヶ谷月圭寺	四谷御門外、内藤新宿通境、夫より市谷御門外、牛込御門外通、江戸川境、西之方一円
	小石川伝通院寺中	江戸川境より、小石川御門外通、筋違御門外、本郷通、加州屋敷前より、吉祥寺前通り境、西北一円
	下谷広徳寺	筋違御門外、本道通、吉祥寺前通境、夫より柳原外通、外神田、下谷、浅草一円、大川境迄
	本所弥勒寺	本所、小名川境より、北本所一円
小十人組	長谷寺	赤坂御門通、四ツ谷御門外、内藤新宿を境、西之方一円

注　小普請組支配は『幕末御触書集成』第6巻、5515号（192、3頁）より作成。小十人組が命じられたのは、元治元年（1864）であるが、参考までに同5558号（213頁）より作成して併せて掲げた。

図１　旗本家の巡邏屯所と範囲図

（注）「1860年ごろの江戸」（吉田伸之『21世紀の「江戸」』（山川出版社、2004年）、「江戸城諸門」（針谷武志「軍都としての江戸とその終焉」『関東近世史研究』第42号、1998年）を参考に筆者が作成した。

一軍旅之制度相学ひ候事ニ候得者、屯集之面々弐人三人、又者五人ヲ以伍を分ち、拾五、六人、又者弐拾四、五人、五拾人程ツヽ編束して一隊とし、隊長を定め、同躰分身之心得を以、集散離合之法を学ひ、巡路之時者、隊伍不相押、星羅布列不目立儀を専一といたし、狼藉者・怪敷者等見掛次第時宜ニ寄合隊して取押可申候、尤事之次第ニ寄候而者切捨不苦候事
一巡路先ニおいて渾て柔弱ヶ間敷儀、又者非分之所業、卑怯之振舞御有之者、武門之恥辱、隊長者勿論、全隊之越度たるへき事
一頭支配之儀も持場ニ而不時ニ巡路いたし、屯集所をも見廻り、坐作、進退、束伍之法等教導致し、一躰ニ取締向厚世話可被致候事
右之趣厚相心得、組支配之者等心得違無之様可被致候事[14]

この書付は、巡邏（「御郭内外巡邏」）について、その趣旨（A）、各番の巡邏の持場（B）、その職務の心得（C）の三つの構成からなる。

まず、（A）巡邏の趣旨について。昨今、「武」が盛んであるが、武芸を磨くのみで「隊伍節制之法」など規律が疎かになっており「武之本意」が立たない。よって「戦国之士風」に立ち戻って、一旦取り止めていた番方の「市中廻り」を「御郭内外巡邏」として再開し、「振武之御趣意」を貫くよう指示されている[15]。当該期、幕府の軍制改革は、万延元年（一八六〇）二月の講武所の小川町移転と相まって重視された柔術や弓術など伝統的な武術に基づく武家社会秩序の再構築から、再び西洋式の陸海軍建設へと重点が移ってきており[16]、巡邏が前者の趣旨に近い立場で命じられた点は興味深い。

この点について、講武所剣術教授方、のち文久三年正月に講武所剣術師範並となった松平忠敏の建白書の内容を見

たい[17]。松平忠敏によれば、「近頃、講武所附属の向き追々仰せ付けられ、彼是多人数に相成り、芸術修業の儀はそれぞれ御世話もこれあり、一同出精仕り候えども、未だ練兵の御世話これなきにつき、編伍節制の規則相立ち申さず、所謂烏合の衆」であるため「進退、分合等の処、訓練」する必要があるという。「尤も先年より練兵の御世話これあり、講武所も御旗本御家人の向き、西洋和流調練も度々これあり候えども、人心に感発仕らず、気向きに居り合い申さざる様子」である。それは「西洋の戦争は悉く賈豎匹夫にして、日本の武士は軽重ともみな世録仕官の君子」であるためで、「火器、砲術」についてはない。よって「西洋が長じているが、「用兵の活機、戦争守拒の活法、詰開、分合、進退等においては西洋外夷の中々以て及ぶ所」ではない。よって「世録仕官の君子に似合い候分合規律国俗に相適い候ようの節制相立て操練これあり候よう仕り度く候、さ候わば速かに士気も引き立ち成功仕るべく候」と提案している。巡邏の趣旨との共通性が見うけられる。

そこで、（C）六条目からなる巡邏の具体的な職務の心得を確認しておきたい。①巡邏は一昼夜ずつの交代で勤め、従者に至るまで腰兵糧を用意すること。②従者は分限に応じ、「不益之雑兵等」を多分に召し連れないこと。③目立つような武具・衣服は無用のこと。④「軍旅之制度」を学ぶため、二、三〜五人で伍を分け、それを束ねて一隊をつくり、隊長を定めて「集散離合之法」を学ぶこと。巡邏の際には、隊列を組まず、分散して目立たないよう行動し、「狼藉者・怪敷者等」を発見次第、場合によっては合隊し、取り押さえること。また事の次第によっては切り捨てても構わない。⑤巡邏中における「柔弱ヶ間敷儀」「非分之所業」の禁止。⑥各番頭、小普請組支配も持場において巡邏し、屯所の見廻りの他、座作・進退・「束伍之法」を教導すること。

幕閣における巡邏の発案と松平忠敏の建白書との関係は未詳であるが、両者の関係性を意識して、幕閣が旗本家に巡邏を命じた意図を考えてみたい。当時、旗本家の社会的立場をめぐっては、文久二年一二月の旗本兵賦令、および番方の歩騎兵への編成など幕府の軍制改革が進められる中で、ごく一部が就任できる士官への道は武士身分に限定されているものの、旗本自身を単独の兵卒とさせられるか否かの問題は残されていた。他方、幕府は、史料1で見たように横浜鎖港問題や生麦事件の賠償問題によって臨戦態勢を求められていた現実に対応しなければならなかった。旗本家当主と数名の従者とが各番方単位でまとまり、「狼藉者・怪敷者等」の取締りという治安維持活動をおこなう巡邏という「役」は、この両面を解決できる有効な方法であったのではないか。すなわち西洋式軍隊の導入によって従来の存在意義が見失われつつあった旗本家に対して、武家社会にもとづく秩序を残しつつ、軍役体制解体にも対応した、より個人による「役」遂行体制を創出しようと意図したものと考えられる。

最後に（B）番方毎に定められた巡邏の範囲について確認しよう。巡邏の範囲は町奉行所管轄範囲内に収まるもので、各番方とも屯集するための屯所が置かれ、そこから巡邏を行った（**表1**、**図1**参照）。

三番方の持場であるが、大番は、屯所二か所で、永田町、外桜田（千代田区）、市ヶ谷（新宿区）、赤坂、青山（港区）辺の地域、書院番は、屯所三か所で、主に本所、深川地域（江東区）、神田（千代田区）と赤坂、麻布地域（港区）、小姓組は、屯所三か所で、芝、築地地域（港区）と麹町、番町辺（千代田区）の地域が割り当てられた。新番は、屯所一か所で、飯田町、駿河台辺（千代田区）の持場を割り当てられている。なお同年に命じられた小普請組の持場は、「巡邏一件諸勤向覚」には書き留められていないが、**表1**、**図1**によれば、屯所四か所で、外郭の北、西の外延地域の担当を命じられている。

各番の担当地域の割り当てを見ると、外国公使館が置かれた現港区の地域に、大番、書院番、小姓組番の三番方を重ねるように配置しており、幕府が同地域の治安維持対策を特に重視して巡邏を実施しようとした点がうかがえる。

二　旗本家の巡邏忌避運動―新番を中心に―

本節では、文久三年九月一八日、清水屋敷を屯所として飯田町、駿河台辺の巡邏を命じられた新番がどのような対応を示したのかを中心に検討する。旗本家による巡邏が実際に開始されたのは、半年以上を経た翌元治元年（一八六四）四月二〇日である。幕閣側の旗本家への巡邏任命の意図は前節で見たが、旗本家側は、従来と異なる「役」をどのように受け入れたのか見ていくことにしたい。

ところで、本節で中心に検討する新番は、寛永二〇年（一六四三）八月に創置され、「両番の補充的役割」を果たしたといわれる[18]。その具体的な職務内容を見ると、詰所は江戸城奥に近い部屋（はじめ土圭の間、のち桐間、新番所）であり、将軍が城内や吹上等へ出行する際の供奉、紅葉山御霊屋参詣時の前駆など、もとは奥向中心の職務内容であったが、承応三年（一六五四）に新番にも吹貫の番指物が定められ、次第に他の番方同様の体裁を整えた[19]。

1　新番の巡邏忌避運動①—新番という格式—

つぎに長文となるが、巡邏を命じられた五日後の文久三年九月二三日、本丸六組・西丸二組の新番頭八名連名で若年寄稲葉正巳[20]に上申した書付を掲げる。

〔史料3〕

文久三亥年九月廿三日、左之書面兵部少輔殿江進達、同月廿七日御書取御添御下ヶ承附之上返上

方今武事御引立之趣被仰渡候ニ付、同役一統御書取申上候処、去ル廿七日申立之趣無謂儀ニ者無之候得共、非格振武之儀故、廻方之儀趣意貫候様厚心得可申旨奉承知候、以上

十月朔日　新番頭一同

新御番方廻り之儀ニ付見込申上候書付　新番頭

去ル十八日、和泉守殿・河内守殿御直達御書付之趣、同役共一統申合、評議之上可申上旨被仰渡候ニ付、篤申談候処、是迄新御番方之儀者、廻候儀先前より無御座儀ニ者候得共、当御時節ニ相成候之上者委細奉畏候得共、一体新御番者何事茂都而奥向江附進退仕候勤故、此度者御趣意も承知仕、廻り等も為仕候心得ニ者奉存居候得共、是迄諸術等之御引立之折柄、一統居合方モ宜敷相励出精仕候処江、是迄一切心得不申儀被仰渡、御番衆一統不相当之様ニ相心得、居り合方不宜儀ニも相成候節者、甚以心配も仕候間、御時節柄之儀ニ付、前文之通り奉畏候得共、大御番与同様ニ御書取ニ而被仰渡候而者、甚以不都合之次第も可有之哉与、一統心配仕候之間、此辺之処厚御評議御座候而、御沙汰御座候様仕度候、新御番方者、日々当番之節も奥向非常御用与申者役当も有之候儀ニ而、都而御内曲輪奥向、御小性・御小納戸之御人少ニ相成、非常之節者、御側向之御用向相心得候身躰ニ而、一切外御場所江者出不申勤向ニ御座候間、平日御成之節も御先勤斗相心得、御内陣之御固メ之心得御座候間、可相成者廻方之儀者暫時御見合被成下、此御場合ニ至り無拠御義ニ候得者、清水屋敷江一組宛加番与被仰渡勤番為仕、非常之節者御沙汰次第直様加番之者操入、御殿向、又ハ吹上御庭内成共、御警衛被仰渡御座候様ニ仕度、平日者雨露寒暑身固之為、竹橋御門内より半蔵口御門内迄之所、昼夜為見廻、頭・与頭共ニも時々為取締見廻り、植溜原明キ居候節者、劔鎗炮之心掛為仕、亦者兼而奉願置候百目筒御貸渡ニ相成、右ヲ壱挺成、弐挺成、御番衆江業前常々手馴候様申渡置、事変生シ非常之節者、奥向之御先手之御備ニ相成候様仕度、一統見込ニ御座候

一先前者新御番方者、桐之間御番与相唱、奥向江近キ御場所ニ御座候而、新御番ニ而奥詰被仰付、御小納戸頭殿部屋

上席江相詰、御用向茂伺候義御座候、御番衆も桐之間江相詰□ゟ御小納戸詰所次席江相詰、御用向被仰付候哉ニ粗承知仕居候事ニ付、只今ニ至り追々表江附候様ニ相成候而者、勤向之本意ヲ失ヒ不相当之儀ニも罷成、居り合方之儀モ如何与深心配仕候間、御評議御座候而、猶又御差図御座候上、進退可仕候

亥九月

新庄美作守（三番組）
松下大学（四番組）
岡部日向守（六番組）
村上肥後守（一番組）
山名壱岐守（二番組）
福村淡路守（五番組）
堀宮内（西丸二番組）
大久保権右衛門（西丸一番組）(21)

これによれば、巡邏を命じられた新番頭一同が評議をした結果、幕閣が提示した巡邏の内容に対する代案を次のように提案したことがわかる。

すなわち、傍線部のように、これまで新番は、市中廻りの職務は行ったことがなく、新番の職務とは「何事茂都而奥向江附進退仕候勤」である。「奥向非常御用」という役もあり、小性や小納戸が不足の折には「御側向之御用」も心得ている。奥向の職務以外では、平日の将軍出行時の先番などは心得ているとはいえ、できれば今回の「廻方之儀」は暫く見合わせて欲しい。見合わせることができないようなら、清水屋敷に一組を加番として勤番させ、非常時に命があり次第出動させるようにしたい。警衛や見廻も、郭外ではなく、竹橋門から半蔵門までの郭内とし、清水屋

敷前の植溜原が明いていれば、そこで砲術の訓練などもしたい。つまり、非常時における「奥向之御先手之御備」となりたい。

新番頭の代案とは、これまでの新番としての格式や由緒に基づき「勤向之本意」を失うことがないよう、①新番の巡邏開始の見合わせ、②見合わせが難しいなら、巡邏の担当範囲を郭内とし「奥向之御先手之御備」として勤めたいとまとめることができる。

また最後の傍線部にあるように「居り合方之儀」について懸念していることもわかる。これは、具体的には最初の傍線部につづく「是迄一切心得不申儀被仰渡、御番衆一統不相当之様ニ相心得、居り合方不宜儀」と、幕府官僚制にもとづく武家社会の秩序の崩壊を懸念していると考えられる。

この新番頭一同連名の上申書に対して、同年九月二七日、幕閣は「中立之趣無謂儀ニ者無之候得共、今般之儀者非格振武之御趣意ニ付、何連ニモ最前相達候通相心得、御趣意貫キ候様可取斗候事」と回答した[22]。すなわち、幕閣側も幕府官僚制の中での新番の格式に基づいて論理づけられた新番頭の主張を認めつつも、それを「非格振武之御趣意」によって否定したのである。

2　新番の巡邏忌避運動②―勤務条件―

文久三年一〇月一日、新番頭一同は、史料3の冒頭部分にあるように「非格振武之儀」により巡邏を実施することを承知した。翌二日、新番頭一同は、巡邏を勤めるにあたっての具体的な問題点を「廻方之儀奉窺候書付」として若年寄稲葉正巳に上申した[23]。その内容は、次の七か条にわたる。

①屯所である清水屋敷に一組二〇人が揃い、「軍旅之制度」を学び、「束伍之法」を教導して昼夜持場を巡邏するが、巡邏の当番にあたる組の出勤者が病気等で二〇人に満たない場合、他組から「介取」してよいか、あるいは

次三男を加えてもよいか。

②巡邏の職務は一昼夜交代であるので、「燈火・呑湯・炭・油」を支給して欲しい。

③従者等は、番頭、組頭、番衆とも「銘々心得次第」召し連れてよいか。

④屯所には、馬建が欲しい。

⑤巡邏によって、増上寺、寛永寺、紅葉山御霊屋参詣時の職務に差し支えがある場合どうすればよいか。

⑥学問所と講武所への参加日を減らして欲しい。具体的には、学問所は一と七の日に出所と定められ、都合六度出向いていたが、一の日は減らして欲しい。講武所については、剣術は二、二〇、二二日の三度、槍術は三、九、一五日の三度、角打は八、二八日の二度、調練は六、一六、二四日の三度、都合一一度出向いていたが、剣術、槍術は三度のうちの二度分を減らし、角打ちは一度分を減らして欲しい。調練については、六と一六日の二度を減らし、減少分は他の場所にて新番一統で調練したい。

⑦廻方が手透きで、清水屋敷前の植溜原での御用がなく明いているようであれば、「調練并剱鎗」の稽古をしたい。植溜原では差し支えがあるようなら、清水屋敷の明地で稽古をしたい。

〔史料4〕

十一月朔日、稲葉兵部少輔殿、奥御右筆北角十郎兵衛ヲ以、一昨廿九日、本御番福村淡路守江被成御渡候御覚書写

新番頭江

覚

清水屋敷屯所廻り場所被成御免候間、大手御門前通、一橋御門を境、神田橋、呉服橋、数寄屋橋御門通、大名小路、日比谷御門、八代洲河岸通、桜田御門、馬場先御門内通、西丸下一円相廻り可申、屯所之儀者伝　奏屋敷内ニ而可相渡候、初ヶ条次三男差加候儀者難被及御沙汰、弐ヶ条燈火呑湯炭油相渡候儀者追而可相達候、五ヶ条惣　御霊屋　御参詣ニ而御差支相成候節者相廻候ニ不及候、七ヶ条植溜原ニおゐて稽古之儀者難被及御沙汰、其外之義者都而伺之通可被心得候、尤屯所之儀者御勘定奉行江可被談候事(24)

右の史料は、先に七か条にわたる内容をまとめた新番頭一同連名で提出した「廻方之儀奉窺候書付」に対して、文久三年一〇月二九日、若年寄稲葉正巳に申し渡された内容を、本御番であった五番組の新番頭福村正広が、奥右筆北角を通して受け取った覚書である。

まず注目されるのは、傍線部にあるように新番の巡邏の持場について、屯所が清水屋敷から伝奏屋敷内に変更され、範囲が大手前、西丸下、大名小路と郭内になったことである（**図1**参照）。新番頭一同が主張した吹上とはならなかったが、先に見た忌避運動の成果と考えてよいであろう。幕閣側も幕府官僚制に基づく秩序によって展開した新番頭の主張との妥協を図ったと考えられる。

さて七か条に対する返答は、史料4によれば次のようである。①次三男を加えることはできない。②「燈火・呑湯・炭・油」の支給については改めて指示する。⑤御霊屋参詣に支障がある際は、巡邏をする必要はない。幕府は御霊屋参詣という新番の格式を象徴する「役」を巡邏より優先させたことがわかる。これは勿論、将軍との関わりが深い「奥向御用」を特徴とする新番の職務ゆえであることによるであろう。⑦植溜原での稽古は認められない。その他、③従者、④馬建、⑥講武所、学問所の日割りについては許可された(25)。

最後に回答が保留となった「燈火・呑湯・炭・油」の支給について、一か月後の一二月一四日、老中井上正直が、奥右筆北角を通じて伝えた覚書で確認しておこう。

〔史料5〕

十二月十四日、井上河内守殿、奥御右筆北角十郎兵衛ヲ以被成御渡候御覚書写

三番頭
外国奉行
新番頭

覚

此度巡邏被仰出候ニ付、両御番江一日壱人江拾弐人扶持、新御番へ同拾壱人扶持、大御番江同拾人扶持ツヽ、何れも並高并御足高之者而已見廻日数ヲ以被下、別手組江者御扶持方者不被下、屯所炭油蝋燭等之類者、可成丈御入用少々厚勘弁、買上方取斗、月々内訳書ヲ以申聞御入用御下ヶ之積り可被心得候事(26)

これによると、屯所で使用する炭・油・蝋燭等の費用は、月締めの内訳書を以て支給されることとなった。また、巡邏遂行にあたって一人に対して一日単位に扶持が支給されたことがわかる。両番には一二人扶持、新番には一一人扶持、大番には一〇人扶持が、巡邏を行った日数分支払われた。ただし外国奉行支配下の別手組に扶持支給はなかった。

本来、幕府官僚制に基づいて旗本家が果たす「役」の反対給付は石高によって示される家禄であり、新たに命じられた巡邏という「役」に対して扶持が別途支給されたことは、前項で見たように巡邏が「非格振武之御趣意」による

「役」であり、幕府官僚制にもとづくものではないことを示していよう。

3　新番の巡邏忌避運動③―開始日―

前項までの検討によって巡邏の職務遂行に際して幕閣と新番とで詰めるべき問題点は解決されたわけであるが、年を明けても新番による巡邏は実施されなかった。

つぎに掲げる史料は、元治元年（一八六四）四月十一日、本御番であった三番組の新番頭新庄直敬が若年寄松平乗譲から巡邏を早々に始めるよう命じられたことに対する、新番頭一同の返答書である。

〔史料6〕

元治元子年四月十一日、新庄美作守本御番之節、松平縫殿頭殿御逢ニ而巡邏早々相始候様被仰渡、翌十二日一統寄合相談致候処、両御番、大御番トモ未相始不申、新御番斗相始候義如何可有之哉ニ付、其段同十二日寄合之上書面ニ致可申上相談相極り、左之書面縫殿頭殿江美作守・壱岐守・淡路守・久左衛門御逢相願差上候処、御請取被成候

巡邏之義申上候書付　新番頭

巡邏早速相始候様被仰渡奉畏候、然ル処新御番方之儀者奥向江付候勤方ニモ有之、何分新御番ゟ相始候得者、組中居合方行届兼、殊ニ組人数少ニも有之、御警衛ニも難相成候間、何卒両御番・大御番同日ニ相始候様仕度奉存候、此段申上候、以上

四月十三日　新庄美作守

（他新番頭七名略）(27)

史料6によると、新番頭は一同寄合を開き、いまだ両番や大番が巡邏を開始していないのに新番だけが巡邏を開始するのはいかがなものかとの結論に至った。そこで、新番は「奥向江付候勤方」であり、新番から巡邏を開始するのは「居合方」がよくない、しかも組人数の少ない新番から始めても警衛にならないので、両番や大番と同日に巡邏を開始したいという内容の書付を新番頭一同連名で認め、三番組新庄直敬、二番組山名、五番組福村正広、一番組須田盛教が若年寄松平乗謨に直接願い手渡した。これによって、いかなる理由かわかないが、両番や大番も巡邏開始が難航していたことがわかる。

この歎願に対する幕閣の回答は分からないが、新番頭は、元治元年四月一八日には、伝奏屋敷内に設置する屯所および馬建の受け渡しを四月二〇日に行うことを勘定奉行との間で取り決め(28)、翌一九日には、「新御番方明廿日ゟ巡邏相始候ニ付、頭并与頭御番方右家来共迄、内曲輪御門ニ夜中通行可致間、差支無様御門々江御断置被下候様致度」と、四月二〇日から巡邏を開始し、夜中、番頭、組頭、番衆、その家来が内郭門を通行することを海陸備掛目付に伝えている(29)。そして、同朋頭貞阿弥を通して若年寄松平乗謨へ、

〔史料7〕

同日、松平縫殿頭殿江以貞阿弥致進達候扣

巡邏之義御届　　　新番頭

兼而被仰渡御座候巡邏、今廿日ゟ相始申候、依之此段御届申上候、以上
四月廿日
新番頭(30)

と、四月二〇日より巡邏を開始したことを伝えた。

三　新番の巡邏遂行の実態

文久三年九月一八日に三番方、新番、小普請組に命じられた巡邏という「役」は、前節で新番の巡邏忌避運動を中心に見たように元治元年四月二〇日にようやく開始となった。本節では、引き続き新番の事例によって、旗本家の巡邏という「役」遂行体制の確立を明らかにしたい。まず巡邏の具体的な規則を確認する。

〔史料8〕

巡邏規則

一屯所五半時揃、四ッ時交代之事
一交代済、早昼支度済次第持場内見廻、屯所江相集、別条有無頭江申聞、休息九半時程、八半時頃より見廻り、九七半時頃屯所江集り、休息弁当、夜六半時頃出、四半時頃集、暁六時頃出、五時頃集交代
一巡邏之節若病気差合等ニ而不勤候ハヽ、其段裏白ヲ以断可被申聞候事
但、頼合不勤之儀ハ一切不相成候事、尤病気引之者病体為見届相番中其者宅江罷越容躰可被申聞候事
一万一加番桁之節引込多分ニ罷越候ハヽ、不足人数二ノ非番より助立取可申事
一加番桁五ッ以上引込候者ハ病躰為見届次第ニ寄候ハヽ、御番御免積為差出可申事

一非常之節合印兼而定置候通巡邏之節者昼夜共相用可申事

一頭・組頭御番方迄銘々得道具勝手次第屯所迄持出可申事

但、巡邏之節不目立得道具之分持参不苦候事

一夜中為目印組々申合提灯合印取極置可申事

一火之元用心之儀者勿論之事ニ候得共、末々之者たりとも屯所ニおゐて焼火等者一切不相成候間、銘々厚申付置へく事(31)

右の史料に年代は記されていないが、次に掲げる史料9に「去亥年九月中被仰渡候御書付之趣并十一月同役共ゟ相達候規則書」があることが記されており、「去亥年九月中被仰渡候御書付」とは先に掲げた史料2と考えられ、「十一月同役共ヨリ相達候規則書」とは右の史料8と考えられる。すなわち、史料8は文久三年一一月に作成された「巡邏規則」といえる。

これによれば、巡邏を行う際の細かい規則を九か条にわたって定めている。まず一、二条によれば、一昼夜交代で行われる巡邏は、屯所に五半時（九時）に集合し、四時に交代、次のような日程で行われた。

四時（一〇時）　交代・早昼

屯所出

巡邏①

（八時頃〈一四時〉）　屯所戻・休息

八半時頃（一五時）　屯所出

巡邏②

七半時頃（一七時）　屯所戻・休息・弁当
夜六半時頃（一九時）　屯所出
巡邏③
四半時頃（二三時）　屯所戻
暁六時頃（六時）　屯所出
巡邏④
五時頃（八時）　屯所戻

一日に巡邏は四度行われ、一回の巡邏は持場を約二時間で見廻り、深夜を除いて実施されていた。『嘉永明治年間録』には「巡邏盛んに成り、江戸四里の間、晝夜巡行せざる所なし」とあるが、(32)図1、表1の範囲において巡邏がこの日程で行われていれば確かにその通りであったであろう。

三、四、五条は、巡邏の実施人数や病欠等の際の取り決めであるが、これについては次の史料9とともに見ることにする。六、八条には、非常時や夜中における目印として組々申し合わせて「合印」を取り決め、提灯等に用い巡邏の際に使用するよう定めている。七条目では、巡邏時には目立たないもののみ携帯であるが、屯所までは銘々勝手次第「得道具」を持参してよいこと、九条目では屯所における火の用心を確認している。

さらに新番では、巡邏を開始してから二日後の元治元年四月二二日に一三か条にわたる内規を定めている。

〔史料9〕

四月廿二日、一統寄合之節相談取極、左之箇條書組々與頭江相達ス

一巡邏人数弐拾人与相定置、全当病ニ候ハ丶、弐人迄者組内申合相勤、三人減し相成候節者、一ノ非番桁ヨリ介相

立、都合拾八人者必欠不申様可致事
一病気引之者、裏白断状ヲ以可被申聞、加番桁五ッ以上引之者江者病躰見届差遣、時宜次第御番　御免頼為差出可申事
一巡邏壱度ニ拾五人宛、其内四、五、六人位ニ人数定メ不申相廻り、事変出来候ハヽ、合図ヲ以相集可申事
一火急之事変相起り候節者、兼而被仰渡候御書付面之通、取締之者御用番之御支配方御宅江相越、逐一言上可被致候、其外之者申合御門々御締等申達、最寄之頭江茂及注進可申事
一非常之節巡邏当番之者寄場江相集り候ニ不及、屯所ニ罷在、猶念入巡邏可致事
一巡邏出勤判形帳仕立可申事
一屯所ニおゐて都而惰弱ヶ間敷義不及申、雑談高声無用之事、且腰兵粮之外驕ヶ間敷義一切不相成候
一御番衆召連候家来共、私ニ市中江出、飲食等堅無用事
一巡邏之節、辻番所江手札差置候ニ不及候
一忌中・産穢・血荒届申聞次第　御免申渡、巡邏方江出勤可致事
　但、父母之忌者二十五日相立同断
一類焼休御定日数之通相過出勤
一水休出水多少ニ寄同断
　但、見分之者差遣候事
一御番衆従者壱人ツヽ、召連候義、勝手次第可被致候
右箇條書之趣不洩様可申合、其他去亥年九月中被仰渡候御書付之趣并十一月中同役共ゟ相達候規則書之通心得可申事

子（元治元年）四月[33]

一、二条目は、巡邏の実施人数や病欠等に関する条目であるので、先述したように史料8の三～五条とあわせて見ていきたい。巡邏人数は二〇人を基本とし、一八人を欠いてはならない。病欠が二人までの際には組内で対応し、三人のときは非番（一桁）から「介」をとると定めている。「巡邏規則」では不足人数は、非番（二桁）から「介」をとることになっており、新番の実態に合わせて取り決め直している点は注目される。病欠は「裏白断状」をもって行われ、五度以上病欠する者は場合によって罷免される場合もあった。その他、忌中・産穢・血荒は届出次第で巡邏を実施し、父母の忌明は二五日とされた（一〇条）。また「類焼休」「水休」の規定もあった（一一、一二条）。

巡邏は、趣旨通り五人前後で伍を分け、何か事変があれば合隊することとし、一度の人数は一五人で行った（三条）。巡邏中、辻番所に手札を差し出す必要はないこと（九条）、巡邏への出勤状況は「巡邏出勤判形帳」によって管理し（六条）、巡邏中の従者は一人召し連れることを認めた（一三条）。また、屯所における「惰弱ヶ間敷儀」「雑談高声」「驕ヶ間敷義」の禁止（七条）、家来たちの私的な外出による飲食の禁止を取り決めている（八条）。なお非常事態が起きた際には、巡邏の当番の組は巡邏を入念に続け（五条）、巡邏当番外の組は「取締之者」[34]が「御用番之御支配」や最寄りの番頭へ事態を進言した（四条）。

以上から、巡邏人数についてまとめると、屯所には二〇人が集まり、一日四度一五人が持場を見廻ることが規則であった。従者を一名召し連れることが許されていたので、屯所には四〇人が集まり、三〇人が見廻りを行ったことになる。すなわち「新御番方一組弐拾人之内拾五人ヲ隊伍組合ヲ立、従者小者等召連、凡一町程宛間合ヲ隔、不目立得道具為持巡邏仕、事変出来候得者、合図ヲ以一伍ト成、鎮静方可仕心得ニ兼而申合為仕置申候、持場一巡り主従惣人数三拾人参、提灯数三十張位」と、主従三〇人が提灯を携帯して、各伍の間隔は一町程（約一〇〇メートル）で行われた[35]。

番頭は、屯所の見廻りや「坐作、進退、束伍之法等教導」するよう指示されていた（史料2）。四番組の新番頭稲生正興の巡邏の当番日の行動は、例えば元治元年八月一日を例にすると「五半時（九時）過羽織巡邏屯所見廻り、四半時（一一時）帰宅」「六時（一八時）過巡邏見廻り罷越、四時（二二時）帰宅」とあり、巡邏交代時と、三度目の巡邏時と二回の屯所見廻りを行っていた[36]。他の当番日も「日記」を見ると、八月一日とほぼ同様の時間帯に二回の屯所見廻りを実施しており、当番日には少なくとも一回は屯所見廻りを行っている[37]。

つぎに**表2**から新番各組において巡邏に実際に出勤した人数を検討したい。**表2**によると、本丸三～六番、西丸一、二番組では、一八人を欠かないという新番の内規（史料一〇）で決めた巡邏人数以下の出勤者となっていることが大半である。とくに稲生家が新番頭を務めた四番組は一〇、一一人となっており、新番組中でも最も出勤数が少ない。当該期の四番組番士の欠勤理由をみると、諏訪部龍蔵が御軍艦操練教授方取締出役、久留勘右衛門が別手組出役、久松武之助が沿革調手伝出役と三名が出役しており、病欠に林新助が確認できる[38]。四番組組頭一名、番士二四名の年齢や家筋、武術免許などについて後掲**表3**にまとめた。これによれば、弓術・柔術について書き上げている番士は少なく、砲術なかでも西洋流が一〇名確認できることが注目される。万延元年（一八六〇）講武所移転時における方針は、一般の番士には浸透していなかったと考えてよいだろう。さて四番組番士は、六〇歳以上三名、五〇歳以上一一名と高齢である。この点について、「日記」の元治元年七月七日の記事に「昨日書付之通組々巡邏六拾歳以上相除、跡人数ニ而巡邏仕可申哉、御内慮、出雲守殿江本御番大久保権右衛門御達ニ而相伺候処、御容捨被成下義ニ付、六拾歳以上四、五人之組者当勤拾三人ヨリ相減候ハヽ、介取可申、小屋残之義者壱人ツヽ相残候様申合」とある[39]。これによれば六〇歳以上の者は巡邏を免除され、その結果、六〇歳以上が四、五人いる組は、一五人ではなく一三人で巡邏を実施することが認められたことがわかる。つまり、出役や六〇歳以上の者を除くと、四番組にとって巡邏に参加できる人数は、そもそも一八人であり、結果、巡邏の出勤者数が少なかったのである。

以上のように新番の巡邏は、年齢や出役者など番士の実態にそって規則を柔軟に変更しながらも実施され続けた。

しかし、

7/4	7/12	7/20	7/28	8/6	8/14 ＊4	8/22	8/晦	9/8 18
7/5	7/13	7/21	7/29	8/7	8/15	8/23	9/1 19	9/9 18
7/6 ＊2	7/14	7/22	7/晦	8/8	8/16	8/24	9/2 19	9/10 19
7/7	7/15	7/23	8/1	8/9 ＊3	8/17 ＊5	8/25	9/3 11	9/11 11
7/8	7/16	7/24	8/2	8/10	8/18	8/26	9/4 14	9/12 14
7/9	7/17	7/25	8/3	8/11	8/19	8/27	9/5 13	9/13 13
7/10	7/18	7/26	8/4	8/12	8/20	8/28	9/6 18	9/14 17＊6
7/11	7/19	7/27	8/5	8/13	8/21	8/29	9/7 13	9/15 18

（稲生家文書25）によって稲生組が巡邏を実施したことが確認できた

中につき、＊4は忌中につき本御番介6番組勝田左京、＊5は忌中に

〔史料10〕

新番頭衆　　海陸御備向掛目付

山口信濃守殿
石野民部殿　　新番頭

拙者共
御進発御供之同役共日々足並稽古致候ニ付、右相済候迄、巡邏相休候ニ付、伝奏屋敷屯所明朝御引渡申候ニ付、御支配向五時御差出有之候様致度、依之此段及御懸合候、以上

九月十五日　　新番頭

答下ヶ札　書面明朝者差支候間、同日九時支配向差出可申候

史料10によれば、長州戦争に出陣する同役中が「足並稽古」の軍事調練をするため、これが終わるまで巡邏が休止されることとなった。

表2　元治元年（1864）における新番による巡邏の当番及び出勤人数

1番組須田	4/20 19	4/28 18	5/7 18	5/15 18	5/23 19	6/1 19	6/9 18	6/17 18	6/25 18
2番組山名	4/21 17	4/29 18	5/8 18	5/16 18	5/24 18	6/2 18	6/10 17	6/18 17	6/26 18
3番組新庄	4/22 17	5/1 17	5/9 16	5/17 17	5/25 17	6/3 17	6/11 18	6/19 17	6/27 17
4番組松下→室賀→稲生	4/23 11	5/2 11	5/10 11	5/18 10	5/26 10	6/4 10	6/12 10	6/20 11	6/28 11
5番組福村	4/24 14	5/3 14	5/11 14	5/19 14	5/27 14	6/5 14	6/13 14	6/21 14	6/晦 14
6番組岡部→勝田	4/25 13	5/4 13	5/12 13	5/20 13	5/28 13	6/6 13	6/14 13	6/22 13	7/1 ＊1
①番組大久保→岡部	4/26 15	5/5 15	5/13 15	5/21 15	5/29 15	6/7 15	6/15 15	6/23 15	7/2
②番組新見	4/27 15	5/6 15	5/14 14	5/22 14	5/晦 14	6/8 14	6/16 14	6/24 14	7/3

注「巡邏一件」（稲生家文書290）より作成。番組の丸数字は、西ノ丸付を示す。太枠は「日記」ことを示す。
＊1は6番組岡部日向守煩につき巡邏介、＊2は6番組岡部日向守煩につき介本御番、＊3は忌つき巡邏介6番組勝田左京、＊6は明キ組介巡邏。

そのため伝奏屋敷内の屯所である明朝五時（八時）に引き渡したいので、その立会を海陸備向掛目付に上申したところ、九時（一二時）に引き渡しとなったことがわかる。これによって番方旗本家による巡邏は一旦休止となった。

おわりに

以上、文久三年九月一八日に命じられた旗本家の巡邏について、巡邏任命をめぐる幕閣の意図とそれに対する旗本家の忌避運動を検討し、巡邏という「役」遂行の実態を明らかにしてきた。その結果を、次のようにまとめたい。

①番方旗本家による江戸城郭内外の巡邏は、参勤交代制緩和によって江戸の治安維持機能が低下していた状態に、横浜鎖港から生じる攘夷問題への対処、浪人横行にともなう江戸市中取締を目的として命じられた。また、海防役などを賦課してきた大名家に対する緩衝材としても旗本家に命じることが重要であり、幕府が全国統治体制のバランスを考慮した施策であったといえる。

②さらに番方旗本家への巡邏任命の趣旨は、「隊伍節制之法」など規律が疎かになっていた武家社会の秩序を再構築することにあり、

「振武之御趣意」を貫くことにあった。しかし、これまで幕府官僚制に基づく「役」を果たしてきた旗本家はそれと異なる論理で命じられた巡邏という「役」に対して忌避運動を展開した。新番の場合には、これまで大番、両番などと違い市中廻りの職務はなく、奥向に深く関係するものが幕府官僚制に基づく新番の格式であることを論理に忌避運動を展開した。この点については、幕閣側も否定することはできず、持場を郭外から郭内にするなど新番の主張点の一部を受け入れた。巡邏をめぐる幕閣と新番との最終的な合意点は「非格振武之御趣意」という格式を越えた「振武之趣意」にあった。

③巡邏という「役」には扶持が与えられ、従者は基本的に一人まで連れて、その「役」を遂行した。つまり、従来の軍役体制とは異なり、より個人で勤める職務として遂行されたのである。

	槍術		砲術		弓術/柔術
免許	宝蔵院流		荻野流 西洋流	大隊	
目録	新富流		西洋流	大隊	
免許	大嶋富流	惣目録	西洋流	大隊	
目録	宝蔵院流		西洋流	大隊	
目録	大嶋流		西洋流	火入	
五箇之太刀伝授	神富流	目録	西洋流	大隊	
免許		大嶋流	免許	田付流	目録
				西洋流	大隊
目録	本心鏡知流一中派	目録	西洋流	大隊	
免許	楠流	目録	荻野流 西洋流	抱免許 大隊入	
霊剱	鎌宝蔵院流				
免許	樫原流	免許	高嶋流	目録	
免許 免許	鎌宝蔵院流	折端伝			
	神道流	目録	荻野流 西洋流	大隊入	
目録	円伝流	目録	高嶋流	目録	
皆伝	渋川流		荻野流	目録	
皆伝	鎌宝蔵院流		高嶋流		日置流寿徳派／起倒流

御番組頭御番衆姓名書」（稲生家文書102)、諸芸術は年
番衆姓名書」にのみ名前が確認できたもの。

巡邏の遂行は、基本的には巡邏規則と新番内で取り決めた内規によって実施されたが、組内の番士の年齢や他の役職への出役者による減員などのため、巡邏実施人数の規則を変更するなどして実施され続けた。

旗本家による巡邏は長州戦争への出陣に向けての軍事調練にともなって中止されたが、江戸市中取締体制において巡邏体制が否定されたわけではなかった[40]（**表4**参照）。慶応二年八月以降、五番方は漸次解体され、両番は奥詰銃隊に、大

表３　新番４番組番士一覧

No.	姓名	年齢	元高	足高など	家筋	祖父／父	馬術		剣術
☆	森川兵庫助	56	300俵	300俵足高	小十人	新番／新番			
1	酒井幸十郎	68	200俵	50俵足高	小十人	小十人／小十人	高麗八條流		吉富流（居合）
2	川勝内記	56	400俵		大番	御膳奉行／大番			
3	小野惣次郎	54	400俵		大番	西丸新番組頭／大番	信直流	免許	心形刀流
4	奥津八次郎	41	214俵	36俵	大番	大番／大番	神富無双流	百首巻	片山八刀流
5	小里助右衛門	55	100俵10人扶持	100俵足高	小十人	鷹匠／小普請	大坪流	鞭免	一刀流
6	尾崎鍬三郎	55	150俵	100俵足高	家筋不知	小普請／小普請	高麗八條流		新蔭流
7	木原沙五郎	40	300石		大番	小普請／小普請	高麗流八條家	目録	鹿嶋神道流
8	林新助	67	311石３斗３升７合３夕	内35石蔵米	小十人	小普請／代官			
9	諏訪部龍造	56	200石	50俵足高	小十人	小普請／小普請			
11	林田忠蔵	46	70俵５人扶持	155俵足高	家筋不分	大番／焼火間番組頭	大坪本流		心形刀流
12	久留勘右衛門	36	300俵10人扶持		小十人	小十人／新番			
13	戸田武次郎	37	300俵		家筋不分	清水側用人番頭／清水附用人	心富無双流	三巻目録	□置流
14	大岡勝之助	43	430石	内100俵蔵米	大番	西丸小納戸／小普請	信直流	目録	直心影流
15	瀧又左衛門	64	134俵	116俵足高	家筋不分	勘定／小普請世話取扱			
16	河嶋助太郎	51	30俵２人扶持	210俵足高	家筋不分	勘定吟味方改役／勘定吟味方改役並	大坪流		直心影流
17	倉橋太郎治	46	70俵５人扶持	155俵足高	家筋不分	表火之番／新番	大坪流	皆伝	一刀流
18	杉浦忠左衛門	58	800俵		大番	小普請世話取扱／小普請	大坪流	免許	神武尺蠖劔田宮流居合
19	門奈勝次郎	44	400石	内200俵蔵米	大番	小普請／大番			
20	嶋本次郎	52	200俵３人扶持	35俵足高	大番	小普請／小普請	大坪本流	馬術	神道流
21	大平金吾	45	100俵５人扶持	25俵足高	家筋不分	富士見宝蔵番／裏門番頭	高麗流八條家	目録	方図流
22	磯村勝兵衛	51	100俵	200俵足高	家筋不分	御当地浪人／西丸持与力	大坪流	目録	渋川流
23	小南鉄次郎	48	—	—	—	—			
24	芝山十左衛門	56	150俵	100俵足高	—	小普請／小普請	大坪本流	目録	一刀流忠也流
＊	中嶋祖兵衛	(56)	12俵１人扶持	233俵足高	—	勘定所湯呑所番／三丸明地口番			

注　姓名・年齢は元治元年６月「組頭御番衆姓名書」（稲生家文書96）、高・家筋は慶応２年４月「新
未詳「（新番組武術書上）」（稲生家文書305）より作成。☆は組頭、＊は慶応２年４月「新御番組頭御

番、新番、小十人組は遊撃隊、銃隊に振り分けられていく。**表４**によれば、その彼らが担った「役」は巡邏である。これまで慶応軍制改革において番方旗本家を三兵に編入せず、奥詰銃隊や遊撃隊、銃隊という別格の隊を新設して振り分けたことは、旧軍事組織を円滑に解体するためと考えられてきた。しかし、彼らには巡邏という江戸市中の治安維持を図る「役」が与えられていたのである。そして巡邏は「市中惣体巡邏」「最寄屋敷巡邏」の二形態をとり、また浪人横行の抑止だけでなく、打ちこわしへの対応など新たに役割を与えられつつ、江戸開城まで継続され、官軍入城ののちも巡邏体制による江戸市中取締が継続され、その中核をなした。

そして明治四年（一八七一）に命じられた邏卒の職務は、六大区に分けた東京

表4　江戸市中取締体制と巡邏

年	月	日	江戸市中取締に関する記事
万延元年(1860)	3	10	御持頭、御先手に江戸中昼夜廻りを命じる
文久2年(1862)	12		浪士取立（→新徴組へ）
文久3年(1863)	4		佐竹右京大夫、酒井繁之丞、大久保加賀守、相馬大膳亮、松平右京亮に御府内見廻りを命じる
	9	18	小普請組、大番、書院番、小姓組、新番に御郭内外巡邏を命じる〔5515〕
元治元年(1864)			松平周防守、青山峯之助、間部卍治、大岡兵庫頭、岩城左京大夫、堀岩見守、牧野内膳正、大田原鉎丸、松平近江守、板倉摂津守、内藤長寿麿、酒井鉎次郎、牧野伊予守、堀右京亮に御郭内外市中巡邏を命じる
	4	20	小普請組、大番、書院番、小姓組、新番、巡邏を開始
	5	3	小十人組に御郭内外巡邏を命じる〔5558〕幕府、新徴組を庄内藩に委任する〔5559〕
	9	16	新番、長州戦争準備（「足並稽古」）のため巡邏を中断する〔稲生家290〕
慶応2年(1866)	4	21	当今不容易形勢につき巡邏面々に入念かつ頻繁に見廻るよう命じる〔5567〕
	5	14	米屋等の打ちこわしに及ぶ者に対し尋問、捕縛のうえ、町奉行所へ引き渡すよう巡邏面々に命じる〔5569〕
慶応3年(1867)	10	23	奥詰銃隊に市中巡邏、遊撃隊に飯田町・小川町・駿河台・鎌倉河岸辺の巡邏を命じる〔5577〕
	11	晦	松平大和守、堀田相模守、鳥居丹後守に市中巡邏を命じる〔5583〕
	12	10	遊撃隊30人、別手組よりの銃隊50人、撤兵160人に巡邏を命じる〔5585〕
		12	別手組出役150人に市中巡邏を命じる〔5586〕
		14	遊撃隊、巡邏のため、静寛院宮様・姫君様非常の節御供役を免除する〔5587〕
		18	松平中務大輔、有馬遠江守、戸沢中務大輔、真田信濃守、松平伊賀守、西尾隠岐守、酒井紀伊守、本多豊後守、松平摂津守、本多能登守、水野日向守、三宅備後守、保科弾正忠、内藤長寿麿、堀田豊前守、柳沢伊勢守、丹羽長門守、松平主計頭／青山左京大夫、秋元但馬守、水野真次郎、間部下総守、永井日向守、内藤若狭守、安藤理三郎、大久保三九郎、黒田筑後守、板倉甲斐守、増山対馬守、阿部駿河守、水野肥前守、牧野遠江守、遠藤但馬守、酒井左京亮、稲葉備後守／安部摂津守、板倉摂津守、渡辺丹後守、松平大蔵少輔、米倉丹後守、酒井鉎次郎、牧野伊勢守、米津伊勢守、山口長次郎、田沼玄蕃頭、戸田淡路守、森川内膳正、松平丹後守、永井信濃守、堀右京亮、井上辰若丸、井上宮内に屋敷最寄七、八町の巡邏を命じる〔5588〕
		25	遊撃隊50人に御楽屋詰を命じ、巡邏を免除する〔5595〕
		26	水野肥前守・松前志摩守に千住宿関門取建、安藤理三郎・松平丹波守に岩淵宿関門取建、三宅備後守・戸田淡路守に品川宿関門取建、安部摂津守・松平左京大夫に内藤新宿関門取建を命じる〔5596〕
		27	清水小普請に市中巡邏を命じる〔5600〕
明治元年(1868)	正	2	帝鑑間、雁之間、菊之間席の者で御門番勤めの者、非常の際は持ち場を優先するも巡邏も勤めるよう命じる〔5603〕
	2	24	市中惣体巡邏、最寄屋敷巡邏を勤めていた者に対し免除を命じる〔5614〕
	5	4	市中巡邏、以後官軍が取り扱うため、鎗・小銃などを携行しないことを命じる〔5616〕

注　東京都公文書館編集『江戸市中取締沿革』（1954年）、石井良助・服藤弘司『幕末御触書集成』第6巻（岩波書店、1995年）、埼玉県立文書館寄託稲生家文書より作成。

府下を、さらに一大区を一六小区に分け「一小区毎に屯所一箇所ヲ設ケ組頭一人、組子三十人ヲ置キ」「持区中ハ五人宛昼夜無間断巡邏」することであった(41)。文久三年九月一八日に番方旗本家にはじめて命じられた巡邏は、近代へと続く江戸市中取締体制の基礎を築いたといえるのではないだろうか。

これまで文久の軍制改革では、三兵の創設が注目されてきたが、巡邏が大名家にも命じられ、また三都で確認されたことは注目してよいだろう。本章では旗本家における巡邏の歴史的意義について検討したが、今後、大名家や他の都市における巡邏の実態をふまえ、近世から近代移行期における巡邏の歴史的位置についても、その連続面と断絶面を意識しながら、さらに深めてゆきたい。

〈注〉

(1) 東京都編集・発行『都市紀要二　市中取締沿革』(一九五四年)。
(2) 針谷武志「軍都としての江戸とその終焉―参勤交代制と江戸勤番―」(『関東近世史研究』第四二号、一九九八年)。
(3) 大名家においては「藩国」と「藩輔」の関係が示唆的である。高野信治『藩国と藩輔の構図』(名著出版、二〇〇二年)。
(4) その具体的な実証は、拙稿「幕末期の旗本の『役』と知行所支配―一五〇〇石の旗本牧野氏を事例に―」(大石学編『近世国家の権力構造―政治・支配・行政―』(岩田書院、二〇〇三年)。
(5) 大口勇次郎「文久期の幕府財政」(『年報・近代日本研究三　幕末・維新の日本』山川出版社、一九八一年)、飯島千秋『江戸幕府財政の研究』(吉川弘文館、二〇〇四年)。
(6) 旗本兵賦令については、熊澤徹「幕末の軍制改革と兵賦徴発」(『歴史評論』第四九九号、一九九一年)、同「幕府軍制改革の展開と挫折」(『講座日本近現代史』1、岩波書店、一九九三年)。旗本家の旗本兵賦令への対応を明らかにしたものに、森杉夫「幕末期の旗本の軍役」(『大阪府立大学紀要』第二一巻、一九七三年)、熊澤徹「幕末の旗本と軍制改革―旗本本間日記の分析から―」(吉田伸之・渡辺尚志編『近世房総地域史研究』東京大学出版会、一九九三年)、飯島章「文久の軍制改革と旗本知行所徴発兵賦」(『千葉史学』第二八号、一九九六年)がある。

(7) 宮崎ふみ子「幕府の三兵士官学校設立をめぐる一考察」(『年報・近代日本研究三　幕末・維新の日本』、注5参照)、熊澤徹「幕府軍制改革の展開と挫折」(註6参照)。

(8) 勝部真長・松本三之介・大口勇次郎編『勝海舟全集一七陸軍歴史Ⅲ』(勁草書房、一九七七年)、二二〇頁。

(9) 稲生家文書二九〇(埼玉県立文書館収蔵、史料番号は、埼玉県立図書館編集・発行『加藤家・藤井家・稲生家文書目録』一九七〇年による)。以下、史料引用にあたっての〈　〉内の数字は、筆者が設けた「巡邏一件諸勤向覚」の細目番号を示す。「巡邏一件諸向覚」は、横半帳の形態で、「巡邏一件」のほかに「吹上詰一件」「同役中申合之廉」「本御番介申合折本写」を書き留められている。なお、就任時に前任者から文書の引継ぎがなされている。「先役ゟ引贈書類」と書かれた袋に次の文書が収められている。「組頭并組中心願申立候紙面控」「組御帳乗控」「(新御番印鑑)」「御用人番付」「(新番組武術書上)」「直伝達」(いずれも稲生家文書三〇五)。

(10) 外国奉行支配下の外国御用出役、手附出役は、文久三年九月一三日、別手組と改称されている。外国公使館の警備や別手組については、港区立港郷土資料館編集・発行『江戸の外国公使館』(二〇〇五年)を参照。

(11) 「巡邏一件諸勤向覚」〈1〉(注9参照)。

(12) 当該期における幕政上の横浜鎖港問題の重要性については、小野正雄「幕藩権力解体の解体過程」(『歴史学研究』第四九一号、一九八一年。のち「横浜鎖港問題と長州戦争」と改題して同『幕藩権力解体過程の研究』校倉書房、一九九三年)を参照。

(13) 文久三年八月晦日、大名家、交代寄合家に対して、非常時における警衛場所として神奈川宿や江戸の橋や渡しなど三八か所が命じられている(石井良助・服藤弘司編『幕末御触書集成』第六巻、岩波書店、一九九五年、五四九五号)。

(14) 「巡邏一件諸勤向覚」〈4〉(注9参照)。

(15) 三番方の市中廻りについて、寛永六年(一六二九)より「昼夜廻」と称して三番方より出役して江戸市中を巡廻していた。両番は内郭、大番は外郭を巡廻したという。なお寛文七年（一六六七）以降、「本所昼夜廻」と称して両番より出役して本所深川を巡廻した。『古事類苑』官位部三（吉川弘文館、一九八二年）一〇九六～一一〇六頁。

(16) 熊澤徹「幕府軍制改革の展開と挫折」（註6参照）。三谷博「文久幕制改革の政治過程」（『年報・近代日本研究三　幕末・維新の日本』〈注5参照〉。のち「徳川将軍家の再軍備計画―文久幕制改革」と改題して、同『明治維新とナショナリズム―幕末の外交と政治変動』山川出版社、一九九七年）。

(17) 勝部真長・松本三之介・大口勇次郎編『勝海舟全集一六陸軍歴史Ⅱ』（勁草書房、一九七六年）五四六～八頁。

(18) 北島正元『江戸幕府の権力構造』岩波書店、一九六四年。三九八頁。

(19) 横山則孝「江戸幕府新番成立考」（『日本歴史』第三〇二号、一九七三年）。

(20) 稲葉正巳は、文久元年八月に大番頭から講武所上席に就任し、軍制調査の中心にあり、文久二年三月に若年寄に就任、のちも「講武所御用并諸向調練等之世話」を専掌していた（三谷博「徳川将軍家の再軍備計画」、二〇九頁、注16参照）。

(21) 「巡邏一件諸勤向覚」〈5〉（注9参照）。

(22) 「巡邏一件諸勤向覚」〈5〉（注9参照）。

(23) 「巡邏一件諸勤向覚」〈6〉（注9参照）。

(24) 「巡邏一件諸勤向覚」〈7〉（注9参照）。

(25) 元治元年四月一九日、新番頭から学問所奉行宛に、七の日だけに出向くことが伝えられている（「巡邏一件諸勤向覚」〈17〉、注9参照）。また講武所稽古日については、新番頭から講武所奉行宛に、五日に槍術、一六日に剣術、二八日に角打となったことが伝えられている（「巡邏一件諸勤向覚」〈16〉、注9参照）。

(26) 「巡邏一件諸勤向覚」〈9〉（注9参照）。

(27) 「巡邏一件諸勤向覚」〈10〉（注9参照）。

(28) 「巡邏一件諸勤向覚」〈13〉（注9参照）。

(29) 「巡邏一件諸勤向覚」〈15〉（注9参照）。

(30)「巡邏一件諸勤向覚」〈22〉（注9参照）。同様に目付にも巡邏開始の旨を伝えている（「巡邏一件諸勤向覚」〈23〉、注9参照）。
(31)「巡邏一件諸勤向覚」〈18〉（注9参照）。
(32)東京都編集・発行『東京市史稿市街編』第四七（一九五八年）、二九二頁。
(33)「巡邏一件諸勤向覚」〈22〉（注9参照）。
(34)「御番方之内両人取締役与申者御取極御申渡之事」と、二名の取締役がいた（「御同役中申合之廉」）。「巡邏一件諸勤向覚」（注9参照）。
(35)「巡邏一件諸勤向覚」〈35〉（注9参照）。
(36)「日記」（稲生家文書二五）。
(37)六月二八日、七月一日、七月一五日、九月三日、九月一四日は、二回の屯所見廻りを確認できる。なお七月七日は、一度目の巡邏の際のみ屯所見廻りを実施し、七月二三日、八月二五日、九月一一日は、二度目の巡邏の時間帯に屯所見廻りを行っている。つまり「日記」から、四番組の巡邏当番日すべてにおいて新番頭稲生正興は屯所見廻りを実施していたことが確認できる。
(38)文久四年正月「御帳控」（稲生家文書九二）。
(39)「日記」（稲生家文書二五）。
(40)なお、巡邏は江戸以外に、京都、大坂でも実施されている。京都では、元治元年五月に伊予松山藩、郡山藩、明石藩に巡邏が命じられている（『杉浦梅潭目付日記』みずうみ書房、一九九一年）。大坂では、延岡藩が大坂在陣中の慶応二年に記した日記に「最寄巡邏」が実施されていたことが記されている（大阪市史編纂所・大阪市史料調査会編『新修大阪市史』史料編第6巻、二〇〇七年）。
(41)由井正臣・大日方純夫編『官僚制　警察』（岩波書店〈日本近代思想大系3〉、一九九〇年）、三〇五～九頁。

付表　「巡邏一件」細目

	年月日	内容	差出	宛所
1	(年未詳)	覚（御旗本の面々へ巡邏被仰付候につき）	—	三番頭、外国奉行、小普請組支配、新番頭
2	(年未詳)	覚（巡邏規則相守候様につき）	—	三番頭、外国奉行、小普請組支配、新番頭
3	(年未詳)	覚（巡邏規則につき）	—	三番頭、外国奉行、小普請組支配、新番頭
4	文久3.9.18	覚（巡邏持場、屯所、規則につき）	和泉守（老中水野忠精）、河内守（老中井上正直）	三番頭、新番頭
5	文久3.9.23	新御番方廻り之儀ニ付見込申上候書付	新番頭	兵部少輔（若年寄稲葉正巳）
6	文久3.10.2	廻方之儀奉窺候書付	新番頭	兵部少輔（若年寄稲葉正巳）
7	文久3.11.1	覚（廻方之儀伺返答書）	稲葉兵部少輔（若年寄稲葉正巳）	新番頭
8	文久3.11.1	（廻方之儀伺返答承知につき覚）	新番頭	—
9	文久3.12.14	覚（巡邏扶持方、諸入用御下ヶ之積につき）	井上河内守（老中井上正直）	三番頭、外国奉行、新番頭
10	元治元.4.13	巡邏之義申上候書付	新番頭	松平縫殿頭（若年寄松平乗謨）
11	元治元.4.18	（巡邏先ニおいて火急事変出来候節門番江可被達候につき書付）	井上河内守（老中井上正直）	三番頭、外国奉行、小普請組支配、新番頭
12	元治元.4.18	（伝奏屋敷屯所として引渡の件につき達書）	新番頭	御目付川村唯一郎（海陸御備目付）
13	元治元.4.18	（伝奏屋敷屯所として引渡の件につき達書）	新番頭	御勘定吉田昇太郎（勘定組頭）
14	元治元.4.19	（伝奏屋敷御引渡につき請取之者御差出可有之旨達書）	海陸掛御目付中	新番頭衆
15	元治元.4.19	（明廿日より巡邏相始ニ付内曲輪御門夜中通行につき達書）	新番頭	海陸御備掛御目付衆
16	元治元.4.	（巡邏中講武所稽古日割につき達書）	新番頭	講武所奉行衆
17	元治元.4.	（巡邏中七ノ日斗罷出候につき達書）	新番頭	学問所奉行衆、林式部少輔、古賀謹一郎
18	(文久3.11.)	巡邏規則	—	—
19	元治元.4.19	巡邏之義奉伺候書付	新番頭	縫殿頭（若年寄松平乗謨）
20	元治元.4.19	覚（忌中産穢之節、頭組頭之儀其都度申上、組之者之儀不申上旨）	新庄美作守（新番頭）	松平縫殿頭（若年寄松平乗謨）
21	元治元.4.20	（御上洛留守中馬場先御門夜中取締につき達書）	御目付小出五郎左衛門	新番頭衆
22	元治元.4.20	巡邏之義御届	新番頭	松平縫殿頭（若年寄松平乗謨）
23	元治元.4.20	（巡邏今廿日より相始申候につき達書）	新番頭	御目付衆

24	元治元.4.22	書付（巡邏介取、角筈調練之義につき）	新番頭	松平縫殿頭（若年寄松平乗謨）
25	元治元.4.22	（新番頭寄合之節取極箇条書）	新番頭	新番組頭
26	元治元.4.28	御入人願	新番頭	松平縫殿頭（若年寄松平乗謨）
27	元治元.5.1	覚（惣組ニ而五人減候得者御入人之儀承知につき）	松平縫殿頭（若年寄松平乗謨）	（新番頭）
28	元治元.4.28	御内慮伺書（学問所等へ出役之者共、巡邏之方茂差操候様致度旨）	須田久左衛門、岡部日向守、大久保権右衛門、新見八郎左衛門	松平縫殿頭（若年寄松平乗謨）
29	元治元.5.1	覚（御番除罷成候者共ハ相除致候につき）	松平縫殿頭（若年寄松平乗謨）	（新番頭）
30	元治元.5.8	屯集所四月分御入用書付	新番頭	縫殿頭（若年寄松平乗謨）
31	元治元.5.8	四月分御扶持方人数書	新番頭	縫殿頭（若年寄松平乗謨）
32	元治元.5.11	（巡邏人数、屯集所行燈箇所承知仕度旨書付）	御勘定奉行	新番頭衆
33	元治元.5.17	申上候書付（岡部日向守父之忌之儀につき）	新番頭	御用番平岡丹波守（若年寄平岡道弘）
34	元治元.5.17	覚（蝋燭・油・炭入用取調直につき）	縫殿頭（若年寄松平乗謨）	（新番頭）
35	元治元.5.19	巡邏御入用減方之儀ニ付申上候書付	新番頭	縫殿頭（若年寄松平乗謨）
36	元治元.6.1	覚（御入用取調断書可被差出候につき）	室賀伊予守（新番頭）	松平縫殿頭（若年寄松平乗謨）
37	元治元.5.21	巡邏屯所入用之品申上候書付	新番頭	縫殿頭（若年寄松平乗謨）
38	元治元.5.23	（屯所入用之品々御買上代金につき返書）	新番頭	御勘定吉田昇太郎（勘定組頭）
39	元治元.5.26	（紅葉山・御霊屋御参詣之節巡邏相止屯所引渡につき達書）	新番頭	御目付高力直三郎
40	元治元.6.2	御勘定奉行江御断（四月分屯所諸入用書）	新番頭	縫殿頭（若年寄松平乗謨）
41	元治元.6.18	（万一非常之節御側向御警衛につき伺書）	新番頭	玄蕃頭（若年寄田沼意尊）
42	元治元.6.21	五月分御扶持方人数書	新番頭	丹波守（若年寄平岡道弘）
43	元治元.6.	御勘定奉行へ御断（五月分屯所諸入用書）	新番頭	丹波守（若年寄平岡道弘）
44	元治元.7.4	（伝奏屋敷屯所損所御取繕致度旨達書）	新番頭	御勘定奉行衆
45	元治元.7.	六月分御扶持方人数書	新番頭	出雲守（若年寄立花種恭）
46	元治元.7.	御勘定奉行へ御断（六月分屯所諸入用書）	新番頭	出雲守（若年寄立花種恭）
47	元治元.7.10	（巡邏御扶持方人数書并御入用御渡方之儀につき伺書）	新番頭	御勘定奉行衆
48	元治元.7.16	（手形間合書相添御扶持方之儀につき達書）	（新番頭）	御勘定吉田昇太郎（勘定組頭）
49	元治元.7.	御筒御借奉願候書付	新番頭	玄蕃頭（若年寄田沼意尊）

50	元治元.7.16	覚（御筒組々江壱挺ツヽ、付属之品・玉薬共御貸渡につき）	玄蕃頭（若年寄田沼意尊）	新番頭
51	元治元.7.18	（御筒壱挺ニ付付属之品・玉薬請取につき達書）	新番頭	御鉄砲玉薬奉行衆
52	元治元.7.22	（御多門にて御筒相渡候につき達書）	海陸掛目付	（新番頭稲生出羽守）
53	元治元.7.23	覚（御筒伝奏屋敷屯所江引込申候につき）	小野惣次郎、木原鈔五郎	—
54	元治元.7.21	屯所御引替伺書	新番頭	縫殿頭（若年寄松平乗謨）
55	元治元.7.26	（非常之為御用意御渡相成候百目御筒八挺差置場所につき達書）	（新番頭）	海陸御備掛御目付
56	元治元.7.27	（百目玉筒六挺預り置申候につき覚）	玉薬方	新番頭衆
57	元治元.7.28	（百目玉筒六挺玉薬御役所江無滞相渡預ヶ差置候につき達書）	新番頭	京極能登守、山口信濃守（海陸御備掛目付）
58	元治元.8.	七月分御扶持方人数書	（新番頭）	丹波守（若年寄平岡道弘）
59	元治元.8.	七月分屯所諸入書	（新番頭）	勘定奉行
60	元治元.9.15	（御進発御供之同役日々足並稽古相済候迄巡邏休候ニ付掛合書）	新番頭	山口信濃守、石野民部（海陸御備向掛目付）
61	元治元.9.16	（百目玉筒付属之品々玉薬御役所江預ヶ置申候につき達書）	新番頭	玉薬奉行衆
62	元治元.9.15	（明十六日竹橋御門内御蔵地玉薬奉行役所江百目玉弐挺相廻し候につき達書）	新番頭	御目付内藤壱岐守
63	元治元.9.16	（進発御供組御番休ニ付屯所引払の件、組頭森川兵庫助聞書）	—	—
64	元治元.9.15	（八月分巡邏御扶持方人数書）	月番新庄美作守（新番頭）	平岡丹波守（若年寄平岡道弘）
65	元治元.9.15	（八月分屯所諸入用書）	月番新庄美作守（新番頭）	平岡丹波守（若年寄平岡道弘）
66	元治元.10.	九月分御扶持方人数書	月番稲生出羽守（新番頭）	御勝手掛平岡丹波守（若年寄平岡道弘）
67	元治元.10.	御勘定奉行へ御断（九月分屯所諸入用書）	月番稲生出羽守（新番頭）	御勝手掛平岡丹波守（若年寄平岡道弘）
68	元治元.10.	（巡邏扶持方、屯所諸入用書とも平岡丹波守殿江進達につき達書）	月番稲生出羽守（新番頭）	御勘定奉行衆
69	元治元.11.29	（巡邏扶持方、屯所諸入用請取手形下書七・八・九月分差出）	福村淡路守（新番頭）	（御勘定奉行）
70	元治元.	請取申御扶持之事	新番頭稲生出羽守	—

注　文久３年３月「巡邏一件諸勤向覚」（稲生家文書290）より作成。

明治初期における統治者の意識

—藩の触書と府県布達の比較を中心に—

門松秀樹

はじめに

明治維新は、江戸幕府が崩壊し、明治政府が創設された極めて大規模な政治変動であった。かかる政治変動に際しては、政府と民衆の関係にいかなる変化が生じたのであろうか。政権の交代は政府と民衆の関係に対して影響を与えることはないのであろうか。

本章においては、明治維新前後における政府と民衆の関係の変化について、政府が民衆に対して発した触書・布達の内容を比較することによって考察を加えていきたいと考える。事例としては蝦夷地（北海道）を取り上げ、松前藩による触書と箱館府による布達について主に着目する。各々の触書と布達については、江戸幕府や明治政府が全国を対象として均一に発した法令を単に布告したものではなく、蝦夷地（北海道）における住民を対象として松前藩と箱館府がそれぞれ発した触書・布達を取り上げることにしたい。

なお、本章においては明治時代に入って以降、各府県より民衆に対して発せられた文書を「布達」として一括して扱うことにする。厳密に文書の性質を考慮するのであれば、当該時期において、官から民に対して発せられた文書は「御布告」ないしは「御達」と表記すべきであろうが[1]、大蔵省編纂の『開拓使事業報告』において、開拓使がその住民に対して発した文書を、明治二年九月の開拓使設置直後より一括して「布達」に分類していることなどに鑑みて、ここでは「布達」として官から民に対して発せられた文書を一括して表記することにしたい。

そして、蝦夷地（北海道）を事例としたのは、江戸時代と明治時代における触書と布達の比較が可能であるのみならず、地域的な特徴として、アイヌが居住しているためである。すなわち、同一地域に日本人居住地と非日本人居住地が混在し、政治変動が政府と民衆の関係にもたらす影響について、日本人居住地と非日本人居住地の双方において考察することが可能であり、アイヌとの関係を展望することによって、政府と民衆の関係について考察をより深化させることができるのではないかと考えるためである。

また、日本人居住地に着目した場合、事例とする蝦夷地（北海道）とその他の地域を比較することによって、地域的な特性などについて言及することもできると考えられ、政府と民衆の関係の変化を考察する上での参考として、若干ではあるが、北海道以外の地域における布達との比較も行いたいと考えている。

では、以下に松前藩による触書と箱館府による布達の内容を検討した上で、両者の比較を行い、明治維新に際しての政府と民衆の関係について考察を進めていきたい。

一　松前藩による触書

1　町方における触書

江戸時代の各藩による触書の事例として、松前藩による触書に着目することにしたい。なお松前藩による触書を取り上げるに際しては、町方（都市部）と在方（農村部）を対象とした触書を別途取り上げることによって、各々の特徴について言及していきたいと考える。触書は町方・在方ともに『松前福山諸掟』に記載された中から選択した。因みに、この松前藩による触書は、幕府の指示に従って発せられたものではなく、藩がその領民を対象として独自に発した触書である。

まず、町方における触書として、文化二年（一八〇五）四月の触書に着目する。(2) この触書は全体で一〇ヵ条から成り立っているが、その基本的な内容について見てみると以下のとおりである。

第一条目では、常々生活において倹約に努めるように述べてきたが、近年ではそれが守られなくなり、「分を越て暮候得者引足らす物之不足ニ至て者不任心底ニ、約束を欠き、其上事之甚敷者偽を構候様相成」(3) るなど、驕奢のあまり生活すら成り立たなくなった上に虚言を弄する者まで出始めたため、改めて倹約を申し付けるとしている。そして、第二条以下より具体的な触書の内容となっている。

まず、第一点目としては、家庭内における和親や孝行の推奨であり、素行優良者に対しては顕彰を行う旨を述べている。続いて第二点目の主張としては、生活困窮者への救済を挙げることができる。これは、まず、「孤獨病人極貧之もの有之者、村内町所ニて心を付、若難行届候ハヽ、早々可訴之、御手当可被下候」(4) と述べ、領民間において困窮者に対する互助を推奨し、対応が不可能であれば藩による救済を行う旨が述べられている。そして、第三点目としては領民の生活に対する倹約である。この倹約に関する主張が最も多岐にわたっており、その内容については主に四点を挙げることができる。まず、第一点目としては、衣類に関する規制であって、町役人や御目見を許可された上級の町人以外には絹の衣服の着用を禁じ、木綿を着用するように諭している。第二点目は、法事や葬儀、様々な祝儀や贈答の簡素化であり、第三点目としては家作の簡素化が述べられている。第四点目は装飾品に関する規制であり、簪や煙管、紙入、下駄や草履等の履物に関しての贅沢を禁じ、商人に対しても奢侈的な商品の入荷を禁ずるなどしている。

文化二年四月の町方に対する触書の内容は、第一条の趣旨説明においても見られるように、領民の生活に対する倹約が中心である。このため、浪費や奢侈等の問題行動を行う者に対しては、投獄等、処罰を加える旨が言明されている。その一方で、親孝行や他人に対する施しなどの徳行を推奨し、素行優良者に対しては顕彰する旨を述べている。生活に困窮するものに対しては藩による救済も規定しているが、基本的には、領民相互の互助が第一であり、堅実な生活によって破産しないことを求めていると言うことができよう。

2　在方における触書

では、次に松前藩による在方を対象とした触書の内容について見ることにしたい。ここでは、明和五年（一七六八）一二月の触書に着目する。(5) この触書は全体で一二ヵ条から成っており、その基本的な内容については以下のとおりである。

まず第一条目では、「今度御倹約被仰出候ニ付一統相心得可申事」(6) と、倹約を申し付ける旨のみが述べられ、以下は具体的な内容となっている。

内容の第一点目としては、家業である農業に努めるべき旨が述べられている。そして、第二点目は生活における倹約の必要性である。倹約の内容については町方と同様に具体的に述べられており、それらは四点に上る。まず、第一に、婚礼や祝儀、法事や、その場合の礼物を簡素なものにするべき旨が述べられている。第二に家作の簡素化を挙げることができる。第三には、衣類に対する制約、すなわち、「衣類者不及申、帯等迄絹布一切可為停止事」[7]として、百姓に対しては絹の着用を一切禁止している。第四に、酒や油、酢、醤油といった物品に対する購入の規制である。

続いて第三点目は借家人の管理、第四点目に博打の禁止がそれぞれ述べられている。これらは、農村地域の秩序維持のため、浮浪者や不審者の流入を警戒したものであろう。そして第五点目としては、「在々江御用ニて罷越候諸士江対し慮外等無之様相心得可申事」[8]として、農村に諸役で立ち入る藩士に対する無礼を戒め、身分秩序の維持を述べている。

町方及び在方に対する触書の内容を比較した場合、双方ともに生活における倹約が最も主要な要点であると言えよう。町方においては、上級町人に対して絹の着用を認め、また、倹約の対象として簪や煙管等の奢侈品を挙げているのに対し、在方では絹の着用を一切禁じ、酒や油、醤油等の購入に関して規制を加えているといった差異が存在してはいるが、これは都市部と農村部において生活が異なることに起因していると考えられる。ただし、全体としては生活上の倹約を勧め、生活を破綻させないように自ら十分な注意を払うことが要求されていると言えよう。

その一方で、在方に対しては借家人の管理や博打の禁止などが述べられ、町方に対してはかかる内容の言及が為されていないのは、住民の流動性といった点が考慮され、むしろ主要な生産地域である農村部の人口が流動化することを警戒したためであろう。

二　箱館府による布達

1　箱館市中を対象とした布達

明治時代における布達の事例として、箱館府の発した布達について、箱館市中及び北蝦夷地についてそれぞれその内容を見ることにしたい。本節において取り上げる布達は、箱館市中及び北蝦夷地の双方とも『舊記抄録』に記載されたものである。(9)そしてかかる布達は箱館府がその地域の住民を対象として発しており、太政官により全国的に発せられた布告・布達を単に転載したものは除外している。(10)

では、以下に箱館市中において発せられた布達について見ることにしたい。

箱館市中を対象として箱館府が発した布達として、以下の三点を取り上げる。それらは、「さとしに」、「掟」及び「慶應四辰年六月廿一日御触出し」である。

まず、「さとしに」に関してその内容を述べることにしたい。(11)「さとしに」は慶応四年（一八六八）五月に、箱館裁判所（後に箱館府に改組・改称―筆者註）が開庁された際に発せられた布達であり、その具体的内容は、主として王政復古の意義の説明である。王政復古とは、神武天皇以来の朝廷による支配が武家の支配によって中断されていたが、これを「外国え対しても恥かしきこと」として「徳川氏始めてその事を深く考へ」、「古にかへし奉り王政に改」ったことを示すとしたのである。(12)その他には、王政復古にともない、神道の重要性及び権威についての説明が為され、最後に「王政はひろく教を設けし民の害をのぞき、生育の出来がたきものを救ひ給ふものと心得、おろかなるものへ説きさとすべきもの也」(13)と、民衆の教化と撫民の方針を示している。

次に「掟」であるが、これは全部で六ヵ条から成る施政の方針を説明したものである[14]。その主な内容としては四点を挙げることができる。まず第一点目は秩序維持であり、これは親兄弟夫婦といった家族関係の秩序をはじめ、「士農工商と言にて、農業は国の大本なる故に、農人は常に工商の上に立つべし[15]」と身分秩序の維持や、キリスト教の禁止などを述べている。第二点目には生活困窮者に対する扶助を挙げることができる。これには、人口政策として「凡男は弐拾、女は拾七までに夫婦の道を修め渡世」するように述べ、経済的に出産・育児等が困難な場合には「訴出候はば生育の道をつけ」るとしている[16]。第三点目には犯罪の禁止とその処罰が述べられている。第四点目には、民衆が政府に対してアクセスすることを認める旨が述べられている。これは、「役人不行届の事あるは憚る所なく申出べし。衆議に従ひて其役を改め他人に替るべし[17]」として、役人の不正を摘発し、また更迭することを要求する権利を認めているほか、「上の御沙汰にてもあしき事は、申出候はば速に改め、よきかたにしたがふべし[18]」として、民衆からの建言等をも公募している。

最後に「慶應四辰年六月廿一日御触出し」について見る[19]。これは、主として明治政府による蝦夷地支配の意義について説明したものであり、「此度北行の趣意は開拓を主して魯戎に備るにあ[20]」るとして、幕末以来、樺太・千島において国境紛争の絶えないロシアに対する警戒を呼びかけている。また、アイヌに対しても、「幸に土人一同魯の粗暴を嫌」い、「神州をば父母の様に慕」っているとして親日的な状況にあると判断している[21]。このため、ロシアと対峙する上での必要性から一層の親日感情を抱かせるため、「諸人軽便を悦て多く胡服を着すれば土人の失望[22]」を招くとして、洋服の着用を禁じ、アイヌへの配慮を要求している。

以上のとおり、箱館府によって箱館市中を対象として発せられた布達は、王政復古の意義の説明などをはじめ、民衆に対する教化と、具体的な施政方針の表明を主な内容としている。

2　北蝦夷地を対象とした布達

では次に北蝦夷地、即ちアイヌ居住地を対象とした布達について見ることにしたい。アイヌ居住地を対象として箱館府が発した布達としては、北蝦夷地を管轄する宗谷役所が発した布達と、宗谷役所の責任者であった箱館府権判事吉田復太郎の名によって発せられた布達を取り上げることとしたい。『舊記抄録』中、これらには史料名が付されていなかったため、便宜上、「宗谷役所布達」、「吉田復太郎布達」と呼ぶことにする。

まず、「宗谷役所布達」の内容について述べたい。[23] 主な内容は、箱館市中における「さとしに」と同じく王政復古の意義の説明である。ただし、「宗谷役所布達」においては、「慶應四辰年六月廿一日御触出し」において述べられているようにアイヌとの和親を目的として、アイヌに対する物品の供与が明記されている。これは、「役土人に清酒一升・葉煙草弐把、平土人に清酒三合、女土人に諸味八合、男女幼稚のものに白米二合を遣[24]」わすとして、主に嗜好品・日用品等の供与によってアイヌに対する懐柔を図っている。

次に、「吉田復太郎布達」について見ることにする。[25] これは、五ヵ条から成る北蝦夷地における箱館府の施政方針を説明した布達であると言える。その内容として以下の三点を挙げることができる。まず第一点目として、公議の尊重である。これは、役人も含めた徹底的な討論を規定し、「各自分の力一杯十分に尽[26]」くすことを要求している。第二点目としては、政策に関する自由な発言・議論の容認を挙げることができる。布達中、「今日より何事公儀所にて十分に心一杯申合、譬へ頭役の言葉にても現に不合歟又呑込兼候得ば、幾度も推返し議論可致候[27]」と規定するなど、官民のわけ隔てなく自由に意見を交換することとし、また、民から官への説明要求なども認めている。さらには、民衆からの「願事並に諸届等」が担当の役人を経由してのみ上達されていたことを「今迄の流弊」として退け、[28] 以降は自由に請願等を提出することなども認めている。第三点目には、いわば「公僕」としての役人の規定である。そもそも、「民為貴、社稷次之、君為軽」[29]すものであるとして、民衆を第一に考えることが諸役人の務めであり、役人の心構えとしては一層これを進めて、「土人、移住人の楽事は役人より先に為楽、苦の骨折候事は役人が先に懸り候様心掛」[30]けなければならないとしている。

箱館府による布達を箱館市中と北蝦夷地のそれぞれについて見た場合、王政復古の趣旨説明などについてはほぼ同じ内容であるが、北蝦夷地における布達の方が官民の間の距離をより近く規定し、頻繁なアクセスを認めているといえよう。

三　触書と布達の比較

1　江戸時代と明治時代の比較

松前藩による町方・在方に対する触書及び、箱館府による箱館市中・北蝦夷地に対する布達の内容については前述のとおりである。では、以下において、触書と布達についてその内容の比較を試みたい。

まず、松前藩による触書と箱館府による触書の比較、すなわち時代的な内容の比較を行うことにする。松前藩による触書と、箱館府による「掟」を比較した場合、その内容には共通点を認めることができる。それは、第一に、家庭内での和親や孝行など、儒学的な徳目を満たす善行の要求であり、第二には生活困窮者に対する扶助、第三に身分制を含む社会秩序の維持を挙げることができよう。松前藩によって触書が発せられたのは町方が文化二年であり、在方が明和五年であって、また箱館府の布達は慶応四年であることから、約五〇年から一〇〇年の時間の開きがあるにもかかわらず、内容において多くの共通点を認めることができる。

触書と布達の間の共通事項から、明治初年の段階においては、官民関係、即ち政府と民衆との関係は、その多くの点に関して江戸時代における領主—領民の関係を継承したものであろうことが推測される。つまり、いわゆる「仁政」イデオロギーに基づく支配関係が継承されたと見ることができるのではなかろうか。「仁政」イデオロギーに基づく支配関係とは、領主は領民（百姓）の生活が「成立」ように配慮して、生活に困窮している場合には「御救」と呼ぶ救済事業を展開し、領民（百姓）は、家業・家睦に努め、領主による「仁政」に応えるべく年貢等の公用を果たすことによって社会の安定が維持されるとするものである。そこには「御救」を媒介として「仁君」と「律儀な御百姓」の関係が成り立っているのである。[31] 翻って触書と布達の共通点を見た場合、生活困窮者への救済や、善行の達成、社会秩序の維持など、かかる「仁政」的関係において要求される項目が挙げられている。それゆえに、明治初年において規定される生活困窮者に対する救済は、近代国家の義務としての社会福祉的政策の反映と見るよりは、江戸時代以来の「御救」の延長であるとして理解されるべきであろう。

一方、触書と布達の両者間には、当然のことながら共通点のみならず相違点も認められる。これは、王政復古の意義の説明を行った点や、布達において民衆に政治的発言、役人の不正に対する摘発を容認した点であって、触書にはかかる規定は存在していない。王政復古の意義の説明については、明治政府が明治維新、就中、王政復古のクーデターによって政権交代を果たしたため、「天皇親政」をスローガンとして掲げ、その政権としての正当性を主張する必要があったためであることが容易に推測される。また、民衆に対する政治的発言の容認については、これも「王政復古」と同様に、明治政府がそのスローガンとして掲げた「公議輿論の尊重」による影響であろうことが推測される。すなわち、江戸時代における領主—領民関係を大部分において継承しつつも、明治政府が新政権として目指すべき政府と民衆の新たな関係を構築しようとした意図の表れであるのかもしれない。しかし、かかる民衆との新たな関係の創出に関しては、実際のところ、役人の不正の摘発等に関しての史料を探索することができなかったため、現段階においてはその実効性は不明である。一方で江戸時代からの領主—領民関係を継承しているとすれば、そこにおいて規定される「律儀な御百姓」とは、「公儀をおそれ、可申上儀をも不申上」る「百姓」であり[32]、自らの要求を貫徹するよりは領主からの要求を優先する領民として看做されており、明治維新によって急激に官民関係が変化したと考えるのは困難であると言えよう。

本章において事例として取り上げた箱館府の布達は、いずれも慶応四年段階の布達であり、廃藩置県以前の布達であるがゆえに基本的関係において大きな変化が認められないと考えることができるかもしれない。そこで、廃藩置県以降に開拓使によって発せられた布達に関して若干の考察を加え、廃藩置県以降の政府と民衆の関係に関する展望を述べることにしたい。

明治四年（一八七一）七月の廃藩置県によって全ての藩が廃止され、全国が府県として明治政府の直轄下に置かれた。以降、戸籍の編成や大区小区制の導入、地租改正事業などが展開され、明治政府による近代化政策が推進されることになる。このため、北海道における布達も、箱館府時代に見られたような民衆の生活全般を対象とする布達ではなく、特定の内容を持つ法令・規則に関する布達が中心となってゆく[33]。すなわち、形式・内容ともに大きく変化するため、触書との内容の比較が困難になるのである。かかる変化は、廃藩置県以前において政府が民衆に対して要求していたのが、江戸時代と同様に儒教道徳に基づく「仁政」的な内容の禁令であったのに対して、廃藩置県以降においては、生活上の禁令に代わって戸籍法や徴兵令など、民衆に対して新たな権利・義務関係を規定する法令が発せられるようになり、これらが府県レベルにおいても布達において伝達される中心的な内容に変化したためであると考えられる。このため、当然のことながら江戸時代に形成された政府と民衆との関係である「仁政」的関係は変化せざるを得ないであろうことが推測される。

ただし、かかる関係の変化は廃藩置県を契機として急激に進むものではない。例えば、大区小区制導入に際して、函館における各区の区分などの具体的内容について開拓使が発した布達においては、「大年寄　中年寄　丁代向後被廃止候事」として、旧町役人の廃止を述べているが、「丁代は町用取扱のため、町内手限りを以差置候は勝手次第可為事」と、町代については実質上継続的に設置することを認めている。[34] さらには、各町内における五人組に関しても「従前の通御布告等に不相背様、倶吟味[35]」するように述べ、新制度である大区小区制においても継続して活用することを指示している。すなわち、近代化政策の推進も全く旧制度から独立して行われたのではなく、むしろ、旧制度・旧慣を利用してその推進が図られていることから、政府と民衆の関係の変化は漸進的なものであったと考えられる。

最後に、触書や布達がいかにして民衆に伝達されるのか、その伝達方法に関して若干付言しておきたい。一般に江戸時代における触書とは高札場における掲示によるものという印象が強いが、民衆への伝達方法は高札のみによるものではない。他には、触頭と呼ばれる責任村落を選定し、その下に近隣の村落を編成する。そしてその触頭が触書等の諸伝達事項を筆記して、同一グループ内の各村落に伝達事項を回覧する方法が採られていた。この回覧は、村落間のみならず、地域によっては村落内によっても行われていたのである。また、村落内における伝達は、庄屋等の村役人が自宅前に諸伝達事項を掲示したほか、村民を自宅に呼び集め、直接口頭で伝達する読み聞かせが行われていた。触書等の伝達は、領主から町村、さらに町村内部の各段階において徹底されていたと見ることができよう。

一方、明治時代における法令等の伝達はどのようにして行われていたのかと言えば、前述のような江戸時代における伝達方法を継承していたのである。すなわち、高札場への掲示、町村間及び町村内における回覧[36]、さらには、町村内における読み聞かせが行われていた[37]。かかる伝達方法が変化したのは、明治六年（一八七三）二月二四日に発せられた太政官達第六八号における規定による。太政官達第六八号は、「自今諸布告御發令毎ニ人民熟知ノ為メ凡三十日間便宜ノ地ニ於テ令掲示候事」として、三〇日間を周知に要する期間として規定し、「従來高札面ノ儀ハ一般熟知ノ事件ニ付向後取除キ可申事」として高札の撤去を指示したのである[38]。ただし、かかる太政官達による期間規定以前は、江戸時代と同様の伝達方法が継承され、民衆に対してはその布達内容の周知徹底に努めていたと言えよう。[39]

2　日本人居住地とアイヌ居住地の比較

日本人居住地とアイヌ居住地における触書・布達の内容について比較を行いたい。日本人居住地としては松前藩による町方・在方への触書と、箱館府による箱館市中を対照とした布達を、アイヌ居住地としては北蝦夷地における布達をそれぞれ取り上げて内容の比較を行う。

まず、日本人居住地については、前述のとおり、触書と布達の内容についてはかなりの共通点がある。一方で、北蝦夷地の布達を触書と比較した場合には、共通点はほぼ見当たらないと言える。強いて言えばアイヌと日本人の間での和親や、アイヌを含めての明治政府による撫民の方針が触書の内容に類似していると言えなくもない。しかしながら、箱館府が箱館市中を対象として発した布達と比較した場合、王政復古の意義に関する説明については、「さとしに」及び「宗谷役所布達」の内容及び表現がほぼ同一であることを指摘し得る。両者の相違点としては、天皇と将軍に対する関係の説明としての「皇大神宮の子孫京都にあらせられ、将軍という官名を串付なされるをしらざる様になり」[40]という一文が北蝦夷地においては欠落している点を挙げることができる。欠落している理由については不明であるが、単なる遺漏である可能性と、アイヌが江戸時代において幕府の直接の統治下になかったことから、敢えて将軍と天皇の関係について言及しなかった可能性を指摘することができよう。また、箱館市中を対象とした「掟」と北蝦夷地を対象とした「吉田復太郎布達」を比較した場合、松前藩の触書との相違点であった、民衆に対する政治的発言及び役人の不正の摘発を容認した点が北蝦夷地においてはさらに強調されていると見ることができる。「公議」の尊重に関しては、民衆も含めて参加者が納得するまでの徹底した議論などを規定しており、[41]また、役人の不正の摘発を容認するのみならず、役人を今日における「公僕」とほぼ同義に位置付けている点など、「掟」に見られた規定より

も民衆の地位をかなり高く設定している。(42)

日本人居住地とアイヌ居住地におけるかかる規定の差異は、江戸時代において北蝦夷地、即ち樺太・千島地域が日本人の定住地域ではなかったことに起因していると考えられる。非日本人居住地であったため、江戸幕府及び松前藩が直接的に統治を行うことがほとんどなく、それゆえに政府と民衆の間において統治に関する慣行が形成されなかったのであろう。このため、明治維新以降、明治政府がアイヌをも日本国民として直接の統治下に置いたことによって、「五箇条の御誓文」等において明治政府が掲げた理想やスローガンがより多大な影響をもって北蝦夷地に反映されたと考えられる。また、江戸時代における触書との共通点が見られないことなどからは、明治政府が北蝦夷地において江戸時代とは異なる新たな政府と民衆の関係を創出することを企図していたことが推測される。単に統治上の必要性によって布達を発するのであれば、統治における実績が存在している日本人居住地における領主―領民関係に基づいた布達と同内容であった方が、より混乱が生ずる可能性は低いと考えられるが、敢えて全く異なる規定を定めたことは、北蝦夷地における布達は、明治政府の理想を反映させる一種のテストケースであったと考えることもできよう。些細なことではあるが、箱館市中における「掟」が江戸時代と同様に一つ書きの形式を採用しているのに対し、北蝦夷地における「吉田復太郎布達」は、第一規から第五規（ただし、第二規から第五規までは数字部分が空欄―筆者註）までの条数を明記する形式を採っているのである。表記形式について従来の触書とは異なる形式を採用した点からも、政府と民衆との新たな関係を創出しようとした意図を見ることができるのではないだろうか。

3　他地域との比較

本章においては、蝦夷地（北海道）を事例として、同地域における触書・布達の比較を中心に進めてきた。しかし、触書と布達における共通点、あるいは相違点といった論点をより明確にするため、参考として他地域の布達を比較の対象として取り上げてみることにしたい。

まずは、明治三年一月に柏崎県において発せられた「郡中心得條目」を明治初期における布達の比較事例として取り上げることにしたい。(43)ここで柏崎県を比較の対象として取り上げるのは、箱館府との共通点が認められるためである。箱館府は、幕末の開港に伴って箱館奉行所が設置され、東西蝦夷地が上知されていた地域を明治政府が接収して設置されている。一方で、柏崎には幕府代官所が設置されており、開港地であった新潟等と併せて明治政府が接収し、越後府が設置された。その後、明治二年（一八六九）八月、越後府の廃止に伴って中越地方に設置されたのが柏崎県である。すなわち、両者ともに旧幕領であって、藩領から廃藩置県によって設置された府県ではなく、廃藩置県以前に設置されていた明治政府の直轄地としての府県であった。

では、以下に柏崎県による「郡中心得條目」の内容を確認することにしたい。「郡中心得條目」の内容としては、主に以下の九点を挙げることができる。第一に、家内・村内における和親と素行優良者に対する顕彰、第二にキリスト教の禁教、第三に生活困窮者に対する扶助、第四に農業に対する精励、第五に戸籍の管理及び脱籍・浮浪者に対する警戒、第六に婚礼・葬礼・家作等生活における倹約、第七に博打の禁止、第八に官員に対する無礼な行為の禁止、第九に官員に対する賄賂の禁止及び不正の摘発である。(44)

「郡中心得條目」を松前藩による触書及び箱館府による布達と比較した場合、松前藩が在方を対象として発した触書に対して、より多くの共通点を認めることができる。その共通点には、家内・村内における和親、身分秩序の維持、家業への精励、生活における倹約など、いわゆる儒教道徳に基づく「仁政」的な関係が内在されていると見ることができよう。また、博打の禁止や地域住民の管理といった点についても両者において同様の規定が為されていることを指摘し得る。蝦夷地と中越地方の地域的な差異や、明和五年と明治三年（一八七〇）といった約一〇〇年にわたる時間的な差異があるにも拘らず多くの共通点を認めることができるのは、双方ともに農村部を対象としているという地域特性としての共通性によることが推測される。また、町方を対象とした触書と箱館市中を対象とした布達を比較した場合、都市部における共通点よりも、さらに多くの共通点が農村部において存在している。これは、当時において農業が主要な産業であり、また人口比率も高い農村部がより安定的な統治を必要としたために、江戸時代からの統治に関する慣行がより多く継承されたためと考えられる。

次に、王政復古の意義の説明に関して、箱館府による布達と後に全国一般に用いられることになった『京都府下人民告諭大意』[45]について比較し、若干の考察を行いたい。

箱館府による「さとしに」や「宗谷役所布達」における王政復古の意義の説明と『京都府下人民告諭大意』の内容を比較した場合、両者ともに天皇の権威を説くことが中心であって、前政権である江戸幕府に対する批判や武家による支配の否定は全く為されていないなどの共通点が見られ、その趣旨に関しては大きく異なる点はないと言えよう。江戸幕府や武家政権自体に対する批判がなされていないのは、そもそも版籍奉還以前の段階であって、全国には多くの藩が残存しており、武家の支配そのものを否定することはかかる状況において諸藩の反発を招く可能性が存在したためであると考えられる。また、北陸や東北において戊辰戦争が継続中でもあり、政情はいまだ安定しているとは言い難い状況でもあり、明治政府にとっての喫緊の課題は政府による安定的な統治の実現であった。このため、江戸幕府に対する批判、さらには武家政権に対する否定が為されず、専ら天皇の権威を説くことに主眼が置かれたのであろう。

さて双方の具体的な内容について見てみると、箱館府の布達が王政復古の意義を説明し、天皇の権威を説くために神道の権威を説き、また、鏡・勾玉・剣の三種の神器の由来について述べているのに対して、[46]『京都府下人民告諭大意』は、土地や食物、治安や金銭をはじめとする経済活動に関わるものなど、生活のあらゆる面においてこれを天皇と結び付け、その上で「御鴻恩」を説いている。[47]民衆に対してどちらがより理解されやすいかを考えた場合、生活に密着してそのことごとくについて「御鴻恩」を説く『京都府下人民告諭大意』の方が民衆の生活上の感覚として理解を得やすい内容であろうことが推測される。[48]

また、民衆に発せられた時期について見た場合、箱館府による布達が慶応四年五月から六月にかけてであるのに対し、『京都府下人民告諭大意』は明治元年一〇月と、約五カ月弱ほど遅れて発せられている。そもそも、王政復古の意義について各府県において民衆に対して説明を行うことは、箱館府知事清水谷公考に対して内国事務局督徳大寺実則が「皇化を流敷し萬民生業安堵せしむる」よう指示していることからも窺うことができる。[49]民衆に宣布する内容については、概要についての指示は政府から為されたであろうが、その具体的な内容に関しては各府県に委任されたのである。このため、各府県より民衆に対して行われた王政復古の意義の説明の中で、最も完成度の高かった京都府の『人民告諭大意』が全国的なパンフレットとして、以後、広く用いられることになったのであろう。[50]

以上から、江戸時代から日本人が居住し、また、幕府・藩によって統治が継続されている地域については、その支配慣行及び政府と民衆の関係、いわゆる「仁君」と「律儀な御百姓」との「仁政」的な関係がほぼ継続されていると指摘し得る。また、この関係の継続性は農村部において、より強く見られる。かかる江戸時代からの政府と民衆の関係の継続性は、明治四年の廃藩置県以降、明治政府による近代化政策の推進によって次第に消滅していくと考えられるが、近代化政策が旧制度・慣行を利用しつつ推進されたため、急激な消滅ではなく、漸進的なものであったと言える。

ただし、明治維新に際して、明治政府が江戸時代以来の政府と民衆の関係を踏襲しただけであったわけではなく、民衆の政治的発言の容認などから「公議輿論の尊重」等のスローガンに基づいた新たな関係を構築しようとしていたことが窺える。

一方で、江戸時代において日本人居住地ではなかった北蝦夷地においては、明治政府によってアイヌの直接統治が開始され、それゆえに江戸時代から支配慣行が形成されていなかったため、明治政府によるスローガンをその布達においてより強く反映させ、日本人居住地における江戸時代以来の関係とは異なる政府と民衆との関係の構築が目指されたと言える。

おわりに

以上に見たように、松前藩による触書と箱館府による布達について、その内容を比較し、明治維新が政府と民衆の関係に与えた変化について考察を試みた。

その結果、まず明らかになったのは、明治維新の前後において政府と民衆の関係は大きく変化することはなく、基本的には江戸時代における領主と領民の関係である「仁政」的な支配関係が継続されているということである。もっとも、本章において取り上げた事例が廃藩置県以前における箱館府の布達であり、このために大きな変化が生じなかった結果となった可能性はある。だが、廃藩置県以降、開拓使によって発せられた布達の内容からは、近代化政策の推進において旧制度・旧慣を利用する側面も見られ、明治初期における政府と民衆の関係の変化は、廃藩置県以降においても漸進的なものであったことが推測されるのである。

また、他地域との比較として、中越地方の柏崎県による布達と、松前藩の触書及び箱館府の布達の内容をそれぞれ比較した場合、松前藩の在方に対する触書と柏崎県の布達の間により多くの共通点を認めることができた。両者が発せられた時期に、約一〇〇年の違いがあることを考慮した場合、政府と民衆の関係は農村部においてより継続性の高いものであったと指摘することができる。

触書と布達の内容に関してその共通点が認められる一方で、相違点もまた存在していた。民衆に対して政治的発言を容認し、さらには役人の不正を摘発することを認める規定は、触書には存在せず、布達にのみ認めることができた。かかる規定の存在は明治政府が掲げた「公議輿論の尊重」等のスローガンを反映したものと考えられ、相違点に着目した場合、その実効性が不明であるとは言え、少なくとも布達上においては江戸時代の「仁君」と「律儀な御百姓」とは異なる関係を構築することを明治政府が企図していたと捉えることができる。

アイヌとの関係を展望した場合、新たな政府と民衆の関係の構築を企図していた可能性をより強く指摘できる。即ち、明治政府によって直接その統治下に置かれることになったアイヌに対して箱館府が発した布達の内容は、官民の関係を極めて接近させ、民衆が政府に対してより容易にアクセスすることを認めたものであり、「五箇条の御誓文」等において明治政府が掲げた理想を強く反映した内容であるからである。これは江戸時代においてアイヌは幕府・藩の直接の統治対象でなかったため、統治上の慣行が形成されず、明治政府のスローガンに基づき政府と民衆の関係の構築を企図したためであろうと考えられる。

以上のように、触書と布達の内容を比較した場合、その共通点と相違点を認めることができ、共通点からは江戸時代以来の領主―領民関係の継続性を、また、相違点からは明治政府による新たな政府と民衆の関係の構築を看取することができる。かかる継続性と革新性の並存について見解を述べることにしたい。

明治政府、就中、直接民衆と対峙した各府県は、その布達の文面上、廃藩置県以前においては、江戸時代の領主と統治者としての意識に関して大きな差異が存在していないように見受けられる。しかし、これは明治政府が創設直後であり、また、北陸・東北において戊辰戦争が展開されているといった非常に不安定な政治的状況にあったことを考慮すべきであろう。即ち、明治初年において明治政府が最も必要としていたのは安定的な統治の確立であり、そのためには江戸時代から形成されてきた慣行を継承することが最も妥当な選択であったのではなかろうか。仮に、江戸時代の領主と比較して統治者としての意識に変化がなかった場合には、箱館府の布達に見られるように、「公議輿論の尊重」等のスローガンを反映させ、民衆の政治的アクセスを認める新たな関係を規定する必要はなかったであろう。これは、アイヌとの関係を展望した場合に一層顕著となる。江戸時代において統治の実績がなかったアイヌに対して箱館府が発した布達は、国内の他地域において見られる触書との共通点の存在する内容ではなく、むしろ触書とは全く共通性を持たない内容であった。即ち、箱館府を事例として考えた場合、明治政府は新たな政府と民衆の関係の構築を模索していた可能性を指摘できるのではなかろうか。

以上より、明治維新に際しては、安定的な統治を確立する必要性から、明治政府は基本的に江戸時代以来の政府と民衆の関係を継承したが、その内実としては、自らのスローガンである「公議輿論の尊重」等を反映させた新たな政府と民衆の関係の構築を企図していたと考えられる。

〈注〉

（1）『法規分類大全』第一編　第二冊　政體門　布告式、八―九頁。
（2）松前町史編集室編『松前町史』史料編第一巻（松前市発行、一九七四年）、『松前福山諸掟　全』、町々、六〇六―六〇七頁。
（3）同前。
（4）同前。
（5）『松前福山諸掟　全』（注2参照）、東西在々、六〇九頁。
（6）同前。
（7）同前。

(8) 同前。
(9) 函館市編『函館市史』史料編第二巻（函館市発行、一九七五年）、『舊記抄録　全』、三六三―三八一頁。
(10) 前掲『舊記抄録』において太政官よりの通達を箱館府がそのまま達したものとしては、いわゆる「五榜の掲示」や、キリスト教の禁止、阿片煙草の禁止などを挙げることができる。太政官からの通達については、文末に「右の通従太政官被仰出候間此段申達事」と付されており、箱館府が自ら発した布達とは異なる一文が付されている。
(11)『舊記抄録　全』（注9参照）、「さとしに」、三六六―三六七頁。
(12) 同前。
(13) 同前。
(14)『舊記抄録　全』（注9参照）、「掟」、三六五―三六六頁。
(15) 同前。
(16) 同前。
(17) 同前。
(18) 同前。
(19)『舊記抄録　全』（注9参照）、「慶應四辰年六月廿一日御触出し」、三六三―三六四頁。
(20) 同前。
(21) 同前。
(22) 同前。
(23)『舊記抄録　全』（注9参照）、三六四―三六五頁。
(24) 同前。
(25)『舊記抄録　全』（注9参照）、三七〇―三七一頁。
(26) 同前。

(27) 同前。
(28) 同前。
(29) 同前。
(30) 同前。
(31) 宮沢誠一「幕藩制イデオロギーの成立と構造　—初期藩政改革との関連を中心に」（『歴史学研究』別冊特集、一九七三年）、一一一頁。
(32) 『加賀藩史料』第三篇（石黒文吉、一九三〇年（清文堂出版より一九八〇年に覆刻））、「寛文元年正月四日」、九一〇頁。
(33) 岡田昭夫「明治法令伝達考」（四）（『東京醫科大学紀要』第二八号、二〇〇二年）、二七頁。
(34) 『函館市史』史料編第二巻（注9参照）、『明治四、五年　御達留（抄）』、四二〇頁。
(35) 同前
(36) たとえば、名古屋市市政資料館所蔵の『筒井聡氏所蔵　下郷家文書』（四七八「当番庄屋坂野三右衛門よりの太政官布告廃藩置県達状（断簡）」）には、廃藩置県を通達する太政官布告について、「右御觸書出候付如例當番庄屋坂野三右衛門ヨリ相達十一印より至来梶川物造江及廻達候事　辛未八月三日二字」とあり、明治四（一八七一）年の廃藩置県に際しても、触頭を定めての回覧方式による伝達が継続的に機能していたことが窺える。
(37) 前掲「明治法令伝達考」（四）（注33参照）、二一八—二一九頁。
(38) 『法令全書』、明治六（一八七三）年二月二四日、太政官達第六八号。
(39) 例としては、以下のようなことを挙げることができる。明治四（一八七一）年八月に戸籍の編成に当たって、政府は「戸籍規則書」を発しているが、同規則書について開拓使が管内に達した内容が、前掲『御達留（抄）』に記載されている。『御達留（抄）』における記載を見ると、当時の民衆にとって判読・理解が困難と思われる字句については、読み方を記した振り仮名と意味を記した振り仮名を双方ともに記すなど、民衆の理解を得ることに努めている様子が窺える。例えば、「編製」という字句に対して、「ヘンセイ」と「アミコシライ」という二つの振り仮名を付し、「区画」に対しては「クカク」と「モヨリクミアヒノシキリ」といった振り仮名を付している。主に、漢語を中心にして同様の振り仮名が付されており、民衆への周知に努力していることが分かる。また、かかる配慮は、『法令全書』等において収録されている布告等には見られず、開拓使等、実際に民衆に対して周知を徹底する地方官レベルにおいて行われたものと考えられる。

(40)『舊記抄録　全』（注9参照）、「さとしに」、三六六頁。

(41)『舊記抄録　全』（注9参照）、三七〇—三七一頁。

(42)同前。

(43)マイクロフィルム版『府県史料』（雄松堂書店、一九六七年）、柏崎県　制度部　禁令。

(44)同前。

(45)官版『京都府下人民告諭大意』（須原屋茂兵衛／和泉屋市兵衛、一八六八年）。

(46)『舊記抄録　全』（注9参照）、「さとしに」、三六七頁。

(47)『京都府下人民告諭大意』（注45参照）、八—一四丁。

(48)この他にも、漢字にはほぼ全てに振り仮名が振られており、漢語等、当時の民衆に意味が伝わりにくい言葉に関しては、読み方を付した振り仮名に加えて意味を記した振り仮名が振られている。例えば、「倫理」には「りんり」と「ひとのみち」、「叡慮」には「ゑいりよ」と「おこゝろ」、「御愛憐」には「ごあいれん」と「おんいたわり」などである。開拓使が明治四年八月の「戸籍規則」において、同様に二種類の振り仮名を振っているが、あるいは、『京都府下人民告諭大意』に範を取ったものであるとも考えられる。

(49)『内国事務督徳大寺実則執達状』（国立国会図書館憲政資料室所蔵『清水谷公考関係文書』、三七—二）。

(50)例えば、柏崎県による「郡中心得條目」において、以下のような条文が規定されている。

先般京都府告諭大意トイフ書物、其言簡易ニシテ神州之國體國是王政之御趣意宇内之形勢ニ通シ易ク、依テ下渡候條、村役人ハ素ヨリ其他志アル者ハ其旨會得シ、童幼婦女ニ至ル迄能々教諭可致事。

来日外国人史料にみる近世日本の権力構造と「明治維新」

―「明治維新」＝官僚革命論―

大石　学

本稿は、近世日本の権力構造と、一九世紀の政権交代＝「明治維新」について、来日外国人たちが記した史料をもとに考察する。この作業を通じて、近世日本の政治と社会の特質と「明治維新」の歴史的性格を指摘することにしたい(1)。

一　近世日本の権力構造

1　天皇＝宗教的皇帝論

近世日本の権力構造について、外国人の天皇観について見る。

①「昔、天皇が威福を専擅したときにおいては、三公六官を置いて百工を治め、大将軍を置いて軍政を統理した。中世以後は、大将軍がみずから関白となって国命を執り、いうところの天皇は、その宮に形代《かたしろ》の如くに居し、号令が

王城から出ることはなくなった。ただ、年号、暦書をもって国中に行ない……謝恩の礼があるだけである」（申維翰、姜在彦訳『海游録』平凡社東洋文庫、一九七四年、一四〇～一四一頁）

②「前世には、天皇が政を執り、ゆえに、官名を帯びたる者は、それぞれにふさわしい職を治めた。しかし天皇が形代になって以後は、関白は正二位大将軍の職をもって六十六州を総理し、各州の地を瓜分して、もって宗室、執政などの食邑（藩領）とした。そして大小の官名は、ただ仮りの空名となり、天皇にたいする謝恩の礼だけとなった。前世における天皇の六官三公は、今は如何なるものやも知れざるにいたった」（申維翰『海游録』二九四頁）

③「今日では、公方《クボウ》すなわち世俗的皇帝［将軍］が全国の頭《かしら》におり、その下で各地方の若君または藩主が統治に当たっている。大きな地方の藩主を大名《ダイミョウ》、小さな地方の藩主を小名《ショウミョウ》とよぶ。これら藩主のうちで間違いを犯した者があれば、将軍はその者を解任するか、どこかの島へ追放するか、または死刑に処すことができる。またこれら藩主は全員、毎年、参府の旅をし、幕府に六か月滞在し、そしてその忠誠の証として自分の家族全員をいつもそこに置いておく義務がある。しかし将軍以外にもう一人、宗教上の皇帝［天皇］がいる。その権力は現在、宗教および皇室領に関する事柄に限定されているが、この宗教上の君主すなわち天皇は、過去二〇〇〇年にわたるこの国最古の君主からつづく正統な一系の子孫に当たる……一一四二年までは内裏が絶対的な権力をもって、単独に統治してきた。一一四二年から一五八五年までは、この国の最古にして正統なる君主の内裏と現世の主権者すなわち武士の頭とが、国の権力を分有した。そして一五八五年からは、内裏の権力は寺社領に関する事柄だけに限定されたのである。国民の内裏に対する尊敬の念は、神そのものに対する崇拝の念に近い」（C・P・ツュンベリー、高橋文訳『江戸参府随行記』、平凡社東洋文庫、一九九四年、二四七～二四八頁）

④「内裏は世俗的な面ではその名声を失ったにもかかわらず、なおたいへん偉大にして神聖なる人と見なされているので、公方は自らまたは使節をして、毎年またはある期間ごとに内裏を表敬訪問し、国のしきたりに従って立派な

献上品を贈らなければならなかった。頼朝や何人かの世俗的皇帝［将軍］は、自ら敬意を表するために都への旅を行なった。それは後年、徐々に廃れていき、ついに行なわれなくなった。江戸参府の旅にのぼる藩主でもオランダ人でも、都で宗教皇帝を表敬訪問する者はいない」（C・P・ツュンベリー『江戸参府随行記』二五〇頁）

⑤「内裏（Dairi）といわれている日本の精神界の君主は、この国における最初の統治者である……内裏はまだこの帝国の屋上の君主と考えられているが、しかし、これは単に空虚な辞令にすぎないのである。現在における内裏の影響力は無に等しく、したがって主権は、実際には将軍家に委ねられている……どんなに主権を握っている現在の将軍家に対して、混乱されるような企みをしても、すべて無駄であるということを悟った内裏は、将軍が礼節上、内裏に捧げる尊敬と敬意、しかも賢明な内裏ならば決して拒みはしないというような種類の尊敬と敬意とを受け入れることで、みずから満足しているようにみえるのである」（イザーク・ティチング、沼田次郎訳『日本風俗図誌』新異国叢書、雄松堂書店、一九七〇年、三〜四頁）

⑥「ミカドは、日本の精神上の皇帝であるうえに、この世にある彼の臣下と来世の諸霊及び聖徒との間をとりなす仲介者の一種である。多くの点で彼の機能は教皇の機能ときわめてよく似ているように見える」（ローレンス・オリファント、岡田章雄訳『エルギン卿遣日使節録』新異国叢書、雄松堂書店、一九六八年、七七頁）

⑦「ミカドすなわち精神上の皇帝は、現世的な問題について、名目上相談に与るとはいえ、また皇帝という名称によって、その現世的な競争相手ときびしく区別されているとはいえ、実際には単なる傀儡《かいらい》にすぎない。彼はときどき大君《タイクン》の儀礼的訪問を受け、国事に形式上の裁可を与える。しかし一般にその精神上の王冠を、あまり長い間冠らないうちに、煩わしいものとし、息子にその位を譲って天上の王国から降り、この地上界で平和な晩年を過すのである。一方、大君は表面上王国の管理者であるが、彼もまた、現世的尊厳のあまりにも高い頂点にまでもち上げられるため、その高い身分は実質上の利益をすべて奪いとられ、ミカドに儀礼的訪問を行なうとき以外はその広大な城塞に閉

じ込められ、国家の囚人として一生を過すのである」（ローレンス・オリファント『エルギン卿遣日使節録』一二八～一二九頁）

⑧「太閤様は、威厳をもっと十二分に高める制度を創始し、国家の統治方法を二つにわけたが、〝精神的な〟とか〝世俗的な〟といった名称で知られている二人の皇帝が統治することにした……そのときから、将軍すなわち〝世俗的な皇帝〟は、事実上日本の統治者となった。帝すなわち〝精神的な皇帝〟は、ずっと名目上最高の位階をあたえられてはいたが、かつての権力は見る影もなかった……帝は名だけの統治者であるけれど、国事の有事にさいして、将軍がとる行為に有効性をあたえるために、帝の同意は欠かせない、と考えられている」（ジョージ・スミス、宮永孝訳『スミス日本における十週間』新異国叢書、雄松堂書店、二〇〇三年、三二五～三二六頁）

⑨「天皇は、将軍から日本の正統の帝であるとは認められていたが、実権は何もなく、ただ名目上の象徴的立場にあった」（フランシスコ・ディアス・コバルビアス、大垣貴志郎・坂東省次訳『ディアス・コバルビアス日本旅行記』新異国叢書、雄松堂書店、一九八三年、六三頁）

①と②は、一七一九年に朝鮮国王から派遣された通信使に製述官として随行した申維翰《しんゆはん》が記したものである。①は、天皇が形代《かたしろ》（神の代わりの人形）のようになり法令を出さなくなったこと、②は、かつて天皇から与えられていた官名（石見守、能登守など）が形式化したことを記している。

③と④は、一七七五年から七六年にかけて滞日したスウェーデンの植物学者カール・ペーテル・ツンベルクの記述である。③は世俗的皇帝は将軍であり、宗教的皇帝が天皇であるとし、④は、大名の参勤交代やオランダ商館長の江戸参府のさいにも、京都に立ち寄ることはないと記している。⑤は、一七七九年から八五年にかけて三回にわたって滞日したオランダ商館長ティチングの記述であり、ここでも内裏の影響力は無に等しく、実権はすべて将軍が握って

いると記している。
⑥と⑦は、イギリス人オリファントが記したものである。オリファントは、一八五八年にイギリス使節エルギン卿の秘書として来日し、六〇年に公使館の第一書記官に任命されたが、六一年に水戸浪士らによる東禅寺襲撃事件で負傷し帰国した。⑥は天皇が精神上の皇帝であり、⑦は天皇が実権をもたず将軍の傀儡にすぎないと記している。
⑧は、一八六〇年に来日したイギリス人でイギリス国教会の神学博士スミスの記述であり、精神的皇帝の天皇は世俗的皇帝の将軍に実権を奪われたとする、ただし、国事の有事のさいは天皇の同意が将軍の行為に有効性を与えるとも記している。⑨は、一八七四年に天体観測隊の一員として来日したメキシコ人コバルビアスの記述であり、ここでも天皇は実権がなく名目上の象徴的存在としている。

これら外国人たちは、近世の天皇を政治的実権がない宗教的皇帝と認識していたのである。

2　将軍権力の形式化＝実権は幕府官僚

では、天皇から権力を奪った将軍権力は、どのように見られていたか。

⑩「将軍は単独では国の手綱を手中に収められず、老中六人と一緒に統治に当たっている。老中は通常、年配の賢明なる男子がなる。公方には、各藩主が幕府へ携行する地方の産物からなる立派な献上品の他に、いくつかの天領と呼ぶ領地、すなわち五つの幕府直轄地およびいくつかの幕府直轄の町からの収入がある。そこは奉行《ブギョウ》が治めており、税金はそれぞれの地方の物産によって納められる。同様に各藩主は、その地方から税金を徴収し、それで侍臣、藩士、家族を養い、道路や幕府への旅費等々の費用に当てる」（C・P・ツュンベリー『江戸参府随行記』二五二頁）
⑪「将軍は、主権者であり独裁君主と見なされてはいるが、その権力は名前に付随しているだけであり、実際の行

動によるものではない。将軍の主な仕事と楽しみといえば、儀礼と臣従の礼である……合議政体というよりはむしろこの国固有の政府は、七人の第一閣僚［老中のこと］および六人の第二閣僚［若年寄のこと］、そのほかに二人の寺社役人［寺社奉行］あるいは儀典大臣［奏者番のこと］よりなる。彼らは第一の閣僚の数のうちから選ばれた一人の幕府行政官によって推挙されるもので、その権力と影響力は英国の大臣の権力と影響力に匹敵するものである。事件は彼らによって審議に付されてしまうと、それは将軍に対し裁可を仰ぐために提案される……もし将軍すなわち公方《クボー》の判決が誤っていると見なされた場合には、公方にとっては政権の座からしりぞく以外に道は残されていないのである。これを日本人は隠居《インキョ》と名づけている。そして自分の息子に後を継がせるのである。もし誤りが幕閣の側にありと見なされた場合には、それによって、最も強力に事を進めて来た中心人物の生命が危くなるのである」（ファン・オーフルメール・フィッセル、庄司三男・沼田次郎訳注『日本風俗備考』1、平凡社東洋文庫、一九七八年、三八～三九頁、［　］は原本注、以下も同じ）

⑫「日本人は優れた国内体制を築き上げている。つまり、老中は将軍なしでは何事もできないし、将軍も老中なしでは何事も行ない得ない。そして将軍も老中も諸侯に謀《はか》らなければならない。彼らは今までこういう組織を保守してきたし、アメリカ人か、さもなくば私たちがそれを打破してやらないかぎりは、彼らは今後とも巧妙な基盤に立って組織を守り続けるであろう！」（イワン・アレクサンドロヴィチ・ゴンチャローフ、高野明・島田陽訳『ゴンチャローフ日本渡航記』新異国叢書、雄松堂書店、一九六九年、二三二頁）

⑬「統治権は、江戸に居を構えている将軍の掌中にある。とは言っても、彼は決して専制君主ではなく、察するに評議会を側近にもっており、法律に従っている。支配の分割以来、確かに幾度かの内乱は起きたが、全体としてみれば、最近の三百年以降日本ではどこか他の国でみられたよりも一層の安寧、平和、協調が続いたことは、否定され難いのである。こうした状態がもたらされた理由は、立法と全国に張り巡らされた諜報網にある。法は比類のないほど

細分化されており、例のないほど一分の隙もない。皇帝も、取るに足らぬ日傭人足も、誰でも法の支配に服している」（F．A．リュードルフ、中村赳訳・小西四郎校訂『グレタ号日本通商記』雄松堂出版、新異国叢書、一九八四年、二七二頁）

⑭「家康は王位を僣取したとき、日本の貴族ノービリティに三百の諸侯プリンセズを新設した。それ以来、大君が五名の閣老（老中）を指名することになっている。この三百人の世襲大名のほかに、十八名の諸侯がいて、その家系は七、八百年の昔に遡る。独立の大名たちは、他の三百人より高い身分におかれているが、閣老に指名されることはない。閣老会議の会員は、この帝国でもっとも格式の高い役人で、前記の十八名の諸侯といえども、その前に出ては頭をさげねばならない」（ヘンリー・ヒュースケン著、青木枝朗訳『ヒュースケン「日本日記」』校倉書房、一九七一年、一五五頁）

⑮「統治は江戸の国務会議によって行なわれ、有力なる藩侯がその会議に列していた。その会議の議長、すなわち大老は将軍自身よりも大きな権力をふるっていた。聞くところによれば、それほど権勢のある大老でさえも、その行動には或る基本的掟の制約を受けているという」（リッダー・ホイセン・カッテンディーケ、水田信利訳『長崎海軍伝習所の日々』平凡社東洋文庫、一九六四年、一八頁）

⑯「幕府は五人の閣老によって統治され、その下に各種の奉行がいる……国家にとって重要な事柄が扱われるときは、閣老が一堂に会し決定する。この機関も相互に監督しあっている二つの集団からなる。小集団は五人、大集団は一七人、すなわちすべての有力大名からなっている。基本的にはしたがって将軍に実権はなく、天領に関することにすらほとんど発言権がない」（ラインボルト・ヴェルナー、金森誠也・安藤勉訳『エルベ号艦長幕末記』新人物往来社、一九九〇年、一一四頁）

⑰「日本人の福祉と文明が、以上記したような体制のもとで著しく向上したことはすでに述べたところである。国

民の性格は、今日でも二百年前とほぼ同様である。本質的には、十六、十七世紀にフランシスコ・ザビエルやその他の旅行者たちが叙述したことが今日の日本人にもあてはまる。しかし、彼らの風習は長い平和を通じてより穏やかなものになり、彼らの見解はずっと自由かつ人間的なものになった。日本民族が受けていた抑圧は、彼らの発展にとってプラスになるものだったらしい。家康［徳川］の体制は十五、十六世紀の状態に比するとずっと改良されたのである。封建諸侯の勝手きままな意志は厳格で専制的ではあったが、今や秩序ありかつ協調的な統治にとって代わられた。全能なる将軍自身の権力も、事情によっては制限されたものになった。なぜならそれは、完全に合法的なものではなく、また大昔からあるミカドの座も決して除去できなかったからである。ミカドは将軍にとって、たえず脅威的な存在として現われたに違いない。それはミカド自身の力によってではなく、反乱を起しそうな大名の中心的存在となり、あるいは人民の信望を常に集めるからなのである。今日でも、将軍は絶対的君主であるとしても、国の最高位の人物であると認める日本人はいない。だから将軍は、有力諸侯を抑えるためには、人民の好意と世論の同意とを必要とする。それは、賢明にして公正な、また国家の必要に適合した統治によってはじめて得られるのである。支配体制はだんだんと専制的になった。しかしいろいろな要素がたがいに均衡を保っているため、政治は公正に行なわねばならなくなり、また人民の状態もよくなったのである。この外的な必要は、またよき内的関係を招いた。かくて、教養階級の中においては、よき誠実な意向が一般的あるいは少なくとも優勢であると主張できるであろう。名誉こそは、高い身分の人々の指導原理である。それは高貴な素姓の属性であり、最高の義務を課するものであって、かつまたあらゆる高い道徳の源泉なのである」（中井晶夫訳『オイレンブルク日本遠征記』上、新異国叢書、一九六九年、三四〇頁）

⑱「（4代将軍の）家綱が未成年のうちは、歴代の家臣（譜代大名）の中から選んで構成される閣老《カウンシル・オブ・ステート》が、将軍の名において政治を行なった……閣老連中は単に名目上の行政長官であるに過ぎず、閣老自身の意思というものは

全然なく、その意思は自分の家来である世襲の家老によって指導され、その家老自身もまた、他のだれかによって糸をあやつられた。そこで、実際の権力は旗本《ハタモト》及びそれ以下の徳川直参の家臣の中から選ばれた各部の長官、すなわち奉行《ブギョー》の手に落ちたのである。これらの多くは、声望と実力とを兼ねた人物であった。しかし、奉行としても、怠惰な閣僚としても仕事を好む勤勉努力の士に権能をゆだねようとする傾向が強かった……実際、政治の機構がひじょうに巧妙にできていたので、どんな小児でもそれを運転することができたのだ」（アーネスト・サトウ、坂田精一訳『一外交官の見た明治維新』上、岩波文庫、一九六〇年、四四頁）

⑲「今や歴代の将軍は真正の国都たる江戸に據り、大将軍と云へる古代の官職を追憶せしむる名をば之を棄て、今日の如く大君の称を採り、以て強大なる中央集権を組織せり。総理大臣として御大老一人を置き、其次に老中五人、若年寄若干人を置き、以て庶政を分掌せしむ。大君職は世襲にあらず、御三家と云ひて家康の三子の後たる三公族の中にて、御老中及び若年寄の二合議体によりて選ばれたるものは、御門の認許を得て大君職になるを得るなり。右の如き政体に於て最も奇異の観をなすは、家康以来、諸大名殊に国司大名にまでも服従の義務を負はしめたる事是なり」（アルフレッド・ルーサン「日本沿岸戦記」、大日本文明協会編『欧米人の日本観』上、一九七三年、原書房、六九二～六九三頁）

⑳「将軍の職が権現様［家康］の取定めによって世襲に改められて以来、われわれが将軍職（taikounat）と名づけるこの制度は、明らかに、将来の立憲君主制の萌芽をすでにもっていた。だが、その立憲君主制は、皇統連綿たる皇帝［天皇］に、名目上の権力しか残さないという運命にあった。人人がどうあがこうと、すでに不統一になってしまったこうした社会組織に対して、ヨーロッパの近代的で、根本的、民主的な文明は一種の溶解剤として作用しているのである。最初に致命傷を受けた階層は封建貴族［上級武士］であった。まず、何よりも物質面で打ちのめされたのである。領主たちは、領地からあがる収益を除けば、まるで金銭上の財源を所有していない」（エーメ・アンベー

ル、高橋邦太郎訳『アンベール幕末日本図絵』下、新異国叢書、雄松堂書店、一九七〇年、三五六〜三五七頁）

㉑「江戸幕府も、日本の歴代の王朝の共通の運命を久しく免れることはできなかった。なるほど最初の三代と八代目の徳川将軍は、その職にふさわしい権力をふるったが、あとの一一人の徳川将軍は、一人のこらず御老中《ゴロージュウ》と呼ばれる国家最高会議の手に握られた繰り人形にすぎなかった。この会議は多くても四人か五人の委員から成り、国家の真の政府というべきもので、将軍が君主として、また大君主として所有する権利を、すべて御老中が行使した。この最高会議の下にあるのが若年寄《ワカドシヨリ》の会議である……中央政府は複雑な官僚組織から成り立っており、この制度下においては、最高の職にある者から最低の役人に至るまで、あらゆる者が、いわば並列的な監督と制肘《せいせいちゅう》から片時も逃れることができないように仕組まれている」（F・V・ディキンズ、高梨健吉訳『パークス伝』平凡社東洋文庫、一九八四年、八頁）

㉒「大君《タイクーン》は伝統的な古来の慣習や旧来の法律に束縛されている以上に、実際には拮抗関係にありながら名目的には従属関係を主張している大名、すなわち封建諸侯によって抑制され支配されている……たとえ大名は公的には二つの権力の臣下として存在しながら国家の法の下に置かれるものであるにせよ、彼ら封建諸侯はこの国のほとんどすべての土地を所有しており、しかも絶対的支配権をもって統治している。また彼らは大君と天皇 Micado の権力に公然と対抗しており、しかも自らの利害や感情の強いるままに、大君と天皇双方の権力を制限しているのである」（ハインリッヒ・シュリーマン、藤川徹訳「シュリーマン日本中国旅行記」『シュリーマン日本中国旅行記・パンペリー日本踏査紀行』新異国叢書、一九七二年、八一〜八二頁）

㉓「家康が確立した徳川幕府から二六五年の間に、十五代の大君が交代した。だが、創始者家康とその孫家光を除けば、秀でた人物は皆無であった……すなわち高位を掌握する一握りの人物が国を統治し、将軍は有名無実化していた。高位高官が配下の家来に支配されることも再三再四起こった。行政は手練手管にたけた者か陰謀家によって実際

は掌握されていた。藩内でも同様のことが生じていた。大名は一般に有名無実化し、その相談役である執事や侍従が、封地の一切の貢物を自分勝手に処理していた。帝や大君および諸侯の有名無実化は常識化するが、そうすることは自ら高位に就かずに公儀に介入することを欲する人々の伝統的な方策であったとも言える（コバルビアス『ディアス・コバルビアス日本旅行記』二二六頁）

⑩は、スウェーデン人ツンベルクの記述であり、将軍は自分の意志で政治を動かすことができず、六名の老中と相談するとある。⑪は、オランダ人で一八二〇年と二八年に来日したオランダ商館員フィッセルの記述で、将軍は権力者ではなく、むしろ実権は老中や若年寄など幕府官僚が握っているとある。

⑫は、一八六三年ロシアのプチャーチン提督が長崎に来航した際に、秘書官として同行したロシア人ゴンチャローフの記述であり、将軍、老中、大名が相互に不可欠な組織を作り上げたとする。⑬は、一八五五年に箱館と下田に来日したドイツ人リュードルフの記録であり、将軍の権力が、側近の評議会と法律によって制約をうけており、将軍を含む全国民が細かな法律のもとにあるとする。

⑭は、一八五六年にハリスの書記官として来日し、六一年に攘夷派浪士に斬殺されるオランダ人ヒュースケンの記述である。ここには、幕初以来五名の閣老（老中）が政治を主導し、古い由緒をもち独立した一八名の大名は、一般の大名よりも高い地位にあるものの、閣老に指名されないこと、閣老会議のメンバーは、日本でもっとも格式の高い役人で、先の一八名の権威を上回ったことが記されている。⑮は、一八五七年に長崎海軍伝習所の指導者として来日したオランダ人カッテンディーケの記述であり、統治は幕府の会議によるが、ここには有力な藩の諸侯が出席し、大老が将軍よりも権力をふるっていたことが記されている。

⑯は、一八六〇年に来日したプロイセンのオイレンブルク使節団の一員で、運送船エルベ号の艦長でドイツ人のラ

インボルト・ヴェルナーの航海記であり、国家は閣老五名が統治し、そのもとに奉行がおり、重要案件は有力大名による二つの集団が決定し、将軍には実権がなく幕領に関することですら発言権がないと記している。

⑰は、オイレンブルクの部下のドイツ人ベルクの記述とされるが、近世の平和のなかで、社会は自由・人間的になり、専制的支配は協調的統治へと変化した。将軍権力は制限されたものとなり、天皇を除去できず、天皇は反乱する大名たちの中心的存在となった。幕府が諸侯を抑えるためには、「人民の好意」と「世論の同意」が必要であると記している。

⑱は、一八六二年にイギリス公使館に勤務し、八五年にイギリス公使として再来日したイギリス人アーネスト・サトウの記述であり、老中ら閣老は名目上の行政長官にすぎず、閣老は家老たちによって動かされ、家老も他のだれかによって動かされているとし、実際の政治権力は、奉行となる旗本が握っているとする。

⑲は、一八六二年に来日したフランス人ルーサンの記述であり、将軍（大君）は世襲ではなく、老中や若年寄の合議によって選ばれ、天皇の承認を得ると述べている。⑳は、一八六四年にスイス遣日使節として来日し修好条約を締結したスイス人アンベールの記述であり、将軍が法により権力を制限される実態を立憲君主制の萌芽と記している。㉑は、一八六五年に来日したイギリス人でイギリス海軍軍医将校のディキンズの記述であり、四代以後の将軍はすべて老中の傀儡にすぎなかったとする。

㉒は、世界周遊の途上一八六五年に来日したドイツ人ハインリッヒ・シュリーマンの記述であり、将軍は慣習・法律、あるいは大名によって制約される存在とする。㉓は、一八七四年に来日したメキシコ人コバルビアスの記述であり、将軍は有名無実化し、高級官僚が幕政を動かしていたが、高級官僚も家臣に抑えられていた。大名も同様で、執事や侍従などの藩官僚が政治を主導していたと記している。コバルビアスは、天皇、将軍、大名の有名無実化の認識は常識化したとも述べている。

以上のように、近世中後期にかけて来日した外国人たちは、将軍権力が形式化し、老中をはじめとする幕府官僚が実権を握っていたことを指摘するのである。

3　大名権力の形式化＝実権は藩官僚

では、形式化した将軍権力にかわり、実権を握った大名権力は、外国人にどのように見られていたのか。

㉔「各地方の統治は、そこに居を構える藩主に任されており、藩主は世俗的皇帝［将軍］に対し、その地方の管轄についての責任を持つ。藩主は領地から生じる全収入を得て、自分の宮廷、軍事力、ならびに道路等々をまかなう。藩主はまた、年に一回その藩の大きさや格にふさわしい数の随員を伴って幕府へ参上し、立派な献上品を携行し、忠誠の証として家族を常に幕府に置いておくのである」（C・P・ツュンベリー『江戸参府随行記』一五三頁）

㉕「大名たちは将軍の権力にたいするあらゆる反抗を慎み、日本は二〇〇年の平和を享受している」（ドゥーフ『ドゥーフ日本回想録』新異国叢書、雄松堂出版、二〇〇三年、一八頁）

㉖「藩主たちの支配は、将軍の支配ならびにその他あらゆる国事を遂行するのと同じやり方で行なわれている。何となれば、公務そのものについては、個人として名誉を失わない程度以上には、留意することもなく、また顧問や秘書官たちの手で、暫定的に処理されてしまったことに対する承認が求められるにすぎないからである。各々の藩主は、二人の御家老《ゴカロー》、すなわち秘書官を持っているが、彼らの権威は、われわれの間で補助役と名づけられているものと似かよったものと言うことができよう。彼らのうちの一人は、国表における用件を処理するのが役目となっており、そこでは、君主の名において、最高の指揮権を振るっている。他の一人は、常に首都において、また幕府の内においてその主君に常に付き随っている。これらの役人たちは、将軍の代わりに藩主たちに配属されたものである。そ

して幕府より彼らに与えられる命令に従って、その務めを遂行したのである。したがって各国々での指揮権は、間接的に将軍に従属しており、藩主たちは、その領国を、正確に言えば、ただその名目においてのみ統治しているのである。彼らは二重の家政を余儀なくされ、とりわけ極度に華やかな生活を営まざるを得ないのであるが、その二重の家政は、きわめて莫大な費用を要するものである。そのために、藩主は借金を負わされることになり、常に家臣以下の信用しか受けていなかったと言われているのを、日本ではしばしば耳にするのである。これによっても明らかであるように、彼らの収入も、事実上制限されたものであり、そしてまた、そのような藩主は、その地位の力を借り、また権力またはその他の影響力を手段として、富を貯えたり、資材を集めたりすることを、意のままに行なうことができないばかりか。その他どのようなものであろうと、その義務に違反するようなことは許されないのである」（フィッセル『日本風俗備考』1、四二〜四三頁）

㉗「大名それ自身も、天皇や将軍と同じく、世間から遠く離れ、無気力な生活を送り、個人的な権力はあっても少ししかないのがふつうであった。大名の領地は家老《カロー》によって治められたが、家老それ自身もずっと下級の役人たちに繰られる世襲的な人形にすぎない場合が多かった。すなわち、徳川家の中央政治制度を模範として、少し手のこんだ階級制度が作られ、この家来たちが家老を補佐する仕組みになっていた……諸藩に紛争があった場合には、将軍はこれに介入し、悪事を正すというよりはむしろ、領地没収、隠居、強制的な移封などで大名を罰し、その家臣は切腹か死罪を申しつけられた」（F・V・ディキンズ『パークス伝』一〇〜一一頁）

㉘「大多数の藩主は家老にあやつられる傀儡にすぎず、またその家老たちも、下級武士の党派にあやつられている場合が多かった」（F・V・ディキンズ『パークス伝』二二一〜二二三頁）

㉙「大名というものは名目上の存在にすぎず、実権は家老《カロー》の手中にあった。家老の多くは世襲制で、主君と同じく、ほとんど無力であった。事実、旧日本では、古今東西を通じて、支配すべき人間が支配せず、実際に支配した者

は政務を担当する権利はなく、ただ次々と陰謀によって実権を奪った人たちであった」（F・V・ディキンズ『パークス伝』三七〜三八頁）

㉚「将軍の政府は、原則だけを励行させて、個々の地方については、そこにおける古くからの慣行に任しているからである。封建諸侯は、それのみか、自分の領地だけで通用する法律や政令を発する権限をもっている。ただしそれは、国家全体あるいは他の諸地方の利益や、将軍の命令に反しないかぎりである。地方自治体は、公共の安全を計らなければならない」（『オイレンブルク日本遠征記』上、三三六頁）

㉛「数代を経ると、家康の時代に戦功のあった武将や政治家たちの子孫は愚鈍な傀儡に成り下がったが、また一方、世襲制度の弊害は、評定官たる家老の子孫にも同様の影響をおよぼした……このようにして、大大名の行使する権力は、単に名目上のものに過ぎなくなり、その実は家臣の中でも比較的に活動的で才知に富んだ者（その大部分は身分も地位もない侍《サムライ》）が大名や家老に代わって権力を行使するようになったとき、驚くべき一八六八年の革命［訳注・明治維新］が出現したのである。藩内を事実上支配し、藩主の政策を決定したり、公けの場合に藩主の発言すべき言葉を進言した者は、これらの人々であったのだ。何度繰りかえして言っても、とにかく大名なる者は取るに足らない存在であった。彼らには、近代型の立憲君主ほどの権力さえもなく、教育の仕方が誤っていたために、知能の程度は常に水準をはるかに下回っていた」（アーネスト・サトウ『一外交官の見た明治維新』上、四一〜四二頁）

㉔は、ツンベルクが、諸侯（大名）の領国統治が、幕府に対して責任を負っていることを述べている。㉕は、一七九八年来日しオランダ商館長を務めたオランダ人ヅーフの記述であり、諸侯が将軍に対して反抗をひかえたことが二〇〇年の平和の理由となったと記している。

㉖は、フィッセルの記録であり、藩主（大名）の支配は将軍と同じ方法で行われているが、その実態は顧問や秘書

官など家臣＝藩官僚が行ったことを追認する名目的な統治にすぎない、また藩の借金が藩主の名目であるため、藩主は私的に財産を貯えたり、財産を勝手に使うことはできないと記している。
㉗～㉙は、一八六五年にイギリス公使パークスに従って来日したイギリス海軍軍医将校ディキンズが記したものである。㉗は、大名の領地は家老が支配したが、家老もまた下級役人により操られているとする。また㉘も、大名の多くが家老の傀儡であり、家老もまた下級武士の傀儡であるとし、さらに㉙は、大名が名目的存在にすぎず、実権は家老にあったが、これもまた無力であったとする。
㉚は、一八五二年から六二年まで滞日し駐日ドイツ公使を務めたオイレンブルクの部下で画家ベルクの著とされる。ここでは、大名は独自の領地支配を許されているが、それはすべて将軍の命令に反しない限りであり、領地の公共の安全を義務としていたと記されている。㉛は、アーネスト・サトウが、大名の権力が名目にすぎず、実権は大名や家老に代り下級家臣の手に握られていたと記している。
以上のように、大名もまた天皇や将軍と同様、実権のない名目的な存在であったのである。(2)

4　法による権力の形式化と制約

将軍や大名の権力の制約と形式化は、法によって実現された。まず、一七七五年に来日したスウェーデン人ツンベルクの記述を見たい。
㉜「自由は日本人の生命である。それは我儘や放縦へと流れることなく、法律に準拠した自由である。法律はきわめて厳しく、一般の日本人は専制政治下における奴隷そのものであると信じられてきたようである。しかし、作男は自分の主人に一年間雇われているだけで奴隷ではない。またもっと厳しい状況にある武士は、自分の上司の命令に服

従しなければならないが、一定期間、たいていは何年間かを勤めるのであり、従って奴隷ではない。日本人は、オランダ人の非人間的な奴隷売買や不当な奴隷の扱いをきらい、憎悪を抱いている。身分の高低を問わず、法律によって自由と権利は守られており、しかもその法律の異常なまでの厳しさとその正しい履行は、各人を自分にふさわしい領域に留めている……この国ほど外国人に関して自国の自由を守っている国はないし、他国からの侵害、詐欺、圧迫、暴力のない国もない。この点に関し、日本人が講じた措置は、地球上にその例を見ない。というのは、全国民が国外へ出ることを禁じられて以来、今では唯一人この国の沿岸から出帆することはできないし、もし禁を犯せば死刑に処せられる。また少数のオランダ人と中国人を除いて、外国人は誰も入国の許可を得ることができないのである。そしてオランダ人と中国人は、滞日期間中、捕虜のように監視される」（C・P・ツュンベリー『江戸参府随行記』二二〇〜二二一頁）

㉝「正義は広く国中で遵守されている……裁判所ではいつも正義が守られ、訴えは迅速にかつ策略なしに裁決される。有罪については、どこにも釈明の余地はないし、人物によって左右されることもない。また慈悲を願い出る者はいない。正義は外国人に対しても侵すべからざるものとされている。いったん契約が結ばれれば、ヨーロッパ人自身がその原因をつくらない限り、取り消されたり、一字といえども変更されたりすることはない」（C・P・ツュンベリー『江戸参府随行記』二二四頁）

㉞「日本の法律は厳しいものである。そして警察がそれに見合った厳重な警戒をしており、秩序や習慣も十分に守られている。その結果は大いに注目すべきであり、重要なことである。なぜなら日本ほど放埒なことが少ない国は、他にほとんどないからである。さらに人物の如何を問わない。また法律は古くから変わっていない。説明や解釈などなくても、国民は幼時から何をなし何をなさざるべきかについて、確かな知識を身に付ける。そればかりでなく、高齢者の見本や正しい行動を見ながら成長する。国の神聖なる法律を犯し正義を侮った者に対しては、罪の大小にかか

わらず、大部分に死刑を科す。法律や正義は、神学と並んでこの国における最も神聖なるものと見做されている。ここでは金銭をもって償う罰金は、正義にも道理にも反すると見做される。罰金を支払うことで、金持ちがすべての罪から解放されるのは、あまりにも不合理だと考えているのである」（C・P・ツュンベリー『江戸参府随行記』二九一頁）

㉟「私は通詞から不可思議なことを聞いた。それは、処罰を告知しないという法律があること、そして多くの犯罪に対する処罰が公には知らされていないということである。それゆえに当局は、処罰の種類を決めて告知するということはしないが、人々は犯罪や放埒については決して犯すべきではないと思っている。そしておそらく当局は、告知しないことについての正統な理由があるのであろう。人々が法律について無知であることを口実にしないように、彼らはどの町や村でも、一般の見物人や毎日それを読む人に対して、大きな文字で書いた高札を広い場所にかかげ、周囲を柵で囲んでおく。それはキリスト教徒が教会で通常、説教台から民衆に一回ないし数回知らせるような方法とは異なるものである。このような場所は、町ではその入口近く、村ではその中心にある。何をやるべきであり、何をやらざるべきかという訓令は、ごく短く書かれており、罰則規定もなければおどしのような文言もない」（C・P・ツュンベリー『江戸参府随行記』二九五～二九六頁）

㉜は、法は自由と権利を保護し、奉公人や武士は奴隷ではなく契約関係にあること、㉝は、国中で広く正義が守られていること、㉞は、幼児期から法を尊敬することを教えられ、罪を罰金で償うことを不条理と考えていること、㉟は、高札により法令を周知徹底していることを述べている。

次に、一七七九年に来日したオランダ人ティチングの記述を見る。

「一六三六年に有馬と島原の叛乱が鎮定されて以来、日本帝国の平和は今日まで乱されたことはない。また一六五一年［慶安四年］の由井正雪と丸橋忠弥の謀叛の企図や、一七六七年［明和四年］山県大弐の企図などがあっても、もはや平和は乱されることもなかった……現在の将軍家のはじめに当って、幕府は必要な国家の安寧、人民の幸福、帝国内部における秩序の維持などと同じように有効な条令を作成した。日本人の積極進取の精神は新しい目的を追求せずにはおかなかったので、彼らは次第にすべての人が最高の階級から最下級の階級に至るまで、すべての階級の自分たち以外の人に対する行為を支配するために、精細な規定をもつことができるように、各個人の異なる生活環境の内における地位に従って、各個人のすべての習慣のうえに確立されている組織、制度にその注意を向けるようになった。これらのきわめて特殊な規定は印刷されている。そうでなければ、人がどんなに長く生命を保ったところで、礼儀作法についての完全な知識を得るにはまず十分とはいえないであろう」（ティチング『日本風俗図誌』二六三～二六四頁）

ここでは、平和になった日本において、すべての社会集団が自分たちのために、あるいは他の集団のために相互に詳細な規定をもち、それらが印刷・配布され徹底化されていると述べている。

次は、一八一一年に国後島《クナシリ》湾内で捕縛され、松前で二年三か月間幽閉されたのち、一三年高田屋嘉兵衛と交換で釈放されたロシア海軍軍人のゴローニンの記述である。

「一般人民の有する知識に関しては、日本人は之を他の何處の国民に比するも、損色あるを見ず、否世界に於ける最も教育ある人民なりと云ふも不可なきなり、殆ど一人として読みかきの出来ざるはなく、又国法を諳《そら》んぜざるはなし。国法は此国に於ては、変更せらるゝことなく、其最も重要なるものゝ如きは、町、村、公街等に掲示せら

る」（「ゴローニンの日本観」『欧米人の日本観』上、四七七頁）

すなわち、日本人が国法を暗記し、国法は町村や街道などの高札に掲示されていることを述べている。

一八二〇年に来日したオランダ人のフィッセルの記述を見たい。

㊱「将軍はその国家について知らないばかりか、その臣下についても何も知らないのである。しかしながら将軍自身は幸福であると感じているにちがいない。何となれば、この心構えと物の見方は、将軍に対して子供の時代からずっと教え込まれて来たことだからである。このことの真の目的は、しかしながら、将軍がその権力とその威厳を悪用することを阻止することにあるのであり、そして間違った特権があてがわれることを阻止することにあるのである。すなわち一般的に言って、国土の繁栄がある特定の一主権者の恣意に委ねられないよう、注意を払うことにあるのである。領主または君主は、領国または国土を支配しているが、さりとてその領国や国土をほとんどまたはまったく見たことがないのである。領主または君主は将軍の宮廷に結びつけられており、毎日出仕せねばならない……しかしながら、このような運命は、反対に、比較的低い身分に置かれている人たち、例えば商人や商店主として、または何かその他の取引あるいは経営を行なうことによって、その勤勉さとその生計の中に楽しく幸福な人生を見出しているところの町人にとっては、さほど羨むべきことではない。こうした人は、いわば国の官吏に対する服従を義務づけられているようなものであるが、しかし多少なりとも利益を生み出すその職業を営むに当っては、まったく誰からも妨げられることなく、また最大限の自由を享受しているのである……同じ秩序はまた必然的に、それに伴って、最上級の官吏から最下級の家来にいたるまで、各人が分に応じて定められているところの従属関係をちゃんと感知しているという結果をもたらしている……彼らは法律や慣習に従順であることに対して全然なんの抵抗をも感じないのである」（フィッセル『日本風俗備考』2、三五～三八頁）

㊲「こうした観点から、違法その他あらゆる犯罪に関して、法律はきわめて厳しいのである。ある一つの紛争に関し、裁判官の判決を要請するには、明確な証拠を必要とする……したがって警察は非常に用心深く、またおそらく他の何処にも見られないような、また実行不可能と思われるほどの完璧な方法で活動しているのである。日本における裁判行政は厳しく、そしてヨーロッパにおいても昔は、そのような場合があったのと同様に、しばしば残酷なものである。しかしその厳しさは社会のあらゆる階級に対して平等である。そして裁判は最も厳格なる清潔さと公正さをもって行なわれていると推量されるだけの理由はあると言えるであろう……日本人は秘密裏に、すなわち内証で行なわれるすべてのことに共通する言葉をもっている。そのことを彼らは『内聞《ナイブン》』と呼んでおり、それに対応するオランダ語としてはbinnenkant（内側）という語が採用されている。これは法律があまりに厳格すぎて条文通りに行なうことができないので、法の執行に当っては実に重大な条件となるのである。内聞《ナイブン》すなわち内側の反対語は表向《オモテムキ》すなわち外側（buitenkant）である。そしてある事件が、表向なものとして公表される時は、訴訟は公然とその手続きに従って、刑罰の軽減などは起り得ないのである」（フィッセル『日本風俗備考』1、五一～五二頁）

㊳「この国についてのある誤った考えについて少しく論じておきたい。それは、日本人は完全な専制主義の下に生活しており、したがって何の幸福も満足も享受していないと普通想像されていることである。ところが私は彼ら日本人と交際してみて、まったく反対の現象を経験したのである。専制主義はこの国では、ただ名目だけあって実際には存在しないのである。日本人は誰でも厳重な法律に縛られており、またその法律をよく承知しているが、また自分のなしうる限度というものを心得ている。いかなる人も、その地位や階級が高いからといって、横暴な振舞いをしてそのために部下の者が陰謀を企てたりするような傾向に追い込むことは絶対に許されない……日本ではどんな人でも法の上に立つということはない、これまで述べてきた制度が個人と財産の安全をもたらすためにすべて役立っているのであるが、それはヨーロッパの上流階級にあってはめったに見ることのないことである。それはまた戦争の運命がも

たらした以外の何物でもないかも知れないけれども、それでもなおヨーロッパの国々では例外なしに絶えずその運命にさらされているのである。自分たちの義務を遂行する日本人たちは、完全に自由であり独立的である。奴隷制度という言葉はまだ知られていないのであり、封建的奉仕という関係さえも報酬なしには行なわれないのである。勤勉な職人は高い尊敬を受けており、下層階級のものもほぼ満足しているのである」（フィッセル『日本風俗備考』1、八六～八八頁）

㊴「日本には、食べ物にこと欠くほどの貧乏人は存在しない。また上級者と下級者との間の関係は丁寧で温和であり、それを見れば、一般に満足と信頼が行きわたっていることを知ることができよう。各人はそれぞれの境遇において幸福であり、家僕は、決して自分の主人を凌ごうなどと望んだりはしないのである。若者はその鋭敏な能力を悪用して老人から権力を強奪しようとしないように心掛けている（フィッセル『日本風俗備考』1、八八頁）

㊵「つまり、ある一つの国において専制主義が行きわたっており、そこでは法律が、しかもただ法律だけが支配している。そこでは各人が法の前に完全に平等である。そこではすべてのものが、人と財産を保護するために奉仕している。そこでは、上級の者が下級の者を高慢に取り扱うことなく、親切心をもって扱っている…すなわち、われわれの誇り高い今日の文明開化の時代にいたるまで、その幸多き産物と利益とを、日本と同じ程度に、ヨーロッパの国々の中のどの一国に対してでも保証することができたかどうか、ということである」（フィッセル『日本風俗備考』1、八八～八九頁）

㊱は、将軍が国家や家臣についての情報を得られないのは、将軍が権力や権威を恣意的に利用することを防ぐためであり、他方で身分の低い商人たちは自由を享受し、国民は「分」をわきまえて法律や慣習に従うことに慣れているとする。㊲は、日本の法律は厳格であるが、すべての身分に平等であり、「内聞」による内済が利用され、㊳は、日

本は専制主義ではなく、法のもとの平等が確立し、㊴は武士層と庶民層の関係は温和的であり、㊵は、法の前に皆平等であると記している。

一八六四年二月にスイス使節として来日し修好条約を締結し、六月に帰国したアンベールは、次のように記している。

「江戸には、現に二つの社会が存している次第で、一つは武装した特権階級で広い城塞の中に閉じ込められており、もう一つは、武器は取り上げられ、前者に屈伏させられているが、自由から得られる利益をすべて受けているらしい」（エーメ・アンベール、高橋邦太郎訳『幕末日本図絵』上、新異国叢書、一九六九年、二九四頁）

すなわち、武士以外の民衆は自由からの利益を得ているとある。

以上、日本社会が、身分をこえて法の徹底化をはかっていたことが知られる。

5　鎖国認識の深化

近世の鎖国体制について、中後期に来日した外国人たちはどのように認識していたのか、次にこの点を見ていきたい。

㊶「鎖国体制のもとでも、日本文化が向上したという最上の証拠は、つぎのことである。すなわち日本が、十七世紀の初頭には、外国からの輸入を必要とし、家康も外国貿易をまったくなくそうとはしなかったのに、今ではこの国はすべての必需品をみずから生産し、なおかつ、多量の品を輸出することができること。オランダ人は、年と共にそ

の貿易の利を得ることが困難になっていったこと。そしてかつては商品を輸入し、ほとんど金属のみを輸出していたのに、今ではすでに事情は逆になり、ほとんどこの国の生産物のみが輸出され、ヨーロッパからは現金で支払われていることである」（『オイレンブルク日本遠征記』上、三四四頁）

㊷「権現様の掟が施行されたとき、日本は、九州沿岸のポルトガル商館と行なっていた貿易には制限を設けなかった。日本はマニラにも居留地を持ち、台湾、トンキン、カンボジア、シャム、ジャワ、モルッカ諸島の諸港に、船乗りや商人が行っていたし、メキシコを訪れた者もあった。日本船員はロンドンまで行き、東インドの数度の戦闘には、オランダ人、イギリス人に加わって闘った。この時代には、薩摩侯は琉球を征服し、ミカドの主権のもとに自領とした。日本人は、オホーツク海沿岸から黒竜江《アムール》 Amour の河口までや、太平洋では、北東はカムチャツカ、南東は小笠原《ボニン》諸島まで探検を行ない、一六七五年［延宝三年］には、この小さな小笠原諸島に最初の根拠地をつくった。だが、蝦夷の北東岸と、千島列島と、樺太の南の一部を領有したのは十八世紀の終りごろであった。ここで明らかにいっておきたいのは、このような探検が行なわれたのは、大君が日本帝国を世界から孤立させようという考えをもっていなかったのを示していることである。外国の港へ渡航を禁じたとすれば、こうした処置は、地方の小諸侯がローマ（教皇庁）とリスボン Lisbonne［ポルトガル国］の使節と結んだ関係を、破棄する目的をもっていたからであろう。これら地方の小諸侯の中には、商船を持っていたものもあったほどであった」（エーメ・アンベール『アンベール幕末日本図絵』上、三一九～三二〇頁）

㊸「その（大君政府の）本当の政治的関心は、出島の居留地と近隣の肥前、豊前、筑前、豊後、薩摩の封建諸侯との連絡を監視するのにあった。噂によると、この処置は、諸侯の繁栄している領地の中で、ヨーロッパ文明が花を咲かせるのを禁ずると共に、オランダ商館の貿易が利益をまるでもたらさないようにするねらいであったとのことである。何よりも驚くことは、幕府が単にオランダと断交したことがないばかりか、オランダ人に与えた地位の恩恵を次

第に増していったり、またオランダ自身でも、与えられた特権がかえって重荷であったにもかかわらず、あえて放棄しなかったことである。大君にしても、もし、ヨーロッパ世界の出来事や、優秀な文明を非常に重要視していなかったら、この外国との交渉の最後の鎖をためらうことなく断ち切っていたに違いない。この点、出島の商館についての日本側の見解は、まさしくこれが日本において評されたただ一つの情報源であり、また優先的に、また独占的に入手できることにあった」（アンベール『幕末日本図絵』上、三二一〜三二三頁）

㊶は、前出のドイツ人の画家ベルクの記述とされ、近世前期の日本は外国からの輸入品が必要であったが、国内生産の向上により輸入品が減り、輸出品が増えたとしている。

㊷と㊸は、スイス人アンベールの記述である。㊷は、日本の琉球制圧や蝦夷地進出をあげ、鎖国は孤立政策ではなく、諸大名とキリスト教国との関係を断つための政策とする。㊸は、幕府が長崎のオランダ商館と九州諸大名の関係を監視しつつも、オランダに便宜を与えていたことに注目する。そして、もし幕府がヨーロッパの文化や情報を不要と考えていたならば、オランダも締め出されていたはずとし、鎖国を幕府が出島を通じて海外情報を独占的に入手する体制との認識を記している。

外国人たちは、鎖国政策を諸大名の対外関係の遮断、幕府による貿易利益の独占などととらえる一方で、幕府主導の対外関係の維持・発展の面を指摘している。すなわち、鎖国を世界からの孤立ととらえるのではなかった[3]。とするならば、彼らの「開国」要求は、この論理の延長上に位置づくともいえるのである。

二　近世後期の政治展開

1　大政委任論と天皇権威の上昇

こうした状況のなか、幕府は天皇から政務を委任されたとする大政委任論を展開する。大政委任論は、寛政期の幕政で確認されるが、(4)外圧が強まり開国が問題化するにつれ広まった。

「家族の全員は、家長に服従しなければならなかった。しかも、家長が家族に対して責任があると同様に、家族もまた家長に対して責任があった。同じように、五人組組頭は各家に対し、組頭は各五人組に対し責任があった。さらに名主や代官は下の各組や個人に対し責任があった。同様にして大名は将軍に対し、将軍は天皇《ミカド》に対し、天皇自身は神道《シントー》を信ずる者として神々に、儒教を奉ずる者として天に対して責任があった。このような制度は、紙上では完全なもののように見えても、実際にうまくゆくはずはなかった」（F・V・ディキンズ『パークス伝』一〇頁）

これは、一八六五年に来日したディキンズの記録であるが、大名は将軍に対し、将軍は天皇に対し、天皇は神や天に対し、それぞれ責任を負っているという委任論を述べている。

大政委任論に対応するように、この時期来日外国人は、天皇の地位や権限について記すようになる。

㊹「封建諸侯の勝手きままな意志は厳格で専制的ではあったが、今や秩序ありかつ協調的な統治にとって代わられた。全能なる将軍自身の権力も、事情によっては制限されたものになった。なぜならそれは、完全に合法的なものではなく、また大昔からあるミカドの座も決して除去できなかったからである。ミカドは将軍にとって、たえず脅威的な存在として現れたに違いない。それはミカド自身の力によってではなく、反乱を起しそうな大名の中心的存在となり、あるいは人民の信望を常に集めるからなのである。今日でも、将軍は絶対的君主であるとしても、国の最高位の人物であると認める日本人はいない。だから将軍は、有力諸侯を抑えるためには、人民の好意と世論の同意とを必要とする。それは、賢明にして公正な、また国家の必要に適合した統治によってはじめて得られるのである。支配体制はだんだんと専制的になった。しかしいろいろな要素がたがいに均衡を保っているため、政治は公正に行なわねばならなくなり、また人民の状態もよくなったのである。この外的な必要は、またよき内的関係を招いた。かくて、教養階級の中においては、よき誠実な意向が一般的あるいは少なくとも優勢であると主張できるであろう。名誉こそは、高い身分の人々の指導原理である。それは高貴な素姓の属性であり、最高の義務を課するものであって、かつまたあらゆる高い道徳の源泉なのである」（ベルク『オイレンブルク日本遠征記』上、三四〇頁）

㊺「日本政府官吏の云ふ所に依れば、大君は東西の葛藤を穏に処置せん為めに御門《天皇》の許に赴き、御門より外人打払ひの命を受けたり。而して若し之を拒む時は乍ち其権力を失墜するを以て、一時、御請をなし、御門の叡慮を回さんとするなりと。外人は常に江戸政府に進言して、若し江戸政府と反対の諸大名間に争乱起る時は、各国喜んで兵力を仮して之を助くべしとの意を以てせしに、江戸政府は常に答へて曰く、大君は公然、天子の命を拒む能はず、之を拒む時はこれ迄服従せる大諸侯は我が命を奉ぜざるに至るべし」（ルーサン「日本沿岸戦記」『欧米人の日本観』上、七一五頁）

㊻「之を要するに此封建的分子こそは、実に平和の解決に進むを妨ぐる真の支障なり。之に次では御門と大君との

二重の主権なり。吾人は満足の協定を得るに先ちて、先づ之と衝突を免る丶能はざるべし」（ルーサン「日本沿岸戦記」『欧米人の日本観』上、八〇〇頁）

㊼「権現様の掟によって、大君の特権は異常な制限を受けている。事実上、大君は陸海軍を掌握し、行政権ならびに司法権を一手に収める。また、権限によって五名からなる内閣、御老中《ゴロウジオ》Gorogioの五大臣を任命し、幕府の政務を行なわせるために、文武のすべての官吏を直接に指揮下におく。だが、彼の出す法律、法令はミカドの監督と承認を得なければならないし、十八諸侯は江戸に代表会議を設け、大君の行政上の問題には立ち入らず、ミカドの側《がわ》に立って彼に反対を表明したり、新しい大君の選挙について、疑義のあるときは干渉できることになっている。権現様の掟の条項によって、将軍の権利は、家康の選んだ後継者の直系の長男によって継がれるものとし、直系のない場合は、同じ血統の傍系の一人に継がれる。傍系の中で争いが起ったときには、大名の代表会議の干渉が起り、その決定は、最後にミカドの勅許が下る」（アンベール『幕末日本図絵』上、三一一〜三一二頁）

㊽「ミカドMikado［御門―天皇］の役割については、この問題からはずすことにするが、古い関係から誤って、将軍に皇帝の称号を与えたにしても、日本にはミカドのほかには、過去にも、現在にも、他に皇帝は存在しないことは、誰でも知っている。したがって、かつて将軍の名で、近代では大君の名で知られた政務執行官に関して、こう了解するほかはない。私が、今いった情報源によると、大君は他の大名と同じく、一個の太守taishiouにすぎず、すなわち、封建領主であり、日本の世襲の大名会議議員の一人にすぎない。薩摩、長門諸侯と同等であって、それ以上でも、それ以下でもない」（アンベール『幕末日本図絵』上、三五三頁）

㊾「家康の子孫と後継者たちは封建領主であると共に、日本の世襲諸侯会議の一員で、他の太守と同じ位置にあるが、諸侯の上に立って、権現様の掟によることと、ミカドの代理であり、かつ職務執行者として、彼らに命令することができる」（アンベール『幕末日本図絵』上、三五五頁）

㊹は、駐日ドイツ公使オイレンブルクの部下ベルクの記述とされ、当時の日本はそれまでの封建諸侯（大名）の専制的な政治が、秩序的・協調的な政治に変わり、完全であった将軍権力は、法的にも天皇の存在からも、状況によっては制限されるものとなった。天皇が、将軍にとって脅威となったのは、天皇が反乱を起こす大名の中心的存在となり、人民の信望を集めていたからである。将軍が大名を抑えるためには、人民の好意と世論の同意が必要であり、それらは公正な統治によってはじめて得られると記している。

㊺と㊻は、フランス人ルーサンの記録である。㊺は、幕府役人の言葉として、将軍は天皇の攘夷の命令を拒否できず、拒否すれば権威を失い、大大名たちが将軍に従わなくなると記し、㊻は、日仏協約を結ぶさいの支障として、封建的分子（支配者と被支配者の関係）と、御門（天皇）と大君（将軍）の「二重の主権」の関係をあげている。

㊼〜㊾は、スイス人アンベールの記述である。㊼は、徳川家康以来、将軍の法令は天皇の監督（検査）と承認を得なければならず、有力大名会議は、天皇の立場から幕府に反対したり、将軍の後継問題に意見を述べたりする。将軍後継は直系がおらず、傍系同士で争いが起きた場合、会議はこれに干渉し、決定ののちに天皇が許可すると記している。㊽は、日本は帝（天皇）の他に皇帝は存在せず、大君（将軍）は大名会議の議員の一人と位置づけている。㊾も、将軍が他の大名と同じ位置にあるとしたうえで、家康以来の伝統と天皇代理の地位により、将軍は職務執行者として大名に命令ができると説明している。

幕末期、天皇権威の上昇とともに、将軍権力の限界性が認識されたのである。

2　将軍継嗣問題＝合議制の弱点

将軍権力は、老中ら幕府高級官僚による合議制によっても制約された。以下、この点について見ていく。

㊿「大君がぬかりなく治めているかぎり、大名・大大名も服従する。しかしいまや彼らは『臣下ではない、同輩である』といっている。声望の高い加賀侯は、家臣の中から選りすぐった一万の家臣を直衛として擁している。三百の小大名そのものは、さのみ恐れるに当らない。彼らが背いても政府には対策があり、ただちに降伏を命ずるであろう。しかしこれらの小大名たちは、一八名の大名たちの中のある者に庇護を求めて、『盟約を結びましょう、われわれは貴藩の命令に従います』と言っている」(『ヒュースケン「日本日記」』一八九頁)

(51)「明らかに、これらの王侯たちのある者は、事実上その領土に独立して、国の参事会に対してさえ反抗する。加賀守 Kangono-kami［前田慶寧］は王国の第一の王侯である。薩摩 Satsuma［島津斉彬］、その息女は世俗の皇帝と結婚している。安芸守 Achino-kami［浅野斉粛］その他は軽々しく扱われることなく、自分たちの問題を内部的に処理するのに政府が干渉することを許さない」(オリファント『エルギン卿遣日使節録』一一六頁)

(52)「この国は二人の支配者をもっている。一人は帝《みかど》または内裏《だいり》と呼ばれる宗教上の支配者で、外見上の権力をもっている。もう一人は将軍あるいは大君と呼ばれる世俗的な皇帝で、実質的な権力をもっている。ただしこの実質的な権力も臣下の諸侯あるいは大名によって著しく制限されているので、将軍は、江戸、箱館、下田、大坂、それに長崎などの都市を含めた国土のせまい部分においてのみ、真の支配者として君臨しているに過ぎない」(ラインホルト・ヴェルナー、『エルベ号艦長幕末記』、三八頁)

(53)「江戸幕府も、日本の歴代の王朝の共通の運命を久しく免れることはできなかった。なるほど最初の三代と八代目の徳川将軍は、その職にふさわしい権力をふるったが、あとの十一人の徳川将軍は、一人のこらず御老中《ゴロージュウ》と呼ばれる国家最高会議の手に握られた繰り人形にすぎなかった。この会議は多くても四人か五人の委員から成り、国家の真の政府というべきもので、将軍が君主として、また大君主として所有する権利を、すべて御老中が行使した。この最高会議の下にあるのが若年寄《ワカドシヨリ》の会議である……中央政府は複雑な官僚組織から成り立っており、この制度下においては、最高の職にある者から最低の役人に至るまで、あらゆる者が、いわば並列的な監督と制肘《せいちゅう》から片時も逃れることができないように仕組まれている」（F・V・ディキンズ『パークス伝』八頁）

㊴「将軍は、総司令官というかつての職分を思わせる名称を捨てて、今日呼ばれるとおり、大君《タイクン》の称号を得ていたが、彼らが事実上の首都となった江戸で組織したのは中央集権体制だった。御大老と呼ばれる総理大臣、大諸侯から選出された五人からなる御老中という参議会、そして、第二参議会である若年寄が国務の執行権を分け合い、下級役人が実務に当たった。大君の職は世襲ではなく、家康の三人の息子の子孫であるゴサンケと呼ばれる三家が、帝国の二つの参議会によって選ばれ、帝に追認されて、世俗上の皇帝になる栄誉を与えられるのだった」（アルフレッド・ルサン、樋口裕一訳『フランス士官の下関海戦記』新人物往来社、一九八七年、三五頁）

㊵「大君《タイクーン》は伝統的な古来の慣習や旧来の法律に束縛されている以上に、実際には拮抗関係にありながら名目的には従属関係を主張している大名、すなわち封建諸侯によって抑制され支配されている……たとえ大名は公的には二つの権力の臣下として存在しながら国家の法の下に置かれるものであるにせよ、彼ら封建諸侯はこの国のほとんどすべての土地を所有しており、しかも絶対的支配権をもって統治している。また彼らは大君と天皇 Micado の権力に公然と対抗しており、しかも自らの利害や感情の強いるままに、大君と天皇双方の権力を制限しているのである」（ハインリッヒ・シュリーマン「シュリーマン日本中国旅行記」『シュリーマン日本中国旅行記・パンペリー日本踏査紀行』八一〜八二頁）

㊶「家康はミカドに、誰も彼から奪うこともこれに異議をさしはさむこともできない一個の権力［将軍職］の授与と厳粛な確認とを求めた……彼を取りかこむ最も忠実な家の数名の首長が、連帯責任を負う小寡頭政治を形成し、また男系の相続人のない場合には継承者を選ぶについて彼らが合意しなければならない。継承者を選ぶことが、競争する高位者たちに委ねられていることは、確かにこの体制の弱点であり、それが多くの陰湿な争いの源であり、またこ

の体制を崩壊に導いた原因の一つであった」（ジョルジュ・イシュレ・ブスケ、野田良之・久野桂一郎訳『日本見聞記―フランス人の見た明治初年の日本―』２、みすず書房、一九七七年、五〇八頁）

㊿は、一八五六年に初代アメリカ公使タウンゼント・ハリスの書記として来日したオランダ人ヘンリー・ヒュースケンの記述であるが、大名や大大名らが将軍に対して、自分たちは将軍の臣下ではなく同等であると主張していることを述べている。(51)は、イギリス人オリファントの記述であり、彼ら大大名は国政に反抗しているとし、(52)は、一八六〇年から六二年にかけて、プロイセンのオイレンブルク使節団の一員として来日した運送船エルベ号の艦長ヴェルナーの航海記であり、日本には天皇と将軍の二人の支配者がおり。将軍権力は臣下や大名に制限され、江戸など直轄地のみに支配権をふるっていると記している。

(53)は、イギリス人ディキンズの記述であり、歴代将軍は老中会議の操り人形であり、官僚たちは厳しい制約のもとにおかれていたとする。(54)は、フランス士官ルサンの記述であり、大老と呼ばれる総理大臣と、大大名から選ばれた老中と若年寄が国政を担当し、下級官僚が実務を担当した。大君（将軍）は世襲ではなく、老中や若年寄の会議によって御三家から選ばれ、天皇に追認されて就任したと記している。

(55)は、ドイツ人ハインリッヒ・シュリーマンの記述であり、大君（将軍）が法律や慣習の他に、大名により制約されているとする。(56)は、一八七二年にお雇外国人法律家として来日し、民法典編纂に従事し、七六年に帰国したフランス人ブスケの記録であり、徳川家康は忠実な首長（大名）を選び政治を任せ、男子の後継がない場合、その決定には、彼ら首長の合意が必要となった。これが江戸幕府の弱点となり、派閥争いを引き起し体制崩壊の要因になったとする。

個々には事実誤認が見られるものの、総じて近世後期の来日外国人たちは、将軍が権限を発揮できない状況を指摘している。とくに将軍継嗣問題については、幕閣合議制の弱点を示し、諸大名の幕政への介入を許す契機となったと指摘しているのである。

3　鎖国祖法論と開国

近世後期、外国船到来と通商要求に対して、幕府は鎖国祖法観を確立させていった。(4) こうした状況を来日外国人はどのようにとらえていたのか、以下見ていきたい。

57「私が度々考察したように、また幕府からの回答にはっきり見られるように、この国民の法律、慣例、習慣は、他の国と修好通商条約を締結することを許さない。この祖法のお陰で、日本は二〇〇年の間、驚くほどよい状態にあるので、これを覆さないかぎり、外国から出される懇願には、常に拒絶の回答があたえられるだろう。オランダ人が以前から定住していなかったら、我々は決して許されず、もし現在行われている法令を定めた、大権現様の朱印状で我々が保護されていなかったら、はるか以前に日本人は我々を見捨てていたのは確かだろう。我々が日本人にもたらす利益のためだけに、我々がこの国に留まることが許されている、と想像してはならない。この利益は多く見積もっても、一〇〇、〇〇〇テール、あるいは約一五〇、〇〇〇グルデンにしかならない。日本のような国にとって、これはどれ程の重要性があるのだろう。その上、長崎奉行と長崎の住民以外、誰も利益を得ていない。日本は外国からの輸入品を必要としない……彼らはすべての外国人に国を閉ざし、国を出ることも禁止しているので、ヨーロッパで不可欠となっているさまざまな贅沢品を、彼らは知らないでいるし、幸いにも不自由を感じていない。そこでロシアの使節に与えた返書に、日本は外国の産物の輸入をしないで済まされる、と付け加えたのも、理由のあることで、私はほとんど一九年に及ぶ日本滞在で、これが事実であることを確信している……日本人は今彼らの隣人のロシア人に通

商を拒否したので、その他の国にその見込みがないことは確かである」（ドゥーフ『ドゥーフ日本回想録』八二〜八四頁）

㊽「幕府の初期から江戸時代を通じて、日本国家のすべての法令は―キリシタン厳禁令や鎖国令を含めて―幕府の単独による法令であった。天皇《ミカド》も大名も、それには少しも関係しなかった。十九世紀初頭において、ロシヤが南下し北方の島々を侵し、日本を騒がせたとき、諸藩の法令が出されたが、これも同じように将軍とその閣僚たちがやったことである。勤王派は、鎖国は〝神国〟日本の基本的な定めであると主張したが、これはまったく根拠のないものであった。一六四〇年以前において、鎖国のような法律も慣習も、日本には存在しなかったし、夢にも考えられたことはなかった。十六世紀と次の約半世紀にわたって、外国人は自由に日本に入国することができたし、日本人の冒険家たちは思うままに極東の諸地域や諸国で活躍した。日本人はシャムにもいたし、ゴアにもいた……したがって将軍は、当時の日本人の気持に反し、勅許も得ずに先祖伝来の鎖国政策を破棄したとしても、充分に理由がたつのであったが、将軍はその手段をとる前に、条約問題について幕閣の中に意見の相違があることを考慮して、新政策に対する勅許を実際に得たのである」（F・V・ディキンズ『パークス伝』一九〜二〇頁）

㊾「われわれはこれらのぜいたくな住居の内情を調べる機会を得なかった。彼らは日本に外国人を引き入れることに大体賛成しない階級に属している。わずかの例外はあるが、日本の旧い貴族社会は、現在彼らがこの国の統治にふるっている権勢を破壊すべきものとして、外国の要素を恐れている。こうした感情が、大いに広まっており、またハリス氏によって最近締結された条約の中で行なわれた譲歩の結果、かなり勢力を増大していることをわれわれは知っていた。そこで条約の交渉に当った進歩的な総理大臣備中守 Bitsuno–kami［老中堀田正睦］がわれわれの到着する数日前に罷免され、いわば日本のトーリー党［イギリスの保守党］に当る顕著なメンバーとして知られている人々がその後任となったと聞いていささか狼狽した。実際のところ、われわれは、外交問題に向けられ、時の政府に打撃を

与えた政治的危機の直後に到着したわけである」（オリファント『エルギン卿遣日使節録』一二一～一二三頁）

(60)「名目上は憲法がなく、独裁制になっているが、日本の政府は実際上は寡頭政体である。しかし貴族はすべて密偵に監視され、その階級の公の見解に服従を強いられている。そして思いきってそれに背こうとするものはない。大君自身によって選ばれた、最高の地位の貴族五名からなる国の参事会があり、また名義上の王侯八名からなる小委員会があることは事実である……そして委員たちはカミすなわち王侯たちが公然と敵意を示したある点については譲歩したが、この明白な困難からみて、政府はおそらくその有力な一群の人々を恐れているらしい。その人々が前の総理大臣備中守の政府に対して圧力をかけたため、彼がその地位を辞任しなければならなくなったことは疑いない……こういうわけで、日本を支配しているのは、貴族社会の公の意見に影響された参事会である」（オリファント『エルギン卿遣日使節録』一三一頁）

(61)「日本の正統な君主に対して水戸侯が抱いていた忠誠心は称賛に値するものであるが、しかし同時に異国人に対しては測り知れぬ憎しみを抱いていた……彼は、攘夷の問題を、持ち前の皇室に対する忠誠心の問題と結びつけることによって、愛国心を極度にかきたて、あらゆる進歩を抑えることに成功した。発せられた合言葉は『尊王攘夷』で、ドイツ語に訳せば"Treue dem Kaiser und Austreibung der Barbaren"［天皇に忠節をそして夷人の追放を］であった。―一八一三年から一八一五［文化一〇―一二］年に至るドイツ国民のナポレオン一世に対する国家独立のための戦争に似た、国民的運動が実行されたのである。もし徳川幕府が躊躇せずに、異人嫌いの人気のある役割を反対派にゆだねないで、みずから先頭に立って進んでいたら、徳川家のためには多分もっと有利な結果がえられたことだろう。しかしそれが日本にとって仕合せであったのかどうかは、むずかしい問題である」（A・フォン・ジーボルト、斎藤信訳『ジーボルト最後の日本旅行』、平凡社東洋文庫、一九八一年、一四六～一四七頁）

(62)「外交代表の特権としてすべての条約にとくに規定されている『日本国を自由に旅行する権利』は、数人の大名《ダイミョー》によって、しかも大君《タイクーン》の役人の黙認をえて、公道のみにものの見事に限定されているということに気づかないわけにはゆかなかった。大君の結んだ条約によって樹立された実際の関係がどんなものであるかを、これでわたしははじめてはっきりわかったように思う。かれは、条約を結びはした。だが、天皇《ミカド》はけっしてその条約を批准したり、認可したりしなかった。したがって、大名たちにその条約をまもるように強制できなかったのである。天皇の許可のないことには、条約は大君の領地（開港場と江戸）以外のなにびとにたいしても、さらには江戸にいる大名やその家臣にたいしてさえも、なんの拘束力ももたないのであった……西洋諸国は日本とその元首にたいして条約を結んだのではなく、五つの港とそれに隣接する地域のみを統治している大君とだけ条約を結んだのである」（サー・ルー・セルフォルド・オールコック、山口光朔訳『大君の都―幕末日本滞在記―』中、一九六二年、岩波文庫、四一七～四一八頁）

㊸「（開国）反対派の大名の陰謀は功を奏しなかったけれど、勅裁は理論上みとめられるということ、また力をうしなった、評判のわるい将軍の行動を否定するとき、帝の拒否権はいつでも発動できうることが証明された」（ジョージ・スミス『スミス日本における十週間』三二九頁）

㊹「わが皇国にとっていま一つの別の危険は、外国人との関係が、将軍の直轄領にしか見られぬということである。将軍はこのようにして自分の収入を増やし、その権力は他の全ての大名にとって危険きわまりなくなっていく。将軍は、外国人の方からの攻撃に立ち向かう必要ありとの理由で、兵力を結集することになる」（ルドルフ・リンダウ著、森本英夫訳『スイス領事の見た幕末日本』新人物往来社、一九八八年、一〇七頁）

㊺「日本当局によれば、大君は平和裏に意見の食い違いを調整するため、帝の元に赴くとのことだった。彼は帝から外国人を追い払うよう命じられたが、実行を拒否すると権力を失うことになってしまう、そこで、まずは譲歩すると見せておいて、時間稼ぎをし、帝を、より良い方針に導くつもりなのだ、と説明した。条約を締結しているヨーロッパ列強は彼らに、敵対する大名たちの勢力と戦いを交えることになった場合には、物質的軍事的支援をすると申

し出を繰り返した。そのたびに次のような回答が寄せられた。『大君は表立って帝に背くことはできない。それは、すなわち、諸侯を服従の誓いから解き放つことになるからである。だが万一、大名との間に戦争が勃発しても、大君は関東（江戸地方）の難攻不落の地を確保するであろう。御譜代大名と八万人の旗本、多数の家来がおれば守るに十分である。諸侯が戦闘を開始しても、すぐにその領地を侵略することができる。外国からの支援は最後の手段である』」（ルサン『フランス士官の下関海戦記』五六～五七頁）

㊻「江戸幕府は、当初から、これまでにないほどの困難な状況の中で外国人と対面していたのである。唯一正当な政権であることを相変わらず自任していたが、江戸幕府はほどなく、無力とは言わないまでも、少なくとも、過激な派閥に囲まれての孤立と、その派閥の策謀を制圧できずにいる弱体を証明するばかりだった。外国各列強の代表者は、自分たちが日本という国家と条約を結んだのではなく、まだ国の主要人物の同意を取り付けるには至っていないことを理解したのである。江戸幕府は条約に調印したものの、それはおそらく越権行為だったのである」（ルサン『フランス士官の下関海戦記』四九頁）

㊼「その政治形態がどうであろうと、今後、日本民族は、人道的な進歩を具現する諸民族の大家族になくてはならない。また、同時に積極的な一員となるであろう。なお、統治者の称号がいかなるものであるにせよ、一八五八年［安政五年］に諸外国との条約に関して起った大事件後、大君が大名諸侯連合の一時的、かつ、合法的な首長となる権限を獲得した、その権限と大差ないものであろう」（アンベール『幕末日本図絵』下、三九一頁）

㊾は、一七九九年に来日したオランダ人ヅーフの記述である。祖法とされる日本の鎖国体制について、オランダは徳川家康以来の権利を維持しているという特殊な事情があること、日本は外国から品物を輸入する必要がないこと、隣国ロシアでさえ通商を拒絶されており、他の諸国は見込みがないことを記している。

㊽は、イギリス人ディキンズの記述である。近世を通じて国法を定めたのは幕府であるが、寛永の鎖国令以前には対外通交を禁止する法令はなく、鎖国祖法論は誤りであるので、これを破って開国したとしても何ら問題はないと述べている。

㊾と㊿は、イギリス人オリファントの記述である。これらは老中堀田備中守正睦に対して孝明天皇が日米通商条約の勅許を与えず、反対する大名も多かったために、堀田が罷免・辞任に追い込まれたことを述べている。

㉑は、一八五九年から八七年にかけて外務省通訳として来日したドイツ人アレクサンダー・フォン・シーボルトの記述であり、水戸斉昭が尊王とあわせて攘夷を唱え、国民的運動へと発展したこと、しかし幕府がこれを抑えたことを述べている。

㉒は、一八五九年に初代イギリス公使として来日したオールコックの記述であり、天皇が条約を認めなかったため、大名たちも幕府に従わず、結局開港したのは幕府直轄地のみであったとする。

㉓は、一八六〇年に来日したイギリス人スミスの記述であり、開国に反対する勅許が出されたことから、天皇は、評判の悪い将軍の行動に対して、いつでも拒否権を発動できることが証明されたと記している。

㉔は、一八六一年から三度にわたり来日した外交官・文筆家のドイツ人リンダウの記述であり、日本の開国は幕府直轄領のみであり、幕府の利益になるようになっているとする。

㉕と㉖は、一八六二年に来日したフランス人ルサンの記述である。㉖は、幕府官僚の言葉として、将軍は天皇が攘夷命令を拒否すると権力を失い、大名たちは将軍の命令を聞かなくなると記し、ルサンが幕府に対して、もし反乱が起った場合は援助すると申し出ると、幕府がわはこれを断り、自分たちで制圧する、フランスの力を借りるのは最後の手段であるといったとも記す。㉗は、列強各国の代表者は、国の主要人物（天皇）の同意を得ていないので、自分たちは日本国家と条約を結んだのではなく、江戸幕府と調印したと理解し、さらに幕府の条約調印を越権行為と推測

している。

㊼は、一八六四年に来日したスイス人アンベールが、開国以降、大名連合政府の合法的主導権を将軍がそのまま引き継ぐことを推測している。

この他、フランス人ブスケは、幕末期の対外関係に、二つの原理・枠組みがあったことを指摘している。

「日本の対外関係は二種類あり、ヨーロッパの列強およびアメリカ合衆国との関係を考察するか、あるいはアジアの近隣諸国との関係を研究するかによって、きわめて異なる原理に支配されている。日本は後者とは対等の立場で談判しすぐに高慢な態度を取りさえするが、その他の国とは明確な文書によって結ばれており、その文書は、これに署名したすべての政府にとって同一であるが、これらの政府の間に一種の連帯関係・行動の共通性を作り出しており、その結果として、片やヨーロッパ種族の利益と偏見、片や日本の利益、を絶えず対立させている。さらに、ここに挙げた列強の各々は、自分のために個別的な一個の目的を追求しており、その目的のために自分自身の勢力を優越させようと試みる。別個のそしてしばしば対立している利益のこの二重の矛盾から、かなり複雑な情勢が生まれる」(ブスケ『日本見聞記』2、七九五〜七九六頁)

すなわち、当時日本が、アジア近隣諸国とは対等さらには高慢と思える態度で接し、欧米とは双方同一内容の文書を署名して取り交わすなど、ダブル・スタンダードの外交を展開していたことを指摘している。

以上、近世後期、幕府は鎖国祖法論により開国要求を退けようとしたが、その虚構性は外国人たちに見破られ、外国人たちは、この時期天皇権威の上昇と将軍権力の弱体化を認識するにいたったのである。

三　「幕末維新」の政治展開

1　「幕末維新」の変動

一八六七年一〇月一四日、一五代将軍慶喜は徳川家を中心とする政権を構想し、天皇に政権を委譲した（大政奉還）。しかし、一二月九日討幕派は天皇に王政復古の号令を出させ、幕府は廃絶され慶喜は将軍職を辞退させられた。同日夜の小御所会議では、討幕派が徳川氏処分（辞官納地）を決定した。六八年正月三日、旧幕府軍は鳥羽・伏見の戦いで敗れ、江戸へ逃れた慶喜は上野寛永寺に謹慎したのである。

次の史料は、将軍の政権委譲に関するものである。

⑱「アメリカ人の進出に対して、日本の政府はどう措置したらいいかという問題から、ついに宮廷革命をひき起こして、頭首その人の入れ換えを生じたということについては、後世の歴史が明らかにするであろう。ただ想像を許されるなら、恐らくは大評定が開かれ、議決の投票に破《(ママ)》れた将軍が辞職し、大評定に勝った大官が我が世の春をうたうようになったと考えても、必ずしも良い加減な想像でないかも知れない」（リュードルフ『グレタ号日本通商記』二八四頁）

⑲「《朝廷や外様大名らの》不平不満は、土佐藩から将軍に提出された手紙［大政奉還建白書］にうかがうことができる。この文書の筆者が、強く建言しているのは、日本の二重統治制度（政府はますますその傾向を増していた）を廃止し、その代りに天皇の単一政府にすべし、というのである。まことに奇妙なことだが（いかなる策謀が企まれ

ていたか、誰にも分からないが）、将軍はこの提案を採用し、さらに提案通り実行に移すよう、家臣団に勧めたのである。十一月、彼はほんとうに辞表を提出したが、大部分の譜代大名は、その政策を嫌った。朝廷も、その辞表の受けとりを躊躇した。この時点で、二つの党派が、正確にどのような形態の政府を望んでいたのか、言うことが難しい。とうとう一種の妥協案が打出され、将軍は京都［天皇］の下において権力を行使し、関東においては司法行政権を保持することになった。また外様大名に関する問題や、外交を含めた国全体の問題は、諸侯会議によって討議されることになった」（F・V・ディキンズ『パークス伝』七一〜七二頁）

⑳「一一月十六日［訳注・慶応三年十月二十一日］の真夜中、外国奉行の一人石川河内守《カワチノカミ》［訳注・石川利政］がハリー卿をたずねて来て、大君《タイクーン》は政治の大権を天皇《ミカド》に返還したので、今後は天皇の命令の執行機関に過ぎなくなるだろうという、重大な情報をつたえたのである。われわれはすでに他の方面から、大君が退位して将軍職はなくなるだろうということを耳にしていた。すでに、この月の十四日に小笠原壱岐守《イキノカミ》［訳注・老中、外国事務総裁小笠原長行《ながみち》］は内々でわれわれに対し、今後政治の大綱は有力な諸大名の合議によって立てられ、大君の決済は天皇の認可を受けなければならなくなると告げたのである。慶喜《ケイキ》が実際に将軍職を辞した日は十一月八日［訳注・慶喜が大政奉還を奏請したのは慶応三年十月十四日＝一八六七年十一月九日で、翌日勅許になった］であった」（アーネスト・サトウ『一外交官の見た明治維新』下、八一頁）

㉑「天皇《ミカド》の告示というのは、古風な日本語で次のことを述べようとするものだった。すなわち、天皇は大名連盟の首班であり、日本の唯一の君主である。将軍《ショーグン》の職は廃止され、国政は天皇に隷属する列藩会議に委任される」（アーネスト・サトウ『一外交官の見た明治維新』下、一一三頁）

㉒「この新しい混乱［大君派対帝派］を説明するのは簡単なことである。つまり帝の代理者としての大君が、自分の息のかかった人間だけではなく、この政治制度がその閣僚の中に組み入れる中央権力の代理人からなる政府を持っ

てはいないということなのである」（C・モンブラン「幕末ジャポンI・世界の中の日本」、C・モンブラン他著・森本英夫訳『モンブランの日本見聞記―フランス人の幕末明治観―』一九八七年、新人物往来社、二七頁）

(73)「日本は秩序、統一、政治的集権化を切望していた。それらの目標に達するために、日本に欠けていたものは何であったか。幕府が、政権維持に利害関係をもつ勢力の無形の支持によって、容易に実現し得たことが二つある。第一に、大君が掌中に収めている内政ならびに政治上の権力に、封建貴族を徹底的に従属させたことであり、第二は、当面の問題全般にわたるミカドの権力を、大君の手へ完全に委ねさせたことである。家康の後継者にすれば、後者は既得の権利である。そこで、大君が完全に合法的な権能で締結したにもかかわらず、条約の批准を公使たちがミカドに要求したのを、幕府ははなはだ不愉快に思い、大きな違憲行為であると考えた。相次ぐ対外事件の発生によって、日本は国内の統一と平和を保証し、ヨーロッパ諸国との通商関係を強固なものにせねばならぬ二重の解決に向って、大きく前進した。大君に対する南方地域の諸藩の蜂起と、一橋家の逸材〔慶喜〕が大君の地位に就いたことによって、急速に、紛糾した問題解決の糸口が見つかることになろうとしていた……南方地域の諸藩の反乱は、間もなく大きな威嚇となってきた。この反乱に対し、一橋は、その精力と、フランスの援助によって準備した強大な兵力によって対抗するに違いないとの人々の期待に背いたうえ、突然、徳川家の家訓に従い、『愛国心によって』大政奉還を決行してしまった。そして、ミカドに対し、『全国の主な大名たちを招集し、政権を確固たる基礎の上に据え、憲法を再検討し、日本に力と繁栄とをもたらすに相違ない進歩の道を開く』よう要請した。ミカドは一橋の願いを受け入れたが、大名、公卿による会議は騒然たるうちに、結局、南方諸藩連合による一種のクーデターで幕を閉じた」（アンベール『幕末日本図絵』下、三六六～三六七）

(74)「日本文明の将来は、封建主義の党派が権現様の全政治体制を転覆したときに確保された。大君の政治によって、日本の社会改革が断行されると期待していたが、これは舞台から退場し、それに代わって、その事業は、新政権が関東侯［徳川幕府］の領地ばかりでなく、大大名に属していたすべての港湾を含めた、いっそう大きい規模でなしとげるのは、決して至難ではなかった」（アンベール『幕末日本図絵』上、三三一頁）

㊻は、ドイツ人リュードルフの記述であり、アメリカ人ペリーとハリスの日本への接近の結果、「宮廷革命」が起こり、大評定で投票に敗れた将軍が隠退したと推測している。

㊼は、イギリス人ディキンズの記述であり、将軍と天皇の二重統治制度を外様大名や朝廷が不満に思っていたのを受け、土佐藩は天皇に権力を一元化しようと献策したこと。将軍慶喜が、この提案を受け入れて大政奉還を申し出たのは意外であったが、逆に朝廷は受け取りを躊躇したことを記している。

⑳と㉑は、イギリス人アーネスト・サトウの記述である。⑳は、サトウが得た政権委譲の情報は、将軍が天皇の執行機関になるというものと、将軍職がなくなるという二種類あったが、幕府老中の話では、政治の大綱は諸大名の合議で決められ、将軍が決済し天皇の認可を受けるとのことであった。ところが、㉑では、王政復古の号令により将軍職は廃止され、天皇が大名連合の首班＝日本唯一の君主となることが記されている。

㉒は、一八六二年に来日したフランス人モンブランの記述であり、幕府と天皇の対立を、幕府の国家運営が譜代大名のみで行われ、全国の代表者が参加する制度に由来すると記し、幕政運営が幕府主導から諸侯会議へ移行する可能性があったとする。

㉓と㉔は、スイス人アンベールの記述である。㉔は、一五代慶喜が突如政権を委譲し、有力大名による安定的な政権を作り、国法を再検討するように申請した。天皇はこれを認めたものの小御所会議において騒ぎとなり、幕府は南方（西南）雄藩連合によるクーデターにより倒されたとする。㉕は、将軍による改革を期待していたものの将軍は隠退し、新政権が全国規模で改革を断行したとする。

幕末期の政治変動について、来日外国人たちは、ぞれぞれの情報をもとに評価し、対応していたのである。

2　新政府体制下の動き

次の史料は、明治元年（一八六八年）以後の新政府体制下の動きを記したものである。

(75)「一八六八年［明治元年］一月一日以来、新しい時代が始まった。重要な港のうち、四つが西ヨーロッパとの貿易のために開かれた。すなわち、江戸、兵庫（その自由地区は神戸という）、大坂、新潟の四港である。これに、すでに開港されていた長崎、箱館、横浜を加えて、開港した港は七つを数える」（アンベール『幕末日本図絵』下、三四三頁）

(76)「幕府と封建城郭のもとに疲弊し、次第に弱体化してゆく非生産的な力［武士たち］は、海軍の発達、商船の建造、商業独占の禁止、軍隊、立法、及び政治・民間の行政の再編成、国内鉱物資源の開発など、一語でいえば、日本の進むべき新秩序の発展によって、遠からず実り多い職業を与えられる日が来ることであろう。だが、過渡期にあっては破滅の激動を受けずにはいられない」（アンベール『幕末日本図絵』下、三五九頁）

(77)「旧秩序においては、百姓町民よりも武士の肩にずっと重い責任がかかっていたから、廃藩置県は一般の武士《サムライ》にとって一安心であった。大ていの知藩事《チハンジ》（前大名《ダイミョウ》）は繁文縟礼《はんぶんじょくれい》というわずらわしい束縛から解放されて、自由に行動できることを大いに歓迎したことであろう……いずれにせよ、改革は必要であった。藩《ハン》体制は幕府政治を全国的に強化したものであり、天皇《ミカド》は将軍《ショウグン》を拡大化したものである。その下において知藩事（前大名）は、徳川王朝におけるよりも、もっと大きな自治権と権力をもつことになったであろう。『新聞雑誌』に発表された覚え書の一つには、『藩は朝廷の出した命令には絶対に逆わないが、その命令を決して実行しない』とずるがしこくも断言している（アダムス氏の引用による）。徳川外様《トザマ》大名の場合にも、これと全く同じ言葉を使うことができたであろう。同じ覚え書の中で、大名が知藩事に変更しても、事態は依然として前と同じであると述べられている。領地、財産、役職、軍事力、行政は幕藩体制下におけると同じく、全く各藩の権利であった。前の譜代《フダイ》大名は今や外様大名と同等になったから、実際は前より大規模に権利を得たことになる」（F・V・ディケンズ『パークス伝』一六三〜一六四頁）

⑱「内戦は事実上、ほとんど終わっていた。将軍は、その地位を退いて、偉大な先祖家康の気に入りだった静岡の城に隠棲し、漢詩を作ることによって勉学心を満足させていた……まだ北のほうでは戦争が続いており、会津侯は、その年の終わりになってやっと降伏した。徳川幕府の海軍奉行であった榎本（武揚）は艦隊を率いて、蝦夷島の箱館に向かい、そこで軍事教官団のブリュネ大尉と、もう一人の士官とミネルブ号のフランス人の士官候補生の数名と合流した。榎本が蝦夷を共和国にしようとした試みは完全に失敗に終わった」（A・B・ミットフォード・長岡祥三訳『英国外交官の見た幕末維新―リーズデイル卿回想録―』講談社学術新書、一九九八年、一九八頁）

⑲「これ以来、日本において主権を有する君主は唯一人となった。帝が江戸に到着してその姿を見せたことで将軍の復帰する機会はすべて失われてしまった……旧政府の多くの家臣たちは、やはり好機をとらえて帰順するほうがよいと考えていた」（アントン・ヨハネス・コルネリス・ヘールツ、庄司三男訳『ヘールツ日本年報』新異国叢書、雄松堂書店、一九八三年、五頁）

⑳「一八六九年は、日出ずる国において、たび重なる戦争と抵抗の後、一つの新しい秩序が確立した。帝はもはや、深い尊敬の念を口実として、政府から除外されることはなくなった。また帝のいわゆる代理支配者将軍によって除外されることもなくなった――というのは、繰り返し敗北を喫した後、大名たちの要求により、将軍の権威は地に墜ちたことが、帝により宣言されたからである……諸侯の領地はこの国の地方行政区となり、諸侯はとりもなおさずその地方の知事（知藩事）となった」（『ヘールツ日本年報』三六頁）

㉛「一八六九年七月二十五日には、一つの法令が制定されたが、そのなかで、公卿と大名という領主に対する古い称号は廃止され、華族（貴族）という概括的な名称に置き換えられている」（『ヘールツ日本年報』一一頁）

㉜「一八七〇年に始まった旧大名や公家の領土を藩に置き換えることは、決して数多くの天皇政府の地方長官（知藩事）の独立行為に終止符を打つこともなく、また深く根をおろした門閥政治の慣習を取り除くこともなかったことが間もなく明白になった」（『ヘールツ日本年報』九八頁）

⑮と⑯は、スイス人アンベールの記述であり、⑯は新時代とともに開港場が増加したことを記し、⑰は疲弊・弱体化した武士が、新時代においてはさまざまな職業につくことを推測している。

⑰は、イギリス人ディキンズの記述であり、一八七一年の廃藩置県は一般の武士には救済政策になったという。なぜならば、一八六九年六月の版籍奉還以後の知藩事は、徳川時代の大名と変わらず、さらに大きな束縛を受けていたからとする。

⑱は、一八六六年と七三年の二度来日したイギリス人外交官ミットフォードの記述であり、徳川慶喜の謹慎生活と会津戦争、箱館戦争など旧幕府軍の敗北を記している。

⑲〜㉜は、オランダ人の薬学者で、一八六九年に来日し、日本人女性と結婚して一八三三年に日本で病没したヘールツの記述である。⑲は、一八六八年に天皇が江戸に移ったことで将軍復帰の可能性はなくなり、旧幕臣たちも朝廷に帰順したとする。⑳は、版籍奉還により天皇の実権が確立し、大名の領地は地方行政区となり諸大名は知藩事となったと記している。㉛は、版籍奉還の後、公卿・諸侯（大名）の称を廃して華族となったが、㉜は、版籍奉還が知藩事の権限や門閥政治を継続させたと評価する。

さて、明治新政府の改革が、大名の合意により比較的スムーズに展開されたことを、伊藤博文は、一八七二年のサンフランシスコでの演説において次のように述べている。

「わが国民は、数千年にわたって、専制君主による絶対的な服従のなかにおかれて来ましたので、思想の自由については何も知りません。わが国が物質的に改革されるにつれて、国民は、数世紀にわたって拒まれて来た当然の権利を、ようやく理解するにいたりました。維新の内乱は、一時的な結果に過ぎません。わが国の大名は、寛大にも領地を奉還し、その自発的行為は新政府により受け入れられました。一年とたたないうちに、数百年以前に確立していた封建制度は、一発の銃も発せず、一滴の血も流さずに完全に廃止されました。この驚くべき結果は、政府と国民との共同行動によって、遂行されたのであり、今や両者は平和な進歩の道を、協力して進んでおります。中世のいかなる国が、戦争をしないで、封建制度を打ち倒したでありましょうか？　これらの事実から、われわれが確信するところは、日本における精神的な変革は物質的変革を陵駕していることであります。女子の教育によりまして、われわれは将来の世代に、一層大きな知性の確保を期待いたします。この目的を考慮して、わが国の子女は、すでに教育を受けるために、貴国を訪れ始めています」（J・R・ブラック、ねず・まさし・小池晴子訳『ヤング・ジャパン』3、平凡社東洋文庫、一九七〇年、一八三～一八四頁）

伊藤は、維新内乱（戊辰戦争）を一時的なこととし、大名の自発的な版籍奉還を封建制度の廃止として誇ったのである。

3　来日外国人の「明治維新論」

では、来日外国人たちは「明治維新」をどのようにとらえていたのか、最後にこの点について見ておきたい。彼らの「明治維新論」の要点は、以下の三点になる。

まず第一は、政権交代（革命）と捉えることである。

(83)「われわれの江戸滞在中に行なわれた政治的な運動は、王政復古と、強引に開港を迫った外国人からこの国土を救うことが主な目的であった。この国の古い貴族は、一六世紀［一七世紀の誤りか］の初頭以来幕府の専制政治の重圧のもとで、ひどく苦しんでいた。なぜなら幕府は、巧妙に計画した隠密制度を駆使して、身分の高い貴族が提携しあって、以前の優位を挽回しようとするのを阻止したからである。しかし今や先見の明ある憂国の志士たちは、開国によってめ目覚めた一般人が興奮しているさなかで、天皇政治本来の権利を回復する最上の機会を見つけたと信じ、またいまいましい徳川幕府を倒すこともできる、と考えたのである。われわれの眼前ではこの目的のために革命の準備が進んでいたが、そういう動向や主要な動機は、この時代の大部分の日本の政治家や外国の外交官には、まだ全くわからなかったのは、奇妙なことであった。家族関係に基づく体制によって巧妙に作られていた国家組織に亀裂が生じたことから、幕府の崩壊はいっそう早められたのであるが、その国家機構のために、徳川体制は時代の嵐に遭ってほとんど抵抗力のないものとなり、そしてついに崩壊の憂き目をみるに至ったのである」（A・ジーボルト『ジーボルト最後の日本旅行』一三八〜一三九頁）

(84)「いわゆる一八六八年の王政復古《レストレーション》なるものは、日本に関する大部分の近ごろの著書において、全く誤解されている。それは王政復古ではなく、革　命《レヴォルーション》である。天皇はいまだかつて所有したことのない権力を獲得し、徳川王朝《デナスティ》を倒すことによって、それまで存在した唯一の主権に終止符をうったからである」（F・V・ディキンズ『パークス伝』五〜六頁）

(85)「（一八六八年正月一日）京都では大胆不敵なクーデターが発生し、政情は全く一変し、革命の警鐘が乱打された……（王政復古といわれたが、実際は横領《アサンプション》である）……クーデターは東洋史によく見られるもので、日本史の先例にならったまでのことであったが、徳川派［佐幕派］に対する無用の裏切り行為であった。これが原因となり、多くの流血を見ることになる。将軍は強い語調で抗議し、大坂に退出した。彼は、開港のために参集していた外国代表団に、自分の立場を説明した……全国的に（すなわち諸大名と高級武士すべてによって）未解決問題を一般討議し、それによって政治形態が決定されることになるが、その間外交事務をとりしきるのは依然として自分である、と将軍は言明した。将軍は幕閣の進言をいれて、今や京都に向けて進軍し、自分で勝手にきめた護衛隊の手によって、天皇を救出しようとした。しかし、京都から約十二マイル離れた伏見の町で、彼の軍隊は天皇派諸藩と遭遇した。東軍は数の上では優勢であったが、手ひどく撃退された。悲運の将軍は大坂にもどり、外国代表団に対し、彼らおよび新しく開かれた居留地にすでに入っている居留民たちを保護する能力がもはやないことを宣言し、彼は海路を江戸に去った」（F・V・ディキンズ『パークス伝』七八〜七九頁）

㊽「維新になって、諸大名の力は帝に吸収されたばかりか、彼らの権利や俸禄の多くまでが国家に没収され、大名のほとんどが隠居してしまった。なかには上京した者もおれば、国許にそのままひきこもった者もいた。薩摩の太守［島津久光］のごときは、維新後ずっと新政府に腹を立て、いやいや言うことを聞く始末である。大大名は国政に参加することはないし、表に姿をあらわすこともない。政府の威光も彼らの影響力と力には歯がたたないのである。彼らは日本において名高い人たちであり、反抗の中心人物である。国家権力は、何年か前までは彼らの家来であった、サムライの手に握られているのである。大名は維新を受け入れ、帝の現政府に忠誠を誓っているようだが、心から容認しているわけではない。大名の中には、維新はどうにも仕様がない出来事であり、大君に対する帝の勝利とみる者もいるが、全体から見ると、革命は国家のためになったのである」（ジョン・ラッセル・ヤング、宮永孝訳『グラント将軍日本訪問記』、新異国叢書、雄松堂書店、一九八三年、一六四〜一六五頁）

⑻「彼（伊達宗城《むねなり》）は維新前の日本を支配した有力な大名の一人であり、領民の生殺与奪の権をにぎっていた……維新のとき、伊達侯はこの社会変革をすなおに受け入れ、日本にとってそうするのが一番の良策と考え、薩摩やその他の大名と同じように隠居してしまった。彼は天皇に忠誠を尽し、今ではおそば近くに仕える身分の高い華族の一人なのである」（ヤング『グラント将軍日本訪問記』三二二頁）

⑻「大君に仕えていた人々は、その日暮らしだったが、これは政局が困難を極めていたために、こうした生活を強いられたともいえる。帝に仕えていた要人も似たようなもので、ともすれば極端な方向に走りがちな所属党派の要求と外国人の機嫌も損じるわけにはいかない必要事情との板挟みとなりながら、自己に許された中道を行く、すなわち強力な政府を樹立するという目的に向かって突き進まなければならなかった。一般に彼らは所属党派の要求に応じきれず、そのために彼らの中心的人物が暗殺計画の犠牲となることもしばしばあった。しかし、非常な難局の打開を身をもって当たった彼らの功績を認めないというのは誤った判断であり公平を欠くと思う。彼らを、しかも特に日本側で非難する者がおり、今日でもなお政府は寡頭《かとう》政治を布いている。すなわち、新政府は革命を実行し、これに成功した薩摩、長州、土佐、肥前などの藩閥傀儡政権にすぎないのだと述べ、また、閣僚の更迭や行政組織の変更の際には、結局、薩摩と長州藩士間の勢力争いが中心となっているのだという」（M・V・ブラント、原潔・永岡敦訳『ドイツ公使の見た明治維新』新人物往来社、一九八七年、二六三頁）

⑻は、一八五九年から八七年まで滞在したドイツ人アレクサンダー・フォン・ジーボルトの記述であり、「明治維新」を王政復古の革命と評価している。

⑻と⑻は、一八六一年以後滞日したイギリス人ディキンズの記述である。⑻は、「明治維新」は王政復古ではなく革命（横領）と評価し、天皇はこれまでにない権力を握ったと述べ、⑻は、慶喜は外国代表団に対して、以後政治は

諸大名と上級旗本の意見を聞き、外交事務は自分が取り仕切ると述べたが、その後、鳥羽伏見の戦いに敗れたことを記している。

(86)と(87)は、一八七九年に世界一周旅行中に日本に立ち寄った、元アメリカ大統領グラント将軍に随行した書記のヤングの記述である。(86)は、維新により諸大名の諸権利や俸禄の多くが天皇・国家に吸収され、大名のほとんどが隠居した。島津久光や伊達宗城をはじめ、大大名が国政に参加することはなく、表舞台に立つこともない。国家権力はこれまで彼ら大名の家臣であった「サムライ」の手に握られた。「維新」は将軍に対する天皇の勝利とされるが、全体的に見て革命は国家のために行われたとの評価を記している。(87)は、「維新」の有力諸侯の一人伊達宗城が、薩摩その他の大名らと同じく隠居し、天皇側近の華族になったことを記している。

(88)は、一八六〇年から七五年まで滞日し、初代ドイツ領事と初代ドイツ公使を務めたドイツ人マックス・フォン・ブラントの記述である。幕府と朝廷の公武合体派官僚は強力な政府を作る点で一致したが、新政府は革命を行い、薩摩・長州・土佐・肥前の藩閥による傀儡政権を作り、そのなかで薩摩・長州両藩官僚の勢力争いが起きていることを記している。

これらは、いずれも「明治維新」を革命と評価し、将軍や大名は隠退し、新たな政治主体として藩士層が登場したことを述べている。

他方、この革命は必然であったとの意見もある。

(89)「(一八六九年)新政府の運営方法を子細に見てみると、あらゆる問題は、いかにつまらぬことでも、まず諸大名が相談を受け、後に天皇《ミカド》の決定を受けることになっている。このやり方はまさに国民的で、公平な政治の理想であることは、私が説くまでもない。この政治（革命?）の推進者は疑いもなく薩摩、長州、土佐であった……たとえ西国大名がこのたび復古運動で失敗したとしても、東国、南国、北国が立ち上り、これを成就するであろう」（F・V・ディキンズ『パークス伝』一二五頁）

⑼「その政治形態がどうであろうと、今後、日本民族は、人道的な進歩を具現する諸民族の大家族になくてはならない。また、同時に積極的な一員となるであろう。なお、統治者の称号がいかなるものであるにせよ、一八五八年［安政五年］に諸外国との条約に関して起った大事件後、大君が大名諸侯連合の一時的、かつ、合法的な主張となる権限を獲得した、その権限と大差ないものであろう」（アンベール『幕末日本図絵』下、三九一頁）

⑼「事実を知らないで、現制度（明治政府）が創始したと思い込んで、今日の進歩を賞めるだけで、旧制度の支配者の悪口をいう人達の誤った考えを訂正したいのである。私はこの意見を常に主張していたし、今でも持っているが、もし一橋が思うとおりに計画を遂行することが出来たとすれば、今日までに、今われわれが見ていると全く同じ大進歩が見られたことであろう。そして、その進歩は、今のよりも健全で、確実なものであったろう。血なまぐさい革命もなかったろうし、ミカドは全権力を回復していたであろう。このことは、すでに慶喜の計画の一部として、報じられていた。今よりずっと前に、衆議院も開かれていただろう。そしてこの国は、一八六八年（明治元年）の内乱と台湾征討に費やした莫大な費用を課せられることもなかったろうから、これまで経験し、現在も経験中で、しかも今後も増加してゆくあらゆる財政難も起らなかったであろう。佐賀の乱も西南の役もなかったはずだ。大名がその藩主としての名を留め、公認の世襲貴族となることはたぶんありうるが、彼らが旧来の封建的な義務と責任から解放される取決めが、平和の裡に行なわれたことだろう。なぜなら、常備軍は将軍の計画の一部であって、これは必然的に、歳入に関して、大名と国の支配者との間の古い関係の変更をも含んだろうからだ」（J・R・ブラック、ねずまさし・小池晴子訳『ヤング・ジャパン』2、平凡社東洋文庫、一九七〇年、一三九頁）

⑼「一月二十七日に、旧徳川兵たちは蝦夷島において共和国の声明を行なった。百一発の祝砲が城郭から発せられ

ると、函館港内にあった彼らの軍艦の一隻がこれに答礼した。しかし艦隊の主艦たるに美しいフリゲート艦開陽丸Kayoemaroeは、その後間もなく、江差近くの暗礁に乗り上げ沈没した。続いて、太鼓、ラッパおよび旗による祝賀行列が、新政府の所在地として内定していた亀田Kamidaに向かって行なわれた。人々はこの場所でこの時に新共和国創始の式典を祝った。ただし商人、芸人、職人、農民、それに二本の帯刀を許されないすべての低い階級の者を除外して、一般選挙権を、彼らの憲法の基礎とすべきことが決定された」(『ヘールツ日本年報』七頁)

㉓「以上のような大敗にもめげず、会津藩と仙台藩を中心とした北・東部の諸藩では、戦いが続いた。戦いは数多く起こったが、大抵は官軍の方に有利に展開した……降伏していなかったのは、蝦夷島だけであった……間もなく、一八六八年[明治元年]末期あるいは一八六九年初期に共和国を宣言した(『ディアス・コバルビアス日本旅行記』二四九頁)

⑧⑨は、イギリス人ディキンズの記述であり、明治新政府の政治運営は、諸大名が相談を受け天皇が決定するという国民的で公平な方法と評価している。革命の推進者は、薩摩、長州、土佐の諸藩であったが、たとえこれらの諸藩が革命に失敗しても、各地の大名が立ち上がり革命を成就したと推測している。

⑨⓪は、スイス人アンベールの記述であり、新政府のリーダーの称号(名称)が何になろうとも、安政の条約以後の将軍の権限と大差ないと記されている。

⑨①は、イギリス人ジャーナリストのブラックの記述であり、もし旧幕府(慶喜)の政策が実行に移されたならば、天皇は権力を持ち、大名は貴族となり、衆議院も開かれていた。しかも戊辰戦争から西南戦争までの戦争は回避できたとし、明治政府の政策は、すでに江戸幕府が準備していたと述べている。

⑨②のヘールツと㉓のディアス・コバルビアスは、旧幕臣の榎本武揚を中心とする箱館政府が、蝦夷地に建設しよう

とした政府（国家）を、ともに「共和国」と呼んでいる。幕府官僚の側の一つの政治的達成を示すものといえよう。「幕末維新期」、幕府もまた、倒幕派や明治政府と競合する形で欧米化の道を歩んでいたのである。

要点の第二は、革命が比較的スムーズに移行した理由として、近世国家の権力構造の特質をあげている点である。

㊹「王政復古史家の言葉を借りれば、諸大名はその領地を返上したが、そのとき彼らは何も大きな犠牲を払ったわけではない。まず第一に、その運動は彼らがやったことではなく、また家老《カロー》たちから始められたことでもない。それは藩を実際に運営している下っ端小役人たち、特に用人《ヨーニン》（事務官）階級が主となって始めた運動であった。領地譲渡の意図するものは、全部といわずとも大部分は、将軍という主権者から脱け出す手段であった……しかし新政府が模範とすべきものは一つしかない。それはかつて日本に一つしか存在しなかった真の政府、すなわち幕府である。実際のところ天皇《ミカド》は徳川の大権を奪ったのであり、かくして主要な諸藩から出ている大派閥が、残余の諸藩を支配している派閥と直接関係に入った。武士《サムライ》でない者はだれも、政府の中に入れるとは夢にも思わなかったし、今日までとはいわずともごく最近まで、武士階級（士族）でない者で最低の役職でもつけられる者は極めて少数であった。かくして帝国全体は、一種の拡大化した関東（徳川所領）となった。今では知藩事《チハンジ》と呼ばれている前の大名たちは、かつて将軍に対して譜代大名がもっていたと同じような関係を、中央政府に対して有するようになっている」（F・V・ディキンズ『パークス伝』一三五〜一三六頁）

㊺「悲しいことに、大名が自分の藩の知事に任命されると、個人的には全く無能であることを暴露した。配置変えをしなければならないことがわかった。そこで心配して熟議を重ねた結果、藩を全廃して、県に変え、それぞれ賢明で有能な人物の管理下におくことが決定された。これは大胆な仕事だったが、決定されて、翌年には、実現された」（J・R・ブラック『ヤング・ジャパン』3、平凡社東洋文庫、三一一四〜一一五頁）

⑯「これは、多くの旧藩主にとって大打撃だったが、正しい方向へ向う、たくましい一歩であった。すでに数人の知事が、細川にならって、辞表を提出していた。彼らは、みせかけの権力を持つに過ぎず、その職務は事実、家老が維持し、遂行していることを知っていた」（J・R・ブラック『ヤング・ジャパン』3、一四七頁）

⑭は、イギリス人ディキンズの版籍奉還に関する記述である。ここでは、版籍奉還が大名ではなく、藩の下級官僚によって行われたこと、大名には実害がなかったことを指摘している。また武士（サムライ）でないと新政府の役職につきにくいこと、政府と知藩事（旧大名）の関係は、強い統制を受ける江戸幕府と譜代大名の関係へと拡大し、従来の外様大名の独立性が失われたことなども述べられている。

⑮と⑯は、イギリス人ブラックの廃藩置県に関する記述である。⑮は、版籍奉還後の大名＝知藩事が能力が無かったため廃藩置県を行い、中央から府知事・県知事（県令）を派遣する体制をとったこと、⑯は、知藩事の権力が見せかけであり、職務は家老が遂行していたことを述べている。

これらは、近世における権力の分有（下層委任）が、明治維新（革命）を達成させたと評価している。そして、この評価は同時に、維新前後の社会の継続性を指摘することになる。

⑰「幸いにして、一般民衆はこの抗争（戊辰戦争）には加わらなかった。彼らは、そんなことは、これを始めた少数者―サムライ―すなわち非生産的な階級の手に全くまかせていた。こうして国内情勢は、少しも偏見に動かされなかった。農業や商業はいつものとおりに営まれ、あのはやり歌のなかにあるジャネットの思いは実現されているようだった――けんかするのはけんか専門の連中にまかせておこう」（J・R・ブラック、ねずまさし・小池晴子訳『ヤング・ジャパン』3、平凡社東洋文庫、一九七〇年、六四頁）

⑱「政治上の動乱は、それがどんなに完全なものであっても、一国民の精神やその習俗を一日にして変えるものではない。統治の種々の形体の下には、海面のざわめきが波立てることのない大洋のあの深層に比すべき不動の一要素が存続している。日本もこの一般法則から免れることはできなかった。そして体制が失われた後もその基盤の役をしていた庶民の社会は残ったのである。新しい体制が、今度は魔法の杖の一撃でこの社会を変革しうるなどというわけにはいかない。何故ならこれは何よりも時間の助けを必要とするからである。家族・財産・同業組合・市町村の組織は著しく同一でありつづけている。そして確立された慣習法・支配的な感情・何世紀にもわたる先入見を考えにいれることなしにその組織を新たなものにしようとするのは、夢のような企てを追求することである」（ブスケ『日本見聞記』2、五三二頁）

⑰は、イギリス人ブラックの戊辰戦争に関する記述であるが、この戦争が武士だけによって行われ、農民や町人の生活に変化はなかったことが記されている。

⑱は一八七二年から七六年まで滞日したフランス人ブスケの記述であり、「維新」によっても民衆生活に変化がなかった、すなわち、「明治維新」は政権交代にすぎなかったことを記している。

要点の第三は、革命と世論のかかわりである。

⑲「幕府は、徳川一族である幕府の将軍たちが発した命令を、あっさりと廃棄してしまったが、古い国法では、恐らくこういうことをする権限が幕府にはあったのであろう。しかしこういうことをしたのは、政策的には最大の失策であった。――なぜなら京都からは質疑が出され、また天皇はこの条約を拒絶したので、将軍の法的な地位は今までとは違ったものになってしまったからである。幕府はもはや独断では処理することが許されなくなり、今となっては

条約を結んだことで、正面から天皇の意志にそむき、国の世論とは反対の立場となってしまったのである」（A・ジーボルト『ジーボルト最後の日本旅行』一五〇～一五一頁）

⑽「われわれが日本に滞在していた当時、国を治めていた皇帝、孝明天皇は、たいそう聡明かつ剛毅な君主で、天皇の周囲には近衛・三条さらに岩倉卿などのような政治家として手腕のある何人かの人物がいて、下級の貴族や漢学者のグループと連携し、国中の世論を絶えず探っていた。また次第に不満を抱くようになった大名たちが送った勇敢な密使は、廷臣のところまでやって来て、高官の仲介で、自分たちの意見を天皇のお耳に入れることにも成功したのである」（A・ジーボルト『ジーボルト最後の日本旅行』一四四頁）

⑾「自由主義者は条約を存続させようとしているが、保守主義者は攘夷を掲げ、もとの鎖国に導こうとしている。しかし、鎖国に戻すことは今やもう困難であろう。なぜなら、そのために話をつけねばならない当事者が二人いる。一人は『世論』であり、一人は当の外国人である。『世論』は二、三年前までは無視できたが、時勢が変化した。今日では、急進的な思想が勢力を占めて相当根強くなっている。これに対して、保守主義者は公然と警戒をし、この上なく苦々しく思っている。外国人との交際は、商人や民衆が彼らの主人に絶対的なかつ盲目的な信用を持ちつづける必要がないことを分からせてしまった」（クリストファー・ペンバートン・ホジソン、多田實訳、『ホジソン長崎箱館滞在記』新異国叢書、雄松堂出版、一九八四年、一〇八頁）

⑿「政府は簡潔な法律を制定した。政府のすべての議事録を公表し、そして発せられた命令、およびその他の公文書を誰でも入手できる政府公報の中に印刷させることにより、天皇政府は、国民のうち思慮ある人々の共鳴をかち得たのである。そのうえ政府は主要な町の道路や橋梁の改善に多くの経費をかけた。このようにして政府は、町の勤勉な、そして活動的な住民たちをも味方につけたのである（『ヘールツ日本年報』一〇六～一〇七頁）

⑲と⑳は、ドイツ人アレクサンダー・フォン・シーボルトの記述であり、⑲は、幕府による開国が、天皇の意志や「世論」と異なったために窮地に陥ったとし、⑳は、孝明天皇が「国中の世論」を絶えず探りながら政治にかかわっていたとする。

(101)は、一八五九年に駐日イギリス長崎領事として来日し、同年箱館領事となり、六〇年八月まで滞日したイギリス人植物学者ホジソンの記述であるが、幕末の「世論」が攘夷から開国に変化したため、攘夷派が不利になったと述べている。

(102)は、一八六九年に来日したオランダ人ヘールツの記述であるが、革命により成立した新政府が、法律や情報を公文書を通じて公表し、あらためて知識人や市民の支持を得ていったことを記している。

これら「世論」の主体が、国民のどの階層なのか、慎重に検討しなければならないが、「幕末維新期」の指導者たちが「世論」の動向を気にしていたことは注目される。

おわりに

以上、来日外国人による記録をもとに、近世日本の政治と社会の特質と「明治維新」の歴史的性格を検討してきた。以下のようにまとめておきたい。

(1)幕末期、大政委任論による天皇権威の上昇、鎖国祖法論の破綻、将軍継嗣問題などにより、将軍権力の弱体化が認識され、「世論」も政治に影響を与えた。「明治維新」は、こうした近世の政治や社会の変動の上に、大きな混乱や抵抗がなく達成された。

(2)その前提として、近世を通じて、天皇・将軍・大名・家老などの権力や権限が、法や慣習によって大きく制限され、幕臣や藩士などの官僚層が実質的に政治を運営する状況があった。近世日本の権力構造の特質は、官僚制の成長・発展に支えられた権力の下降・分有現象ととらえることができる。すなわち、近世国家の運営の中心は、譜代大名や旗本・御家人などによって構成された幕府官僚によって担われていたといえるのである。

(3)こうした視角から、あらためて「明治維新」を位置づけるならば、国家運営の実質的な担い手が幕府官僚から旧朝幕藩官僚（朝廷官僚、大名と、旗本・御家人、藩官僚）へと合法的・制度的に拡大する過程と見ることができる。これは、近世武士の官僚的性格・機能の成長・拡大の延長上にとらえることもできる。すなわち、「明治維新」は「官僚革命」と規定しうるのである。

〈注〉

（1）来日外国人の記録をもとに近世国家・社会の実態と特質を考察した筆者の研究に、拙著『首都江戸の誕生―大江戸はいかにして造られたのか―』（角川選書、二〇〇二年）、同『江戸の教育力―近代日本の知的基盤―』（東京学芸大学出版会、二〇〇七年）、拙稿「江戸時代像の再検討―外国人記録に見る近世日本の権力構造―」（歴史人類学会編『史境』第五六号、二〇〇八年）、同「江戸の『道徳力』」（『子どもの道徳』第九二号、光文書院、二〇〇〇年）、同「『江戸の道徳力』と子どもたち」（『同上』第九五号、二〇〇九年）などがある。御参照いただければ幸いである。

（2）こうした権力の名目化、実権の下降化に関連して、笠谷和比古は、幕府や藩の組織内における意思決定のさいの「持分」的・身分階層的構成を主張している。本稿の主張とも重なり合う部分でもある、笠谷和比古『近世武家社会の政治構造』吉川弘文館、一九九三年、二一〇頁。また、大名の官僚的な領内統治については、筆者が、三河国刈谷藩を例に、稲垣、阿部、本多、三浦、土井の諸氏が、領内秩序に依拠して統治を行った実態を指摘した（大石学「刈谷城城付四か村について」刈谷市郷土文化研究会『かりや』第一八号、一九九七年）。

（3）このような鎖国観・鎖国認識を意認しつつ、拙著『江戸の外交戦略』（角川選書、二〇〇九年）を著した。御参照いただければ幸いである。
（4）藤田覚『近世政治史と天皇』（吉川弘文館、一九九九年）一三一頁。
（5）藤田覚『近世政治史と天皇』（注3参照）二〇頁。

「一九世紀の政権交代と社会変動」研究会
活動記録
＊肩書きは全て当時のもの
＊三野行徳作成

【二〇〇四年五月一五日】
第一回研究会
［報告］
大石学　新選組研究の概観と本研究会の意図
野本禎司　書評・松浦玲『新選組』
工藤航平　書評・宮地正人『歴史の中の新選組』
三野行徳　幕府浪士取立計画に関する総合的研究
藤田英昭　文久三年の将軍上洛と江戸留守体制
神谷大介　幕末の浦賀における情報収集伝達活動
太田和子　宗家上洛後の天然理心流―佐藤彦五郎を中心に―
竹村誠　三卿廷臣団の軍隊
浦井祥子　上野戦争と寛永寺
安田寛子　旧幕府軍と日光東照宮
［参加者］
飯倉悦子（三鷹市東部地区住民協議会）浦井祥子（徳川林政史研究所）大嶋陽一（東京学芸大学大学院）太田和子（国分寺市教育委員会）神谷大介（東海大学大学院）菅野洋介（駒澤大学大学院）竹村誠（杉並区文化財課）樋口雄彦（国立歴史民俗博物館）藤田英昭（中央大学大学院）保垣孝幸（北区行政資料センター）矢口祥有里（日野市ふるさと博物館）屋敷陽太郎（NHKドラマ部「新選組！」制作主任）安田寛子（法政大学講師）渡辺嘉之（練馬区郷土資料室）
［事務局］
大石学（東京学芸大学／世話役）三野行徳（小平市立図書館／事務局）工藤航平（総合研究大学院大学／事務局）野本禎司（一橋大学大学院／事務局）望月良親（一橋大学大学院／会場整理）辛京花／中山敦／LeRoux Brendan／山端穂（以上東京学芸大学大学院／会場整理）

【二〇〇四年九月一八日】
会報『変動通信』創刊号発行
［目次］
・研究会の発足にあたって　大石学
・当日プログラム
・報告要綱・討議録　大嶋陽一・山端穂
・論点整理　三野行徳
・コメント　藤田英昭

【二〇〇四年一〇月三日】
第二会研究会
［報告］
大石学　幕末維新研究の問題点　高校日本史教科書にみる
三野行徳　新選組研究の回顧と展望
神谷大介　文久期における浦賀の海上取締
矢口祥有里　瓦解と御一新―戊辰戦争時における武州多摩郡日野宿の事例―
工藤航平　幕末・維新期における村落の動向
竹村誠　一橋の軍事力
佐藤宏之　幕末の大名と京都留守居―津山松平家の官位叙任一件を素材に―
［参加者］
飯倉悦子（三鷹市東部地区住民協議会）大嶋陽一（東京学芸大学大学院）太田和子（国分寺市教育委員会）金井安子（調布市郷土博物館）神谷大介（東海大学大学院）草薙由美（相模原市）佐藤宏之（一橋大学大学院）竹村誠（杉並区文化財課）中村和裕（新人物往来社）藤田英昭（中央大学大学院）保垣孝幸（北区行政資料センター）矢口祥有里（日野市ふるさと博物館）安

田清人（新人物往来社）安田寛子（法政大学講師）柳沢理沙（菊屋書店）

［事務局］

大石学（東京学芸大学／世話役）三野行徳（小平市立図書館／事務局）工藤航平（総合研究大学院大学／事務局）野本禎司（一橋大学大学院／事務局）望月良親（一橋大学大学院／会場整理）中山敦／山端穂（以上東京学芸大学大学院／会場整理）

【二〇〇五年三月三〇日】

会報『変動通信』第二号発行

［目次］

・本研究会の意義　大石学
・当日プログラム
・報告要綱・討議録　工藤航平・山端穂・中山敦
・特集　各自治体における新選組に関する動向
　太田和子・金井安子・飯倉悦子・山端穂
　矢口祥有里・三野行徳・保垣孝幸
・コメント　柳沢利沙

【二〇〇五年五月一四日】

第三会研究会

［報告］

三野行徳　本研究会の成果と課題
神谷大介　桜田門外の変と江戸内海警衛の実態
太田和子　多摩名主日記に記された天然理心流の出稽古
藤田英昭　小仏関所番川村恵十郎について―「有志」募集と上洛―
坂詰智美　『文明史略』の中の新選組記述―「西村兼文の業績に占める「新選組」の位置―
安田寛子　旧幕府軍脱走兵と日光東照宮
門松秀樹　明治初期における府県布達の比較
野本禎司　文久・元治元年における旗本家の講武所稽古への参加の実態

［参加者］

浦井祥子（徳川林政史研究所）太田和子（国分寺市教育委員会）門松秀樹（慶応大学大学院）神谷大介（東海大学大学院）坂詰智美（専修大学講師）藤田英昭（中央大学大学院）矢口祥有里（調布）渡辺嘉之（練馬区郷土資料室）

［事務局］

大石学（東京学芸大学／世話役）三野行徳（小平市立図書館／事務局）野本禎司（一橋大学大学院／事務局）安藤紗織／尹弘光／辛京花／鈴木崇資／中山敦／吉峯真太郎／LeRoux Brendan／Sheveleva Ekaterina（以上東京学芸大学大学院／会場整理）大橋毅顕／ジョ・ユジョン（以上東京学芸大学研究生／会場整理）横山恭子（慶応大学大学院／会場整理）

【二〇〇五年九月二七日】

会報『変動通信』第三号発行

［目次］

・課題と方法の整理　大石学
・当日プログラム
・報告要綱・討議録　野本禎司・中山敦
・特集　新選組研究の方法について
　私見・新選組ブームと新選組研究―近年の動向をどう評価するか―　坂詰智美
　「一九世紀の政権交代と社会変動」の視角をめぐって　渡辺嘉之
・特集　各自治体における新選組に関する動向　パート2
　相模原市　草薙由美
　杉並区内の新選組―近藤勇と玉野家　竹村誠

【二〇〇五年一一月五日】

第四回研究会

［報告］

大石学　新選組に関する新知見―最近の史料調査による―

神谷大介　関東地域史研究から見た新選組の位置付け―

菅野洋介　幕末期の文化動向と宗教―多摩郡を中心として―

坂詰智美　教科書検定の中の幕末維新―戦前の認可・検定・国定教科書叙述―

LeRoux Brendan　日仏修好通商条約の締結とその特徴

鈴木崇資　箱館事務から見る蝦夷地幕府歩兵派遣

後藤新　明治初期における琉球認識―台湾出兵期の内務省移管を中心として―

［参加者］

太田和子（国分寺市）門松秀樹（慶応大学大学院）金井安子（調布市郷土博館）神谷大介（東海大学大学院）菅野洋介（鹿沼市史編纂室）後藤新（慶応大学大学院）坂詰智美（専修大学講師）鈴木崇資／LeRoux Brendan（以上東京学芸大学大学院）矢口祥有里（調布市）安田寛子（法政大学講師）

［事務局］

大石学（東京学芸大学／世話役）野本禎司（一橋大学大学院／事務局）三野行徳（徳川記念財団／事務局）横山恭子（慶応大学大学院／会場整理）大橋毅顕（東京学芸大学研究生／会場整理）

【二〇〇六年五月八日】

会報『変動通信』第四号

［目次］

・「歴史用語」雑感　大石学

・当日プログラム

・報告要綱・討議録　野本禎司・横山恭子

・これまでの報告・原稿タイトル一覧

【二〇〇六年六月一八日】

第五回研究会

［報告］

工藤航平　明治初年の郷学校設置と地域社会

野本禎司　旗本家による巡邏体制の歴史的位置

安田寛子　一九世紀政権移行期における日光山をめぐる人々の意識―旧幕府軍・官軍・日光奉行・僧侶・周辺住民―

太田和子　名主日記に見る世情不安と剣術稽古

保垣孝幸　幕末軍事職制の新設と『役』・『格』・『金』―徳川幕府崩壊の内在的要因を模索して―

藤田英昭　将軍不在の江戸についての試論―文久期を中心に―

［参加者］

太田和子（国分寺市）坂詰智美（専修大学講師）下野寛介（東京学芸大学大学院）竹村誠（杉並区教育委員会）藤田英昭（中央大学大学院）保垣孝幸（北区行政資料センター）矢口祥有里（調布市）安田寛子（法政大学講師）

［事務局］

大石学（東京学芸大学／世話役）野本禎司（一橋大学大学院／事務局）工藤航平／三野行徳（以上総合研究大学院大学／事務局）横山恭子（慶応大学大学院／会場整理）杉本寛郎（東京学芸大学学生／会場整理）

【二〇〇六年一〇月一五日】

会報『変動通信』第五号発行

［目次］

・研究活動の成果刊行について　大石学

・当日プログラム

・報告要綱・討議録　横山恭子・杉本寛郎

【二〇〇六年一一月二六日】

第六回研究会

［報告］

佐藤宏之　一九世紀の政権交代と武家官位—津山松平家の官位叙任一件を素材に—

安藤絵里子　一条美子入内即日立后に関する一考察

矢口祥有里　江戸城総攻撃前の甲州道中における脱走兵と甲州鎮撫隊の通行について

菅野洋介　幕末期の富士・御岳信仰と秩序形成—宮家・領主・在地との接点をめぐって—

東上床隆司　脇往還田無宿における高札獲得について

工藤航平　江戸近郊地域の海防役と情報の受容

三野行徳　研究会成果の刊行に向けて

［参加者］

安藤絵里子（元慶応大学大学院）浦井祥子（日本女子大学講師）門松秀樹（慶応大学大学院）神谷大介（横須賀市史編纂室）菅野洋介（鹿沼市史編纂室）坂詰智美（専修大学講師）佐藤宏之（日本学術振興会特別研究員）東上床隆司（東京学芸大学大学院）藤田英昭（中央大学大学院）矢口祥有里（調布市）安田寛子（法政大学講師）LeRoux Brendan（東京学芸大学大学院）

［事務局］

大石学（東京学芸大学／世話役）工藤航平／三野行徳（以上総合研究大学院大学／事務局）望月良親（一橋大学大学院／会場整理）下野寛介／大橋毅顕（以上東京学芸大学大学院／会場整理）

【二〇〇七年八月三〇日】

会報『変動通信』第六号発行

［目次］

・当日プログラム

・報告要綱・討議録　望月良親・東上床隆司

・論集刊行に向けた準備について

【二〇〇七年一〇月六日】

事務局研究史検討会

［参加者］

大石学（東京学芸大学／世話役）野本禎司（一橋大学大学院／事務局）工藤航平／三野行徳（以上総合研究大学院大学／事務局）

【二〇〇八年四月三〇日】

論集検討会

［参加者］

太田和子（国分寺市）門松秀樹（慶応大学大学院）神谷大介（横須賀市史編纂室）菅野洋介（鹿沼市史編纂室）坂詰智美（専修大学講師）矢口祥有里（調布市）安田寛子（法政大学講師）LeRoux Brendan／鈴木崇資（以上東京学芸大学大学院）

［事務局］

大石学（東京学芸大学／世話役）野本禎司（一橋大学大学院／事務局）工藤航平／三野行徳（以上総合研究大学院大学／事務局）

【二〇〇八年八月二五日】

大河ドラマ「篤姫」撮映見学会

［参加者］

大石学、安藤絵里子、太田和子、門松英樹、神谷大介、菅野洋介、工藤航平、野本禎司、矢口祥有里、安田寛子

あとがき

本論集は、二〇〇四年五月以来、四年間にわたって続けてきた「一九世紀の政権交代と社会変動」研究会の成果の一部をまとめた論文集である。はじめに、本研究会設立の経緯と、目的を、私なりに振り返っておきたい。本会は、本書所収の論文や部構成にもあるように、「新選組」をひとつのキーワードとしている。本会の世話役である大石学先生は、二〇〇四年正月より一年間にわたって放映された大河ドラマ「新選組！」の時代考証を担当されている。私も微力ながらお手伝いをする機会を得たが、時代考証の作業のなかで、その知名度に比して、新選組に関する歴史学研究が如何に立ち後れているかを知った。その主たる要因は、新選組など研究に値しない、という歴史学内での思いこみであったように思うが、考証作業のために実際に関連史料を読み、僅かにあった歴史学研究者による研究を読んでゆくにつれて、その思いこみは大きな誤りであったこと、驚くほど近年の近世史研究の諸分野と重なり合う領域の多いことに気づかされた。大河ドラマというと、とかく、放映年度は社会的関心も急激に高まり、御当地を中心に大いに盛り上がる一方、関心もイベントも一過性のものに終わり、場合によっては、観光活生化の名目のもと、地域の文化環境や文化資源が危機に瀕することすらあり、大河ドラマ「新選組！」もその例外ではなかった（日野市の博物館を考える会「ひのふる」http://museum.jpn.org/hino/）。このような状況のなかで、日々大石先生と議論を重ねるなかで、新選組と関連史料、近世史の関連分野の研究を議論する機会はもてないか、と思いいたり、「…身分制・幕末政治史・地域社会論・藩政史・朝幕関係論など、近年目覚しい進捗を見せている諸分野の中で、改めて新選組を取り上げ、そこから見える十九世紀像を描くことには大きな意義があると考え、「十九世紀の政権交代と社会変動」

と題する研究会を発足することにしました。「新選組！」ブームによって数多の類書が書店を埋め尽くし、ややもすれば誤った歴史像が広まりを見せています。このような状況のなかで、「新選組！」がもたらした幕末に対する関心の高まりを一過性のものにしないためにも、是非歴史研究の最前線におられる皆様に参加していただき、その成果を残したい…」と呼びかけ、発足したのが本研究会である。関心の高まりや史料の発掘を一過性のものに終わらせず、それを一つのきっかけとして、継続的に研究していくことによって、新選組やそれを取り巻く歴史環境を、歴史学研究のなかに位置づけたいとの思いからである。幸いにして多くの参加者を得、また、議論の幅も大いに広がった結果、本論文集に結実した成果を得ることができた。活動記録にもあるように、本書の前提には、計六回の研究会、四六もの研究報告がある。本書は、すべての報告者、参加者の「共同研究」の成果である点を強調しておきたい。

本書のもう一つのキーワードは、「一九世紀の政権交代」という言葉である。通常、この出来事は「明治維新」と称されるが、「維新」の語に込められた明治政府の自己認識をそのまま採用することには懐疑的であるべきではないか、との思いから、「明治維新」を用いずに一八六七年前後の時代の歴史像に迫りたい、という狙いが「一九世紀の政権交代」という研究会の名前には込められている。「明治維新」に関する歴史研究は、明治維新直後から現在に至るまで、気の遠くなるような研究の蓄積があるが、その中でほぼ無視されてきた新選組を一つの切り口として、上記の課題に少しでも迫りたい、という本研究会の目的がどれだけ果たされたかはわからないが、一つのアプローチ方法を提示すること、歴史学研究を通じて社会とコンタクトすることについては、意識的に取り組んできたつもりである。

以上が、私なりに振り返った、本研究会設立の経緯であるが、普段「維新史」を研究している私にとって、本研究会を運営するなかで得られた成果は非常に大きい。拙い運営で、発足から論集刊行に至るまで、ご迷惑をおかけしたかもしれないが、快く研究会に参加してくださり、議論に参加してくださった皆様、論文をお寄せいただいた皆様に、厚くお礼申し上げたい。また、文字通り世話役として、会の設立から、研究会の運営、論集の刊行に至るまで、終始ご指導いただいた大石学先生、事務局の補佐として、会場の準備や討議録の作成などにご協力いただいた東京学芸大学日本近世史研究会（大石ゼミ）の皆様には、末筆ながら、あらためてお礼申し上げたい。

三野行徳

*

本書は、二〇〇四年五月に発足し、二〇〇八年四月まで四年間にわたって行った「一九世紀の政権交代と社会変動研究会」の成果の一部をまとめた論文集である。本研究会の発足経緯や年二回のペースで行われた研究会についてはくり返さないが、新選組を主な素材としながらも、それを取り巻く歴史的環境へと新選組を橋渡しする視点を議論することで、本書タイトルが示す大きな枠組みに対する一定の共通の成果を得ることができたと思う。研究会の名称については、明治維新というタームを使わずに、そして政治変動と社会変動をわけて考えないという意図からであったが、当該期の研究を展開するうえで改めて重要なとらまえ方ではないかと考えている。本研究会は、主とする素材をかえて継続予定である。大方の御批判・御助言をいただければ幸いである。

こうした成果の共有化には、研究会で交わされた議論だけでなく、参加者の多くが寄稿した研究会会報「変動通信」が果たした役割が大きかった。本書が刊行に至ったことを、研究会参加者すべてに感謝するとともに、このような貴重な機会を与えてくださった本会世話役である大石学先生に、あらためて厚く御礼申し上げたい。また、本書の刊行を引き受け、編集の労をとっていただいた東京堂出版の堀川隆氏、成田杏子氏に末筆ながら深く謝意を表する次第である。

野本禎司

執筆者一覧

太田和子（おおた　かずこ）1951年生
国分寺市教育委員会ふるさと文化財課、立正大学文学部史学科卒
主要業績
「人の移動、奉公」「鷹場の終焉」「瓦解か御一新か」（大石学編『多摩と江戸』けやき出版、2000年）、「武蔵国府中宿寄場組合における農間余業の発展」（北原進編『近世における地域支配と文化』大河書房、2003年）、「第二章第一節　多摩・試衛館時代」（大石学編『新選組情報館』教育出版、2004年）。

門松秀樹（かどまつ　ひでき）1974年生
嘉悦大学非常勤講師、慶應義塾大学大学院法学研究科政治学専攻後期博士課程単位取得退学、法学博士
主要業績
『開拓使と幕臣　幕末・維新期の行政的連続性』（慶應義塾大学出版会、2009年）、「幕末における民間の政治情報」（笠原英彦編『近代日本の政治意識』、慶應義塾大学出版会、2007年）、「明治維新期における朝臣に関する考察」（『法学研究』第82巻第２号）。

神谷大介（かみや　だいすけ）1975年生
横須賀市総務部総務課市史編さん担当、東海大学大学院博士課程後期満期退学
主要業績
「弘化・嘉永期における幕府砲術稽古場と江戸湾防備の展開―相州鎌倉町打場を中心に―」（京浜歴史科学研究会編『近代京浜社会の形成』岩田書院、2004年）、「幕末期における幕府艦船運用と寄港地整備―相州浦賀湊を事例に―」（『地方史研究』332号、2008年）、「幕末期における石炭供給体制の展開と相州浦賀湊―幕府蒸気船運用の基盤―」（『関東近世史研究』64号、2008年）。

菅野洋介（かんの　ようすけ）1975年生
駒澤大学非常勤講師、市川歴史博物館学芸員、駒澤大学大学院博士後期課程満期退学、歴史学博士
主要業績
「近世後期における南朝の顕彰と在地社会―奥州伊達郡を事例に」（『駒沢史学』第72号、2009年）、「輪王寺宮の権威と在地寺社の動向」（高埜利彦・井上智勝編『近世の宗教と社会２　国家権力と宗教』吉川弘文館、2008年）、「近世中後期における惣社制を支えた人々～伊達郡小手地域の修験を中心に～」（『福島史学研究』第87号、2009年）ほか。

坂詰智美（さかづめ　さとみ）1967年生
専修大学・国士舘大学非常勤講師、羽村市文化財保護審議委員、専修大学大学院博士後期課程修了、法学博士
主要業績
『江戸城下町における「水」支配』（専修大学出版局、1999年）、「東京違式詿違条例の創定過程について」（専修大学緑鳳学会『専修総合研究』第11号、2003年）、「会津藩における行刑の取り計らい―『家世実紀』・天保期史料「簡易之取計」から見る博蛮取締を題材として」（藩法研究会編『大名権力の法と裁判』、創文社、2007年）。

鈴木崇資（すずき　たかし）1983年生
白百合学園小学校教諭、東京学芸大学教育学部修士課程修了。

野本禎司（のもと　ていじ）1977年生
一橋大学大学院博士後期課程在籍、東京都杉並区社会教育スポーツ課文化財係嘱託職員
主要業績
「下井草村の村政と今川氏の対応」（大石学監修『高家今川氏の知行所支配』名著出版、2002年）、「幕末期の旗本の『役』と知行所支配――五〇〇石の旗本牧野氏を事例に―」（大石学編『近世国家の権力構造』岩田書院、2003年）、「大坂鈴木町代官支配の構造と惣代参会―岡田家の政治的活動―」（渡辺尚志編『畿内の豪農経営と地域社会』思文閣出版、2008年）。

三野行徳（みの　ゆきのり）1973年生
東洋英和女学院大学非常勤講師、小平市史編纂室調査専門委員、総合研究大学院大学博士後期課程在籍
主要業績
「高家今川氏における旗本知行権の解体過程」（大石学監修『高家今川氏の知行所支配』名著出版、2002年）、「近代移行期、官僚組織編成における幕府官僚に関する統計的検討」（大石学編『近世国家の権力構造』岩田書院、2003年）、「東京における首都官僚組織の再生過程」（竹内誠監修『都市江戸への歴史視座』名著出版、2004年）。

矢口祥有里（やぐち　さゆり）1971年生
日野市郷土資料館勤務、帝京大学文学部史学科卒
主要業績
『新選組の大常識』監修（ポプラ社　2003年）。

安田寛子（やすだ　ひろこ）1958年生
法政大学非常勤講師、法政大学大学院博士後期課程単位取得
主要業績
「高尾山薬王院と紀州藩―薬王院文書の書簡と由緒書を中心に―」（村上直編『近世高尾山史の研究』名著出版、1998年）、「近世鷹場制度終焉期における御鷹部屋管理の動向ー御鷹部屋洗掃除と餌鳥請負人を中心にー」（『地方史研究』290、2001年４月）、「江戸鳥問屋の御用と鳥類流通構造」（『日本歴史』678、2004年11月）、「慶弔儀礼をめぐる幕府と諸外国の対応」（『日本歴史』707、2007年４月）。

Le ROUX Brendan（ル・ルー　ブレンダン）1980年生
東京学芸大学連合学校教育学研究科（博士課程）在学中、啓明学園中学高等学部非常勤講師
主要業績
「首都江戸での外交」（大石学編『時代考証の窓から―「篤姫」とその世界』東京堂出版、2009年）、「幕末におけるフランスの「親幕派」の形成過程―宣教師間の関係を中心に―」（東京学芸大学史学会編『史海』第56号、2009年）。

【編者紹介】

大石　学（おおいし　まなぶ）

1953年生まれ。

東京学芸大学卒業。筑波大学大学院博士課程単位取得。

現在、東京学芸大学教授。日本近世史専攻。

〔主　著〕

単著：

『吉宗と享保の改革』（東京堂出版、1995／改訂新版　2001）

『享保改革の地域政策』（吉川弘文館、1996）

『地名で読む江戸の町』（ＰＨＰ研究所、2001）

『首都江戸の誕生』（角川書店、2002）

『大岡忠相』〈人物叢書〉（吉川弘文館、2006）　ほか。

編著：

『規制緩和に挑んだ「名君」―徳川宗春の生涯』（小学館、1996）

『古文書解読事典』（監修　東京堂出版、1998／改訂新版　2000）

『江戸時代への接近（アプローチ）』（東京堂出版、2000）

『高家今川家の知行所支配』（名著出版、2002）

『近世国家の権力構造』（岩田書院、2003）

『近世藩政・藩校大事典』（吉川弘文館、2006）

『高家前田家の総合的研究―近世官僚制とアーカイブス』（東京堂出版、2009）

『時代考証の窓から―篤姫とその世界―』（東京堂出版、2009）ほか

※また、ＮＨＫ大河ドラマ「新選組！」、「篤姫」やＮＨＫ時代劇などの時代考証を多数担当。

一九世紀の政権交代と社会変動
―社会・外交・国家―

初版印刷　二〇〇九年一〇月一六日
初版発行　二〇〇九年一〇月三〇日

編　者　大石　学©
発行者　松林孝至
発行所　株式会社東京堂出版
（〒一〇一-〇〇五一）
東京都千代田区神田神保町一-一七
電話〇三-三二三三-三七四一
振替〇〇一三〇-七-二七〇
印刷製本　亜細亜印刷株式会社

ISBN 978-4-490-20682-1 C 3021

＊定価は全て本体価格＋消費税です。

吉宗と享保の改革　改訂新版　大石学 著　本体二八〇〇円

江戸時代への接近〈アプローチ〉　大石学 編　本体二五〇〇円

古文書解読事典　改訂新版　大石学 監修　本体二八〇〇円

高家前田家の総合的研究　大石学 編　本体一三〇〇〇円

時代考証の窓から―篤姫とその世界―　大石学 編　本体二三〇〇円

徳川幕府事典　竹内誠 編　本体五八〇〇円

江戸時代　全大名家事典　工藤寛正 編　本体一二〇〇〇円

徳川・松平一族の事典　工藤寛正 編　本体九五〇〇円